KB011200

세계교육개혁

민영화 우선인가 공적 투자 강화인가?

교육개혁의 세계적 동향에 대한 실천적 연구 보고서

세계교육개혁
민영화 우선인가 공적 투자 강화인가?

초판 1쇄 인쇄 2017년 9월 13일
초판 1쇄 발행 2017년 9월 23일

엮은이 린다 달링-해먼드·프랭크 애덤슨·비에른 오스트랜드
옮긴이 심성보 외
펴낸이 김승희
펴낸곳 도서출판 살림터

기획 정광일
편집 조현주
북디자인 꼬리별

인쇄·제본 (주)현문
종이 월드페이퍼(주)

주소 서울시 영등포구 양평로21가길 19 선유도 우림라이온스밸리 1차 B동 512호
전화 02-3141-6553
팩스 02-3141-6555
출판등록 2008년 3월 18일 제313-1990-12호
이메일 gwang80@hanmail.net
블로그 http://blog.naver.com/dkffk1020

Global Education Reform:
How Privatization and Public Investment Influence Education Outcomes
by Frank Adamson, Björn Astrand and Linda Darling-Hammond.
First published in 2016 by Routledge, an imprint of the Taylor & Francis Group LLC.
Copyright © 2016 Taylor & Francis
All Rights Reserved.
Korean translation copyright © 2017 Sallimter Publishing Co.
Authorised translation from the English language edition published by Routledge, a member of the Taylor & Francis Group LLC through Orange Agency.

이 책의 한국어판 저작권은 오렌지에이전시를 통해 저작권사와 독점 계약한 살림터에 있습니다.
저작권법에 의해 한국 내에서 보호를 받는 저작물이므로 무단 전재와 복제를 금합니다.

ISBN 979-11-5930-034-9 93370

*가격은 뒤표지에 있습니다.
*잘못된 책은 바꾸어 드립니다.

세계교육개혁

민영화 우선인가
공적 투자 강화인가?

교육개혁의 세계적 동향에 대한 실천적 연구 보고서

린다 달링-해먼드 · 프랭크 애덤슨 · 비에른 오스트랜드 엮음
심성보 외 옮김

살림터

* 원저자의 주석은 각 장의 말미에 '미주(尾註)' 형식으로 소개했고, 옮기는 과정에서 설명이 필요한 부분은 본문에 각주로 설명을 덧붙였다.

역자 서문

같은 시대, 다른 교육은 가능하다!

세계교육개혁의 향방은 시장 기반 개혁 정책을 지속할 것인가 아니면 공공성에 입각한 공적 투자 전략으로 새로운 교육체제로 이행할 것인가의 중대한 갈림길에 서 있다. 그동안 세계화의 흐름과 함께 신자유주의적인 시장 기반 교육정책이 대세를 형성했지만, 지금은 그 역효과가 심화되어 공교육체제가 최대 위기에 봉착했다. 이제 그것을 극복하려는 새로운 교육운동이 거세게 일고 있다.

이 책 『세계교육개혁, 민영화 우선인가 공적투자 강화인가?』는 시장 기반 실험에서 공공 교육에 대한 강력한 국가 투자에 이르기까지 여러 국가들의 다양한 이데올로기적 스펙트럼에 대한 실천적인 분석을 제공한다. 칠레와 쿠바, 스웨덴과 핀란드, 미국과 캐나다 등 세 쌍의 국가에서 추진하고 있는 시장 기반 접근 방식과 공적 투자 전략의 구체적인 결과에 대해 증거 기반으로 통합하여 분석한다.

첫째 장에서는 칠레, 스웨덴, 미국에서 시행되는 신자유주의 교육개혁 이론을 통해 쿠바, 핀란드, 캐나다에서 강력하고 평등한 공공 교육 시스템을 구축하려는 노력에 대한 이론을 개관한다. 이어 소개되는 국가별 사례 연구는 개별 국가 내에서 교육의 역사적 진화 과정을 조사하고, 국가의 교육 성과를 비교하며 대조한다. 결론에서는 다양한 경제적 요인과 정치적 지배구조 접근법의 교육 성과와 정책적 함의를 분석한다.

저자들은 세계교육개혁운동GERM—'세균'의 의미가 있는—이라는 개념을 사용하면서 교육 부문에서 파악된 세균GERM의 역사적 확산과 신자유주의의 응용에 초점을 맞추고 있다. GERM이란 학교 선택과 경쟁, 고부담 시험, 교육과정의 협소화, 그리고 자격이 미달하거나 결여된 교사, 그래서 돈이 덜 드는 교사들의 이용을 포함한다. 일부 국가들(칠레, 미국, 스웨덴 등)이 다양한 범위에서 그리고 서로 다른 방식으로 이런 원리를 채택한 반면, 또 다른 일부 국가들(쿠바, 핀란드, 캐나다 등)은 시장 기반 접근을 거부하면서 전문적 교사의 노동력을 계발하고 유지하며 자원이 학생들에게 공평하게 돌아가도록 보상하는 공적 투자 전략을 추구했다. 교육에서 시장에 기반을 둔 모델을 추구하는 나라와 공적 투자 전략을 이용하는 나라가 있다고 할 수 있겠다. 이 스펙트럼의 한 극단에, 학생들에게 공평한 학습 기회와 양질의 교육 준비에 특권을 부여하는 공적 투자 접근을 취하는 나라가 있다. 핀란드가 그 예다. 또 다른 반대편에는 민영화 접근을 취하는 나라가 있다. 가정에 바우처를 배분하는 칠레가 가장 정확하게 전형화된 예를 보여준다.

한편, 일부 국가는 자신들의 접근을 변경시키는 방식을 취해왔지만, 반면 또 다른 국가들은 공적으로 지배되고 관리된 선택과 사적으로 소유되고 지배된 접근에 따라 정도를 달리하여 혼합시킨 모델을 발전시켜왔다. 경제철학과 교육정책은 서로 얽혀 있으며, 양자는 시간의 흐름에 따라 다투면서 변화할 수 있다. 이런 관점에서 교육체제를 독특한 경제적 패러다임과 연계하여 구조화된 아주 다른 접근법을 선택한 유형별로 세 쌍의 나라를 검토했다. 이 연구 보고서에 따르면, 서로 다른 이들 세 접근—체제 차원에서—이 아주 다른 결과를 낳고 있음을 확인할 수 있다. 스웨덴은 사회민주적 접근을 벗어나 민간이 영리를 목적으로 소유한 공급자에 의해 점점 지배되는 시장 기반 모델로 전환하면서 민영화 방향으로 옮겨 갔다. 이와 정반대 방향으로 나아간 캐나다의 온타리오주는 민간 공급에 대한 인센티브 방식이 아니라 강력한 공적 투자 모델 방식으로 변화했다. 1960년대 이래 쿠바는 지속적으로 공교육에 투자해왔다. 이와 달리 미국은 주마다 다른 공적 관리 및 지배구조 그리고 사적 관리 및 지배구조가 대결하는 식으로 학교를 설립하며 민영화와 공적 투자 모델을 여러 곳에서 구현했다.

칠레는 신자유주의, 민영화, 그리고 세계교육개혁운동 모델 만들기를 위한 실험용 배양 접시로 사용되었다. 미국과 스웨덴은 이 모델이 신자유주의(민영화, 탈규제 등)의 근본적인 기본 요소를 여전히 표현하면서도 주최 국가의 맥락—바우처, 차터, 그리고 시장을 통해—에 어떻게 적응해왔는지를 보여주며, 다른 종류의 관련된 변형을 보여준다. 이와 반대로 비록 세계교육개혁운동이 많은 나라에 퍼져나갔지만 모든 나라의 교육에 반드시 영향을 미치지는 않았다는 것을 세 공공 투자 국가의 사례에서 보여주고 있다.

캐나다 온타리오주는 1990년대 후반 긴축조치를 취하는 한편 사립학교에 학비 세액 공제 혜택을 줌으로써 실제 세계교육개혁운동이라는 세균GERM에 '감염'되었다. 그러나 2000년대 초에 접어들면서 온타리오주는 보수적 정치인들이 사립학교에 더 큰 투자를 요구한 이후 대중의 반발이 저항으로 발전하면서 투표를 통해 그들을 물러나게 했다. 이렇게 변화가 일어난 이후 집단적 전문 역량 강화에 근거한 온타리오주의 새로운 공적 투자 모델은 학업성취 결과와 여론 모두에서 잘 수행되었다.

1970년대에 핀란드는 공적 투자를 통한 형평성에 초점을 두기 위해 교육체제를 변화시켰다. 한 세대가 지나서야 핀란드는 그 계획의 성과를 거두었으며, 피사PISA 2000을 시작할 때 국제적 테스트에서 가장 높은 점수를 얻어 세계교육개혁운동이라는 세균GERM으로부터 '면역력'을 갖게 되었다. 핀란드의 경제계는 교육 부문을 민영화하기 위해 정부에 압박을 가했지만, 최고의 국제학업성취도 점수를 받으면서 이런 주장은 사라졌다.

끝으로 쿠바는 세계화와 신자유주의를 무기로 쿠바의 장벽 방어에 어느 정도 모욕을 가했던 미국의 제재 조치를 통한 세계교육개혁운동에 대해 특이한 형태의 '장벽을 보호하는' 조치를 취했다. 그렇지만 쿠바는 라틴아메리카에 비해 '순위를 벗어난' 높은 학업성취 점수를 얻었다. 그러나 최근 불행하게도 해제된 통상 금수 조치는 세계교육운동을 포함한 상업 및 사상의 홍수를 초래할 위험을 안고 있기에 주의할 필요가 있다.

저자들은 시장 원리에 기반을 둔 교육개혁이 공교육을 황폐화시켰다며 공적 투자를 통한 교육의 공공성 강화를 역설한다. 시장 원리를 기반으로 하는 교육개혁은 바우처, 차터, 그리고 기타 도구를 통해 민간이 관리하는 학교에 공적 재정을 제공하는 다양한 방식의 특징을 보인다. 또한 이 개혁은 전형적으로 시험을 기반으로 하는 책무성과 교수 기반 조직을 위한—일반적으로 누가 교직에 들어갈 수 있는지, 그들이 어떤 지식 기반을 두어야 하는지에 대한 준비와 자격에 관한 요구 사항을 폐지하고, 따라서 교직의 전문성을 떨어뜨리는—시장 기반 전략의 특징이 있다. 또한 개혁은 때로 교사들과 기타 공립학교 피고용인을 위한 집단적 교섭이나 협상 역량을 약화시켰다. 결과적으로 시장 기반 교육개혁은 값싼 교원과 교사의 탈전문화/자율성 상실을 초래하여, 교육의 불평등을 초래할 뿐 아니라 학업성취도 및 교육의 질을 떨어뜨리고 말았다.

반면, 공적 투자를 기반으로 하는 교육개혁의 전략은 전형적으로 공평하게 배분된 공립학교 재정을 마련하고, 양질의 교육과정과 교직을 위한 평등한 플랫폼을 창출하려고 한다. 이런 전략은 일반적으로 더 강력한 교사 준비와 전문성 개발을 통해 교수법을 전문화하고, 교육자가 다양한 학습자에게 풍부한 교육과정을 가르칠 수 있도록 준비하는 정책을 수반한다. 이런 관할권은 시장 기반 개혁과 전혀 다른 목적으로 시험이나 평가를 활용한다. 즉, 공적 투자 전략에서 시험이나 평가는 학부모의 선택을 안내하거나 어느 학교를 폐쇄할지를 결정하는 것보다 주와 지역 수준의 투자 및 개선 전략에 대한 정보를 제공하기 위한 것이다. 결과적으로 공적 투자 강화를 통한 교육개혁은 민주적 교육체제 확립과 전문적 학습에 대한 투자와 교사의 전문성/자율성을 강화함으로써 학업성취도 및 교육의 질을 향상시키는 데 기여했다.

요약하면, 이 책은 민영화 교육개혁 전략을 구사한 칠레, 스웨덴, 미국은 교육의 질이 하락한 반면, 공적 투자 강화 전략을 구사한 쿠바, 핀란드, 캐나다는 교육의 질이 향상되었다는 연구 결과를 보고하고 있다. 이러한 연구 결과는 경쟁을 강화하고 교육에 대한 투자를 소홀히 하는 우리나라의 교육체제에 많은 시사점을 준다.

이 연구 보고서를 번역하는 동안, 전 세계인들의 경이로운 시선과 우호적인 관심 속에서 대한민국 촛불시민혁명은 문재인 정부를 출범시킴으로써 민주주의의 새 지평을 열어갔다. 문재인 정부는 2014년 세월호 참사와 2016년 촛불시민혁명은 국가가 무엇을 위해 존재하며, 권력이 어떻게 행사되어야 하는가를 일깨워 새로운 시대정신을 드러낸 계기라며, '국민의 나라 정의로운 대한민국'을 국가 비전으로 제시하고 있다. 추상적인 비전 제시에 그치지 않고, '내 삶을 책임지는 국가'가 되겠다고 선언했다. 이는 사회 양극화와 불평등·불공정을 해소하고, 약화된 공공성을 회복하여 '국민의 나라'가 되겠다는 약속이다. 특히 복지와 보육, 교육 등에서 국가의 책임성을 강화하고, 이를 통해 국민의 삶의 질을 제고하겠다고 한다.

'교육을 책임지는 국가', 그리 낯선 구호는 아니다. 다만, 국민이 주인 되는 정의로운 새로운 국가 건설을 위해서도 대한민국 교육체제의 전면적인 혁신이 요구된다. 교육체제 혁신은 국가체제(정치체제, 경제체제, 언론체제 등)의 유형과 맞물려 있다.

우리나라는 신자유주의 개혁의 과도한 추진으로 교육 양극화가 심화되면서 교육에 대한 국민들의 분노가 더욱 커지고 있다. 교육에 대한 국가의 책임을 약화시키는 신자유주의는 공동체가 행사해야 할 교육정책 결정권을 시장에 넘겨주고 있다. 주체들에 의한 학교의 민주적 운영이 아니라 자본에 의존한 학교 지배로 귀결되고 있는 것이다.

그러기에 대한민국의 새로운 교육체제는 학교에서 교육부에 이르기까지 교육정책 결정이 교육 주체들의 참여에 의해 이루어질 수 있도록 민주주의가 활성화되어야 한다. 민주주의가 활성화하려면 새로운 교육체제의 설계와 함께 그 체제를 만들어가는 민주적 주체가 탄생해야 한다. 새로이 형성될 교육체제에 대한 구조적 전망과 함께 그 체제의 전망을 만들어가는 민주적 주체가 탄생해야 한다. 순치된 대상이 아니라 민주적 주체의 탄생을 위한 공교육의 공공성을 회복해야 한다. 민주적 공교육체제의 '공적public' 기능의 복원은 공공성 회복과 함께 공교육의 민주적 주체인 '공중public'의 탄생을 필요로 한다. 지금 우리에게 촛불시민혁명은 교육에 대한 공적 투자 강화와 함께 국가와 시민사회를 매개할 수 있는 공중의 탄생을 요구하고 있는 것이다.

"국가의 공공적 행위로서, 도덕적, 사회적, 경제적, 그리고 사회적 복지를 증진하고 향상시키는 데 중심적인 역할을 하는 교육을 국가가 직접 책임지고"(마이클 풀란), 또한 "국가가 아이들의 성공을 위해 공적 책임을 지면서 모든 사람들에게 양질의 교육을 더 많이 제공하는 '보증인'이 되며"(카노이), 이와 더불어 학습하는 깨어 있는 시민-공중public이 존재to be하는 한, 같은 시대 다른 교육은 얼마든지 가능하다.

촛불시민혁명으로 탄생한 국민의 나라, 새로운 사회를 향한 시대정신과 교육적 해답을 구하는 찬찬한 질문, 우리 모두의 깊은 성찰을 기대한다.

2017년 뜨거운 8월
옮긴이를 대표하여
심성보, 윤혁

차례

역사 서문 | 같은 시대, 다른 교육은 가능하다! 5

1장
글로벌 질문: 민영화 우선인가 공적 투자 강화인가? 15
프랭크 애덤슨Frank Adamson, 비에른 오스트랜드Björn Åstrand

2장
칠레: 장기간의 신자유주의 실험이
교육의 질과 형평성에 미친 영향 43
아벨라르도 카스트로 이달고Abelardo Castro-Hildalgo, 릴리언 고메즈 알바레즈Lilian Gómez-Álvarez

3장
쿠바: 질 높은 공교육을
제공한 쿠바의 네 가지 비결 105
마틴 카노이Martin Carnoy

4장
시민에서 소비자로:
학교 시장으로 변형된 스웨덴의 민주적 이상 149
비에른 오스트랜드Björn Åstrand

5장

핀란드의 역설:
경쟁적 시장경제 안에서의 평등한 공교육 구현 199

파시 살베리Pasi Sahlberg

6장

미국 교육의 결정적 선택:
사적 투자인가 공적 투자인가? 235

프랭크 애덤슨Frank Adamson, 린다 달링-해먼드Linda Darling-Hammond

7장

캐나다의 수준 높은 공교육 발전:
온타리오주 사례 297

마이클 풀란Michael Fullan, 산티아고 링컨-가야르도Santiago Rincon Gallardo

8장

민영화 접근과 공적 투자 전략:
보이지 않는 손은 요술 지팡이인가? 343

린다 달링-해먼드Linda Darling-Hammond, 프랭크 애덤슨Frank Adamson

1장

글로벌 질문:
민영화 우선인가 공적 투자 강화인가?

프랭크 애덤슨Frank Adamson, 비에른 오스트랜드BjÖrn Åstrand

2011년 8월 칠레의 수많은 학생들[1)]은 수일간 노래를 부르며 가두 행진을 했으며 경찰의 최루탄과 물대포에 맞서 돌과 몽둥이를 던졌고 페인트칠과 대규모 시위를 벌일 정도로 교육에 대한 불만이 극에 달했다. 이런 대규모의 격렬한 시위가 일어났던 근본적인 원인은 놀랍게도 교육문제였다. 이는 그동안 국민 대중적인 이슈는 아니었지만 이미 2001년과 2006년에도 대규모 학생들의 저항이 있었으며, 지속적으로 제기된 문제였다.[1]

칠레의 학교는 왜 이렇게 파탄에 이르렀는가? 그 대답은 이 나라가 바우처 시스템을 만들어 사적 영역을 확장하고, 많은 학생들에게 수업료를 내게 하며, 공립학교 재정을 축소하고, 초·중등 교육을 민영화 privatization[2)]한 1980년의 시장 기반 교육개혁에서 찾아야 할 것이다. 이렇게 대규모 학생 소요가 일어난 것은 시간이 흐르면서 대부분의 학교에서 차별과 불평등을 증대시키고 교육의 질을 저하시켰기 때문

---

1) 2006년~2010년 한 대통령을 역임한 바 있는 중도좌파 성향의 미첼 바첼레트 대통령(2014~)은 진보적인 교육개혁을 약속했지만, 별다른 교육 변화를 보이지 못하고 있다. 칠레의 교육개혁은 그동안 지속해서 제기된 문제로, 지난 2013년 대선의 주요 이슈였다.

2) 교육의 민영화는 교육에서 정부의 통제와 규제를 줄이고, 사적 영역을 확장하는 것이다. 이것은 주로 신자유주의자로 불리는 사람들에 의해 주장되고 있다. 그들이 보기에 교육을 살리는 길은 교육에 시장 원리를 도입하는 것이다.

칠레 학생들의 저항[2]

이다.

칠레의 문제는 이후 다른 나라로 확산되었고, 현재 수많은 국제기구와 정부가 옹호하고 있는 '신자유주의적neoliberal' 교육 의제라고 불리는 것의 원형이 되었다. 선진국가나 개발도상국가에서 이와 유사한 시장 기반 접근을 도입할지 말지, 그리고 이를 어떻게 도입할지에 대한 세계적 대화가 있어왔다.

그 세부 사항은 나라의 여건에 따라 다르긴 하지만, 중심 원리는 정부 주도보다는 시장에 기반을 둔 체제가 더 나은 교육을 낳을 것이라는 것이다. 이런 사상은 1970년대와 1980년대 교육의 국가 '독점'에 대한 시장 기반 '해법'으로 민영화를 옹립했던 시카고대학 경제학자 밀턴 프리드먼Milton Friedman[3]에 의해 대중화되었다. 그는 정부의 감독이

3) 밀턴 프리드먼(1912~2006)은 1948~1976년 시카고대학교 교수를 지냈다. 그는 흔들림 없는 자유주의자, 자유경쟁체제의 굳건한 옹호자, 통화주의의 대부, 작은 정부론의 기수, 반-케인스 학파의 창시자로 불리는 미국 뉴욕 출신의 통화주의 경제학자이다.

나 소유권이 별로 없는 자유시장이야말로 경쟁을 촉진하고, 효율성을 증진할 수 있으며, 나아가 질 높은 상품과 서비스를 제공할 수 있다는 것을 이론화했다. 이런 이론은 이후 '신자유주의neoliberalism'로 분류되었다.

1970년대 프리드먼을 직접 만났던 칠레의 독재자 피노체트[4)]는 은행에서부터 교육에 이르기까지 사회적 영역과 공기업을 민영화하면서 시장 기반 이론을 시행했다. 1980년 피노체트는 전국적으로 바우처 제도를 시행하면서 프리드먼과 그의 제자들의 교육계획을 따랐다.[3] 그러나 그의 이론과는 대조적으로 프리드먼의 신자유주의적 자유-시장주의 접근은 교육 불평등을 가중시켜 대규모 학생 저항을 불러왔고, 결국 학생 지도자를 선출하여 칠레 의회에 보내는 것으로 발전하였다.

전 세계적으로 시장의 효율성에 뿌리를 둔 프리드먼의 논변은 수많은 사적이고 이윤 중심의 접근으로 퍼져나갔다. 2015년 세계은행 대표는 공적 기금을 사적 이윤으로 연결시키는 전략으로 사적이고 이윤 중심의 회사가 공교육을 제공해야 한다는 옹호의 목소리를 표명하였다.[4] 공교육을 오늘날 새로운 이윤 시장으로 보았음이 분명하다. 예를 들어, 벤처 투자자인 롭 허터Rob Hutter는 최근 국제금융공사 회합에서 교육을 4.65조 달러 규모의 시장으로 보고 공교육에 대한 전 세계적 비용을 미개발된 수익의 보고로 파악했다.[5] 민간 기업은 교육 시장 점유율을 확보하기 위해 현재의 수익 자금 중 일부만이라도 투자할 상당한 유인 동기를 가질 수 있다.

---

4) 1973년 미군의 지원 속에 아옌데 정권을 축출하고 집권한 칠레의 독재자 피노체트는 반정부 인사들의 납치와 고문·살해를 자행했다. 피노체트는 1998년 영국 런던에서 체포되어 칠레로 넘겨졌고, 인권유린 등 300건 이상의 혐의로 기소됐으나 2006년 92세로 세상을 떠날 때까지 처벌을 받지 않았다.

신자유주의, 민영화, 그리고 세계교육개혁운동GERM

지금까지 20여 년 동안 정부의 기능을 사적 기관으로 넘김으로써 더 나은 성과를 가져올 수 있는 민영화와 연관된 실행 이론은 교육에서 더 광범위하게 논의되었고 실행되었다.

이러한 민영화 추진의 정치적 표현을 이해하는 하나의 방식은 파시 살베리Pasi Sahlberg에 의해 대중화된 용어를 통해서이다. 그는 이러한 흐름을 세계교육개혁운동Global Education Reform Movement[5)] 또는 'GERM(세균)'이라 칭하며, 국제적으로 교육 부문에서 강력하게 옹호하는 일련의 시장 기반 정책을 거론하고 있다. 살베리가 정의하듯, 이런 정책의 총합은 학교 선택과 경쟁, 고부담 시험, 교육과정의 협소화, 그리고 자격이 미달하거나 결여된 교사, 그래서 돈이 덜 드는 교사들의 이용을 포함한다.[6] 그는 세계교육개혁운동의 이념은 교육정책의 국제적 교류와 교육체제의 '가장 최상의 실천'으로부터 발전되었다는 것에 주목하였다. 이런 종류의 '정책 차용'[7]은 PISA(Program for International Student Assessment)와 같은 더 거대한 국제 소통 및 비교 수단, 그리고 그것이 국내외로 양산되는 담론에서 나왔다. 살베리는 다음과 같이 관찰한다.

> 세계교육개혁운동GERM은 글로벌한 공식적 정책 프로그램이 아니라, 오히려 교육의 질과 종합적 학업성취를 증진시키기 위한 교육개혁의 원리로서 사용된 특정의 가정에 의존한 비공식적 교육 의제라고 할 수 있

---

5) 세계교육개혁운동은 미국을 비롯해 전 세계 거의 모든 나라가 채택하고 있는 신자유주의식 교육개혁의 기조와 방향성을 지칭하는 용어이다. GERM의 다섯 가지 원칙은 교육의 표준화, 핵심 과목의 집중, 미리 정해둔 학습 목표 채우기, 학교 운영과 교육정책 원칙을 민간 기업이나 컨설팅 기업 등에 맡기기, 고부담 책무성 시험제도의 도입이다.

다.[8] … GERM은 국제적 개발기관들, 컨설팅 기관, 그리고 사적 자선사업가들 사이에 '새로운 교육 통설'로 받아들여졌다. 그것은 결과적으로 최근 미국, 호주, 영국, 라틴아메리카의 많은 국가, 스칸디나비아 일부 국가 그리고 더 확대되고 있는 개발도상국가를 포함하여 전 세계적으로 많은 교육개혁들을 만들어냈다.[9]

이런 생각에 관심을 갖게 된 것은 한편으로 더 나은 결과를 낳을 수 있다는 것에 대한 일부의 공교육체제 및 신념의 이행에 대한 불만에서 비롯된 것으로 볼 수 있다. 다른 한편으로는 사적 공급자들이 이용할 수 있는 교육 서비스, 벤처 자본가, 테크놀로지 회사 등의 지지 노력을 자극했던 잠재적 이익의 총량으로부터 나온 것이라고 볼 수 있다.

일부 국가들이 다양한 범위에서 그리고 서로 다른 방식으로 이런 원리를 채택한 반면, 또 다른 일부 국가들은 시장 기반 접근을 거부하면서 그 대신 전문적 교사의 노동력을 계발하고 유지하며 자원이 학생들에게 공평하게 돌아가도록 보장하는 공적 투자 전략을 추구했다. 교육에서 시장에 기반을 둔 모델을 추구하는 나라와 공적 투자 전략을 이용하는 나라가 있다. 이 스펙트럼의 한 극단에 학생들에게 공평한 학습 기회와 양질의 교육 준비에 특권을 부여하는 공적 투자 접근을 취하는 핀란드와 같은 나라도 있다. 다른 편에는 개별 가정에 바우처를 배분하는 칠레에 의해 가장 정확하게 전형화된 민영화 접근이 자리하고 있다. 이런 스펙트럼을 보여주는 나라들은 [그림 1.1]과 같다.

스펙트럼의 중간을 향해 일부 국가는 자신들의 접근을 변경시키는 방식을 취해왔지만, 반면 또 다른 국가들은 공적으로 지배되고 관리된 선택과 사적으로 소유되고 지배된 접근에 따라 정도를 달리한 혼

[그림 1.1] 지배구조, 경제 그리고 교육에 대한 접근에 따라 선택된 나라의 스펙트럼

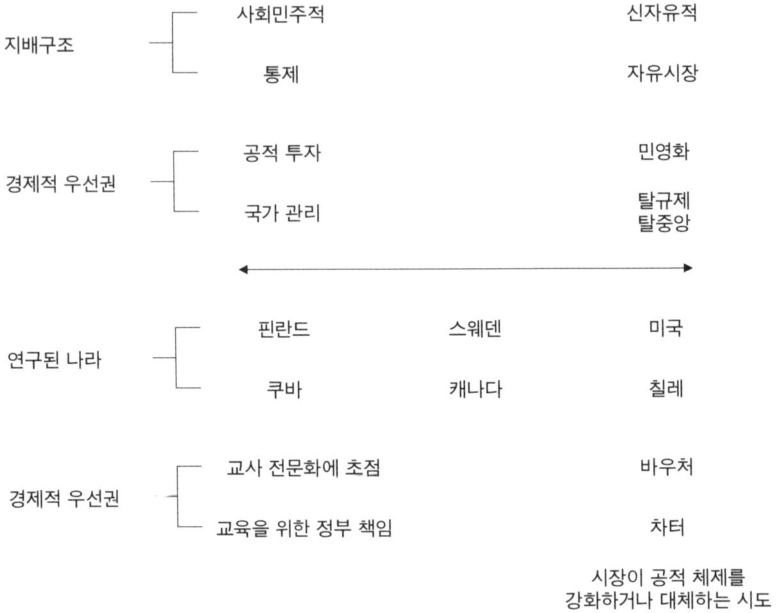

합된 모델을 발전시켜왔다. 스웨덴은 사회민주적 접근을 벗어나 영리적인 민간 공급자가 점점 지배하는 시장 기반 모델로 전환하면서 민영화의 방향으로 이동했다. 이와 정반대 방향으로 나아간 캐나다의 온타리오주는 민간 공급을 장려하는 방식이 아니라 강력한 공적 투자 모델 방식으로 변화해갔다. 1960년대 이래 쿠바는 지속적으로 공교육에 투자해왔다. 이와 달리 미국은 주마다 달리 공적 관리 및 지배구조 그리고 사적 관리 및 지배구조가 대결하는 방식으로 학교를 설립한 민영화와 공적 투자 모델을 여러 곳에서 구현했다.

우리는 6개 나라를 선택하여 세 쌍을 조직화하였다. 각 쌍은 지리적·문화적 근접성으로 연결되며 한 쌍의 각 국가는 반대의 교육 전략을 추구한다([그림 1.2]를 보라). 이들 특정의 국가를 짝지어 세 가

지 유형의 분석이 가능하다. (1) 개별 국가 내 교육의 역사적 발전을 검토한다. (2) 이웃하고 있는 국가의 서로 다른 접근을 대조시킨다. (3) 서로 다른 지리적 위치에 있지만 유사한 교육 전략을 추구한 나라를 비교한다.

[그림 1.2] 지역과 교육체제의 유형에 따른 국가의 쌍

	스칸디나비아	북미	카리브해 지역/남미
공적 투자	핀란드	캐나다	쿠바
민영화	스웨덴	미국	칠레

하이에크와 케인스: 최초의 민영화 대 공적 투자 논란

세계교육개혁운동GERM 원리의 탄생은 오스트리아 경제학자 하이에크Fredrich Von Hayek[6)]가 제안한 신자유주의의 첫 번째 반복주기—'신자유주의 1.0'이라고 부르는—로 거슬러 돌아간다. 하이에크는 정치적·군사적으로 너무 많은 권력을 휘두른 정부를 제1차 세계대전 파괴의 노련한 전범으로 여기고 회의를 품었다.[10] 그러므로 그는 중앙집권적 경제, 국가 기반 사회주의, 파시즘에 대한 대응으로 시장 자유주의, 즉 신자유주의의 '신neo'으로의 전환을 권고하였다. 하이에크는 고전적 자유주의와 중앙 계획적 경제 사이의 '중간 길'로서 1930년대의 신자유주의 1.0을 제안했다.

그러나 1930년대 세계경제는 1920년대의 시장 실패에서 비롯된 대

6) 하이에크(1899~1992)는 제2차 세계대전 이후 미제스와 더불어 오스트리아학파의 부흥에 결정적 공헌을 한 오스트리아학파의 대표적 학자이다. 경쟁을 소비자의 수요와 더 나은 생산방법을 발견해나가는 절차로 보고, 경제학에서 지식과 정보, 인식의 문제에 천착하여 자유시장경제의 작동원리를 새로이 부각시킨 바 있는 20세기의 가장 위대한 경제학자 중 한 사람이다.

공황의 한가운데 있었다. 당시 케인스John Maynard Keynes[7)]는 정부에 시장을 규제하고 노동과 하부구조에 크게 투자하는 미국의 뉴딜New Deal[8)]이라고 불리는 공적 투자 계획을 제안했다. 미국은 뉴딜정책을 시행함으로써 1960년대에 이르기까지 꾸준한 성장세를 보였다.[11] 뉴딜에는 핀란드, 캐나다, 쿠바에서 성공적으로 사용했던 공적 투자 접근이 포함되었는데, 다음 절에서 자세하게 설명된다.

케인스 경제학과 뉴딜의 성공에도 불구하고, 하이에크와 몇몇 사람들은 1947년 몽펠르랭회Mont Pelerin Society[9)]라고 불리는 그룹을 만들었다. 이 그룹은 국가 후원의 마르크스주의로 여겨졌던 케인스주의 대신에 자유주의와 자유무역의 명제를 촉진하는 것을 목표로 삼았다.[12] 하이에크에 따르면, 그들의 신자유주의 1.0 사상은 대부분 수십 년간 휴면 상태에 있었는데 밀턴 프리드먼이 근무하던 시카고대학 내 연구소에서 [사상의] 둥지를 틀게 되었다고 한다.

1970년대의 상황은 변화했다. 이념적으로 냉전의 지정학은 일부 서구인에게 미국의 중앙집권적 계획이 소비에트 유형의 탄압을 초래할 것이라는 두려움을 불러일으키면서 2차 세계대전에서 맺어진 동맹을 대체했다. 실용적 수준에서 사회적 서비스, 군사비 지출(특히 베트남 전쟁) 그리고 1973년의 석유 위기 확대로 인해 파생된 비용은 모두 경제체제에 부담이 되었다. 우리는 높은 실업률과 낮은 성장률이 결합된

---

7) 케인스(1883~1946)는 영국 경제학의 대표자로서 영국 노동당의 사회주의 정책의 촉진에 공헌했다. 1929년 가을 월가(街)의 대공황을 계기로 하는 세계적 불황이 발생한 이후 미국의 루스벨트 대통령의 뉴딜정책에 이론적 기초를 제공하였다.

8) 미국의 제32대 대통령 루스벨트가 1933년에서 1936년에 걸쳐 실시했던 대공황 극복 정책이다. 1929년 10월 24일 뉴욕 증시의 대폭락으로 미국 경제 불황이 시작됐고, 그것은 곧 전 세계적인 대공황으로 확대되었다. 이에 무너진 미국 경제의 회복, 빈곤에 허덕이는 국민의 구제를 위한 새로운 정책, '소외된 이들을 위한 새로운 정책(New Deal)'을 실시하였다.

9) 1947년 자유주의 경제학자 프리드리히 하이에크가 스위스 몽펠르랭에서 경제학자, 역사학자, 철학자들로 결성한 학자들의 모임이다. 2차 대전 직후 확산되던 전체주의와 공산주의에 맞서 자유주의 경제 이념을 연구·전파하기 위해 창립됐다.

새로운 금리 현상을 스태그플레이션stagflation[10)]이라고 부른다. 이러한 경제적·정치적 상황은 이론적으로 미국에서, 그리고 실제로는 칠레에서 발전된 신자유주의 2.0을 위한 기회를 창출하는 것으로 이어졌다.

신자유주의 2.0과 세계교육개혁운동의 탄생

1970년대와 1980년대 신자유주의 2.0은 경제적으로나 정치체제로서나 여전히 공고하지 못했다. 하이에크의 신자유주의 1.0이 자유화 정책을 이용하면서 시장을 여는 데 초점을 두었다면, 신자유주의 2.0 버전을 옹호했던 프리드먼과 몇몇 지도자들은 결정을 하는 데 주요한 정책 동인policy driver으로 민영화와 탈규제를 강조했다.[13]

프리드먼과 그의 제자의 도움을 받은 칠레의 피노체트는 칠레 체제가 운영되는 과정을 변화시켰고 시장 기반 교육개혁을 위한 청사진을 만들었다. 매우 중요한 것은 피노체트가 1973년 민주적으로 선출된 아옌데Salvador Allende[11)]정권을 쿠데타로 전복시켰다는 사실이다. 1960년대와 1970년대 아옌데는 쿠바, 핀란드, 스웨덴 그리고 미국과 비슷하게 교육에 대한 투자와 사회정의를 옹호했다. 그는 심지어 피노체트에 의해 물러나기 바로 2년 전인 1971년을 '교육 민주화의 해'로 선포하기

10) 스태그플레이션은 경기 침체를 뜻하는 '스태그네이션'과 물가 상승을 뜻하는 '인플레이션'의 합성어이다. 1973년 석유수출국기구OPEC가 원유 가격을 크게 인상한 1차 오일쇼크 당시 전 세계 각국이 이를 경험했다. 당시 석유 한 방울 안 나는 우리나라의 경제는 그 영향이 매우 컸다. 지금 다시 경기 침체와 물가 상승이 함께 발생하는 스태그플레이션 진입 가능성을 우려하는 목소리도 흘러나오고 있다.

11) 살바도르 아옌데(1908~1973)는 1970년 칠레 대통령 선거에서 36.62% 득표율로 승리하여 라틴아메리카에서 최초로 민주 선거를 통해 집권한 사회주의 정당의 대통령이 되었다. 권력을 잡은 아옌데는 '사회주의를 향한 칠레의 길'라는 사회주의 정책 실행에 착수했다. 미국 정부가 개입한 피노체트 국방 장관의 1973년 칠레 쿠데타에 저항하다 자살하였다.

도 했다.

하지만 피노체트는 사회적 프로그램과 공적 하부구조(구리 광산 등)를 민영화하고 무역을 자유화하여 시장을 탈규제하는 것에 방점을 둔 정치적·군사적 통제권을 장악하게 되면서 이들 개혁들을 뒤집었다. 1980년 피노체트는 교육에서 '바우처voucher'[12] 체제를 통해 이행된 '선택'을 제공하는 프리드먼의 주요한 시장의 이념을 기반으로 교육체제를 '민영화'했다.

이렇게 하여 피노체트는 기본 원리 또는 정책 동인으로서 민영화를 이용하여 신자유주의의 목표를 구현했다. 그는 경제적 주요 논거로서 학부모의 학교 선택권이 학교 간 경쟁을 증대시킬 것이라고 했다. 그리하여 그들에게 더 나은 교육을 제공할 것이라는 이론에 기반을 둔 '선택'을 사용했다. 끝으로 피노체트는 프리드먼의 바우처를 정책 동인과 경제적 논거를 학교로 전이시키기 위한 '교육 기제'로 채택했다. [그림 1.3]은 피노체트의 접근—민영화, 선택 그리고 바우처—의 특징이 정책 영역에서 어떻게 서로 연계되는지를 보여준다.

[그림 1.3] 칠레의 세계교육개혁운동에 대한 접근에서 주요 요소

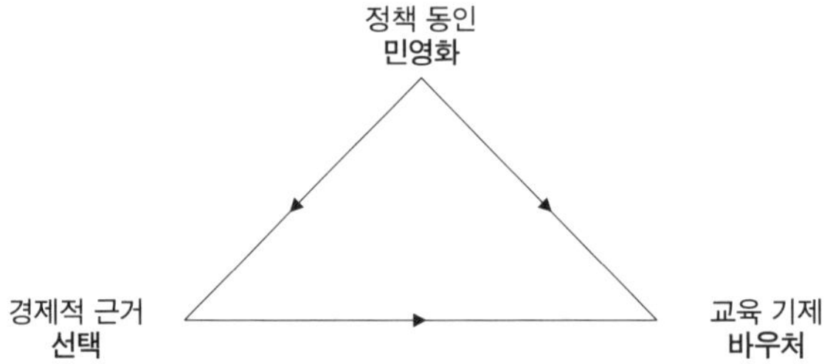

12) 바우처의 사전적 의미는 증서 또는 상품권 등의 뜻이다. 학교 바우처 제도란 공·사립을 불문하고 학생이 다니는 학교에 재정이 투입되는 제도이다. 즉, 만약 학생이 사립학교에 가고자 할 경우 공립학교에 지원되는 만큼의 돈을 학생이 다니는 사립학교에 지원한다.

국가교육체제의 핵심적 요소

[그림 1.3]은 칠레에서 민영화가 어떻게 진행되었는지를 이해하는 기본 틀을 제시한다. 게다가 그것은 일반적으로 교육정책과 실천을 이해하는 모델이 된다. 시장 기반 개혁은 다른 나라에서 동시에 실행되지도 않았고, 정확히 동일하지도 않았기 때문에, 특히 이런 기본 틀은 중요하다. 이 연구에서 [그림 1.4]는 각 나라에 적용될 수 있는 정책 동인, 경제적 근거, 그리고 교육 기제라는 더 일반적인 틀을 보여준다. 이 표들은 국가가 교육에서 민영화 모델 또는 공적 투자를 추구하는 데 사용한 주요한 특징을 제시한다. 우리는 각 나라에 대한 수치를 제시하고 있지는 않지만, 각 수준에서 구성된 다른 요소, 즉 정책 동인, 경제적 근거, 그리고 교육 기제를 논의한다.

[그림 1.4] 국가교육체제의 핵심 요소

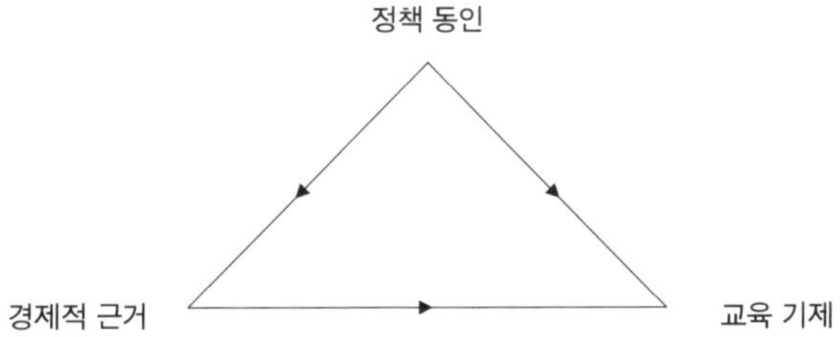

정책 동인

정치인이 경제체제와 교육체제를 위한 서로 다른 모델을 추구할 때 그들은 암묵적이든지 명시적이든지 몇 가지 질문에 대한 대답을 하지 않으면 안 된다. 이 질문은 소유권, 합법성 및 정부의 감독에 관한 것이다. [표 1.1]은 이들 기본적 이슈를 다루는 신자유주의적 투자와 공

[표 1.1] 정책 질문과 동인(삼각형의 상단은 [그림 1.4]를 보라)

정책 동인 질문들	
1. 소유권과 투자의 이슈를 누가 결정하는가? 2. 어떤 과정과 행위가 법적으로 정의되는가? 3. 결정이 어떤 수준의 지배구조에서 일어나는가?	
신자유주의적 정책 동인	**공적 투자 정책 동인**
민영화 탈규제 탈중앙 자유화	공적 소유권 공적 책임 형평성 민주적 의사결정

적 투자 정책 동인과 함께 이런 질문을 보여준다.

신자유주의 정책은 민영화의 수준을 높임으로써 소유권 문제에 대응한다. 교육의 경우 민영화는 공공 영역에 관한 책임을 민간이 소유하거나 운영하는 조직이나 회사로의 이전—예를 들어 사립학교나 차터 학교와 같이 비非정부가 운영하는 학교—을 말한다. 이 결과 해당 서비스 이용 비용으로 민간 및 준민간 조직에 대중의 세금이 동원되지만, 이 조직은 선출된 기관이나 정치인이 아니기 때문에 공적 책임을 거의 지지 않는다. 공공 투자 접근법은 일반 대중들의 투표에 따라 정치적으로 임명된 사람들이 책임을 지는 의사결정 역할을 하도록 하여 교육의 공적 소유권을 유지하려고 한다.

합법성의 이슈에 대한 신자유주의적 접근은 보통 '탈규제deregulation'라고 불리는데, 이는 다소 잘못된 명칭이다. "규칙이 없다"는 것도 규칙이라고 말하듯, 모든 규칙은 규정이라는 의미에서 보면 여전히 규제이다. 그러므로 탈규제는 실제로 사적인 이익을 항상 선호하는 방식으로 규정을 변경하는 과정을 말하며, 특히 규정, 책임 및 공적 책임의 감소로 이익을 얻는 경우에 그러하다.

탈규제는 종종 분권화와 자유화와 함께 일어난다. 이런 경우 중앙정부는 양질의 교육을 제공할 수 있는 필수 역량이 결핍된 지방자치단체에 교육에 대한 통제권과 책임을 이전한다. 이 지방자치단체는 교육을 민간 또는 준민간기관에 위탁하여 규제 완화, 그리고 지방 분권화 및 자유화를 민영화로 이끄는 더 많은 통로로 전환한다. 이러한 용어들, 특히 분권화를 정치인들이 여전히 지나치게 사용하여 경제 및 정치 구조에 근본적 변화를 가져오는 동안에 이 말의 의미가 상실되는 불행한 상황을 조성하고 있다.[14]

다른 한편, 법률문제와 지배구조에 대한 공적 투자 접근은 민주적 결정을 통해 양질의 교육을 준비하는 정부의 책임에 초점을 두고 있다. 캐나다의 온타리오처럼 민주적 측면은 적절한 공교육을 제공하지 못한 정치인을 투표로 떨어뜨리는 가능성을 포함하고 있다. 공공 투자 접근법은 효과적인 교육체제를 확실히 보장한다고 말할 수는 없지만, 민간 기업이 규제와 공적 책임의 임무가 동일하지 않을 경우 사라질, 민주적 보상을 할 수 있는 주요한 가능성을 제공하고 있다. 쿠바는 민주주의 측면에서 계획경제를 유지하기 때문에 공공 투자 모델의 민주적 측면을 예외로 하고 있다. 그럼에도 불구하고, 쿠바는 그들의 지역사회와 밀접한 관계를 여전히 유지하면서 학교를 관리하고 있고, 교직 준비에 대한 투자 등 핀란드와 유사한 교육 전략을 사용하여 탁월한 결실을 얻었다.

경제적 근거

납세자들은 어떤 거대한 공적 영역에서도 항상 시스템이 얼마나 잘 작동하고 있는지를 알고 싶어 하는데, 이는 당연한 일이다. 교육의 경우 핵심적 질문은 다음을 포함한다. 누가 교육을 제공할 책임이 있는가? 무엇이 가장 좋은 전달 기제인가? 그리고 서로 다른 접근에 얼마나 많은 비용이 드는가? [표 1.2]는 신자유주의와 공적 투자의 맥락에서 이들 질문과 이에 대한 답변을 각각 보여준다.

[표 1.2] 경제적 질문과 근거(삼각형의 좌단은 [그림 1.4]를 보라)

경제적 근거가 다루는 질문	
1. 교육체제의 주요한 목표는 무엇인가? 2. 교육을 준비하는 것은 누구 책임인가? 3. 다른 접근 방식은 비용이 얼마나 드나?	
신자유주의를 위한 경제적 근거	**공적 투자를 위한 경제적 논거**
효율성 선택/경쟁/품질 희소 자원(명백한) 형평성	보편적 접근 보편적 기회 접근 민주주의 형평성

신자유주의 제안자들은 그들의 접근 방식에 대한 대중의 지지를 얻기 위해 세 가지 경제적 근거, 즉 (1) 효율성, (2) 경쟁의 축: 선택-품질, (3) 명백한 자원 부족을 중점적으로 다룬다.[15] 공급 측면에서 신자유주의자들은 민간 기업들이 정부보다 더 효율적으로 재화와 서비스를 제공한다고 주장하면서 교육체제의 효율성을 목표로 한다. 수요 측면에서 신자유주의자들은 이론적으로 고품질의 제품이 만들어지도록 더 많은 소비자의 선택 폭을 넓히는 수단으로 경쟁을 촉진한다.

신자유주의자들은 경제 이론을 이론적 근거의 주요한 원천으로 사용하지만, 공적 투자를 지지하는 사람들은 자신들이 사용한 경제적 접근의 사회적 이익을 교육 전달의 기본적 이론으로 간주한다. 공적 투자 모델에서 교육의 주요한 목표는 학교와 학생 사이에 승자와 패자를 만드는 경쟁 모델과는 달리 학생들에게 보편적 접근을 제공하는 것이다. 정부는 교육을 제3자에게 외주화하지 않고 그것을 제공할 주요한 책임이 있다. 이 말은 계약자 이용을 배제하지 않는다. 오히려 대중에게 공평한 기회와 책무성을 보장하기 위해 공적 기관에 주요한 정치적 책임을 부여한다.

핀란드와 같은 국가는 비용 면에서 다른 나라보다 약간 더 지출하지만 더 나은 교육의 성과로 상당히 높은 수익을 얻고 있다. 핀란드는 지난 45년 동안 GDP의 평균 5.8%가 교육비 지출이었으며, 미국은 지난 35년간 GDP의 평균 5.1%를 지출했다.[16] 이 차이는 사소한 것이 아니다. 그렇지만 이 책의 결론에서 논의되듯이 국제적 평가의 차이들을 설명하지 못하고 있으며, 예를 들어 핀란드와 미국 사이에 대해 그렇다. 오히려 미국과 다른 경제적 근거를 강조하는 국가들은 교육 시스템을 창출하여 결국 상당히 다른 성과를 거두었다.

신자유주의와 공적 투자 모두 형평성equity[13)]을 추진 동력의 원칙으로 주장하며, 이 원칙을 논쟁의 대상으로 만들고 있다. 미국의 교육개혁 지지자들은 학교 민영화의 근거로 저소득층 및 취약 계층 아동의 학업성취 부족을 든다. 반면에 공공 투자를 지지하는 이들은 불평등한 교육 성과의 원인으로 학교 재정 부족과 만성적 빈곤을 지적한다. 그들은 교육 시장에서 민간단체를 중개인으로 소개하는 것보다 투자를 적절하게 늘리고 필요가 절실한 인구집단을 목표로 하는 것이 학생들에게 더 큰 도움이 될 것이라고 주장한다. 이 책에서 다루는 주요 질문 중 하나는 국가가 어떻게 특유의 모델을 사용하며, 어떤 결과를 가지고 형평성에 접근하느냐 하는 것이다.

---

13) 평등에는 정의 개념이 얽혀 있는데, '조화'로서의 정의(플라톤의 정의관), '평등'으로서의 정의(칸트의 정의관), '형평'으로서의 정의(롤스의 정의관), '차이'로서의 정의(레비나스와 데리다의 정의관) 등이 있다.

교육 기제

정책 동인은 교육개혁의 엔진이고 경제적 근거가 차체라고 한다면, 교육 기제는 타이어이며, 고무는 여기에서 도로에 닿아 있다. 의사결정을 위한 주된 질문은 전달 메커니즘(일반적으로 학교 유형), 교육과정 유형, 그리고 학생들을 위한 내용 및 학습 목표를 다룬다. [표 1.3]은 이러한 질문들에 대해 신자유주의적인 교육 기제와 공적 투자 교육 기제를 보여준다.

[표 1.3] 교육 질문과 기제(삼각형의 우단은 [그림 1.4]를 보라)

교육 기제가 다루는 질문	
1. 교육을 위한 최상의 전달 기제가 무엇인가? 2. 어떤 교육과정을 가르쳐야 하는가? 3. 학생이 학습되는 것을 어떻게 아는가?	
신자유주의적 교육 기제	**공적 투자 교육 기제**
바우처 차터 스쿨 시장을 기반으로 한 가르침 시험 기반 책무성	잘 준비된 교사 학교에 대한 공평한 재정 지원 양질의 하부구조 전인적 아동 교육과정과 교수법

민영화의 지지자들은 적어도 다섯 가지 서로 다른 도구, 즉 바우처, 차터 스쿨, 학교 시장, 교직에 대한 시장 기반 접근, 그리고 시험 기반 책무성을 제안했고, 그중 일부는 겹쳐 있다. 바우처 및 차터 스쿨은 국가별로 다르게 정의되고 활용되지만 공적 기금을 사용하는 학교의 민간 경영(때로는 소유권)을 가능하도록 한다. 이들 학교는 다음과 같은 주요한 차이점이 있다.

첫째로 바우처 금액은 학생을 따라 학교에 송금된다. 이때 공립·사립학교 모두 학생의 선택지가 된다. 반대로, 정부는 이 제도 운영에 협력하는 학교에 계약이나 인가(차터)를 내준다. 이때 본래 공립학교에 지원될 금액으로 학생당 기금을 이용한다. 차터 스쿨[14]은 본질적으로 민간이 관리하는 공립학교로서 그들이 속해 있는 관할권과 그 권한에 따라 규제가 다양한 수준으로 완화되었다.

바우처와 차터 스쿨의 두 번째 중요한 차이는 차터 범주의 일부가 아니라 바우처로 받을 수 있는 종교학교의 역할이다. 교회와 국가가 분리된 것은 미국에서 교육의 바우처를 사용하는 것—밀워키와 같은 일부 도시의 실험을 제외하고는—을 제한했다. 반면 차터 스쿨은 일반적으로 독립적인 비종교적 '공립' 학교로 운영되며, 미국 학구의 다양한 시장 개척을 위한 주요 수단 또는 다양한 학교의 포트폴리오 역할로 이용된다.

세 번째 기제는 특별히 스웨덴에 적용되는 시장으로 이론적으로는 학생들이 공립학교나 사립학교를 무료로 다닐 수 있다. 모든 학교가 모든 학생들에게 무료인 것은 아니지만, 바우처와 차터를 모두 갖춘 밀워키의 교육 시장은 이 모델이다. 스웨덴의 모든 학교는 시장 모델에 포함되지만 실제 학생들은 자신이 선택한 학교에 다니지 못하고 있다. 이런 시장 시스템에서 학생들의 분포는 궁극적으로 칠레와 미국에서 유사한 유형의 층화가 있음을 보여준다.

끝으로 신자유주의의 두 교육 기제로서 교직에 대한 시장 기반 접근과 시험 기반의 책무성은 학교에서의 가르침과 배움 과정의 성격에 영향을 미친다. 교사 진입 기준을 낮추어 더 많은 기회를 허용하는 교직 시장을 창출해내면 경험이 없는 교사들이 경험이 풍부한 교사들을 대체함으로써 비용을 줄일 수 있다. 물론, 과밀 학습으로 학급

14) 차터 스쿨charter school은 더 유연한 규칙과 규제를 가진 자율형 공립학교이다. 이런 유연한 규칙은 교원노조와의 계약이나 국가교육 운영 과정에서 규정을 유연하게 적용한다. 차터 스쿨은 미국의 공립학교 제도를 개혁하는 대안으로 나타났다.

규모를 증대하는 것도 비용을 줄이는 또 다른 방법이다. 교직원 급료는 교육비 지출의 약 80%를 차지하기 때문에 교사에 지출할 비용을 절감하는 것은 민영화 모델로 이윤을 증대시키는 가장 손쉬운 방법이다.

그리고 시험 기반 책무성이란 시장에 정보를 제공하고, 때로는 시험 결과에 따른 학교 폐쇄, 교사의 급여 및 교직 유지 여부 등과 같은 주요한 결정을 내리는 데 사용된다. '고부담 시험high-stakes test'[15)]은 학교와 교사에게 '시험을 잘 치르는 방법'을 사용하도록 유인 동기를 줄 수 있다. 왜냐하면 자신이 하는 일이 점수에 좌우되기 때문에 점수가 낮은 학생들을 피하거나 배제하면서 점수가 높은 학생을 모집하려고 시도하기 때문이다. 심리 측정 전문가(테스트 전문가)는 지난 수십 년 동안 학생들이 알고 있는 것과 여전히 배워야 할 것에 대한 정보를 수집하기보다, 징벌적 결정을 내리기 위해 시험 결과를 오용하는 것에 주의를 해왔다. 그럼에도 불구하고 시험은 시장에 정보를 제공하면서 동기를 부여하는 방법으로 간주되었다. 게다가 학교, 학구 및 주에 시험 및 시험 준비 자료를 제공하는 것은 높은 수익을 내려는 노력이며 대기업 시험 기관으로부터 정치적 지원을 받고 있다.[17]

이윤을 우대하는 조치는 교육개혁 운동의 모든 단계에서 기능하며 많은 맥락에서 중요한 동기가 된다. 학교를 저렴하게 운영하는 사기업은 주가 제공하는 재정과 회사가 지출하는 비용 사이의 차액을 벌어들일 수 있다. 또한 정부는 교육 관련 지원을 외주화함으로써 교육 관리 및 결과에 대한 책임을 줄일 수 있다. 이때 시험, 교육과정의 전달,

---

15) '고부담 시험'은 시험의 결과가 수험자인 개인이나 학교에 중요한 영향을 미치는 시험을 일컫는다. 시험 성적으로 한 학생의 졸업 여부, 유급과 진급의 여부를 결정하고, 각 학교는 예산 지원 및 삭감, 심한 경우 폐쇄까지 결정할 수 있다. 이러한 고부담 시험은 교육의 책무성과 밀접한 관련을 맺고 있다.

시설 정비, 교통, 학교 관리 및 기타 분야에서 외주화는 민간 기업의 수익 창출을 위해 문호를 개방했다. 이런 접근 방식은 종종 교육에 관한 용어들을 민간 기업과 교사가 학교교육을 생산하는 시장의 용어로 대체시키고, 그래서 학생들과 학부모들은 교육에서 학습자와 동반자가 아니라 교육 서비스의 소비자와 제품으로 대상화된다.

민영화와는 다른 공공 투자 접근법은 교육 개선을 위한 네 가지 기제, 즉 (1) 가르칠 준비가 잘된 교사, (2) 학교의 공평한 재정 지원, (3) 양질의 인프라 구축, (4) 전인적 교육과정과 교수법을 중요시하는 경향이 있다. 핀란드와 쿠바, 그리고 캐나다의 공통점은 교사에 대한 높은 수준의 투자이다. 각국은 예비 교사의 교육이든, 현직 교사 보수교육이든, 교사교육에서부터 재정 지원에 이르기까지 교사의 노동력을 소중히 여기며 교직을 전문직으로 만들어 그 일을 최우선으로 여기도록 한다. 그리하여 이들 국가는 교사와 학생이 성공할 수 있도록 필요한 인프라(탄탄한 교육과정, 합당한 학급 규모, 다양한 자료 제공 및 각종 지원)를 제공한다. 끝으로 이들 국가들은 고부담 책무를 지우는 시험을 사용하지 않기 때문에 교사는 전인적 교육과정에 매진하는 인적 자원이 될 뿐만 아니라, 학생들이 자신의 삶을 준비하는 데 필요한 다양한 기술을 학습하는 데 도움을 주는 더 많은 재량권과 능력을 갖고 있다.

세계교육개혁운동이 확산되다: 누가 영향을 받았으며 누가 저해하고 있나

이 책은 부분적으로 살베리의 세계교육개혁운동GERM 개념을 사용하면서, 이 개념이 교육 부문 내에서 어떻게 역사적으로 확산되었는지, 또한 어떻게 신자유주의적으로 응용되었는지 파악하는 데 초점을 맞추고 있다. 우리는 먼저 공적 투자 모델에서 사용된 다른 접근 방식은 물론이고, 신자유주의의 원천을 분석하며, 다른 특징을 갖는 기본 틀을 제시했다. 그러나 세계교육개혁운동은 전 세계의 여러 국가에 어떻게 영향을 미쳤나? 그리고 공적 투자 전략은 어떻게 동일한 연대표에 따라 전개되었나?

이 연구에서 [그림 1.5]는 세 쌍의 나라들이 시장 기반 개혁의 논리와 기제를 교육체제와 통합할 때 주요한 순간을 보여준다. 또한 그림은 교육의 민영화를 피하기 위해 다른 전략을 사용하면서 공적 투자의 세 나라가 언제 어떻게 자신의 모델을 시작하고 진화되었는지를 보여준다.

[그림 1.5] GERM의 궤도: 최근 몇십 년간의 취약성과 저항

	칠레	미국	스웨덴	핀란드	캐나다	쿠바
1980년대	GERM 시작 (피노체트의 바우처 체제)			공적 투자 접근 (평등 기반 체제)		공적 투자 접근 (교사에 대한 투자)
1990년대		GERM 사례 (밀워키 바우처 프로그램)	GERM 사례 (시장화된 학교체제)		GERM 저항 (2003년 바우처 프로그램 전복)	GERM 방어 무역 제재/ 통제 경제 책 방어)
2000년대		GERM 사례 (차터 스쿨 운동/ 뉴올리언스 개혁)		GERM 면제 (높은 국제 학업성취도)		(2015년 이래 신자유주의 이념과 정책 방어)
2010년대					공적 투자 접근 (전문적 역량 형성)	

이 그림을 통해, 1980년대~1990년대에 시장 기반 교육개혁을 수반한 신자유주의가 칠레를 필두로 미국, 스웨덴 정부에 유입되는 것을 볼 수 있다. 칠레는 신자유주의, 민영화, 그리고 세계교육개혁운동 모델 만들기를 위한 실험용 배양 접시로 사용되었다. 미국과 스웨덴은 이 모델이 신자유주의(민영화, 탈규제 등)의 근본적인 기본 요소를 여전히 표현하면서도 주최 국가의 맥락—바우처, 차터, 그리고 시장을 통해—에 어떻게 적응해왔는지를 보여주며 다른 종류의 관련된 변형을 보여준다. 이와는 반대로 비록 세계교육개혁운동GERM이 많은 나라에 퍼져나갔지만 모든 나라의 교육에 반드시 영향을 미치지는 않았다는 것을 세 개의 공공 투자 국가의 사례에서 보여주고 있다.

사실 핀란드는 1970년대에 공적 투자를 통한 형평성에 초점을 맞추기 위해 교육체제를 변화시켰다. 한 세대가 지나서야 핀란드는 그 계획의 성과를 거두었으며, 피사PISA 2000을 시작할 때 국제적 테스트에서 가장 높은 점수를 얻어 세계교육개혁운동이라는 세균GERM에 대한 '면역력'을 갖게 되었다. 핀란드의 경제계는 교육 부문을 민영화하기 위해 정부에 압박을 가했지만, 핀란드가 최고의 국제학업성취도 점수를 받음으로써 이런 주장은 사라졌다.

캐나다의 온타리오주는 1990년대 후반 긴축조치와 사립학교에 학비 세액 공제를 부여함으로써 실제 세계교육개혁운동이라는 세균GERM에 '감염'되었다. 그러나 2000년대 초가 되면서 온타리오주는 보수적 정치인들이 사립학교에 더 큰 투자를 요구한 이후 대중의 반발이 저항으로 발전하면서 투표로 그들을 퇴진시켰다. 이렇게 변화가 일어난 이후 집단적 전문 역량 강화에 근거한 온타리오의 새로운 공적 투자 모델은 학업성취 결과와 여론 모두에서 잘 수행되었다.

끝으로, 쿠바는 미국의-세계화와 신자유주의라는 무기가 쿠바의 장벽 방어에 의해 상당한 모욕을 받았던−제재 조치를 통한 세계교육 개혁운동에 대항하여 특이한 형태의 '장벽을 보호하는' 조치를 취했다. 쿠바는 라틴아메리카에 비해 '순위를 뛰어넘는' 높은 학업성취 점수를 얻었음에도 불구하고, 불행하게도 최근 해제된 통상 금수 조치는 세계 교육운동을 포함한 상업주의 및 사상의 홍수를 맞이할 위험성도 안게 되었다.

이 책의 구성

다음으로 우리는 6개국 각각에 대한 사례 연구를 지리적으로 가까운 쌍의 순서로 제시한다. 아울러, 우리는 각 나라에 대한 연구를 토대로 민영화 혹은 공적 투자를 수반하는 우선적 정책 동인, 경제적 근거, 그리고 교육 기제를 확인할 수 있다.

2장에서 아벨라르도 카스트로 이달고와 릴리언 고메즈 알바레즈는 피노체트가 권력을 탈취하기 이전부터 시작하여 수년간의 항의 시위와 최근의 노력으로 시스템의 방향을 전환하고 있는 칠레에 대한 이야기를 이어가고 있다. 3장에서 마틴 카노이는 공공성을 지향한 작은 쿠바와 칠레의 개혁 접근법을 대조한다. 4장과 5장에서 비에른 오스트랜드와 파시 살베리는 스웨덴과 핀란드가 전후 시기의 공통된 민주적 약속이었던 것에서 벗어나 이 나라들이 채택한 아주 다른 전략을 세밀하게 분석한다. 민영화를 옹호하는 스웨덴은 완전한 공적 체제를 갖추어나가는 핀란드의 약속과 대조된다. 그 후 수십 년 동안 이 나라들은 교육 상태에 따라 순서가 바뀌었다.

6장에서 우리는 매사추세츠처럼 높은 성취도를 보이는 주들이 어떻게 성공적인 공공 투자 전략을 관리했는지는 물론이고, 밀워키와 뉴올리언스처럼 가장 주목할 만한 민영화 현장에서 미국 내의 경쟁하는 충동들과 그것들이 어떻게 작동했는지를 살펴본다. 7장에서 마이클 풀란과 산티아고 링컨-가야르도는 공교육에 대한 투자를 중단하고 민영화 장려 정책을 추진하려는 정부에 대항하여 민영화를 거부하고, 종합적인 공교육 발전 전략을 수행하고 있는 온타리오의 이야기를 선정하여 세밀한 분석을 하고 있다.

이 책은 국가 안팎에서 가장 중요한 교훈을 종합하는 정책 교차사례분석cross-case policy analysis으로 마무리된다. 이러한 교훈은 민주적 요구를 충족시킬 수 있는 모델을 선택할 수 있는 가능성은 물론이고, 공적 개선 및 민간 투자와 연관된 대안적인 전략적 정책을 고려함으로써 전 세계의 교육자와 정책 입안자들에게 시사점을 줄 수 있을 것이다.

주

1. Flaklin, J. (August 5, 2011). "칠레 학생들의 저항은 폭력 사태로 비화되었다". http://www.theguardian.com/word/2011/aug/05/chile-student-protest-violence; Long,G.(August 11, 2011)에서 검색. "칠레 학생들의 저항은 심각한 불만을 보여주고 있다". http://www.bbc.com/news/world-latin-america-14487555;National(August 18, 2011)에서 검색. "4,000만 달러의 보조금과 1만 달러 기금 모임도 이루어졌다". www.latercer.com/com/noticia/2011/08/680-387032-9-minuto-a-pese-a-la-lluvia-empieza-agrupare-manifestantes-en-la-alameda.shtml에서 검색.
2. www.theatlantic.com/photh/2011/08/student-protests-en-la-alarmenda.shtml.
3. Carnoy, M. (2002). *Lessons of Chile's Voucher Reform Movement*. Rethinking Schools. www.rethinkingschools.org/special_reports/voucher_sosintl.shtml에서 검색.
4. 2015 세계교육포럼을 주도한 김진용은 연설에서 일부 아프리카 국가에 공교육을 위한 공공기금을 조성하는 해결책으로 특별하게 비영리 민간회사인 Bridge Academies를 칭찬했다. Kim, J. (2015). Ending Extreme Poverty by 2030: The Final Push. www.worldbank.org/en/news/speech-by-world-bank-group-president-jim-yong—kim-ending-extreme-poverty-final-push.
5. 세계시장의 평가는 2014년 샌프란시스코에서 국제금융회사가 주최한 "국제민간교육회의"에서 Learn Capital의 관리 파트너인 로브 허트의 연설에서 제시되었다.
6. Salberg, P. (2011). Finnish Lessons. New York: Teachers College Press. p. 99.
7. Steiner-Khamsi, G. (2014). "Cross-national policy borrowing: understanding reception and translation", *Asia Pacific Journal of Education*, 34(2), 153-167.
8. Hargreaves, A., Earl, L., Moore, S. & Manning, S. (2002). *Learning to Change: Teaching Beyond subjects and Standards*. San Francisco: John Wiley & Sons; Hargreaves, A., & Shirley, D. L. (2012). *The Global Fourth Way: The Quest for Educational Excellence*. Newbury Park, CA: Corwin Press; Salberg, P. (2011). "The fourth way of Finland". Journal of Educational Change, 12(2), 173-185.
9. Salberg, P. (2011). *Finnish Lessons*. New York: Teachers College Press.
10. Samuels, W. J. (2011). *Erasing the Invisible Hand: Essays on an Elusive and Misused Concept in Economics*. Cambridge: Cambridge University Press.
11. 뉴딜은 미국의 성장에 유일한 요인은 아니다. 2차 세계대전은 미국 제조업 영역에 크게 기여했다. 또한 미국의 성장은 때때로 칠레에서의 피노체트 독재는 물론이고 미국의 관여로 조율되고 지원되는 여러 중남미 독재국가의 시민을 포함하여 다른 사람을 희생시켜왔다.
12. Samuels, W. J. (2011). *Erasing the Invisible Hand: Essays on an Elusive and Misused Concept in Economics*. Cambridge: Cambridge University Press.
13. Friedman, M. (1962). *Capitalism and Freedom*. Chicago, IL. University of

Chicago Press.
14. 민츠버그는 다음과 같이 인용하고 있다. "중앙집권화와 지방분권화는 누구든지 조직에 대해 글을 쓰는 동안 신경 쓰지 않았다. 그러나 그것들은 아마도 경영에서 가장 혼란스러운 주제를 나타냈다. 이 용어는 여러 가지 다른 방식으로 사용되어 거의 모든 의미가 없어졌다." Minzberg', H. (1983). *Structure in Five: Designing Effective Organization*. Upper Saddle River, NJ: Prentice-Hall International, p. 95.
15. Mundy, K. & Murphy, L. (2000). "Transnational advocacy, global civil society? Emerging evidence from the field of education". *Comparative Education Review*, 45(1), 85-126.
16. OECD (2015). *Public spending on education*(indicator). https://data.oecd.org/eduresource/public-spending-on-education.htm.에서 검색
17. Cave, T. & Rowell, A. (2015). "'Reform': creating opportunities to profit", in *A Quiet Word: Lobbying, crony Capitalism and Broken Politics in Britain*. London: Vintage.

2장

칠레: 장기간의 신자유주의 실험이 교육의 질과 형평성에 미친 영향

아벨라르도 카스트로 이달고Abelardo Castro-Hildalgo
릴리언 고메즈 알바레즈Lilian Gómez-Álvarez[1)]

"무상교육, 포용의 교육, 양질의 교육"을 위한 오래된 싸움

오늘 저녁 9시 30분, 학교 안에서는 일부 학생들이 냄비와 팬을 두드리고 있었다. 이들은 자신의 집에서 출발하여 거리를 지나 학교 안까지 행진하면서 국민 대중의 관심을 촉구하는 거리 시위를 진행한 것이다. 학내의 다른 학생들 역시 이들과 합류하여 요란한 소음과 함께 민중들의 저항의 한 형태인 "카세롤라소[2]"를 하고 있었고, 몇몇 학생들은 사범대 건물 안에서 이들을 지켜보고 있었다. 캠퍼스 전체의 전기는 차단되었고, 그래서 우리는 건물 입구로 갔다. 우리 중 몇 명은 주변을 밝히기 위해 촛불을 켰다. 오전 12시 20분에 우리는 30명의 경찰 주위에 특수부대가 배치되어 있는 것을 보았다. 우리가 건물 안으로 다시 들어가려고 시도할 때, 특수부대는 이미 건물 위로 진입했다. 우리는 뒤쪽의 문

1) 릴리언 고메즈 알바레즈는 콘셉시온대학교의 교수이며, TETL 과정을 교수하며, 교사연수와 대학생 실습을 맡고 있다.

2) 카세롤라소cacerolazo는 거리에서 주방기구를 두드리며 벌이는 시위. 불만을 표출하는 방식 중 하나로 주방기구를 들고 거리에 나와 두드리는 시위를 말한다. 1971년 칠레에서 여성들이 살바도르 아옌데 정권에 반대하는 시위를 하면서 냄비, 프라이팬 등을 두드리는 것에서 유래되었다. 주로 남미에서 일어난다.

을 닫기 위해 있는 힘을 다했지만, 특수부대는 봉둥이와 돌로 입구 창문을 부수고 어떤 사전 예고도 없이-건물 안으로 최루탄 세 발을 던졌다. 몇몇 학생들이 최루가스에 숨이 막혀 힘들어하며 일대 소요가 일었다. 일부는 의식을 잃었고 어떤 이는 구토를 했다.

_학생, 콘셉시온대학교

이는 2011년 8월 5일 금요일 저녁, 학생들이 학생운동의 한 방식으로 사범대 건물을 점령했을 때, 콘셉시온대학교Universidad de Concepción 사범대에 다니던 학생이 묘사한 장면이다. 칠레에서는 사회운동의 한 부분인 학생운동을 통해 민영화로 인한 광범위한 교육 불평등과 교육 민영화에 저항했다. 역사적으로 중요한 순간마다 일어난 이러한 저항은 1990년대 이후 사회복지와 교육권에 대한 칠레 학생들의 오랫동안 누적된 분노에 근거하고 있다. 먼저, 이 장에서는 평등한 교육을 실현하기 위한 학생운동의 오랜 투쟁의 성공 및 실패 사례를 구체적이고 간략하게 살펴볼 것이다. 이러한 논의를 거쳐서, 학생들의 지속적인 투쟁의 원인이 되었던 교육 시스템과 정책적 이슈들을 톺아 볼 것이다.

칠레 학생들은 역사적으로 사회적 사안에 적극적으로 개입하고, 대학 운영과 정책 결정에 참여해왔다. 1906년 창립한 칠레학생연합은 복지사회로 나아가기 위한 사회민주화 과정에서 매우 중요한 역할을 했으며, 지속적으로 기여해왔다. 피노체트[3] 독재정권의 폭압적인 정책에

3) 아우구스토 피노체트 우가르테 육군사령관은 1973년 9월 11일 군사 쿠데타를 주도하여, 아옌데 사회주의 정권을 전복시키고 군사정권을 수립하였고, 17년간 칠레를 통치하였다. 1978년에는 신헌법을 제정하였으며, 경제체제 개혁을 통해 고도 경제성장을 달성하였다. 피노체트 장군은 1988년 군사정권 연장 여부를 묻는 국민투표에서 과반수 지지 획득에 실패하면서 1990년 민주선거를 통해 민정 이양을 실시하였다.

맞서 최초로 조직적인 반대 투쟁을 펼친 것도 학생운동이었다.

민영화 정책에 저항하는 학생운동의 첫 단계는 2001년에 시작되었다. 당시 교육부 장관인 세르히오 비타르Sergio Bitar는 민영화된 대학 학생들을 대상으로 주에서 보증을 해주고, 정부 보조금을 빌릴 수 있게 허가했다. 학생들은 칠레 정부가 CRUCH라고 알려진 전통적인 대학연합을 대신하여 민영화된 대학들의 역할을 강화하려 한다고 인식했다. 학생들은 이러한 인식을 통해 CRUCH 대학들에 다니는 저소득층 학생들도 정부의 보조금과 장학금을 보장받을 수 있도록 투쟁했으며, 결국 비타르 장관의 승인을 받아내었다. 이후 학생운동-투쟁은 고등교육의 민영화 확대와 같은 정치적 사안 등 대학 교육에 관한 다양한 문제들을 제기하면서, 교육 시스템 자체에 대한 재고를 촉구하는 방향으로 이어졌다.

학생운동의 두 번째 단계는 2006년에 일어났다. 2006년 코로넬Coronel 도시에서 홍수가 났으며, 무너진 공립학교를 재건축하는 과정에서 당국의 중대한 실책이 있었고, 이에 대해 학생들이 대규모로 투쟁하게 된 것이다. 당시의 학생운동은 공립학교 교복 디자인에 따라 (교복 디자인이 펭귄을 연상시킨다 하여) "펭귄혁명"이라고 불렸다. 펭귄혁명은 칠레의 수도인 산티아고에까지 빠르게 확산되었다. 당시 수도에서는 저소득층 학생의 학교 급식비와 교통비 지원이 부족한 데 반해, 사립 "바우처" 학교들의 재학생이 대신 이 혜택을 받고 있는 현실에 저항하는 학생 투쟁이 한창이었다. 수도를 기점으로 학생운동은 전국으로 확산되었으며, 이를 통해 뿌리 깊은 교육 불평등 제도 문제를 국민적인 이슈로 전면화했다.

학생들은 다음과 같은 요구를 내세웠다. 공립학교의 질적 제고, 교육 불평등 종식, (교육 담당을 지역에서 중앙으로 이관하여) 지방분권 파기, 사립 바우처 학교의 학생 선발 중단, 공적 자금을 받는 학교의 영리 활동 금지 등. 이러한 운동은 정부로 하여금 학생들의 요구가 포함된 법조항 초안을 만들도록 강제하였으며, 결과적으로 국가수준의 "교육의 질 관리 자문위원회"를 만들게 하였다. 그렇지만 이 법의 초안은 펭귄혁명의 주요 골자를 포함하지 못했고, 오히려 혁명에 반하는 요소인 이윤 추구나 학생 선발을 제안하였다. 이는 기존 체제에 대한 법적 지원을 강화하는 결과를 낳았다.

학생운동의 다음 회합에서는 이런 "미완의" 이슈들을 여러 가지 다른 방식으로 알렸다. 2009년 콘셉시온대학교 학생들은 교수들의 지지를 받는 시위를 벌였는데, 대학을 가로질러 건물을 점령하고, 더 많은 급식 장학금을 요구했으며, 대학 학비 인하와 수업 등록비용의 삭감을 제안했다. 다른 학생연합들도 가까이에서 이 운동을 지원했다. 학생들은 대학 교육의 심각한 상황을 파악하고 있었다. 즉, 학생과 가정이 대학 교육비의 78%를 부담하고 있음에도 불구하고, 대학 당국은 대학의 학위가 노동시장의 요구와 맞지 않아서 졸업 후 학생들이 곧바로 실업자로 전락할 교육을 하고 있다는 점과 결과적으로 학생들은 감당하기 힘든 빚만 지게 되는 점 등등 대학교육의 가혹한 현실을 인식하고 있었다.

다른 학생 그룹은 2011년 산티아고에서 수만 명이 대규모 집회를 했다. 경찰이 탱크와 살수차를 동원하고 최루가스까지 쏘는 폭력적 장면들이 전 세계로 퍼져나갔다. 이때 학생들은 다음 사항들을 요구했다.

- 교육체제 전체의 무상교육
- 학교의 이윤 추구 삭감

- 국가를 통한 교육 혁신
- 재원 사용의 투명성을 보장하는 대학 운영과 이 과정에 교수, 학생, 교직원의 참여 보장
- 질 높은 민주적인 교육 확립

학생운동은 현재도 여전히 활발하며, 이러한 운동이 되풀이되는 동안에 칠레 의회 하원에서 "학생 입법자"로 4명의 학생 대표가 선출되었다. 2015년 1월, 새로운 교육 법안이 제안되었으나 학생 선발권, 이윤 추구를 없애지는 못했다. 또한 사립 바우처 학교의 공동 부담(학부모 부담)이 점차 사라지고 있지만 바우처 프로그램이 완전히 없어지진 않았다. 교육을 개선하기 위한 법안이 일부 통과된 반면, 몇몇 법안은 개정까지 많은 검토가 요구된다. 교육 개선을 위한 법률 검토가 진행되는 동안, 교육을 받을 평등한 권리를 주장하는 학생들의 투쟁은 적지 않은 비난에도 불구하고 계속된다. 이제, 학생들의 투쟁에 대해서 구체적으로 분석해보겠다.

이 장의 개관

본래 칠레의 헌법은 국민을 위한 강한 사회적 기관을 세워나가는 민주국가 건설을 전제로 하여 제정되었다. 모두를 위한 위대한 평등을 추구하고, 공평하게 기회를 제공하는 근대 국가로의 발전을 위해 중요한 정부 투자는 1960년대와 1970년대에 이루어졌다. 하지만 1973년 9월 11일에 발생한 쿠데타는 교육 부문의 많은 것을 포함하여 국가가 본래적으로 운영하던 주요한 기관들을 민영화하고 헌법을 수정함으로

써 이러한 민주적인 사회 발전을 해체하는 수순을 밟았다. 군사 쿠데타로 권력을 장악한 피노체트 정권이 공평한 국가 발전을 해체했다는 것은 다음의 내용을 통해 확인할 수 있다. 미국은 군사적으로 피노체트가 권력을 장악할 수 있도록 영향력을 행사했고, 또한 칠레는 시카고대학의 밀턴 프리드먼이 제시하는 신자유주의 사상을 수용함으로써, 그 영향을 받았다. 이는 "시카고학파 문하생Chicago Boys"으로 더 잘 알려진, 프리드먼의 칠레 출신 제자들에 의해 수행되었다.

1988년 피노체트가 마침내 권좌에서 물러났을 때, 교육 시스템[4]은 이미 상당히 달라져 있었다. 다시 말해, 교육은 훨씬 더 불평등해졌고, 전문적이지 않았으며, 표준화된 시험제도에 의해 고부담 평가를 받게 되었다. 1990년대 이후 이러한 교육적 문제들을 개선하려는 다양한 시도들이 있었지만 이미 고착된 신자유주의 교육 시스템을 완전히 혁신하지는 못했다. 다만, 정부는 평등교육과 관련된 이슈가 인구에 회자될 때 가끔 소개되는 미미한 수준의 변화를 추진했을 뿐, 전면적인 교육 혁신을 감행하지는 못했다. 2001년 학생들의 시위가 일어나고, 이어서 2006년에는 더 많은 학생들이 이른바 펭귄혁명(공립 고등학교 학생들은 펭귄이라고 불렸는데, 이는 공립학교 교복이 흰색과 검은색으로 되어 있어 붙여진 이름이다)에 참여했다. 학생운동은 단지 교육 분야만이 아니라 사회 전반에 걸쳐서 전개되었는데, 2011년에는 수만 명의 국민이 함께 모여 사회 평등을 요구하는 투쟁을 진행하면서 또 다른 국면으로 전환되었다. 국민적인 투쟁은 2014년 새로운 사회주의 정권

4) 칠레의 유치원 과정은 6세 미만의 아동이 다니며 시립유치원은 무료, 사립유치원은 유료로 운영된다. 초등과정은 8년제 의무교육이고, 중등과정은 4년제인데 이는 인문계와 실업계로 구분된다. 대학과정은 6년제 대학교인 '우니베르씨다드', 4년제 과정인 '인스티뚜토 프로페씨오날' 및 2년제 과정인 '센트로 데 포르마씨온 테크니카'로 구분된다. 칠레의 주요 대학교로 칠레대학교(1842년), 가톨릭대학교(1888년), 콘셉시온대학교(1919년), 발파라이소 가톨릭대학교(1928년), 산티아고대학교(1849년) 등이 있다.

이었던 미첼 바첼레트Michelle Bachelet의 두 번째 정권에서도 계속되었다. 최근 교육 혁신 정책은 분리정책 축소, 선발제 폐지, 이윤 추구 금지, 일반 퇴직금 및 사회보장보험 확대 및 모든 단계에서의 교육의 질과 책무성 확보 등을 목표로 하고 있다.

이번 장의 목적은 두 가지이다. 하나는 각각 다른 정권에 의한 개정헌법에서 소개된 정책들의 결과물로서 칠레 교육 시스템의 주요한 변화를 검토하는 일, 또 하나는 이러한 맥락 속에서 어떻게 신자유주의가 교육 부문에 대한 공공의 의견 수렴에 영향을 미쳤는지 분석하는 일이다. 이제 칠레 역사상 주요한 시기를 다음과 같이 나누어 칠레 교육제도의 변천사를 검토해본다. (1) 복지국가(1938~1973년), (2) 신자유주의 실험(1973~1989년), (3) 민주주의로의 회귀(1989~2010년), (4) 계속된 주도권 다툼(2010년~현재). 이것은 1973년 쿠데타와 1990년 민주주의 회복과 같은 굵직한 정치적 전환에 따른 시기 구분이다. 이는 국가 수준의 교육의 질을 향상시키거나 저하시켰던 역대 정권의 교육정책이 어떠했는지를 보여준다.

이 장은 칠레의 지역별로 다른 주요한 특징들을 간단히 소개하는 것으로 시작한다. 두 번째로는 국민의 교육과 여타 사회적 권리를 보장하는 복지국가의 모습을 보여줄 것이다. 세 번째는 피노체트와 프리드먼의 신봉자들에 의해 신자유주의로 전환한 모습을 구체적으로 보여줄 것이다. 정치적, 경제적, 사회적 변화에 따른 약 90년간의 주요한 결과들을 알려주는 수치와 데이터를 바탕으로, 현재 상황에서 민주주의를 회복해나가는 모습들을 이야기할 것이다.

칠레: 서로 대조를 이룬 하나의 땅

세계적으로 가장 독특한 풍경을 자랑하는 영토에 자리 잡은 인구 천육백여 만 명의 칠레는 지리학적인 특징으로 동쪽으로는 안데스 산맥, 서쪽으로는 대서양을 두고 있어서, 국토의 동·서가 서로 대조적인 기후와 지형을 보이며, 남미에서 가장 길고 좁은 영토를 가지고 있는 나라이다. 또한 지구상에서 가장 건조한 사막과 이국적인 이스터 섬(라파 누이Rapa Nui), 남극의 상당한 부분을 영토로 가지고 있다. 칠레의 정치적 역사는 대체적으로 그 다양한 지형에 따라서 다면적으로 전개되었다. 16세기 페루를 정복했던 스페인 정복자들은 2,500마일의 국토에 걸쳐 다양하게 형성된 토착민들에게 각양각색의 영향을 끼쳤다. 칠레는 남미의 여타 국가와 함께 이베리아 반도의 식민주의 유산을 공유하고 있지만, 남미의 다른 국가들과 달리, 1818년 스페인에서 독립한 이후 견고한 민주주의 원칙을 향유한 오랜 역사를 갖고 있다는 점에서 큰 차이가 있다.

변화하는 지배구조

칠레의 안정된 지배구조는 1830년대에 시작되었다. 1960년대 후반과 1970년대 초 좌우의 극명한 대립으로 인한 폭력, 시위와 대규모 집회 등이 일어났고, 정부 지지자와 반대파들 모두에 의해 안정적인 지배구조에 대한 검토에 들어갔으며, 이는 1973년 9월 11일 쿠데타로 이어졌다. 쿠데타는 라틴아메리카에서 자유롭게 선출된 첫 번째 마르크스적 사회주의자 대통령인 살바도르 아옌데Salvador Allende에 대한 전복이었다.[5)]

1970년에 선출된 아옌데 정부의 사회주의자들은 토지를 재분배하고, 구리 광산, 은행, 의료보험 시스템의 국영화를 포함하는 국가 혁신에 앞장서며, 복지국가를 건설하는 데 주안점을 두었다. 아옌데는 원래 교육가이자 걸출한 연설가였지만, 자신의 혁신이 유럽의 마르크스나 쿠바의 카스트로의 혁신과 어떻게 다른지 명확하게 드러내지 못했다. 그는 무력으로 정권을 장악할 필요가 없었고, 다만 민중의 교육과 사회정의 구현을 통해, 자본주의 구조 내 계급과 소유권을 개혁함으로써 권위를 확보했다.

아우구스토 피노체트 장군이 이끈 쿠데타로 집권하게 된 우파 반공주의 군사독재에 의해 16년간의 공포스러운 국가적 대혼란이 일어났다. 이 정권은 시민의 자유와 정치적 표현을 제한하고, 인권을 유린하는 것으로 악명이 높았다. 쿠데타는 여러 면에서 의심스러웠다. 첫째, 쿠데타는 일부 국민들의 지원을 받은 군부세력과 경찰의 주도로, 4,270km에 달하는 전국을 따라 육해공에서 동시다발적으로 발생했다. 둘째, 쿠데타 정권은 아옌데 정부의 지지자들을 대대적으로 체포하여 임시 정치범 수용소에 가두고, 수용소 안에서 고문하며 학살하는 만행을 특징으로 한다. 셋째, 피노체트는 쿠데타 초기에 공산주의에 대항하는 동맹국 자격을 얻었기에 미국 정부로부터 은밀한 지원을 받았다. 미국 정부는 아옌데 반대 집단에 재정 지원을 하며 쿠데타를 일으키는 데 주도적 역할을 하였다. 닉슨 대통령과 헨리 키신저 국무장관이 식량 부족과 정치적 불안정을 이유로 아옌데 정부에 지속적인 압력을 행사했던 사실은 잘 알려진 일이다. 또한 최근 레이건 정부 시절 공개된 백악관 문서에 따르면, 미국은 미국의 국가적인 관심을 이

5) 살바도르 아옌데 고센스는 칠레 제2의 도시 발파라이소에서 태어났다. 소아과 의사 출신 정치인으로, 의대 재학 시절 민중의 비참한 생활을 목격하면서 사회주의에 입문했다 1970년 합법적인 사회주의 정권을 실현한 그는 산업 국유화 등 사회주의 개혁을 펼쳤다. 재정 확대 정책으로 경제가 호조를 보이는가 싶었는데 미국이 수출품인 구리 가격을 크게 떨어뜨리면서 경제가 곤두박질쳤고 민심은 동요했다.

행하지 않는 아옌데 정부를 파괴하려고 지원을 중단했고, 쿠데타를 통한 피노체트 정권 수립에 힘을 썼었다는 사실이 밝혀졌다. 결국 다른 라틴아메리카 독재자들과 달리, 피노체트 독재정권의 지배는 칠레 사회의 의미 있는 발전 단계로 인식되었다. 흥미롭게도 칠레의 일부 국민들은 피노체트 정권의 독재적 지배를 선망하기도 했는데, 이는 아마도 칠레 국민들의 애국심이 섞여 있기 때문에 비롯된 것으로 보인다.

한편, 칠레의 모든 도시를 점령한 군사정권이 내린 특단의 조치 아래 치러진 국민투표에서, 칠레의 국민들은 이른바 1980년 독재 헌법을 승인하였다. 그 결과, 내국인과 외국인의 민영화 투자를 활성화하는 신자유주의 시대가 본격적으로 열리게 되었으며, 이는 결국 국민주권 국가로부터 멀어지는 계기가 되었다.GlobalEDGE, 2014[1] 독재정권 아래에서의 새로운 국가 전망이란 권위주의적인 독재 헌법에 의해 만들어진 법과 시행령 등을 통해서 그 형태를 갖추어나가는 형국이었다. 그런 이유로 피노체트 정권의 폭력적인 유산을 완전히 청산하는 일은 쉽지 않았는데, 다만 요즘의 새로운 세대들은 "군사정권"의 적폐로 남은 사회적·경제적 구조를 넘어서는 새로운 시도들을 시작했다.

칠레의 수수께끼 같은 과거에도 불구하고, 또는 어쩌면 그것 때문에 칠레는 현재 국제적으로 라틴아메리카에서 가장 안정되고 전도유망한 나라들 중 하나로 평가받고 있고, 인류 발전, 경쟁력, 1인당 수입, 세계화, 평화적인 정부, 경제적 자유 그리고 낮은 부패 지수 면에서 선두를 달리고 있다. 또한 칠레는 라틴아메리카 지역에서 가장 민주적으로 발전된 나라이며, 2010년 5월 OECD에 가입한 최초의 남미 국가가 된다. UN 지원 국가이고, 남미국가연합the Union of South American Nations[6)]에 속한 국가이며, 라틴아메리카-카리브해 국가공동체the

Community of Latin American and Caribbean States[7] 국가로서 세계적인 존경을 얻고 있다.

교육의 서로 다른 모델들

다른 지역처럼 칠레는 교육적 용어로 뚜렷한 대조를 이루고 있다고 정의할 수 있다. 사실 군사정권이 들어서기 전 가장 좋은 교육체제를 가진 라틴아메리카 국가였던 칠레는 사라졌고, 1990년대까지 칠레는 질 낮은 교육의 빈곤한 개발도상국가 중 하나였다. 또한 칠레는 세계에서 가장 격차가 큰 교육체제를 가진 국가의 하나로 평판이 좋지 않았다.OECD, 2013 교육적 성과에 대해 말하자면 그 대비가 비참하다. 칠레는 학습 성과 면에서 세계에서 두 번째로 높은 성장을 보였지만, 학습 성과 자체는 국제적 평가 면에서 가장 낮은 성취를 보여준 나라의 하나가 되었다.[2]

칠레에는 약 340만 명의 학생, 1만 1,500개의 학교가 있고, 교사 수는 거의 20만 명에 달한다.[3] 학습 성과를 측정한 보고서에 따르면, 칠레는 1995년과 2009년 사이에 교육적 위상이 크게 성장한 49개국 중 두 번째 위치를 차지했다.[4] 연간 4%의 학생 성취상의 증가는 2년 이상의 학습 성취로 해석될 수 있다.[5] 일부 사람들은 지난 20년간 채택했

6) 2004년 12월 18일 페루 쿠스코에서 열린 남미 정상회담에서 루이스 이나시오 룰라 다 실바 브라질 대통령의 주도로 남미연합을 결성키로 합의했으며, 그 중간 단계로 남미국가공동체를 출범시켰다. 2007년 남미국가연합UNASUR으로 명칭을 바꾸었고, 2008년 5월 23일 브라질리아에서 열린 남미 정상회의에서 UNASUR 창설 조약이 합의됐다. 남미국가연합은 미국 주도의 미주기구OAS에 대항한다는 기치를 내걸고 출범했다.

7) 미국과 캐나다, 유럽 지배령을 제외한 중남미의 모든 국가가 참여하는 라틴아메리카와 카리브해 국가 공동체다. 브라질과 아르헨티나 등 33개 회원국은 베네수엘라 카라카스에서 2011년 12월 2~3일 양일간 정상회의를 열고 카라카스 선언을 공식 발표했다.

던 공세적인 경제적, 사회적, 교육적 개혁이 결과적으로 이러한 결과를 낳은 신호라고 본다.

모든 면에서 빈곤한 국가, 질 낮은 교육제도를 가졌던 1990년대 중반 칠레의 교육 상황을 고려해보면, 위와 같은 결론에 도달하기 어렵지 않다. 그 당시 국민총소득GDP은 1인당 6,500달러였고 전체 인구 가운데 25% 이상이 극빈층이었다. 고등학교 졸업생 비율은 50%에 달하지 못했으며, 이 가운데 고등교육 진학 비율은 15%에 미치지 못했다. 나아가 당시 칠레는 학생 1인당 연 360달러를 지출했다. 공공 부문 지출 가운데 교육비 지출 비율이 국민총소득의 2.4%에 불과한 것이다. 그 결과 대부분의 학교는 열악한 환경과 자질이 부족한 교사로 운영되었다. 특히 지방의 많은 학교들에는 전기나 수도가 공급되지 않았고, 교실에는 교과서나 교육 자재가 부족했다. 또 당시 대다수의 교원은 정규 교원양성 과정을 거치거나 교원자격증을 갖추지 못했다. 학교에서의 학업 수행 유인책이 존재하지 않았기에, 대부분의 교사 고용은 정치적인 연관성을 갖고 있었다. 엄격한 노동법과 불공정한 처우가 뒤얽혀, 학교에서는 학업 수행 능력이 높은 교사에 대한 인센티브가 없었고, 학업 수행 능력이 낮은 교사를 해고할 수 없었다.[6]

그렇다. 칠레는 그 이후로도 실제로 먼 길을 가고 말았다. 그러나 이 과정에서 발생하는 사회적 비용이 개선에 진정한 값어치를 갖는지, 혹은 근본적 문제를 가리기에 급급한 단순한 성형수술이 아닌지, 장기적이고 근본적인 시스템 차원의 개선을 보장하는 광의의 구조적 변화에 국가가 중점을 둘 필요가 있는지는 의문으로 남아 있다. 사실은 4학년생의 학업성취가 좋아졌다고 고학년 모두에게도 유효하다는 것을 입증하지 못한다는 점이다. 이러한 수치 때문에 최근 도입된 변화가 반드시 올바른 방향으로 가고 있다고 말할 수도 없다. 예를 들어 다음과 같이 질문해볼 수 있다.

"최근 꾸준한 노력으로 삶의 수준이 급속도로 개선되고 있는데, 왜 교육은 매번 사회적인 불안이나 정부 등 공공기관에 의한 과도한 관리 감독 및 전국단위평가제도에 의해 그 질적인 문제가 한계에 봉착하곤 하는가?"

2001년 이후 심각한 빈부 격차에 맞서는 사회적인 투쟁이 끊임없이 진행되었는데, 대학생이나 고등학생 등 학생들뿐만 아니라 교사를 포함하여 많은 국민들이 연좌시위와 건물 점거, 집회와 거리행진 등을 벌이며 사회 양극화에 맞서서 정기적으로 투쟁하였다. 교육이 학생들의 사회경제적 지위에 상관없이 모두에게 양도할 수 없는 권리를 보장해줄 것이라는 신념이 학생운동의 중심에 자리하고 있다. 이것은 교육의 사적 영역에 대한 참여를 규제하고, 공교육을 발전시키기 위한 투자를 늘리고, 선발과 차별을 제거하며, 더 좋은 학교와 대학에 대한 광범위한 접근을 제공하는 것을 함의하고 있다.[7] 최근의 교육체제에서 이 모든 요인은 사회가 구성되는 방식에 영향을 미친다. 왜냐하면 한정된 자원을 가진 아동의 교육에 대한 접근성 역시 제한될 수밖에 없기 때문이다. 특히, 저소득층 아동들이 사는 지역의 초등학교에서 더 큰 영향을 받는다. 이들의 부모는 더 좋은 교육이라 믿고 있는 사교육을 감당할 능력이 안 된다.[8] 그래서 이 아이들은 인도의 카스트 제도처럼 태어난 곳에 의해 사회경제적인 지위가 결정되는 것처럼 보이며, 교육 기회의 사다리를 통한 미래의 전망마저 없어 보인다. 예컨대 남쪽 끝에 있는 지방보다 조건이 더 좋은 수도 산티아고에 사는 아이들이 좋은 학교에 다닐 확률이 높아지는 것이다. 이러한 상황에 대한 일반적인 인식의 확산으로 학생과 교사, 교장뿐만 아니라 국민 다수가 사회 양극화 및 교육 불평등에 대한 전면적인 혁신을 요구하게 되었다.

민주적인 복지국가: 1925년~1973년

1925년~1973년까지 칠레 교육 대중화의 첫 번째 시기는 유럽의 복지사회 모델을 기반으로 한 민주적 복지국가 시기로 불린다. 이 시기에 칠레 정부는 무상교육과 무상 사회복지를 제공함으로써 국민을 살피는 책무성을 가지고 있었다. 투자 면에서, 칠레는 국가의 형평성을 위한 기회를 시민들에게 제공할 수 있는 능력을 지닌 정부를 만들기 위해 엄청난 노력을 했다. 비록 이 기간 동안 정부의 통치 아래에서 교육 부문의 법들이 만들어졌다고 하더라도, 1925년 헌법은 정부에 초점을 둔 변화를 특징으로 하고 있으며, 1973년 피노체트의 쿠데타 전까지 국가는 교육을 포함한 국민의 보건, 주택, 노동, 사회복지에 대한 권리의 보호를 분명하게 주창하며 복지를 추구하는 적극적인 기관으로 정의되었다.[9]

한편, 이전에는 법무부에서 교육을 관리했었는데 1927년 새로운 헌법에 따라 교육부를 신설하였고, 교육과 관련된 전반적인 업무를 교육부로 이관했다. 이에 따라 교육자들의 역할은 더욱 전문화되었다. 오랫동안 교사양성기관의 역할을 해왔던 사범학교를 통해 고등학교 졸업생을 대상으로 교원의 자격 및 기준을 세우기 위해 훈련시켰다. 1938년 선출된 페드로 아기레 세르다Pedro Aguirre Cerda 대통령은 "교육으로 이끌자"를 모토로 삼아, 교육이 빈곤과 사회 불평등을 극복하는 유일한 해결책이라는 인식으로 국정을 이끌었다. 그는 모든 국민을 위한 무상 의무교육과 비종교교육을 지지하고, 추진했다.

1964년 기독교민주중앙당의 에두아르도 프레이 몬탈바Eduardo Frei Montalva는 모두가 교육의 구조적인 혁신을 바라고 사회적으로 불만이 많은 학생들의 저항과 정치적 불안이 확산되는 가운데 대통령으로 선출되었다. 그의 정치적 캠페인의 핵심 축에 교육개혁이 있었다. 프레이는 교육의 질과 보급률 등을 특히 강조했다. 그의 집권 말기에 이르러 전국에 3,000개의 학교가 신설되었다. 초등교육은 6년에서 8년으로 확대되었으며, 중등교육도 6년에서 4년으로 바뀌면서 지식의 3영역(인문, 과학, 기술 및 전문)으로 통합되었다.[10] 1970년 당시 초등학교 보급률은 97%, 중등학교는 50%에 달했다. 유아교육 부문에도 상당한 관심과 지원이 이어졌다. 특별법에 의거해 1~6세 아동 종일반이 개설되었다.

1970년에는 사회주의자 살바도르 아옌데가 칠레의 대통령으로 집권했다. 그는 1971년을 "교육 민주화의 원년"으로 선포했다. 그의 중요한 목적은 교육을 생산적인 세계, 공동체 그리고 사회 조직체에 접목시키는 것이었다. 아옌데 정부는 사회주의로 가는 경로에 교육의 공정성과 연대를 통해서, 교육이 사회 변혁을 꿈꾸는 촉매제가 될 것이라고 주장했다. 그는 또한 국가교육위원회Consejo Nacional de Educación를 대표로 두고, 지역 교육위원회와 모든 주의 교육위원회를 사회 조직의 대표로 하여 교육체제를 통합하려고 노력했다.

그런데 아옌데 정권은 1973년 민주화 법을 반대하는 정적들을 마주해야 했다. 심지어 가톨릭중앙당은 민주화 법을 철회시키기 위해 별도의 행정기구 설치를 추진하기도 했다. 이 사례들은 신자유주의 모델을 교육에 적용하는 근본 원인을 분석하는 데 매우 중요한데, 교육 분야와 관련된 세부 사항까지 특별한 관심을 기울였기 때문이다. 하지만 앞서 언급한 정치세력 가운데 어느 누구도 사적 이익을 추구하는 기득권층에 의해 전체 학생의 80% 이상에게 국가 재정을 지원하는 기반이었던 칠레의 공교육체제를 위협하게 되리라는 것을 전혀 예견하지 못했다.[11]

[그림 2.1]은 칠레 공교육 부문의 정점을 보여준다. 1974년 초등 및

[그림 2.1] 1980년 헌법 제정 전 공교육 팽창(1984, Aedo; Richardson, 2005)

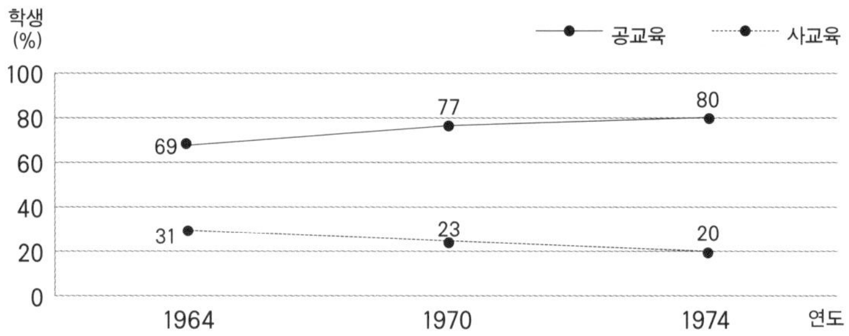

중등교육 보급률은 80%에 달하는 등 [교육 보급률 부문] 역사상 가장 높은 수준을 달성한다. 당시 사립학교 등록률은 전체 학생 대비 20% 정도에 불과했다. 사립학교 구성으로는 일반적으로 어학원(영어, 독일어, 프랑스어), 주로 가톨릭 중심의 종교적 수도회, 일부 프리메이슨 같은 단체 등이 있다. 당시 칠레의 모든 교육 투자는 공교육에 집중되었으나, 피노체트의 군사 쿠데타 이후 완전히 바뀌게 되었다. 그것은 신자유주의로의 전면적인 급전환이었다.

신자유주의 실험: 1973년~1988년

칠레는 1960년대 후반부터 1970년대 초까지 라틴아메리카의 다른 많은 국가들과 마찬가지로, 국민 소비력의 증가에 따른 물가 상승과 생산성 하락에 따른 악성 인플레이션을 견뎌내야 했다. 경기 하락은 낮은 농업 생산품 또는 수입 대체 모델로 여겨진 국내 생산을 수입 상품으로 대체하는 것 때문에 발생했다.[12] 그러나 아옌데를 포함한 다양한 중도좌파 세력은 구조적 평가 체제와 복지국가의 이상, 그리고 수입 대체 모델과 같은 전략들을 종합하여 국정을 운영했으며, 기존의 경제적 관행들은 불명예스러운 것으로 간주되었다. 이로 인해 아옌데 정권은 정치적·사회적으로 위기에 직면했으며, 복지국가를 향한 비전은 실패하게 되었다. 그 당시 누구도 경제적·사회적 위기의 진짜 원인, 즉 구매력은 증가한 반면 생산력이 하락하고 있음을 눈치채지 못하는 것처럼 보였다.

전 세계적으로 미국과 소련의 냉전체제 속에서 미국은 칠레의 마르크스 사회주의 대통령을 공산당과 강하게 연대하고 있는 위험한 인물로 간주했다. 1968년에서 1975년 사이에 칠레에 대한 워싱턴의 영향력을 보여준 문서가 유출되었다. 당시 미국은 아옌데 정권을 미국의 국가적인 안보에 위협적인 것으로 보고, 아옌데에 대한 지지를 철회할 뿐만 아니라 CIA가 아옌데 제거에 적극적으로 관여했다는 증거가 나오기도 했다.[13] 사회적 불안은 가중되었으며, 결국 이러한 불안정한 상황들은 1973년 아우구스토 피노체트가 군사 쿠데타를 일으키는 명분이 되고 말았다. 이렇게 쿠데타를 통해 집권하게 된 피노체트 정부는 냉전시대 미국의 국제정치적인 입지 강화 및 경제적인 기득권과 완벽하게 제휴하였고, 나아가 아옌데 정권과 유사한 어떤 사회주의적인 개혁 정책들도 결국 실패할 것이라는 강력한 경고를 보냈다.[14]

군사정권의 출현과 함께 민영화가 추진되었다. 당시 칠레는 개방경제를 위한 만반의 준비를 갖추고 있었다. 개방경제란 외국 자본 투자를 촉진하여 각종 경제적인 문제들, 특히 악성적인 경제 문제들을 치유하겠다는 발상이다. 경제적 자유주의의 실체는 다음과 같다. 구리 생산을 담당하는 광산회사 코델코 같은 공기업이 기존의 광산은 유지하되, 새로운 광산 산업은 주로 미국 쪽의 외국 투자자나 우파 진영의 국내 투자자에게 양도하는 것이다. 그 결과 우파 진영 내 극소수 정치인과 기업인이 국가 산업의 핵심 부문을 장악하기 시작했다. 정치적 우파가 매각하면 경제적 우파가 그것을 매입하는 방식으로 상당한 수익을 남기는 부문이 되었다.

뫼킨베르그Möckenberg에 따르면, 이러한 순환적 거래 전략은 독재 정권이 무너진 이후에도 우파의 권력을 강화하는 정치적 전략이 되었다.[15] 오늘날 우파가 소유한 대다수 민영화된 산업들은 1980년대에는 국영이었다. 특히 전기, 통신, 석유화학, 철강 등 가장 전략적이고 수익성이 좋은 기업들이 국영이었다. 민영화로의 전환은 통화 정책의 변화를 수반하는데, 독재정권에서나 허용 가능한 조치 등을 포함하여 강행되었다.[16] 그 결과, 피노체트 군사독재 권력이 강화되면 강화될수록 아옌데 정부가 추진했던 경제정책 및 교육개혁과는 정반대 방향으로 모든 체계가 바뀌어갔다.

이러한 변화, 즉 신자유주의 실험은 "시카고학파 문하생"으로 잘 알려진 칠레 경제학자 그룹의 제안에 의해서 1970년대 중반부터 1980년대 후반 사이에 수행되었다. 이들 가톨릭대학 졸업생들은 칠레의 경제 불황기를 끝내기 위한 정권, 즉 피노체트 정권을 배경으로 삼고, 경제 불황을 종식시킨다는 명분으로 신자유주의 정책을 실행했는데, 이들은 통제된 경제에 대해 자유시장주의 정책을 펼쳤던 밀턴 프리드먼의 신자유주의 경제이론을 공부했거나, 그 영향을 받고 있었다. 이러한 정책은 널리 탈규제 그리고 민영화로 불렸다. 자유방임적인 신자유주의 경제 전략과 함께, 통제되지 않는 자본주의는 경제에서 민영화 분야를 확대하려 했으며, 지방분권화의 역할(a. 복지와 사회적 프로그램의 민영화, b. 광범위한 경제 자유화, c. 자유무역의 확대, d. 정부 지출의 축소, e. 시장의 탈규제)을 강화하려 했다.

이러한 정책이 시행되자 칠레의 경제는 극단적으로 불안정해졌다.

극심한 경제 침체와 갑작스러운 성장의 반복을 경험했다. 그 시기에 칠레는 라틴아메리카에서 가장 낮은 성장률을 겪게 되고, 설상가상으로 심각한 수입의 불평등을 낳았다. 그 결과 부유층의 소득은 고공 행진하는 가운데, 대다수 노동자의 1989년 수입은 실제 인플레이션으로 인해 1973년보다 더 줄어들었다.

후속 해결 방안은 국가의 힘을 현저하게 축소하는 것으로 방향 전환하는 것이었고, 사회경제적 위기의 주된 원인을 공적 재정 지원(규제를 받지 않는 자본주의가 아닌)에 의한 것으로 분석하면서, 그것을 사적 영역으로 전환시켜나갔다. 폭슬리Foxley에 따르면, 1973년 쿠데타 후에 지배구조를 설립하는 과정에서 앞장섰던 군과 시민들은 비효율적이고 선동적인 것으로 칠레의 망가진 경제를 바꾸려고 온 힘을 다했다.[17] 1975년 이래 시카고학파 문하생은 국영화 정책에 역행하는 각종 방법을 고안했다. 이들은 공공 부문의 민영화를 촉진하고 천연자원 개발을 규제받지 않는 민간에 개방했다. 이 시기에 사회 안전 부문의 민영화, 외국 투자 촉진 및 국제무역 개방 강화, 수입 관세의 대대적 인하 등이 이루어졌다.[18]

가격을 자유화했을 때(이전에 궁지에 몰렸을 때, 인플레이션을 지키기 위해 규제했던 때)는 인플레이션이 극심했다. 이러한 상황에서 균형을 잡기 위한 통화주의자의 해결책은 통화량을 줄이는 것이었다(이전에는 오히려 통화를 늘렸다). 그러고 나서 지출을 줄이고, 국가 세입을 늘림으로써 국가 재정 부족을 해소하려 했다. 이는 인플레이션이 새롭게 부과된 신자유주의 모델이 아니라 공공 부문의 규모에 기인한다는 더 분명한 이데올로기적 측면이 나타나기 시작한 때이다.

여기에서 "보조적인 국가"의 개념이 나타났다. "보조적인 국가"의 역할은 신자유주의 실천들이 발전하는 데 적절한 제도적 형태를 만들어

내고 유지하는 데 있었다.[19] 예컨대 국가는 통화의 질과 보전을 확실히 해야 했다. 유사하게 그것은 군사, 안보, 경찰, 법조계 기능을 통제해야 했고, 사유재산의 권리를 확실히 하고, 시장의 기능을 적절하게 보장하기 위해서 (공권력에 의해서 그것이 필요하다면) 필요한 구조를 만들어야 했다. 다른 한편으로 시장이 부족한 영역에서 국가는 토지, 수자원, 교육, 보건 진료, 사회보장, 또는 환경오염과 같은 새로운 시장을 만드는 일이 필요했다. 당시 국가는 위에서 언급한 운영 직무에 의해 규정된 역할을 넘어서는 모험을 하진 않았다. 시장에 대한 국가 개입은 (한 번 만들어지면) 축소되어야 한다. 신자유주의 이론에 따르면, 국가는 시장 시그널(가격)을 예측할 수 있는 필수적인 정보를 얻는 것이 불가능하다. 강력한 이해 집단이 그들 자신의 이윤을 위해, 특히 민주주의 사회에서는 국가 개입을 불가피하게 왜곡시키고 제약을 가하기 때문이다.

1980년 9월 11일에 당시 칠레의 정치제도는 국민들 사이에서도 적지 않은 논란을 불러일으켰지만, 군사독재에 의해 통제된 국민투표에 의해서 상당한 부분이 승인되었다. 이에 따라 정부는 보조적일 뿐 더 이상 중요한 기능을 수행하지 않게 되었다. 또한 정부는 민간 부문이 역할을 수행할 수 없을 때에만 기능할 수 있다. 주된 의무는 국가의 모든 부문에서 민간 부문의 활동을 촉진하는 것이다. 정부와 산하 기구는 기업 및 개인의 활동에 예외적으로 참여할 수 있는데, 이는 오직 민간 참여 방식으로만 가능하다. 이러한 신자유주의적 논거는 한때 칠레의 공공 분야에 속했던 대다수 기업을 민영화하는 데 법적 기반을 뒷받침했다.

1981년 사회보장제는 연금투자관리사Administradoras de Fondos de Pensiones 또는 AFP의 탄생을 목도하게 했다. 이러한 민영화된 기구가 자본주의 시장에서 고용된 사람들의 퇴직 예금을 투자할 뿐만 아니라 터무니없이 비싼 운영비를 내어야 했다. 고용된 사람들은 이후에 신자유주의 이론으로 특징지어진 자산 집중 스키마의 원치 않는 지원자가 되었다. 보건 분야에 대해서 시장은 Instituciones de Salud Previsional 또는 ISAPRES라고 불리는 민영화된 보험사를 설립하였다. 이 회사들은 개인 병원과 사설 병원과 협업을 한다. 노동법에 따르면, 조합 무료 가입(모든 노동자들은 조합에 속하거나 속하지 않을 것을 선택할 수 있다는 의미임)이 가능하다. 노동조합은 선거를 위해 결집한 회사 노동자들의 10%만으로 구성되는 것 같다. 조합의 확산을 이끌고, 내적 목적인 노동자의 단합을 이룬다. 집단 협상에서 노동조합의 연합체에 참여하는 것은 금지된다. 또한 이는 공공 부문에도 마찬가지이다. 집회를 여는 권리도 매우 제한되어 있으며, 60일 이상 집회에 참여하는 노동자는 자동적으로 퇴출된다. 고용주들은 집회에 참여하는 노동자를 대신해서 일용직을 고용하기도 한다. 이러한 방식으로 노동자들의 이전의 협상력이 축소되거나 소멸되었다.

군사정권 치하의 교육: 신자유주의가 학교에 진입하다

1973년 일어난 군사 쿠데타로 집권한 피노체트 정권에 의해, 그동안 공교육 정책의 실행과 그 발전에 기여했었던 시민들의 민주적인 참여는 중단되었으며, 이후로도 상당 기간 지속될 수 없게 되었다. 1981년 피노체트 정권은 점진적이지만 꾸준히 교육체제를 변화하기 위한 신자유주의적 조치들을 연이어 내놓았다. 그 첫 번째 단계로 군사평의회 법령 공포를 통해 7가지 교육에 관한 현대화 조치를 소개했다. 이는 쉽게 이행되었다. 1973년 9월 11일 쿠데타 당일 독재정권이 영예로웠던 칠레의 의회를 무너뜨리고, 법제적으로 역할을 대신했기 때문이다. 7가지 조치는 다음과 같다.

1. 무상교육의 원칙은 극빈층에게만 해당되고, 초등교육 단계에서만 가능하다.
2. 교육 공급의 분권화는 민간 부문으로 하여금 교육 부문에 진입하도록 해줌으로써 효율성과 효과성을 보장한다는 신념에 따른 것이다. 이런 일은 사립학교가 학생들을 유치할 뿐만 아니라 등록률을 유지시키기 위해서 교육의 질을 확인해줄 필요가 있기 때문에 일어날 것이다. 1980년대 초반 분권화의 가장 가시적인 영향은 국가가 운영하는 기술 및 전문 고등학교의 행정권을 사업체와 연결된 직업 길드로 옮기는 것이었다.
3. 공립학교(초등과 중등 모두)는 1986년에 지방자치로 변화되었다. 학교와 가정 사이에 긴밀한 관계를 만들고, 가족들에게 아동교육에 관여하고 영향을 미칠 수 있는 기회를 제공했다. 그중 한 가지 결과는 교사들이 더 이상 공공 부문의 하인이 아니며, 교사들도 일반적인 노동계약하에 일해야 한다는 점이다.
4. 교육의 민영화는 학교를 설립하려는 의지를 가진 개별 시민(교사를 포함한)에게 공립학교에 주는 것과 동일하게 국가 보조금을 제공함을 전제로 한다. 교육의 공급을 확대하고, 국가로부터 독립적이고 더 효율적인 운영 실천들을 제공한다.
5. 보조금 또는 바우처는 학생 등록을 대신하여 학생의 출석(실제로 학교에 와서 수업을 듣는)이 중요하다.[20] 매우 빈곤한 이웃이 있는 공립학교

에 더 부정적인 영향을 미친다. 사회경제적으로 열악한 상황에서 아동들은 부모들이 일하러 간 동안에 어린 동생들을 돌보거나 가족을 도와야 하기 때문에 학교에 출석하기 어렵다.

6. 종합대학, 전문교육기관, 기술계학교에서 제공되는 고등전문교육tertiary education은 대체로 사회의 공익을 위한 것이 아니다. 단지 학생의 학교 출석을 시키기 위한 사적 이익으로 보인다. 이런 까닭에 고등교육에서 보조금을 지불하기보다 오히려 균등하게 등록금을 지원해주는 것이 정당화된다. 고등전문교육은 새로운 시장이 될 수 있다. 이론적으로 교육기관에 더 좋은 재정 지원을 할 수 있을 뿐만 아니라 학생들을 유인하기 위해 꼭 필요한 교육의 질을 향상시킬 수 있다. 새로운 시장은 학교 선택권을 제공하고, 학생들이 가장 좋은 학교라고 판단되는 학교를 선택하는 데 도움을 줄 수 있다. 학생들의 등록금 부담 이후, 학생들은 장학금을 받기 위해 학업에 전념할 것이다. 광의적으로 학자금 대출이 증대될 것이다.[21] 고등교육에서 부담하는 등록금과 여러 비용들은 빈곤한 칠레 학생들이 학업을 수행해낼 수 있는 가능성을 박탈했고, 교육을 통한 사회 이동도 제한했다.

7. 교육의 민영화에 대한 보완적인 조치는 국가 단위에서 체계적으로 평가를 실행하는 것이다. 1988년 만들어진 교육평가제도Sistema de Modición de la Calidad de la Educación로 기존 버전의 시험을 대신하여 새롭게 사용되었다. 국가는 신자유주의 모델 안에서 보조적 역할을 했다. 기술 중심적이고 시장 주도 사회를 만들기 위한 전략의 한 부분으로서 추진되었다. 2, 4, 6, 8, 10, 11학년의 특정 학년에서 수학, 언어(스페인어와 영어), 그리고 과학의 성취 평가를 제공하기 위해 설계되었다. 시장 주도 교육체제는 수요자(학부모, 보호자, 정책 입안자) 모두가 학교에 관해 제공된 정보로 어느 학교에 아동을 보낼지 그리고 어디에 더

> 많은 자원을 배분할지를 선택할 수 있게 했다. 성취도 평가가 필수적인 "교육의 질 평가"와 학업성취를 일치시켰다.

1990년, SIMCE는 교육부 산하의 책임국이 되었다.[22] 피노체트 정권이 권좌에서 내려왔던 바로 전날, 군사평의회는 Ley Orgónica Constitutional de Enseñanza(LOCE) 법안을 통과시켰다. 그 결과로 SIMCE 시험은 공공적인 것이 되었다. SIMCE 시험은—공립학교, 보조금을 받는 사립학교, 협동조합—학교 형태, 사회경제적 수준 그리고 다양한 요소들에 따라 1995년 우선 공식적으로 시험 결과가 공개되었다. 추후에 논의하겠지만 이 SIMCE 시험은 칠레 교육의 민영화를 공고히 하는 역할을 했다.

교직의 전문성을 침해하는 요소

신자유주의 교육정책은 교직의 전문성을 침해하는 요소 중 하나였으며, 다양한 측면에서 교사들에게 지속적이고 장기간 영향을 끼쳤다. 군사독재 정부 초기에 새로운 분위기 조성을 위해 사회주의의 이상에 빠져 있는 것처럼 보이는 교사 모두를 해고했다. 이들 교사들은 전문적인 역할을 해내지 못할 거라 판단했다. 그중 많은 이들이 죽거나 감옥으로 보내지고 해고당했다. 교사양성 교육기관이나 대학은 군사정권의 무력에 의해 문을 닫아야 했고, 군에 의해 접수되기도 했다.[23]

CENDA 연구에 따르면, 칠레의 교사 임금은 1960년에서 1972년까지 민주주의 기간에 실제로 가장 많이 인상되었다.[24] 1971년 100점을 기준점으로 하면, 교사 임금(Índice de Remuneraciones Reales del

Magisterio, IRM에 의해 측정된)은 1960년에 42점에서 1972년 113점으로 인상되었다.[25] 일반임금과 급여지표(Índice General de Sueldos y Salarios Reales, IGSS)는 1960년도에 45.4점, 1972년 103.7점이었다(12.7 차이는 교사 편에서 보임). 1974년에서 1975년 사이에 상황은 전복되었다. 군사평의회가 법제화한 자유가격제는 인플레이션을 야기했고, 일반임금 하락으로 이어졌다. 교사 일반급여는 그 하락 폭이 더 컸다. 위에 제시했던 대로 "1971년=100점"으로 하면, 교사 임금은 1972년 113점에서 1975년 28점으로 급락했다. IGSS는 1972년 103.7점에서 1975년 51.3점으로 하락했다. 1975년에서 1981년 사이에 교사 임금은 항상 일반임금과 급여지표IGSS 기준 아래였지만 더 많이 낮아졌다. 1982년에서 1990년 사이에 임금과 급여가 또다시 급감했고, 1990년에는 1975년과 같은 수치까지 낮아졌다.

군사독재정권은 가장 먼저 교원노동조합을 탄압했다. 단일 교원노동조합Sindicato Único de Trabajadores de la Educación, SUTE은 곧 해체되었고, 많은 교원이 감옥에 가거나 죽임을 당했다. 당시 군사평의회는 전국교원협회Cplegio de Profesores de Chile를 만들었는데 정부에 충성심을 보인 교사들로 채워졌고, 사실상 정부의 억압적인 전략에 놀아나는 노동조합이 되었다. 이어서 교사양성사범학교Escuelas Normales de Preceptores de Chile가 폐쇄되었으며, 초등교원 훈련을 위한 비고등전문학교도 문을 닫았다.[26]

고등전문학교교육에 대한 특별법령은 종합대학, 전문학교Institutos Profesionales or IP, 기술훈련센터Centros de Formación Técnica or CFTs를 구분하고, 학위에 따라 각기 다른 단계의 지원을 전제했다. 종합대학은 학사 과정과 대학원 과정 같은 고등교육 학위를 수여할 수 있는 독점적 권한을 받게 된다. 반면 전문학교는 교육학 또는 교수법을 포함한 12

개의 학부 전문 학위만을 제공할 수 있었다. 교육학은 더 이상 대학 학부 수준의 학위가 아니었다. 교육학에는 학부 논문 작성을 요구하지 않았다. 교직에 관한 저평가는 교사 임금의 급격한 하락을 가져왔다. 그 결과 1983년에서 1990년 사이에 교사 프로그램 등록률은 30%까지 떨어졌다.[27] 투쟁의 성과로 1990년 3월 피노체트 체제가 종식되기 하루 전 일반교육법과 함께 통과된 LOECE 법안은 교수법 프로그램을 고등교육으로 재배치하였다. 오늘날 칠레의 교직 학위는 적어도 9학기를 수강하고, 한 학기 동안 전문적인 교생 실습을 하거나 멘토 교사의 장학 아래 인턴십을 수행하는 등 여러 가지 단계의 실습과 더불어 학부 논문 작성이 요구된다.

고등교육에서 증대되는 사립의 역할

1981년 제정법령 제1조는 고등교육에 대한 구조적인 변화를 명시하고 있었다. 이에 따라 정부 지원과 교육 공급 면에서 구조적인 다양성 등 신자유주의의 이상을 견고히 했다. 새롭게 설립된 전문학교들Institutos Profesionales은 종합대학에서만 독점적으로 가능했던 교수법과 간호학 같은 프로그램을 제공했다. 기술훈련센터들Centros de Formación Técnica은 기술자나 의사 그리고 다른 영역의 전문가들을 도울 기술자를 준비시키기 위한 2년제 학위 과정을 제공했다. 전문학교들 또는 기술훈련센터들은 수년 동안 국가 지원을 받지 못했다. 이 학교를 다니는 학생들은 고스란히 수업료를 내면서 견뎌내야 했다. 최근 일부는 교육의 질 보장 기관의 인가를 통해서 국가의 재정 지원을 받기 시작했다.

대학 법인은 이제 사립대학을 개설할 수 있게 되었다. 법에 의하면 그들은 비영리적이어야 했다. 그러나 예를 들어, 부동산 회사와의 제휴에서 금지된 규정은 없다. 따라서 소유자는 합법적으로 돈을 벌 수 있는 방법을 발견했다. 다른 새로운 고등교육기관과 마찬가지로 이들 사립대학은 국가의 어떠한 재정 지원도 받지 못했다. 하지만 이후 표준화된 대학입학시험Prueba de Selección Iniversitaria, PSU에서 높은 점수를 받고 사립대학에 등록한 학생 수에 따라 간접적으로 국가 지원을 받기 시작했다.

기존 민주주의 시기에 전통적인 대학이라고 불리던 종합대학은 CRUCHConsejo de Rectores de la Universidades Chilenas에 속하게 되었고, 더 이질적인 집단이 되었다. [그림 2.2]는 1987년에 더 이상 CRUCH 대학이 고등교육에서 주류가 아님을 보여준다. 2010년 사립대학은 등록률 면에서 CRUCH 대학을 넘어섰다. 2012년에는 CRUCH 대학이 전체 고등교육 등록률에서 단지 28%만을 차지했다. 사립대학은 33%를, 전문학교는 27%까지 다다랐다. 사립대학이나 전문학교 몇 곳은 전통적 종합

[그림 2.2] 1983년부터 2012년까지 행정적 등록에 의한 고등전문교육(Tertiary Education)의 등록률

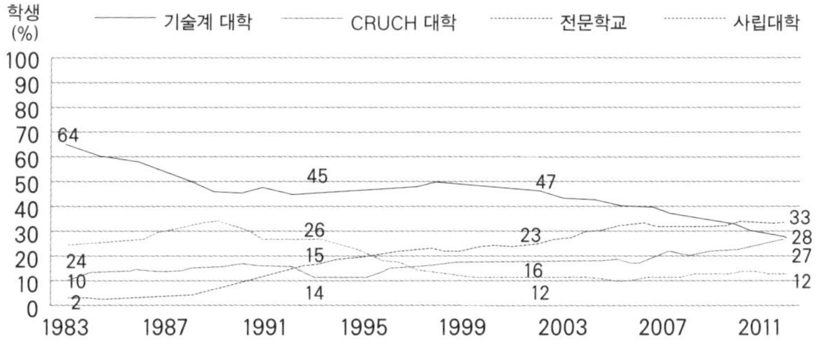

출처: MINEDUC, Estadisticas la Educación, 2013

대학과 연관을 맺고, 재정적인 면에서 대학등록률의 하락을 보완했다.

1973년에서 1990년까지 칠레 군사정권은 모든 단계에서 교육체제를 크게 혁신시켰다. 신자유주의적 정치와 경제가 이러한 혁신을 이끌었다. 이 급진적 변화들은 교육에서 사적 이윤을 허용하는 시장경제를 도입했던 폭력적 체제의 결과물이다.[28]

민주주의의 회복: 1989년~2010년

군사독재 집권 시기에 고문과 폭행으로 수천 명의 사람들이 피해를 입었다. 군사독재 이후 최초의 민주적 정부는 진상 조사를 위해 특별조사본부 레티그 위원회Comisión Rettig와 발레그 위원회Comisión Valech를 설치했다. 그리고 공식적으로 3,065명의 사망자 또는 실종자를 포함해 총 40,018명의 희생자가 있었다고 발표했다.[29]

1980년대 일련의 시위와 수많은 사회적 저항들은 일찍이 독재가 종식되길 바라는 사회적 징후를 보여주고 있다. 중도좌파연립Concertación 산하에서 조직된 군사정권을 반대한 당은 장악한 권력을 계승할 수 있는 영향력 있는 연합체를 구성했다. 전국을 분열시키는 심각한 정치적 위기는 극좌의 도시 게릴라 조직들을 움직이게 하는 요인이 되었다. 1998년 미국의 개입 시나리오에서 국가 주도로 군사정권의 대표자 임기 연장에 관한 국민투표가 실시되었는데, 국민의 66%가 임기 연장에 동의하지 않았다는 것은 놀랄 일이 아니었다. 이에 따라 1989년 피노체트는 민주적 대통령으로 선출된 파트리시오 아일윈Patricio Aylwin에게 권력을 이양했다.

정치적 연합체인 중도좌파연립은 평화 유지와 법과 질서에 의한 통치를 목적으로 새롭게 설립되었다. 중도좌파연립은 군사평의회의 압제와 타협하고 양보를 하지 않을 수 없었다. 1980년 헌법의 세 가지 법안, 즉 (a) 군이 정치적 권력을 유지하게 하는 2인조 선거체제binominal election system (b) 신자유주의적 경제 모델, (c) 군사정권이 임명한 지정직 국회의원 유지에 대한 수정법안을 개정하지 못했다. 피노체트 정권이 마지막으로 통과시켰던 일반교육법LOCE 법안은 교육과정의 의무적인 내용뿐만 아니라 교육에 관한 국가의 보조금 지원 역할까지도 포함하고 있다.

새로운 정부는 이 세 가지 법안으로 법정 조항을 수정하는 데 실패했다. 2인조 선거체제는 우파 성향의 상원 수를 불균등하게 보장하지만 하원 수는 균등하게 보장한다. 2인조 선거체제는 가장 중요한 두 정치적 정파들, 즉 중도좌파연립(중도-좌파)과 중도우파동맹(중도-우파)으로부터 중도좌파를 구성하는 정당이 분명히 선거 득표수에서 이점을 가지게 된다는 사실을 무시한다. 이와 비슷하게 칠레에서 현재 작동 중인 신자유주의 경제는 국가에 의한 감사 기관의 개입이 거의 없거나 전혀 없는 상태에서 민간 부문이 국가를 강력하게 견제할 수 있도록 허용하고 있다. 군사정권에서 마지막으로 임명된 국회의원들은 대부분 군 출신이며, 사회주의자인 아옌데 대통령이 제안했던 정책들에 난색을 표했다. 이런 상황에서 변화를 시도하는 일은 사실상 불가능했다. 1980년 헌법이 요구하는 투표수를 모으는 것은 쉽지 않았다. 파트리시오 아일윈 전 대통령이 "정의란 어느 정도 그것이 가능할 때 이루어진다"고 말한 것을 국민들은 기억하고 있다. 그것은 민주주의 정권이 독재로부터 나온다는 헌법의 구속을 의미한다. "민주주의 정권이 독재로부터 나온다"는 것은 정의가 실현되기 힘든 독재 정권하에서 새로운 민주적 정권 창출 요구가 나올 수 있음을 의미한다. 이 새로운 정의가 가능하기 위해서는 헌법적 구속이 필요하다. 또한 헌법적 구속은 경제 영역과 헌법이 정한 모든 방면에 영향을 미친다.

1990년을 원년으로 하여 칠레의 모든 민주주의는 긴 여정의 시작을 알렸다. 교육에서 가장 시급한 조치들 중 공공 영역의 필사적인 노력을 강조하는 것은 당연한 일이다. 그 조치들 중에서 가장 눈에 띄는 일은 3년 동안 스웨덴과 덴마크의 지원을 받은 900개의 학교 프로젝트를 실시한 것이다. 프로젝트 실시의 목표는 좋은 학교 시설, 책과 수업 자료를 제공하고, 교사 훈련을 늘리는 것이다. 교육의 질 향상Programa de Mejoramiento de la Calidad de la Educación을 위한 프로그램과 같은 이러한 프로젝트는 초등과 고등학교 단계 모두를 위한 것이다. 교외 지역과 도시 지역에서 교육의 질 향상을 위한 국가 개입은 매우 광범위하게 이루어졌다.

동시에 1996년에 인증된 교육개혁에 의해 전일제 수업Jornada Escolar Completa or JEC이 도입, 실행되었다. 교육의 질 향상의 목적은 매주 수업시수를 늘리는 것이었다. 이에 2003년 개헌 조치는 8년에서 12년으로 의무교육 기간을 늘렸다. 초등과 중등 단계의 보편적 교육 범위 확대는 2000년에 이르러 실제로 이루어졌다. 칠레 교육의 질을 향상시키려는 이러한 조치들의 영향이 있었지만, 그에 따른 불평등을 완화시키지 못했을 뿐 아니라, 학교 소유권과 운영에 관련된 구조적 손실을 막진 못했다.

공적인 교육재정을 마련하기 위한 발안들

칠레는 민주적 정권으로 회귀하고 교육의 질 향상을 위한 다양한 정책과 개혁, 프로그램을 실행해왔다. 하지만 체제적으로 군사정권 기간에 도입된 정책을 그대로 유지하고 있어서 근본적인 변화가 어려웠다. 따라서 정부 자금 지원을 위한 의미 있는 세 가지 발안을 제안했지만, 원래 취지와 상관없이 다음의 발안들은 파괴적인 신자유주의 모델을 계속적으로 정당화하고 있다.

첫째, 공유재정지원 법안Financiamiento Compartido은 1989년에 통과되었다. 이 법은 모든 단위(지방 고등학교를 포함) 학교에서 부모들과 보호자들에게 부담을 주는 바우처 학교 설립을 인가했다. 바우처 학교는 재정 지원 체제에서 갑작스러운 압박을 받았다. 학교 수는 1980년대와 비슷하거나 조금 증가했다. 교육의 질은 정밀 조사를 받아야 하는 상황이다.[30] 부모들에게 직접적으로 받는 비용을 제외하면, 많은 학교들은 국가 보조금을 받는다. 이는 국가적으로 반-사립학교 증가의 요인이 되었다.

둘째, 국가보증학자금대출 프로그램Crédito con Avakdek Estado or CAE은 고등교육 재정 증대를 위한 노력의 일환으로 만들어졌다. 이러한 대출은 종합대학에 등록한 저소득층 1학년 학생들을 대상으로 했다. 대학 형태는 국립 또는 사립이 상관없으며, 기존의 전통적 대학이 아닌 대학들도 포함하며 고등교육위원회Consejo de Rectores de Universidades Chilenas or CRUCH에 속하지 않아도 된다. 학생이 현재 돈을 지불할 수 없어도 정부가 학자금 대출을 해줄 수 있고, 졸업 후엔 자신이 정부에 빚을 지게 되는 시스템이다. 이전의 사립대학에서는 불가능했던 직접적인 정부 지원금을 사립학교 대학생이 받을 수 있게 되었다. 사립학교는 계속적으로 존재할 수 있었으며, 이 조치 이전에는 생각할 수 없을 정도로 사립학교가 지속성을 유지할 수 있다.

마지막으로 학교보조금우대 법안Subvención Escolar Preferncial or SEP이

2008년에 통과되었다. 이 법안은 2007년 이른바 펭귄혁명의 결과물이었다. 대통령자문위원회Consejo Asesor Presidèncial는 교육의 높은 질을 요구했던 공립 고등학교의 위기 상황에 대응하기 위해 이 법안을 제시했다. 공교육의 근본적인 문제를 제기하고 사교육과 비슷한 수준의 공교육 질 향상과 다양한 수업 자료 준비를 요청했다. 당시 매우 빈곤했던 바우처 학교들은 아동 노동으로 인해 낮은 출석률을 보였으며, 자원의 불평등한 배분으로 허덕이고 있었다. 학생들은 가족을 돕기 위해 일을 해야 하거나 부모들이나 보호자들이 일하러 간 사이, 어린 동생들을 돌봐야 하므로 집에 머물러야 했다. 학생들은 쉽게 아프고, 건강을 회복하기 위한 가족의 돌봄이 부족했다. 또한 의료보험에 대한 접근이 제한되거나 불충분했다. 바우처 같은 형태의 보조금은 공립학교와 사립학교 모두 가능했다. 이에 많은 사립학교들은 취약한 학생들에게도 학교를 개방했고, 이런 방식으로 운영되는 학교는 학업의 장소라기보다는 놀이터와 같았다.

그런데 앞서 논의한 내용에 대한 중요한 주의 사항이 있다. 학교보조금우대SEP가 올바른 방향으로 가고 있지만, 사교육과 공교육의 질적인 격차를 줄이는 메커니즘을 보여주지는 못했다.[31] 이른바 자율적인 학교(매우 심한 취약성을 지니면서도 국가평가체제SIMCE의 최고 점수를 받은 학생들을 보유하고 있는 학교)는 낮은 점수를 받는 학교보다 학교보조금우대 정책이나 국가평가시스템의 결과로 보면 더 나은 학업 수행을 보여주고 있다. 다른 한편으로는 학교를 불평등의 요인으로 보는 국민의 비율이 줄어들지 않고 있다는 것을 보여준다.

교직의 일부 측면을 다시 전문화하기

민주주의가 다시 제도화되는 시기와 맞물려 교원법령이 1991년 6월 27일에 제정되었다. 이는 전국교원협회Colegio de Profesores와 파트리시오 아일윈 전 대통령 정부 사이의 협상 결과이다. 이 법령은 지역학교와 보조금을 받는 사립학교와 대리행정으로 운영되는 학교(운영 차원에서 조합으로 변형된 형태의 학교)에서 교사들의 직업 안정화를 회복할 수 있도록 했다. 교원법령은 '교육 전문가'의 개념을 분명히 규정했으며, 전문적 교원 학위 취득을 가능하게 했다. 교원 또는 종합대학이나 전문학교를 위한 사범대학을 졸업하면 '교육 전문가'라는 명칭을 가질 수 있는 단계까지 도달했다. 이 개념은 교사로서 일하거나 교사로 일을 할 수 있도록 권한을 주는 합법적 자격증으로서 모든 개인에게 적용 가능했다.

우파 정치인들은 이 법령에 대해 매우 비판적이다. 직업의 안정화는 교육의 공공 영역에서 낮은 성취를 보이는 교사의 지위 박탈을 불가능하게 한다는 점을 의미한다. 이로 인해 2011년 "교육법에서 교육의 질과 형평성Ley Calidad y Equidad de la Educación"에 대한 새로운 법안이 제정되었다. 최근 학교장들에게 매년 교원평가 과정에서 "보통" 또는 "기준 미달"로 구분되는 교사들 가운데 5%까지 해고시킬 수 있는 권한을 주었다. 또한 20명 또는 그 이하의 교사가 있는 학교에서 학교장 또는 교장들이 적어도 한 명의 낮은 성취를 보인 교사를 해고할 수 있도록 했다.

2004년부터 이루어진 교원 평가 정책은 중앙의 교육부와 칠레 지방자치연합회의 합의에 의해 만들어졌다. 원래 이들 지도자들은 교원 평가를 학급의 학업성취에 피드백을 줌으로써 교사들 간의 전문성을 강화하는 형성적 과정으로서 인식하였다. 앞서 언급한 과정은 단지 시립학교의 교사만을 포함했다. 이 과정에서 모든 결과는 공적인 것이 되었고, 이 점은 주요한 고려 사항이 되었다. 공공 영역의 국가평가시스템에서 교원 평가는 학생들이 받는 점수와 연계되어 있다. 이에 낮은 성취를 보인 학생들이 시립학교에서 가장 낮은 성취를 보인 교사들과 직접적 연관이 있다는 점을 보여준다. 이는 시립학교의 교사가 비효율적인 교사이며, 지나친 일반화에 의한 생각과 인과관계의 잘못된 속성에 대한 왜곡된 인식을 갖게 한다.

계속된 주도권 다툼: 2010년~현재

최근 칠레는 1990년 민주주의로 회귀하기 전에 일어난 것과 비슷한 사회적 격동으로 인해 불안정하다. 최근의 사회적 요구들은 이미 군사독재에 항거하고 싸우면서 쟁취한 권리들(형평성, 권한의 분권화, 교육의 질 향상)을 다시 요구하는 역설적인 상황을 보이고 있다. 다시 요구된 권리들은 현재에도 사회운동에 불을 붙이는 구호인데, 이러한 요구들은 사회 모든 분야에 산재해 있다. 군사독재에 맞서 투쟁하며 쟁취했던 권리들을 다시 요구해야 하는 이 모순된 상황은 사회 양극화의 주된 원인이 되고 있는 자유시장경제에 대한 국가 개입을 확대 강화하라는 요구들과 더 공평하게 교육재정을 분배하라는 요구들을 포함하고 있다. 하지만 칠레 민주정부는 구조적 변화가 없는 민주주의를 받아들이지 못하는 현실에 처해 있다. 게다가 중앙당-중도좌파연립(공산당을 포함한 중심 좌파 정치적 당의 연립)의 연속된 집권 기간 동안에 신자유주의 경제 모델은 더욱더 강조되어왔다. 동일한 프레임 안에서 정치인들이 개혁을 디자인할 때마다 신자유주의 경제 모델은 되풀이되고 있으며, 그 결과 사회적 불평등은 증대되고 사회적 격차는 더 커지고 있다.

칠레 사회의 불평등한 상황은 통계를 통해서도 확인할 수 있다. 지니계수는 국민들의 생활수준과 소득 분배가 어떻게 이루어져 있는가를 나타내는 대표적인 소득분배지수로 가장 보편적으로 사용되고 있다. 지니계수를 통해, 국가 간뿐만 아니라 국가 내에서 다양한 계층 간의 소득 분배를 비교할 수 있고, 또한 소득 분배의 변화상을 파악하여 소득 불평등 정도의 변화를 알 수 있다. 지니계수가 0이면 모든 사람이 같은 수입을 갖게 되는 완전한 평등을 나타낸다. 지니계수가 1이면 수입 불평등의 최대치를 나타낸다. 후자의 경우, 단 한 사람이 모든 수입을 가지게 되는 것이다. 2014년 3월 OECD의 보고서에 따르면, 칠레는 OECD 국가 중에 가장 부자인 나라와 가장 빈곤한 나라 둘 사이에서 가장 높은 수입의 불평등(0.50)을 나타냈다(OECD 평균은 0.31임).[32] 그 보고서에 따르면, 2위는 멕시코(0.47), 3위는 터키(0.41), 4위는 미국(0.38)이었다.[33] 불평등이 가장 적은 나라는 아이슬란드(0.24), 슬로베니아(0.25), 노르웨이(0.25), 덴마크(0.25)이며, 모두 칠레의 지니계수보다 두 배 정도 평등 수준이 높았다.[34] 윌킨슨과 피케트는 소득 불평등이 더 심각한 국가들이 교육을 포함한 사회 전반적 영역에서 더 나쁜 성과를 보여준다고 설명했다.[35]

차기 정부는 교육적 영역에서 이전 군사정권의 교육 실패와 그로 인한 손실을 전면적으로 혁신할 수 있었지만, 여전히 교육적 무능함을 보여주는 대표적 사례가 바우처 시스템에 관한 것이다. 바우처 시스템은 학생 출석률에 따라 국가가 (공립 그리고 보조금을 받는 사립학교 모두) 바우처 학교에 직접적으로 자금 지원을 한다. 이 시스템은 학생들의 출석률을 기준으로 국가가 직접 자금을 지원하기 때문에, 학령기 아동들의 부모와 보호자들은 자신들의 선택에 따라 공립 또는 사립학교의 공적 자금 분배 여부를 통제할 수도 있는 셈이다. 또한 정부는 교육적인 서비스 향상을 위해 바우처 학교들에게 추가적인 등록금을 부과할 수 있도록 허가했다. 이때 부모들이 "추가 비용"을 낸다는 의미는 가족들이 그들의 아이들을 위해 더 많은 비용을 지불하고서라도 더 좋은 교육을 구매할 수 있게 되었다는 것이다. 이로 인해 다양한 측면에서 불평등한 사회구조가 성립되었다.

한편, 군사정부로부터 민주정부를 회복한 이후에도 교육 영역에 신자유주의 전략이 지속되는데, 가령 2005년부터 시작된 국가보증 학자금 대출 프로그램의 경우가 대표적이며, 현재도 계속 운영되고 있다. 국가보증 학자금 대출금을 요청하는 대학생들의 다수는 비전통적인 사립대학에 다니는데, 이 대학들은 학생들에게 더 높은 등록금을 부과하고 있는 것으로 파악된다. 대학 교육에 대한 이러한 공동 부담은 사회 계층화를 심화시키고, 불평등을 구조화하고 있으며, 결국에는 교육 형평성을 침해하는 것으로 간주된다. 오늘날 칠레는 민주정부를 회복했음에도 불구하고, 자유방임적인 문화는 지속되고 있으며, 다양한 공공적 프로그램들이 민영화되고 있는 게 현실이다.

재정 지원: 계속되는 바우처의 영향

군사독재 시기인 1980년대 널리 확산된 개혁들은 교육 제공자로서 국가의 기능을 할 수 없게 했다. 1980년 제정된 헌법이 오랫동안 지속되었던 1925년 제정헌법을 대체했기 때문이다. 국가는 새로운 규칙의 일부로 국가는 학교를 인가할 것인가, 유지할 것인가, 또는 비인가할 것인가 등에 대한 결정을 한다. 개혁은 교육의 모든 영역—유아, 초등, 중등, 그리고 고등까지—에서 국가가 민영화 보급자가 되는 보편화 과정을 경험했다. 학교를 설립하기 위한 주주들의 요구 사항은 최소한—고등학교 졸업장과 부족한 학교 시설—에 그쳤다.

지난 몇십 년 동안 칠레는 교육 분야에서 공립학교들과 보조금을 받는 사립학교들이 동일한 메커니즘으로 정부 지원금을 받아왔다는 점에서 특이하다. 국가 자금이 학생 등록률이 아닌 학생 출석률에 따라 액수가 책정되는 바우처 형태이다. 바우처는 더 많은 자원들을 얻기 위해 학생들을 잡아둠으로써 학교들끼리 경쟁하도록 유도했다. 법은 또한 민영화를 통해 기부금을 받을 수 있게 허가했으며, 그 기부금으로 각종 세금 감면 혜택을 주었다. 이러한 기부금은 대부분의 사립학교 및 관련된 민간 부문에서 추가적인 세입의 원천이 되었다.

한때 무상교육이었던 고등교육은 이제 학생과 학생의 가족이 등록금을 지불하게 되었다. 국립대학조차도 약 80%를 자립적으로 재정을 채워야 하며, 대부분 등록금에 의존한다.[36] 이러한 등록금에 의존하는 양상은 학생들끼리 서로 경쟁하게 만들었다. 또한 대학 등록금을 낼 수 없는 저소득층 학생들은 고등교육을 받을 수 없게 되었다. 이 두 가지 경우는 교육 불평등과 사회 계층화를 강화시켰다. 직접적으로 아우구스토 피노체트 장군의 독재 정부 집권기에 도입되었던 여러 가지 개혁들에 따른 결과물이다. 칠레 고등교육은 시장과 연계되어 있으며, 민주적 정부에 와서도 이러한 현상은 지속되었다.

칠레는 초등, 중등, 고등 교육에서, 민영화 투자 비율이 초등과 중등에서 23%, 고등교육에서 78%에 이르러 민영화 투자가 가장 높은 국가이다. 이것은 1973년 상황과 비교할 때, 거의 완전한 방향 전환이라

[그림 2.3] 교육기관들의 민영화 비용 부담

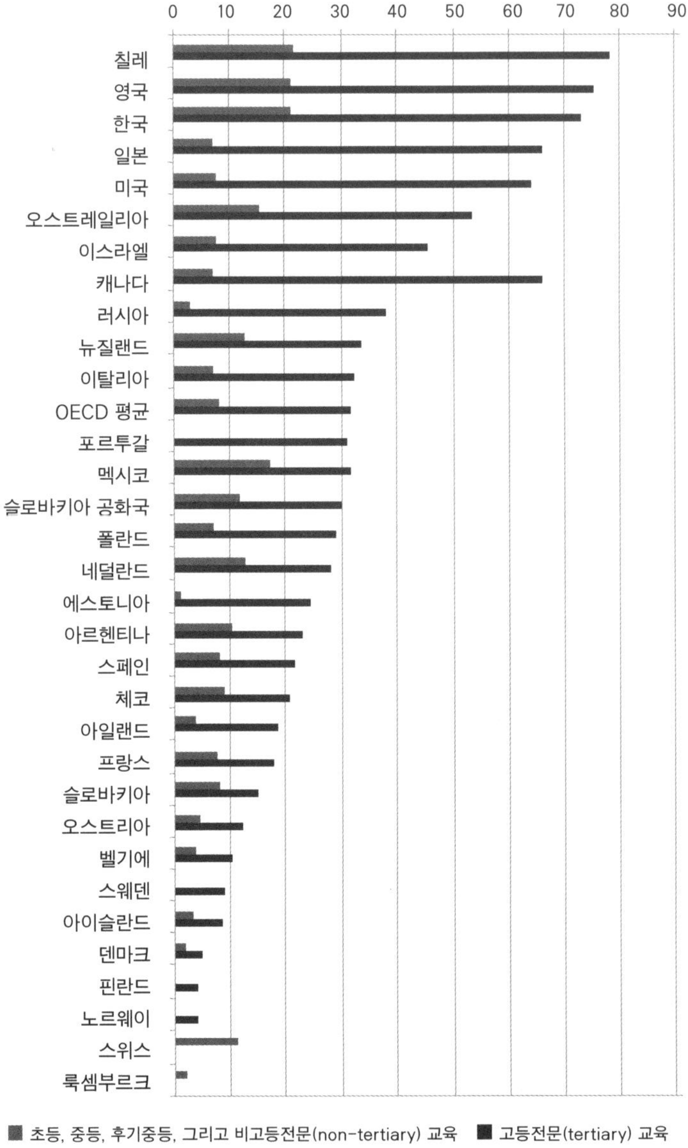

교육의 일부 단계는 다른 단계를 포함한다. 구체적인 사항은 표 B1.1a에서 "x" 코드를 언급.
국가들은 고등전문교육을 위한 교육기관에서의 민영화 비용 부담이 점차 줄어드는 쪽으로 순위를 매김.

자료: OECD, 아르헨티나 : UNESCO 통계 기관(세계 교육 지표 프로그램)
표 B3.2a와 B3.2b. 부록 3 참고 www.oedc.org/edu/eag.htm

고 할 수 있다. [그림 2.3]은 민영화 비용 면에서 가장 높은 순위를 보이는 칠레의 발달된 시장 접근성의 영향을 보여준다. 이러한 시나리오 아래 정부는 민주적 정부로 돌아섰지만, 복지정부에서 제안했던 교육정책을 고안하고 실행하는 것이 현실적으로 불가능했다. 피노체트 정권하에서 제도화된 1980년대 헌법을 재생시키기 위해 현 칠레 정부는 '학교 선택'으로 잘 알려진 '교육의 자유' 개념을 통합하고 있다. 부모들의 '학교 선택의 자유'는 교육을 탈중앙화하고, 모든 단계의 교육 영역에서 민영화 과정 투입을 허가하는 법을 실행하는 결과를 낳았다. 그 결과로 인한 모습들은 이미 논의되었다. 군사평의회에 의해 결정된 법안들을 적용한 이래 32년이 지나, 공립학교의 비율은 1980년대 72%에서 2012년 46%로 급격히 하락했다. 바우처 학교(사립학교)의 수는 1980년 18%에서 2012년 49%로 증가했다. [그림 2.4]는 공립학교 수의 하락과 그에 따른 사립 보조금 학교 수의 상승을 보여주었다. 이 점은 국가 지원과 사적인 부모의 기부금을 종합해볼 때, 불평등의 증가를

[그림 2.4] 행정부 등록에 의한 1980-2012년까지의 전체 학교교육 등록률

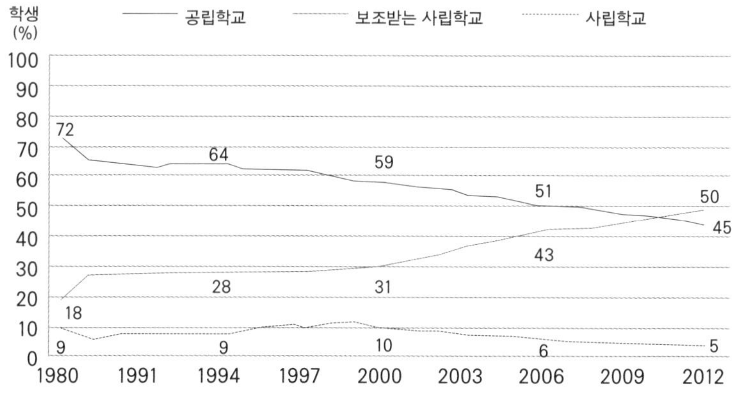

출처: MINEDUC, Estadísticas de la Educación, 2013

낳았으며, 교육 안에서 사회 계급을 재생산하는 역할을 했다.

[그림 2.4]는 1980년대 중반에 정부 보조금을 받는 사립학교들이 초·중등 교육 전체에서 차지하는 등록률이 28%라는 것을 분명히 보여준다. 그 그림은 1990년대에 안정적으로 유지되다가 2000년대에 들어서 상승하고 있다. 이것은 1995년에 영향을 주고 있는 법과 직접적으로 연관되어 있고, 이 법으로 인해 바우처 학교는 부모들에게 매달 의무적으로 내야 하는 수업료(이른바 공동 부담) 지불을 허용했으며, 그런 바우처 학교들은 국가 보조금이 유지되었다. 게다가 바우처 학교들은 학생 선발권이 있었으며, 그런 이유로 교육성취도를 측정하는 시험에서 더 나은 성취를 보여줄 수 있었다. 결국 바우처 학교들은 이러한 공동 부담으로부터 이윤을 추구할 수 있게 되었으며, 이로 인해 재정이 안정화되었다. 곧 바우처 학교(정부 보조를 받는 사립학교)가 되고자 하는 신청이 많아졌다. 여하튼, 바우처 학교가 되면 학생들을 선발할 수 있게 되었고, 부모들에게 수업료를 공동 부담하게 할 수 있었으며, 이와 더불어 국가의 재정 지원도 받게 되었다.

이 법의 영향으로, 바우처 학교들은 "우수학생선발cream-skimming"[8)]에 집중하게 되었고, 그 효과를 톡톡히 누릴 수 있었다. 이는 학교 안에서 가장 좋은 학생들을 선발하고, 그런 좋은 학생들로부터 이윤을 얻으며, 높은 시험 점수를 얻고, 그 프로그램이 다른 프로그램들보다 더 좋은 것처럼 보여주었다. 실재로 단순히 높은 성취만을 보인 학생들을 이끌었으며, 그 과정에서 교육 불평등은 악화되고 있었다. 또한 등록률 면에서 분리차별 유형은 초·중등 교육이 동일한 유형으로 일어났

---

8. cream-skimming은 우유에서 양질의 크림만을 걷어내는 행위(크림 탈취)를 말하는데, 시장주의적인 경쟁교육에 있어서 단위 학교 학업성취도를 높이기 위해 성적이 우수한 학생들을 우선 선발하고, 그렇지 못한 학생들을 원천 배제하는 분리 차별적 경향을 비유적으로 표현한 것이다.

다. 두 가지 경우 모두에서 정부 보조금을 받는 사립학교의 등록률은 1990년대에는 안정화되었다가 1993년 이후에 25%를 넘어섰고, 2012년 초등교육 총 등록률의 52%, 중등교육 총 등록률의 50%까지 증가했다. 이 경우에 법인 사업체, 즉 전문적이고 기술적인 중등교육에 속해 있으면서, 대리행정으로 운영되는 (사립)학교의 등록률은 사립학교가 설립된 이래로 안정적인 경향성을 보여준다.

교육의 질과 형평성에 미치는 정책의 영향

칠레 정부가 교육 자금의 차등 지원을 위해 학생들의 성취도를 평가하고 공개하는 것은 교육 시스템의 질과 형평성에 큰 영향을 미친다고 결론을 내릴 수 있다. 칠레에서 전국적으로 활용되는 표준화 시험은 두 가지가 있는데, 이는 초중등 학교별 성취의 비교·대조뿐만 아니라 대학에도 적용된다. 그 두 가지는 SIMCE(초·중등교육)와 PSU(고등전문교육) 평가이다. 이들과 함께 PISA 점수가 국제적으로 세계교육 시스템의 성취를 비교하기 위해 활용된다. 이러한 평가들은 지속적으로 칠레 교육 시스템 안에서 심각한 불평등 요인들을 제공해왔다. 하지만 데이터 수집과 결과의 해석 과정에서 잘못된 방향으로 이끌어질 수도 있고, 또한 잘못된 방향으로 결론이 내려질 수도 있다.

예컨대 초·중등 교육의 SIMCE 결과는 사회경제적 부분을 통제할 때, 일반적으로 사립학교 경우에 언어와 수학 모두 가장 좋은 점수를 받게 되고, 정부 보조금을 받는 사립학교가 그 뒤를 따른다는 것을 보여준다. 공립학교들은 어떤 특정 시기와 관계없이 언어와 수학 지식 측면에서 가장 낮은 성취를 보여준다. 시계열 분석 기법으로, 시간의 흐름에 따라 학습 성과를 비교·분석해보면, 공립학교가 보조금을 받는 사립학교와 완전한 사립학교보다 더 높은 곡선을 유지하고 있음을 보여준다. 이 점은 매우 중요한 발견이다. 학교 간 경쟁을 고려해볼 때, 공립학교에서 정부 보조금을 받는 사립학교로 옮긴 성취가 높은 학생들이 그들이 떠난 후 남은 낮은 성취의 학생들만 공립학교에 있게 된 상황(위에서 언급한 "우수학생선발" 효과로 인한 부작용)이다. 공립학교가 국민들이 믿는 만큼 나빠졌다면, 공립과 정부 지원을 받는 사립학교 사이의 차이는 더 좋은 학생들의 지속적인 이동에 의해 오랜 시간 동안 증가해온 것이다. 그 차이는 변함이 없다. 이론적인 질문은 정부 지원을 받는 사립학교가 정말 좋은 것인가라는 것이다. 또한 사립학교의 점수로 판단될 수 있는 것인지, 또는 사립학교가 단지 더 높은 문화 자본을 가진 학생들에게 매혹적인 것일 뿐인가이다.

놀랍지 않게 PSU(대학입학 시험 시스템) 결과는 SIMCE(초·중등 교육)에서 야기된 결과와 유사하다는 것을 보게 된다. 이런 평가는 학교교육과정을 평가하는 데 초점을 둔다. 낮은 문화 자본을 가진 학생들은 전형적으로 낮은 사회경제적 영역에서 발견된다. 이 학생들은 공립학교에서 수업을 들으면서, 어떤 시스템이 지속될 것인가를 측정하는 평가 시스템에 불리한 것은 분명하다. 점수의 향상은 시간이 지나도 크게 변하지 않는다. 가장 빈곤한 사람들이 있는 곳에서 교육 분야를 담당하는 공교육은 낮은 점수를 보였고, 반대로 학교 시스템에서 필요로 하는 문화 자본에 조응하는 데 유리한 점을 가지고 있는 사립학교 학생들이 더 높은 점수를 보였다. 어떤 하부구조도 오랫동안 시험 점수를 높이는 요인으로 보이지 않는다.

[그림 2.5]는 학교 유형과 사회경제적인 구조의 관계에 따른 시스템 상황을 보여준다. 하위권과 중하위권 소득층의 칠레 학생들은 공교육

[그림 2.5] 학교 유형과 사회경제적 5분위수에 의한 학생들 분포도, 2012

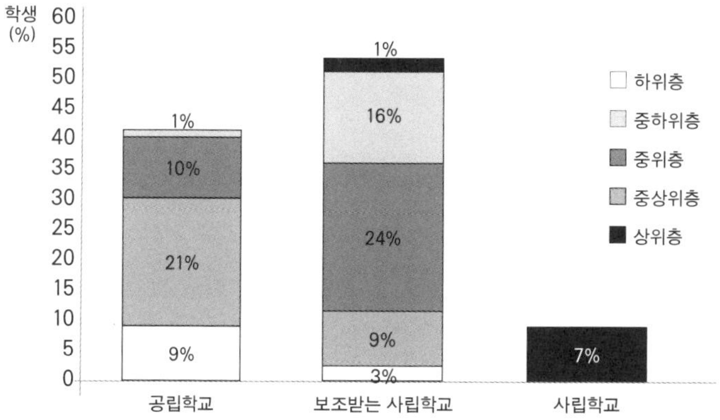

출처: Agencia de Calidad de la Educación(2013)

에 집중되어 있다. 중위권 그리고 중상위권 소득층의 학생들은 사립 바우처 학교에 집중되어 있다. 상류층 학생들은 배타적으로 사립학교에 집중되어 있다. 빈곤한 학생들의 4분의 3이 공립학교에 다니고 있고, 정부 지원을 받는 사립학교에서는 낮은 비율을 보이며, 완전 사립학교에서는 볼 수 없다. 모든 사립학교 학생들은 가장 높은 사회경제적 지위 그룹에 속한다. 정부 지원을 받는 사립학교 학생들의 4분의 3은 중상위권 계층이다. 이 점은 급진적인 계층화이며, 바이스블루트[9)]가 진술한 교육에서의 차별 정책 중 하나이다.[37] 이러한 심각한 상황은 일생 동안에 가능했던 사회 계층 이동을 줄였고, 학생들의 저항과 시위에 주요한 자극 요인이 되었다.

중등교육에서 교육의 질을 측정할 때, 그 측정의 목적으로 사용되는 도구는 국제적인 타당성을 지닌 PISA 시험이다. [그림 2.6]과 [그림

9) 마리오 바이스블루트Mario Waissbluth는 에투가시온 2020(educación 스페인어로 '교육'을 뜻하며, 끌어내는 것을 의미하는 라틴어 '에두카레'가 어원이다) 회장이며, 칠레대학교 교수이다. 멕시코 국립과학기술위원회 위원장, 2004년~2010년 고등공공관리위원회 위원이었으며, 1974년 미국 위스콘신대학교 대학원 화학공학 박사학위를 취득했다.

[그림 2.6] 2009년과 2012년 학교 유형에 따른 칠레 학생들의 PISA 읽기 점수

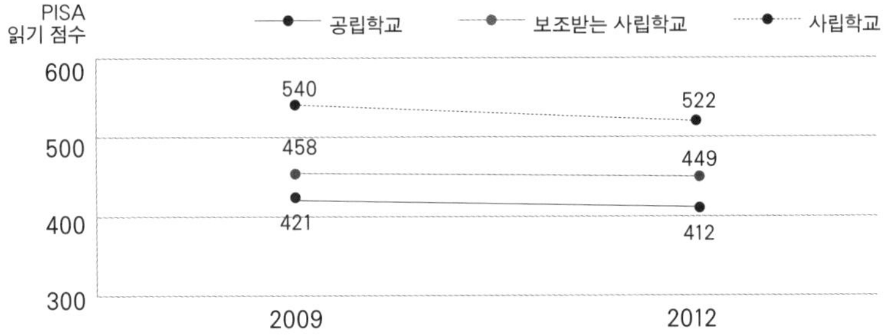

출처: Agencia de Calidad de la Educación(2013)

[그림 2.7] 2009년과 2012년 학교 유형에 따른 칠레 학생들의 PISA 수학 점수

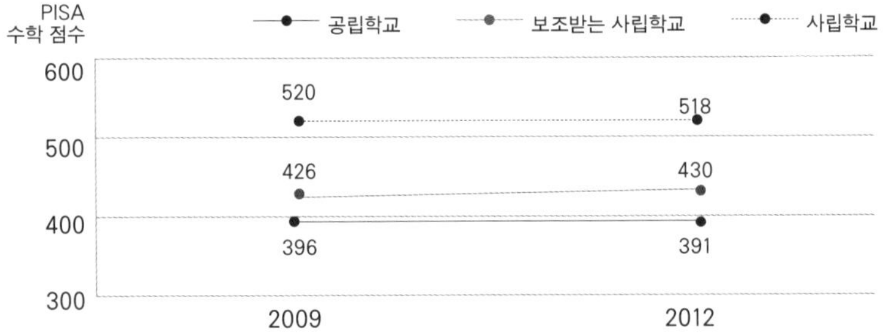

출처: Agencia de Calidad de la Educación(2013)

2.7]은 학교 유형에 따른 시험 분석을 나타내며, 학교 형태 요인으로 간주되어온 두 가지 경우의 학교 성취를 보여준다. 읽기 시험에서, 모든 학교 형태에서 모인 점수들은 3년 전 시험과 비교할 때 낮아졌다.

수학 점수는 사립학교에서만 성취수준을 유지하고, 약간의 상승 경향을 보인다. 정부 재정 지원 사립학교와 공립학교의 점수는 최근 평가에서 하락했다.

PISA 결과를 바탕으로 볼 때, 칠레 교육 시스템은 분명히 어느 누구에게도 효과적이지 않다. 또한 읽기에서 OECD 평균 500점을 넘는 성취를 보인 사립학교 학생들과 1.0 표준편차(100점이 낮은 점수를 받은)

를 보인 공립학교 학생들의 학교 간 실제 원점수 차이를 주목하는 일은 중요하다. 공립과 사립 학생 간의 수학 성취 점수 차이는 훨씬 크며, 약 1.2 표준편차를 보인다.

공립과 사립 간 성취 차이의 분명한 감소는 사립학교들의 급격한 점수 하락에 의해 설명되며, 어떠한 학교 유형도 향상되지 않았다. 비록 공립학교 학생들의 점수가 덜 하락되었다 하더라도 2009년보다 2012년이 더 낮다. 그 차이는 여전히 거의 변함이 없다.

PISA는 또한 사회경제적 그룹에 의해 분류된 결과를 제공한다. [그림 2.8]에 따르면, 모든 사회경제적 그룹은 중상위 그룹의 학생을 제외하고 최근 읽기 시험에서 낮은 성취를 보인다. 사회경제적 지위 5분위수 모두의 읽기 시험 성취도가 PISA 평균보다 낮았다.

수학 시험에서 2012년 급격한 하락은 가장 낮은 사회경제적 지위 그룹에서 나타났으며, 중하위 계층은 [그림 2.9]에 따르면, 약간의 향상을 보여주었다.

PISA는 학생들이 학교의 구체적인 교육과정을 수학보다 읽기, 과학적 문해력 영역에서 얼마나 잘 습득했는가에 대한 평가를 하지 않는다는 점을 지적하는 일은 중요하다. 실제 생활 문제 해결과 평생교육

[그림 2.8] 2009년과 2012년 사회경제적 지위에 따른 칠레 학생들의 PISA 읽기 점수

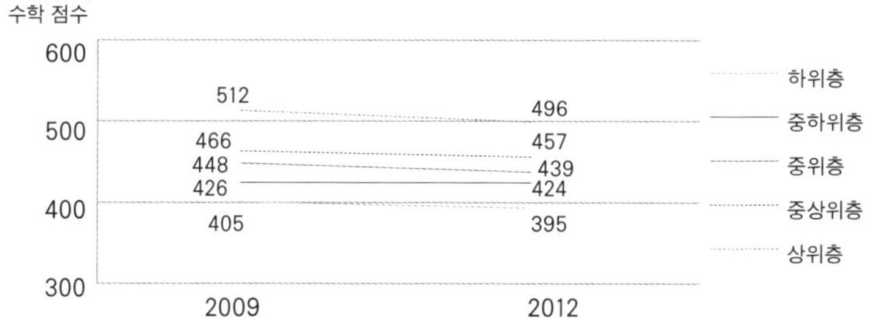

출처: Agencia de Calidad de la Educación(2013)

[그림 2.9] 2009년과 2012년 사회경제적 지위에 따른 칠레 학생들의 PISA 수학 점수

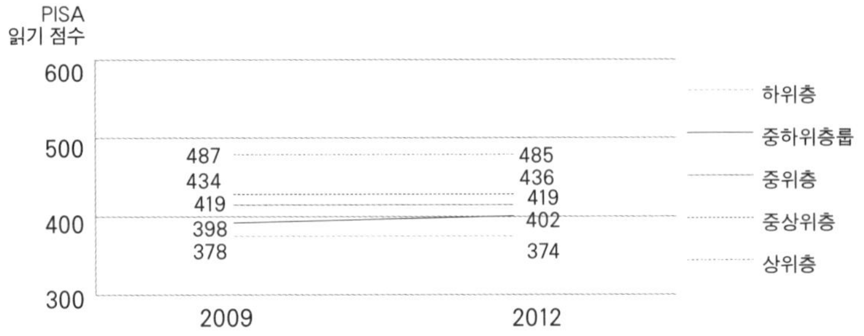

출처: Agencia de Calidad de la Educación(2013)

의 적용에 관한 측정도 중요하다. 칠레에서 이러한 시험의 첫 번째 적용으로 학생의 48%는 레벨 1 그리고 -1로 유창함의 기준을 두었다. 2012년 가장 최근의 평가에서 가장 낮은 단계에 속했던 그룹은 33%로 눈에 띄게 줄었다. 이러한 데이터가 고무적으로 보일지라도 이 수치 안에 있는 학생들은 단지 시험이 평가하는 최소한도 수준의 이해에 도달하는 데 그쳤다는 점을 명심해야 할 것이다.

국제적 성취도와 국내적 성취도 모두를 모은 통계 자료를 분석해보면, 칠레의 어떤 학교 유형(공립, 정부보조, 또는 사립)이든지 학생들의 성취도는 사회경제적 지위와 직접적인 연관이 있음을 확인할 수 있다. 그러한 분석 결과로 보아 '학업성취도는 학생들이 다니고 있는 학교의 질보다 오히려 그들이 가진 문화 자본에 연계되어 있는 것처럼 보인다'고 말하는 것이 타당할 것이다.

계속되는 교직 갈등

이전 논의를 고려해보면, 칠레 사회에서 매우 존경받던 교직이 1973

년 이래로 사회구조적인 측면에서 지속적으로 평가 절하되어왔다고 결론 내릴 수 있다. 교직에 대한 이러한 평가 절하는 임금과 근무조건, 특히 교사 실습 훈련에 부정적인 영향을 끼쳤으며, 교육의 질에 치명적인 악영향을 미쳤다. 칠레 전 지역에서 교수법 프로그램에 등록한 학생들이 이른바 낮은 읽기 쓰기 능력을 나타냈다. 교수법 프로그램 안에서 졸업 시험Prueba INICIA에 의해 평가될 때, 학문적 내용을 숙달하지 못한 학생들이 있다는 점은 더욱더 심각한 상황임을 보여준다. 교원 평가 과정과 비슷하게 INICIA 프로그램을 통해 교육부가 설정한 성취기준에 미달하는 학생들의 성취수준에 대하여 실습 훈련 제공자(대학 그리고 전문교육기관)에게 알릴 것을 기대했다. 그렇지만 불행하게도 이러한 결과는 신자유주의 체제 내 마케팅 전략의 한 부분으로서 교수법 프로그램 순위를 전국적으로 매기게 되는 잘못된 방향으로 이어졌다.

위에서 기술한 상황은 이해하기 어려운 불합리성을 보여주고 있다. 교육의 질을 향상시키기 위한 최선의 가능성을 갖고 이러한 목적을 달성하기 위한 수많은 법안들을 발안하는 데 가장 많이 관여하는 전문적인 협회는 분명 가장 비난받는 협회 중 하나가 되었다. 설상가상으로 교사들은 홀로 SIMCE와 같은 국내 성취도 평가와 PISA와 TIMSS 같은 국제적인 시험에서의 학생들의 낮은 성취 점수로 인해 비난을 받아왔다는 점이다.[38]

최근 정부는 전국교원협회Colegio de Profesores와 교직에 관하여, 특히 교육 경력에 대한 법령 개혁과 관련하여 치열한 논쟁을 진행 중이다. 전국교원협회는 교원수행평가에서 어떤 학교 유형인가를 중요하게 여기고 이 점을 강조한다. 매우 취약한 학생들이 많은 학교에서 일하는 것이 다른 학교 유형에서 일하는 것보다 훨씬 힘들기 때문이다. 하지만 정부는 학교 유형과는 상관없이, 학생들의 학업성취도 면에서 교원 개별의 수행 능력을 중시한다.

오늘의 고등교육

OECD는 2013년 "칠레 고등교육의 질을 위한 보증El Aseguramiento de la Calidad en la Educación Superior en Chile" 보고서에서 최근 20년 동안 칠레 고등전문교육은 학생 입학률에서 놀랄 만한 증가를 보여주었고, 다양한 고등교육기관을 확대하여, 교육 가능한 프로그램의 획기적인 증대를 가져왔다고 언급했다. 다만, 교육기관의 다양화와 폭넓은 교육 범위는 현실의 단면일 뿐이다. 칠레 사회는 경제적·사회적으로 상당한 불평등을 지속하고 있다. 이와 같은 맥락에서 학문적이고 기술적인, 그리고 전문적인 측면에서 고등교육에 제공되고 있는 프로그램의 교육적 질은 일정하지 않다. 그럼에도 불구하고 칠레의 대학생들과 가족들은 이런 프로그램을 중요하게 여기고, 이에 대한 비용을 직접 지불해야 한다. 또한 이들은 지불 비용과 대비하여 교육에 가치를 두고, 졸업 후에도 비용을 지불해야 하는 전문적인 학위를 추구하는 것을 선택하게 되었다. 학교 인가를 넘어서서 고등전문교육의 질을 향상시키려는 문화를 수립하고, 분명하고 믿을 만한 정보를 제공하는 것은 교육기관, 학생 그리고 고용주뿐만 아니라 일반 대중에게도 흥미로운 주제가 되고 있다.[39]

현재의 칠레 고등교육기관은 소유권을 기준으로 분류해보면, 고등교육위원회CRUSH 산하에 25개의 대학이 있고, 그중 16개 대학을 국가에서 직접 운영하며(Universidad de Chile에서 유래한), 6개의 가톨릭대학과 3개의 비영리 법인에 속한 사립대학으로 이루어져 있다.[40] 자금 지원에 관해서는 모든 국립대학은 학위를 얻고자 하는 학생들의 등록금에 대부분 의존한다. 고등교육위원회 대학이 42.4%의 지원을 받을 때, 사립대학은 79%의 지원을 받는다. 국가로부터 받는 지원 중에서 가장 높은 비율은 고등교육위원회 대학과 연관된 기관에 책정된다. 이는 배분된 총 자원의 20.5%를 차지하며, 사립대학에는 다만 평균적으로 5%가 지원된다.[41]

OECD는 2013년 보고서에서 파악된 문제점을 극복하기 위한 일련의 해결책들을 제시하였다. 그 제안들은 다음과 같다. (a) 형평성, 타당성, 효율성을 증진시킨다. (b) 기준이 되는 규범을 보장한다. (c) 지속적인 향상을 위한 교육의 질과 전문성 개선 문화를 증진한다. (d) 효과성과 적절성을 향상시키기 위해 특히 학생들과 사업의 주주들의 활발한 참여를 뒷받침한다. (e) 고등교육의 기관, 프로그램, 그 형태의 다양성을 고려한다. (f) 신뢰와 안정성을 불러일으키기 위한 투명성과 개방성을 제공한다. (g) 다른 나라들의 경험을 개방한다.[42]

OECD가 칠레의 고등교육에 대해 비판적으로 분석한 결과를 가지고, 칠레 사회에서는 급진적으로 여겨지는 해결책을 제시했다는 사실은 매우 흥미롭다. 칠레 고등교육에서 공적 정책의 핵심은 10년 이상 지속된 학생운동의 투쟁이 가져온 성과물이다. 필사적으로 더 많은 장학금과 낮은 등록금을 요구하고, 더 많은 프로그램과 대학 입학을 위한 단계적인 개방을 요청하면서, 학부 프로그램 교육의 질을 향상시켜줄 것도 주장하였다. 이는 2001년 책가방을 멘 학생들의 운동el mochilazo"[10)]이라고 알려진 학생운동, 2006년 대규모 집회로 진행되었던 "펭귄혁명", 그리고 2011년 이래로 활발하게 계속되고 있는 학생운동의 목표들이다.

가장 최근의 학생운동은 그 운동을 이끌었던 학생 중 4명이 칠레 의회에서 하원의원으로 선출되어 전성기를 누리고 있고, 사회적 지지를 충분히 받으면서 이어지고 있다. 요즈음 교육부 장관은 거세지고 있는 학생들의 압박에 두 가지 전략을 사용해 대응하고 있다. 교육부의 부서에 학생 대표를 채용하고, 학생 대표에게 교육부의 장학사 interventor de universidades en crisis 자리를 만들어주는 것이 그것이다. 학생 대표 장학사의 권한으로는 불법적인 이윤 추구, 미흡한 기록 유지 또는 합법적이지 않은 뇌물로 거래된 자격증 남발과 같은 불법적인 행태를 보이는 대학을 감독할 수 있게 했다. 이러한 법적인 권한 부여에 따라, 위와 같은 점들을 폭로하는 사람들, 즉 학생과 학부모, 그리고 교원들이 궁금한 것들을 문제 제기하거나, 특별한 조사를 요구할 수 있게 되었다.

최근, 2014년에는 바첼레트 대통령의 두 번째 행정부가 새롭게 출범했다. 연임한 바첼레트 정부는 고등교육기관들의 사적인 이윤 추구와 과도한 선별적 입학 승인, 그리고 대학 운영 재원을 학생과 학부모에게 공동 부담하게 하는 이전 고등교육을 혁신하기 위한 기본 논의를 2017년 안에 마치려 하고 있다. 이런 시대에 교사들조차 새로운 개혁에 자신들의 이익이 포함되어야 한다고 요구하면서 몇 주 동안 시위를 계속해왔다. 요약하면 이 새로운 고등교육법은 반드시 (a) 국가 비용을 이용하는 교육기관에서 이윤 추구를 금지해야 하며, (b) 학생들의 학문적 수행 또는 어떤 사회경제적 요인을 기초로 학생을 선발하는 것을 막아야 하고, (c) 정부 보조금으로 운영하는 사립학교에서 부모

10. 2001년 칠레에서 벌어졌던 학생운동 집회는 '책가방'을 멘 학생들의 집회였다. mochilazo는 '배낭을 멘 사람'이라는 뜻으로, '책가방을 멘 학생들'을 뜻하며, 이는 포르투갈어인 mochila 배낭으로부터 유래하였다.

들과 보호자들이 공동 부담하는 것을 없애야 한다. 이 마지막 조치는 (a)와 (b)를 충족시킬 학교에서 각 학생들에게 공적 자금을 확대 지원하면서 실행될 것이다. 대체로 교육체제의 차별화와 증대된 민영화에 대한 이런 개혁 조치의 영향은 정부 보조금으로 운영하는 사립학교의 증가를 저지할 것이다. 최근 이윤을 추구하는 교육이 분명히 법으로 금지되었다 하더라도 50%가 넘는 칠레 학생들은 공적 자금 지원이 높은 학교와 대학에 다닌다. 그 대부분은 사적인 곳일 뿐만 아니라 이윤을 추구하는 곳이다. 칠레 정부는 2017년 12월에 무상으로 제공되는 고등교육, 또는 국가가 책임지는 장학금 제도를 확실하게 실행하기 위한 구체적인 개혁 조치들을 발표할 예정이다.

최종 논의

칠레는 공화국 역사 전 과정을 통해서 살바도르 아옌데 대통령 시절 동안 최상의 교육 단계에 도달했고, 이후에도 더욱 나은 교육을 위해 시스템을 점진적으로 발달시켜왔다. 당시 초등교육의 입학률은 실질적인 보편화 수준으로 발전했으며, 학생들의 사회적 이동을 포함하여 중등교육과 고등교육 입학률도 획기적으로 증가했다.

1960년대 후반부터 1970년대 초까지 교육은 사회적 형평성과 국가 발달의 척도였다. 국가는 공적 자금으로 초·중등 교육뿐만 아니라 고등교육위원회CRUSH 소속 대학까지 지원할 중장기 계획을 수립하고 있었다. 교육부는 중앙집권화 시스템을 갖추고, 일반 공교육 행정을 책임지고 있었다. 각 주마다 있는 공적 기관들을 통해 교육부는 교육과정의 실행과 운영, 공적 자금 운용과 교원 실습 훈련까지 책임졌다. 고등교육은 고등교육위원회 대학에 의해 운영되었으며, 교육부의 관리를 받았고 공적인 재원 배분를 책임졌다. 고등교육위원회 대학은 또한 고등교육 입학 과정이 전국적으로 동일하게 되는 것을 승인하도록 요구받았다. 국가 경제 구조의 나머지와 고등교육위원회 대학의 관련성은 약했다. 대학원의 학술연구와 조사는 비록 대학에서 많이 논의되었더라도 국가의 필요와 관련된 것은 많지 않았다. 칠레 교육은 계속적으로 진보해왔고, 모두를 위한 교육의 질 향상을 위해 혜택의 범위와 평등의 기회에 대한 요구를 충족시키는 방향을 찾기 위해 노력했다. 사회적으로 교육은 매우 가치 있었고, 교사들은 칠레 역사상 가장 높은 임금을 받으면서 좋은 대우를 받았다.

하지만 1973년 피노체트 군부의 쿠데타 이후 교육은 급격하게 변화되었다. 대학들은 1974년과 1975년부터 수업료를 받기 시작했다. 대학에서 수업료를 받는 조치는 수익자 부담 원칙에 따른 것이다. 각 개인의 선택에 의한 책무성의 표시로서 개인의 전문적인 훈련비용은 개인이 감당해야 하고, 그 교육비용을 공동 부담하면서 높은 질의 대학 교육을 요구할 수 있다는 가정에서 생긴 논리이다. 이 논쟁은 1980년대 초까지 논의되었으며, 피노체트는 '일반교육자금지원법'을 탈중앙화, 지방자치화, 민영화 조치로서 발표했다.

피노체트 정부 당시 생긴 또 다른 변화는 학교 선택의 출현이다. 부모들과 보호자들은 그들의 자녀를 위한 가장 좋은 학교와 교육과정을 선택하는 데 적극적인 참여자가 되어야만 했다. 학교 선택이라는 이러한 신자유주의적 개념은 경쟁을 유도하고, 교육의 질을 향상하는 것으로 여겨졌다. 이와 같은 맥락에서, 교육에 대한 더 많은 정보가 제공되며, 이를 통해 교육의 투명성이 제고된다고 보았다. 그러한 시스템 안에서 부모들은 학교를 선택하기 위한 정보로 학교와 학교 유형에 따른 교육적 결과를 제공받았다. 그렇지만 그러한 조치 어떤 것도 실제로 더 좋은 교육의 질을 불러일으키지 못했다. 이 조치들은 사회 계층 간의 간격을 더 넓혔다.

흥미롭게도 교육의 질과 관련한 위의 논의와 동일한 논쟁이 민주정부를 회복한 이후에도 중도좌파 정부 안에서 여전히 논쟁 중이다. 이는 오늘날도 여전하며, 그 사실은 교육을 공적 유산으로 여기는 역사적인 궤도로 돌아가도록 이끄는 뚜렷한 개념적 변화가 생긴 것처럼 보이게 하였다.

칠레의 교육 시스템은 두 가지 운동 노선을 기반으로 하며, 이 두 가지 노선은 동시에 작동하고 있다. (a) 국가적인 면에서 동등한 서비스를 제공하는 형평성의 원칙, (b) 교육적 자유(자녀를 위한 부모들의 학교 선택)가 그것이다. 공교육으로 동일한 서비스를 제공해야 한다는 전제하에, 공적 자원이 사적 영역으로 가는 것을 의미한다. 하지만 사적 영역에서 선발을 목적으로 입학시험을 요구하고 종교와 같은 학교의 가치에 동의하는 가정 배경, 부모와의 공동 부담을 필요로 하고, 심지어 그것에서 이윤조차 얻으려고 할 수 있다. 사립학교는 공적이지 않기 때문에 일단 공적 자원이 한 번 분배되면 그 학교들은 이미 받은 세금에 책임을 질 필요가 없어진다.

이와는 대조적으로, 공교육기관은 법을 준수하고, 국가에 책임을 지지 않으면 안 된다. 따라서 공교육기관은 학생을 선발할 수도 없고, 사회경제적 조건에 따른 부모의 공동 부담도 요구할 수 없다. 매년 정부는 공립학교의 국가측정시스템SIMCE 결과가 가장 낮다는 점을 공개적으로 발표한다. 동일한 사회경제적 수준 안의 학생들을 비교했을 때, 공교육이 일반적으로 더 잘하고 있다는 사실을 국민에게 알리는 데 실패하고 있다. 사립학교 학생들은 시험에서 좀 더 높은 점수를 얻고,

공립학교 학생들보다 학문적인 지식이 더 뛰어나다는 주장은 일반적인 상식과 연구 결과 등 대다수 의견과는 반대 방향으로 가는 것일 수도 있다. 각기 다른 학교별 학생들 인구분포 중에서 인구통계학적인 측면에서 사회경제적인 지위 부분을 통제하고 수집된 데이터에 의하면, 기존의 전통적 공립학교 학생들이 사립학교 학생들보다 학업성취도가 높다. 이는 이른바 공립학교 학생들의 학습 성과가 오랜 시간 동안 높았다는 사실에 근거한다.

이와 유사한 논리가 고등교육에서도 일어난다. 법적으로 사립대학들은 비영리기관이다. 고등교육위원회 대학에 속해 있지 않은 사립학교 소유자들은 그들 스스로 부동산 투자 회사를 설립하기도 한다. 위에서 기술한 이러한 파트너십을 이용해 학교 시설을 빌려주고 부동산 회사로부터 얻은 이윤을 유용하기도 한다. 이윤을 늘리는 또 다른 방법은 시장에 대학의 주식을 파는 것이다. 마지막으로 사립학교와 공립학교는 일반적으로 그들이 교육 사업을 할 때 세금 감면 혜택을 받는다.

이러한 메커니즘은 칠레 교육 시스템의 불평등한 지위와 빈곤한 학생들을 만드는 주요한 원인이다. 칠레에서의 공공선의 원리는 그 원리를 강화하고 그것을 위한 적절한 조건을 보장해야 하는 국가 책무성과 함께 사라지고 있는 것처럼 보였다. 복지국가를 향한 꿈은 점차 사라지고 있으며, 자유시장경제의 기제와 힘에 의해서 대체되었다. 권위적인 원칙들을 바탕으로 한 개인주의가 문화적·역사적 정복의 유산에 의해, 토착민들의 토지 강탈에 의해, 스페인 왕의 권위에 의해서 최초로, 그 이후에는 칠레 정부의 권위에 의해서 고무되고 지지받고 있다.

칠레의 장기간의 신자유주의적인 실험으로 인해 야기된 변화들은 사회의 여러 영역 가운데 교육 부문에서 처음으로 관찰되고 있다. 그런데 이러한 변화가 포착되는 증거는 건강보험제도와 사회보장제도와 같은 공적 관심의 다른 영역에서도 나타난다. 교육은 단지 '빙산의 일각'처럼 보인다. 신자유주의적 교육 모델에 대한 정밀한 분석 평가는 그동안 시장경제로 전환하면서 국가의 고유한 책무성을 방기했던 다른 영역에서도 교육과 동일한 저항에 직면했으며, 그에 대한 조사와 분석, 평가가 진행 중이다. 이러한 논의는 공적 논쟁의 중요한 주제로서 계속 이어지고 있다. 사회가 전반적으로 학생과 교사를 이끄는 데 관여해야 할지 말지, 또는 따라야 할지 말지는 시간만이 말해줄 것이다.

주

1. GlobalEDGE. (n.d.). *Chile: History*. GlobaiEDGE: Your source for Global Business Knowledge. Retrieved from http://globaledge.msu.edu/countries/chile/history
2. Elacqua, G. and Alves, F. (2014). "Rising Expectations in Brazil and Chile: Reforms lift student performance but middle-class families want more." 3. *EducationNext*, 14(1). Retrieved from http://educationnext.org/ rising-expectations-in-brazil-and-chile/
3. Elacqua, G. and Alves, F. (2014). "Rising Expectations in Brazil and Chile: Reforms lift student performance but middle-class families want more". *EducationNext*, 14(1). Retrieved from http://educationnext.org/ rising-expectations-in-brazil-and-chile/
4. Hanushek, E. A., Peterson, P. E., and Woessmann, L. (2012). Is the *U.S. Catching Up?* EducationNext. RSS. Retrieved from http://educationnext.org/is-the-us-catching-up/
5. Elacqua, G. and Alves, F. (2014). "Rising Expectations in Brazil and Chile: Reforms lift student performance but middle-class families want more". *EducationNext*, 14(1). Retrieved from http://educationnext.org/ rising-expectations-in-brazil-and-chile/
6. Elacqua, G. and Alves, F. (2014). "Rising Expectations in Brazil and Chile: Reforms lift student performance but middle-class families want more". *EducationNext*, 14(1). Retrieved from http://educationnext.org/ rising-expectations-in-brazil-and-chile/
7. Smink, V. (2011). *Las razones de las protestas eswdiantiles en Chile*. Retrieved from http://www.bbc.com/mundo/noticias/2011/08/110809_chile_estudiantes_2_vs.shcml
8. Sepulveda, P. (2011). Student Protests Spread Throughout Region. Retrieved from http://www.globalissues.org/news/2011 / 11/25/11997
9. *Constitución polftica de Ia República de Clule*. (1925). Santiago: Imprenta Universitaria.
10. Castillo, F., Cortes, L., and Fuentes, J. (1996). *Diccionario histórico y biográfico de Chile*. Santiago: Editorial Zigzag.
11. Castro, P. (1977). *LA educación en Chile de Frei a Pinochet*. Salamanca: Tierra 2/3.
12. Foxley, A. (1982). *Experimentos neoliberales en América1 Latina*. Santiago: Corporación de Investigaciones Económicas para América Latina (CIEPLAN).
13. U.S. State Department, CIA, White House, Defense and Justice Department records retrieved from http:/ /www2.gwu.edu/~nsarchiv/news/20001113/

14. Mönckeberg, M. 0. (2001) *El Saqueo de los Grupos Económicos al Estado Chileno*. Santiago: Ediciones B.
15. Mönckeberg, M. 0. (2001) *El Saqueo de los Grupos Económicos al Estndo Chileno*. Santiago: Ediciones B.
16. Mönckeberg, M. 0. (2001) *El Saqueo de los Grupos Económicos al Estndo Chileno*. Santiago: Ediciones B.
17. Foxley, A. (1982). *Experimentos neoliberales en América Latina*. Santiago, Chile: Corporación de Investigaciones Económicas para América Latina (CIEPLAN).
18. Harvey, D. (2007). Breve historia del neoliberalismo. Madrid: Akal; Stallings, B. (2001). *Globalization and Liberalization: the impact on developing countries*. Retrieved from http://archivo.cepal.org/pdfs/2001/S017565.pdf
19. Foxley, A. (1982). *Experimentos neoliberales en América Latina*. Santiago: Corporación de Investigaciones Económicas para América Latina (CIEPLAN).
20. Peña, M. (2011). *Sujeto político y vida pública: privatización de Ia educación en Chile y sus consecuencias en los sujetos que se educan*. Santiago: Polis, Revista de la Universidad Bolivariana, 10(30), pp. 199-215.
21. Castro, P. (1977). *LA educación en Chile de Frei a Pinochet*. Salamanca: Tierra 2/3.
22. Cariola, L., and Rivero, R. (2008). *Sistemas de Evaluación como Herramientas de Políticas Revista Iberoamericana de Evaluación Educativa*. 1(1). 64-78. Retrieved from http://www.rinace.net/riee/n?meros/vol1-numl.html.
23. Castro, P. (1977). *LA educación en Chile de Frei a Pinochet*. Salamanca: Tierra 2/3.
24. CENDA (Centro de Estudios Nacionales de Desarrollo Alternativo) (2002). *Estudio de Remuneraciones del Magisterio*. Santiago.
25. Rojas, P. (1998). *Remuneraciones de los profesores in Chile*. Centro de Estudios Públicos. Retrieved from http://www .cepchile.cl/ dms/archivo_1584_733/rev71_rojas.pdf
26. Castro, P. (1977). *LA educación en Chile de Frei a Pinochet*. Salamanca: Tierra 2/3.
27. Cox, C. (2012). "Política y políticas educacionales en Chile 1990-2010". *Revista Uruguaya de Ciencia Política*, 21(1), 13-43.
28. Cox, C. (2012). "Política y políticas educacionales en Chile 1990-2010". *Revista Urugunya de Ciertcia Política*, 21(1), 13-43.
29. *Informe de Ia Comisión Nacional de Verdad y Recotlciliatción sobre Violación a los Derechos Humanos en Chile 1973-1990* (Informe Rettig). (1995). Santiago: Ministerio Secretaría General de Gobierno. Retrieved from http://www.ddhh.gov.cl/DDHH_informes_rettig.html; *Informe de Ia Comisión Nacional de Prisión Política y Tonura*(Informe Valech).(2005). Santiago: Ministerio Secretaría General de Gobierno. Retrieved from http://www.comisiontortura.cl/inicio/index.php.
30. Anand, P., Mizala, A., and Repetto, A. (2009). "Using school scholarships to estimate the effect of private education on the academic achievement of low-

income students in Chile". *Economics of Education Review*, 28(3), 370-381; Benedetti, C. (2010): *Análisis y evaluación de la gestión educacional municipal*. Memoria para optar al titulo de ingeniero civil industrial: (Guía de Tesis: Alejandra Mizala) Santiago: Universidad de Chile; Elacqua, G., Montt, P., and Santos, H . (2013). *Evidencias para eliminar-gradualmente-el Financiamiento Compartido*. Santiago: Instituto de Políticas Públicas Facultad de Economía y Empresa, Universidad Diego Portales, Mayo 2013, Número 14.

31. Valenzuela, J-P, Villarroel, G., and Villalobos, C. (2013). *Ley de Subvención Escolar Preferencial (SEP): algunos resultados preliminares de su implementación*. Pensamiento Educativo. Pensamiento Educativo. Revista de Investigación Educacional Latinoamericana 2013, 50(2), 113-131.
32. Cingano, F. (2014). *Trends in Income Inequality and its Impact on Economic Growth*. Paris: Organization for Economic Cooperation and Development; *Society at a Glance 2014 Highlights: CHILE OECD Social Indicators*. Retrieved from http:// www.oecd.org/chile/OECD-SocietyAtaGlance2014-Highlights-Chile.pdf
33. Cingano, F. (2014). *Trends in Income Inequality and its Impact on Economic Growth*. Paris: Organization for Economic Cooperation and Development; *Society at a Glance 2014 Highlights: CHILE OECD Social Indicators*. Retrieved from http:// www.oecd.org/chile/OECD-SocietyAtaGlance2014-Highlights-Chile.pdf
34. Cingano, F. (2014). *Trends in Income Inequality and its Impact on Economic Growth*. Paris: Organization for Economic Cooperation and Development; *Society at a Glance 2014 Highlights: CHILE OECD Social Indicators*. Retrieved from http:// www.oecd.org/chile/OECD-SocietyAtaGlance2014-Highlights-Chile.pdf
35. Wilkinson, R. and Pickett, K. (2009). *The Spirit Level: why more equal societies almost always do better*. London: Bloomsbury Press.
36. OPECH (Observatorio Chileno de Políticas Educativas). (2010). *Acceso a Ia Educación Superior: el mérito y la (re) producción de Ia desigualdad*. Santiago: Research Group CESCC-OPECH.
37. Waissbluth, M. (2013). Cambio de rumbo. Santiago: Random House Mondadori.
38. Waissbluth, M. (2013). Cambio de rumbo. Santiago: Random House Mondadori.
39. OECD (2013). *Revisión de Políticas Nacionales de Educación Revisión de Políticas Nacionales de Educación El Aseguamiento de Ia Calidad en Ia Educación Superior E*. Paris: Organization for Economic Cooperation and Development, p. 3.
40. DIVESUP/MINEDUC (2012). *Informe Nacional de Antecedentes. "EI Aseguramiento de la Calidad de Ia Educación Superior en Chile."* Santiago, Chile: Comité de Coordinación. Sistema Nacional de Asegurarmiento de la Calidad de la Educación Superior en Chile (SINAC-ES).
41. DIVESUP/MINEDUC (2012). *Informe Nacional de Antecedentes. "EI*

Aseguramiento de la Calidad de Ia Educación Superior en Chile." Santiago, Chile: Comité de Coordinación. Sistema Nacional de Asegurarmiento de la Calidad de la Educación Superior en Chile (SINAC-ES).

42. OECD (2013). *Revisión de Políticas Nacionales de Educación Revisión de Políticas Nacionales de Educación El Aseguramiento de Ia Calidad en la Educación Superior E*. Paris: Organization for Economic Cooperation and Development, p. 12.

3장

쿠바: 질 높은 공교육을 제공한 쿠바의 네 가지 비결

마틴 카노이Martin Carnoy[1)]

쿠바의 맥락[2)]

쿠바는 중남미 수준에서 보면 소득이 좀 낮은 편이다. 쿠바의 경제는 50년 이상 미국의 경제봉쇄 조치[3)]를 당했지만, 국가에 의해 관리되고 있으며 관료체계도 그런대로 돌아가고 있다. 그런데 어찌 된 일인지 쿠바의 교육 시스템은 다른 중남미 국가들에게 부러움의 대상이다. 미국의 일부 주들도 쿠바 교육 시스템에 대해 더 많은 것을 알게 되면 아마 부러워할 것이다. 쿠바의 초등학생은 수학과 언어 시험에서 여타 중남미 아이들보다 훨씬 높은 점수를 획득하였다. 1997년 라틴아메리카 전역을 대상으로 한 유네스코의 중남미 교육수준 평가센

---

1) 스탠퍼드대학의 경제학, 교육학 교수, 교육 시스템의 정치경제를 주로 연구하는 노동경제학자이며 비교연구 전문가이다. 대표 저서로 『국가와 정치이론』, 『국가와 교육』, 『교육과 문화적 식민주의』 등이 있다.

2) 정식 명칭 쿠바공화국Republic of Cuba. 면적은 110,860㎢(한반도의 1/2). 인구는 1,120만 명(2015), 수도는 아바나이고, 스페인어를 사용한다. 2011년 기준 1인당 국민소득은 5,580달러(2014년 기준 대한민국은 27,090달러). 2014년 기준 쿠바의 의무 및 무상교육 기간은 15년(취학 전 3년, 초등 6년, 중등 6년)이다.

3) 미국은 피델 카스트로의 쿠바 사회주의 혁명에 반대해 1962년 2월 3일 쿠바에 대한 무역제재 조처를 했다. 2014년 쿠바와의 관계 정상화 조치를 시작해 쿠바와의 교역, 여행 규제를 완화하는 절차를 밟았지만 경제봉쇄를 해제하려면 의회가 이를 결정해야 하는 상황이다. 상·하원을 장악한 공화당이 쿠바에 여전히 적대적이다. 그러나 최근 UN에서 경제 봉쇄조치가 폐기되었다.

터LLECE[4] 시험과 2007년 제2차 지역 비교 및 설명 연구SERCE 시험에서 쿠바에 근접하는 점수를 얻은 국가는 우루과이[1](PISA 시험에서 가장 높은 점수를 받은 중남미 국가임)와 코스타리카[2]뿐이었다. 우루과이와 코스타리카의 6학년 학생의 점수는 수학에서 각각 0.6, 1.0 표준편차[5]만큼 쿠바 학생의 점수보다 낮다.[6] 읽기에서도 우루과이 0.5, 코스타리카 0.3 표준편차만큼 낮다.[7] 쿠바는 PISA(3년마다 대다수 국가의 15세 학생에게 실시함), 그리고 TIMSS(전 세계 많은 국가에서 1995년부터 4년마다 4학년과 8학년 대상으로 실시함)에 참여하지 않기 때문에 이런 뛰어난 학업수행 능력이 중등학교에서도 계속되는지에 대해 우리는 알지 못한다.

그런데 쿠바 학생들이 수학과 읽기에서 이렇게 탁월한 학업성취도를 보인 이유는 어디에 있을까? 아마 그 이유 중 하나는 LLECE와 SERCE 시험에서 우루과이와 코스타리카의 6학년 학생이 높은 점수를 획득하게 하였던 사회경제적 환경에서 찾아볼 수 있을 것이다. 쿠바, 우루과이, 코스타리카 학교에 다니는 아동의 부모는 상대적으로 교육 수준이 높았으며, 학교폭력은 상대적으로 적은 편이다(쿠바는 매우 적다). 이 나라들에는 집 밖에서 일하는 아동이 거의 없으며 소득분배도 비교적 평등한 편이다(쿠바는 아주 평등하다). 이렇게 쿠바 교육은 더 유리한 사회적 조건들을 넘어서고 있는데, 더 잘사는 우루과이와 코스타리카보다도 우월하다. 쿠바의 아이들은 수업에 집중적으로

4) 평가센터는 중남미와 카리브해 지역의 교육의 질에 대한 평가 및 연구를 위한 기관이며 현재 16개 국가와 1개의 주(멕시코 누에보레온주)가 가입해 있다. 시험은 총 2년 6개월간의 컨설팅, 조사, 합의를 거쳐 가입국들의 승인을 얻고 ETS로부터 인증을 받았다.

5) 표준편차standard deviation란 분포의 평균치와 편차 정도를 나타내기 위한 통계적 수치로서, 분포에서 개인 점수와 중간 점수 간의 평균차이를 말한다.

6) SERCE 6학년 수학 시험에서 쿠바는 637, 우루과이는 약 575, 코스타리카는 약 550의 평균값이다.

7) SERCE 6학년 읽기 시험에서 쿠바는 약 590, 우루과이는 약 545, 코스타리카는 약 560의 평균값이다.

관심을 두고 있는 학교에 다닌다. 그리고 모든 사회집단의 높은 학업 성취도에 몰두하는 사회적 환경에서 잘 훈련되고 정기적으로 장학 지도를 받는 교사가 이들 학교에 배치된다. 학업에 대한 높은 기대치를 가진 양질의 가르침과 잘 정의된 목표와 견고하게 통제되는 학교관리 위계구조를 결합하여 쿠바 시스템을 굴러가게 하고 있다. 이런 점에서 쿠바 교육 시스템은 중남미의 여타 교육 시스템과 구별된다. 근본적으로 쿠바는 다른 중남미 국가에서 중상층 아이들만이 받을 수 있는 초등교육을 대부분의 쿠바 학생들에게 제공하고 있다.[8)]

스탠퍼드 대학 연구팀은 2003~2009년 쿠바의 교육에 대한 성공적 접근을 중남미와 여타의 더 광범위한 개발도상국의 맥락에 비추어 더 잘 이해하고자 했다. 우리는 지역 연구자들과 협력하여 쿠바, 브라질, 칠레, 파나마, 코스타리카, 보츠와나, 남아프리카공화국 그리고 케냐의 초등 수학교육의 질을 분석하였다.[3] 모든 연구는 교실에 집중했다. 우리는 교사들의 활동을 촬영했고, 그들이 수업 시간을 어떻게 배당하는지를 분석했으며, 학생의 참여 활동과 가르치는 수학 내용을 관찰했다. 이 결과를 통해 선진국을 대상으로 한 연구처럼 교사가 자신의 수학 지식, 그리고 수학 개념을 가지고 학생과 얼마나 잘 소통하는지의 측면에서 각 교실마다 상당한 차이가 있다는 것을 알 수 있었다.[4]

그런데 우리는 국가 간에 존재하는 주요한 격차 또한 발견하였다. 이런 격차가 벌어지게 된 현상의 일부는 국가 전반의 개발 수준에 의해 설명될 수 있다. 저소득 국가의 학생들은 빈곤층이 될 확률이 높고, 교육 수준이 낮은 학부모가 더 많으며, 그리고 학교의 문화적 환

8) 도시와 시골의 6학년 평균 수학 점수 차이는 쿠바는 4.98, 우루과이는 52.45, 코스타리카는 23.34였고, 6학년 평균 읽기 점수 차이는 12.75, 우루과이는 49.10, 코스타리카는 34.37이다. 시험 대상 국가 중 쿠바가 차이가 가장 적었다(SERCE).

경에 진입할 준비가 덜 되어 있었다. 부분적으로 아프리카 학생들 점수가 중남미 학생들보다 낮은 이유는 아프리카 학생이 속한 가정의 학문적 자원이 더 열악하기 때문이다. 동일하게 중남미 학생들의 성적이 유럽 학생보다 낮은 것은 이들 학생이 속한 가정의 학문적 자원이 더 열악하기 때문이라고 할 수 있다.

저소득 국가에서 더 적은 자원을 가지고 학교에 다니는 것은 학생들만이 아니다. 저소득 국가의 교사는 고소득 국가의 교사보다 교육수준이 낮으며, 질 낮은 교육을 받기 쉽다. 소득 분배 또한 격차를 만들어내고 있다. 대체로 한 국가 내에서 더 높은 시험 성적과 가장 높은 상관관계를 갖는 단일 변수는 아동 및 학생의 사회 계층적 배경이다. 가족의 교육 수준은 낮고, 경제적으로 부유하지 못한 가정과 지역 출신 학생은 평균적으로 학업 준비가 아직 덜 된 상태에서 1학년에 입학한다. 소득과 부의 불평등이 더 심한 국가일수록 저소득층 학생과 고소득층 학생이 받는 학교교육 격차가 더 벌어지는 경향이 있다.[5] 효능성을 보이는 학교와 교사의 경우, 저소득층 학생이 안고 있는 학업의 결손을 특별히 보충할 수 있지만, 그런 교사가 실제 저소득층 학생이 다니는 학교에서 가르칠 가능성은 없는 것 같다.[6] 이것은 가정과 지역사회 환경이 학생의 학업성취에 미치는 영향을 학교가 극복하는 것을 매우 소원하게 만든다.[7]

그러나 우리가 조사한 국가 중에서도 일부 교육 시스템은 1인당 경제적 자원이 동일하거나 훨씬 더 많은 국가에 비해 학생의 학업성취도가 더 높은 것으로 나타났다. 바로 쿠바가 그런 나라인데 사회경제적 배경이나 1인당 국민소득으로 예측한 것보다 훨씬 높은 수준의 학업성취를 보이고 있다.[8] 쿠바 부모들의 교육 수준이 다른 지역보다 높다는 점을 감안하더라도 쿠바 학생들의 조정된 점수는 다른 여섯 개

의 중남미 국가 학생보다 여전히 훨씬 높았다.[9]

우리가 발견한 사실은 놀랄 만한 일은 아니다. 쿠바의 아이들은 아동의 건강과 학습을 지원하는 사회적 환경에서 학교를 다닌다. 성인의 취업을 보장하며, 상당히 좋은 건강관리를 모든 사람에게 제공하고, 아동노동법을 실시하는 정부는 효율적인 경제 시스템을 갖고 있지 않을 수도 있지만 저소득층 아동들을 잘먹이고, 아동들은 학교에 다니지 않더라도 일하지 않아도 된다. 물론 정부의 엄격한 사회적 통제는 개별 '성인'의 자유에는 좋지 않을 수 있다. 그렇지만 그것들은 저소득층 아동이 범죄 없는 환경에서 생활하며, 소란 피우는 학생이 거의 없는 교실에서 공부할 수 있고, 그리고 더 사회적으로 통합된 학교를 다닐 수 있도록 보장한다. 여기서 중요하게 눈여겨보아야 할 것은 쿠바에서 저소득층 아이들이 누리는 권리가 다른 중남미 국가보다 훨씬 잘 보호되고 있는 반면에, 어른들의 권리 및 (훨씬 낮은 수준에서) 중상층 아동의 권리는 감소되고 있다는 점이다. 이러한 환경에서 쿠바 학생들은 돈을 벌기 위해 일을 해야 하고 사회적으로 매우 계층화된 학교에서 수업을 받으며 자주 소란스러운 교실에 앉아 있는 비슷한 처지의 다른 나라 저소득층 아이들보다도 더 좋은 학습을 받는다.

쿠바의 아이들은 대체로 양질의 교육을 제공하는 학교에 다닌다. 우리는 쿠바의 교사가 브라질, 칠레, 파나마 그리고 심지어 (중남미의 경우) 다수의 코스타리카 교사-상당히 효과적 교육에 대한 오랜 전통을 가지고 있는-보다 평균적으로 (수학) 교과에 대해 더 잘 알고 있으며, 효과적으로 가르치는 방법에 대해 더 분명한 아이디어를 갖고 있는 것으로 보았다. 교수·학습 측면에서 좀 더 많은 지식을 갖고 있고 효능성을 보이는 교사들과 함께하는 아이들은 학교에서 더 많은 것을 배울 수밖에 없다. 그런데 쿠바와 같은 몇몇 나라는 교과목을 잘 숙지하고, 쉽지 않은 교육과정을 가르치며, 그것을 효과적으로 전달하는 방법을 알고 있는 초등학교 교사를 보유하고 있으며, 교사들이 학교 바깥에서 일을 하지 않고 학교에 있지 않을 때 거의 또는 일체 폭력에 직면하지 않는 아이들을 평화로운 교실에서 가르치는 반면, '왜' 다른 나라들은 학생의 학습에 우호적 환경이 아닌지는 분명치 않다.

우리는 쿠바와 대응 관계에 있는 중남미에 속한 브라질, 칠레, 코스타리카, 파나마-우리들의 아프리카 교실 연구는 물론이고-를 연구하면서, 이러한 수수께끼를 푸는 데 도움이 되는 중요한 교훈을 많이 찾았다. 쿠바 학생들의 학업수행력이 높은 것은 우연히 일어난 일이 아니다. 사실 이것은 부분적으로 부모의 평균 교육 수준이 높은 것, 특히 브라질과 파나마 가정과 비교했을 때 쿠바의 가정이 책을 더 많이 보유하고 있는 것의 결과물이기도 하다. 이것이 쿠바가 더 높은 시험 점수를 받은 것에 대한 정평 있는(유효한) 설명이다. 그런데 학생의 학업수행력은 이들 국가의 서로 다른 사회정치적 맥락이 반영된 결과이기도 하다. 그리고 그것은 단지 하나부터 열까지 교사들이 준비를 잘하고, 더 많은 교육과정을 요구하며, 학교에서 더 많은 가르침을 제공하는 데 중점을 둔 결과이다. 마지막으로 발견한 중요한 점은 쿠바의 방식을 다른 국가에 가장 잘 '이식할 수' 있기 때문이다. 물론 쿠바가 가진 조직의 많은 장점들이 쿠바 학교 시스템의 조직이 발전해온 사회정치적 맥락에서 파생되었다는 것을 항상 염두에 두어야 한다.

이 책의 서론에서 수십 년 전 각 국가가 내린 서로 다른 결정이 어떻게 곤경(칠레의 학생 저항) 또는 성공(핀란드의 높은 PISA 성적)의 무대를 마련했는지를 논의한 바 있다. 쿠바는 사회주의 프로그램의 일환으로 핀란드와 비슷하게 교육에 집중적으로 투자하는 목표를 선택했다. 1961년 혁명 직후 쿠바는 문맹퇴치를 위한 연중 캠페인에 착수했다.[9)] 약 25만 명의 자원봉사자들이 농촌지역으로 퍼져나가 70만이 넘는 사람들이 문해력[10]을 습득하는 데 도움을 주었다.[10)] 쿠바의 문맹퇴치운동은 교육에 관한 공적 투자를 계속할 수 있는 발판을 마련했고, 그 투자는 높은 학업성취와 유능하고 전문화된 교사 노동력을 확보하는 것으로 유도되었다. 여기에서 쿠바의 교육 투자[11]가 낳은 결과에 대해 자세히 설명할 것이다.

간명하게 정리하면 이 장에서는 우리의 연구, 특히 중남미 연구에서 얻어낸 네 가지 교훈에 중점을 둘 것이다. 쿠바에는 다른 국가가 이식하기 쉽지 않은 계획경제 시스템 아래에서 교원을 채용하는 특별한 요소가 있다. 그러한 요소들은 쿠바 경제가 점진적으로 시장화로 접어들면서 쇠퇴하고 있다. 미국과 여타 국가들이 제재를 해제하는 과정에서 쿠바가 세계교육개혁운동GERM에 더 노출된다면 어떤 일이 일어날지는 열린 질문으로 남아 있다. 우리는 관련성이 있을 경우 이러한 요소들을 논의할 것이다.

첫 번째 교훈: 국가가 창출한 사회적 자본이 중요하다

대부분의 연구처럼 왜 학생들이 학업성취가 높고 낮은지를 파악하려는 우리의 연구 모델은 학생의 가정생활이 자신의 학습 능력에 큰 영향을 미친다는 가정에서 출발하고 있다. 제임스 콜먼은 가족이 인

9) 2015년 기준 쿠바의 15세 이상 식자율이 99.71%이고, 2008년 기준 대한민국의 15세 이상 식자율은 97.97%이다(UNESCO).

10) 쿠바의 교육에 대한 공공 지출(GDP 대비 투자 비율)은 2010년 기준 12.84%이다. 대한민국은 2012년 기준 4.62%이다.

적 자본(부모가 받은 교육의 정도), 그리고 사회적 자본(부모가 아동의 학교교육에 투입한 노력의 정도)을 통해 자녀 학습에 큰 영향을 끼친다고 생각했다.[11] 그는 또 가족의 사회적 자본에 영향을 미치는 것으로 이웃, 더 크게는 지역사회와의 상호작용—예를 들어 부모가 교회 다니는 것 등—을 포함하였다.[12]

우리의 연구 모델은 사회적 자본의 가능한 영향력을 한 단계 더 확대하였다. 우리는 사회적 자본의 개념을 아이들을 둘러싼 더 광범위한 사회적 환경—우리는 이를 *국가가 창출한 사회적 자본*이라고 부른다—에 영향을 미치는 국가정책으로 확장하였다. 따라서 국가의 사회적 자본 또는 '이웃' 효과는 아동 복지에 대한 국가의 개입 그리고 모든 아동, 특히 교육이 취약한 아이들을 위한 교육 환경을 조성할 수 있는 국민적 관심을 포함하고 있다. 그러기에 정부는 모든 학생들에게 학습 혜택을 창출하는 지역적 또는 국가적 차원에서 협력적이고 지원이 잘 이루어지는 교육 환경을 조성할 수 있다. 이 책 전체에서 보여주려고 한 것처럼 시장 모델을 기반으로 한 교육의 전달 방식은 이와 같은 협력적이고 지원적인 교육 환경을 조성하지 못하는 것 같다. 시장은 주로 협력이 아니라 경쟁—더 큰 사회적 분리를 야기하며 전국의 학교에 아동 대다수를 위한 협력적이고 지원적인 교육 환경을 개발하는 데 전혀 도움이 되지 않는—에 기반을 두고 있기 때문에 그 반대일지도 모른다.

---

11) 콜먼이 말하는 사회적 자본은 단일한 어떤 실체가 아니라 행위자(개인 및 제도)들 사이의 관계 구조 속에 내재하는 것이다. 이것은 다양한 것들의 결합으로 사회구조를 구성하여 사회구조 내의 행위자들에게 어떤 행동을 촉진하는 속성을 갖고 있다. 콜먼이 중요하게 다루는 사회적 자본은 부모와 자녀의 관계를 중심으로 한 가족 구조와 부모들이 지역공동체 내에서 맺고 있는 사회적 관계이다. 학업성취에 영향을 주는 요인으로 사회적 자본은 부르디외가 말하는 문화적 자본과는 구별된다. 문화적 자본은 자본주의 국가 내 계급에 따른 문화적 자본을 구별하여 계급들 간의 학업성취의 차이를 설명하는 데 유용한 개념이라면, 사회적 자본은 한 국가 내의 모든 계급에 적용되므로 국가 간 비교에 유용한 개념이다.

가정이든 지역사회든 학교 밖의 사회 환경에 초점을 둔 여타 연구처럼 우리의 연구는 학교와 교사가 무엇을 해야 하는지를 형성함에 있어 사회적 환경이 중요하다고 결론 내리고 있다. 정치·사회적 기관은 사회적 환경을 구성하는 강력한 형성자이며, 개개인의 행동과 개인이 학교를 비롯한 기관에 접근하는 방식이라는 차원에서 보면 사회적 맥락에 대한 구조적 측면이 있다.

우리가 정의한 대로 국가가 창출한 사회적 자본의 가장 중요한 지표는 사회 불평등 정도인 것 같다. 가정이 소비하는 물질적 재화로 소득을 측정했을 때 쿠바는 중저 소득 국가이다. 이런 점에서 보면 파나마, 칠레, 코스타리카, 남부 브라질 사람들은 평균적으로 대다수의 쿠바인들보다 잘산다. 그런데 쿠바인들은 다른 중남미 국가들의 고소득층을 제외하고 의료 서비스 및 교육 혜택을 더 많이 받고 있다. 쿠바가 빈곤하기는 하지만 매우 가난한 사람도 식량, 주거, 의료 및 교육의 접근 기회를 누리고 있다. 그 결과 쿠바에서는 집 밖에서 일하는 3학년과 6학년 학생이 거의 없다. 반면에 브라질과 파나마에서는 많은 학생들이 일을 하고 있다고 보고되었다.[13] 이러한 점은 학교에서의 학업성취에 영향을 미친다. 종종 집 밖에서도 일을 한다고 보고한 이들 세 나라의 어린이들은 점수가 매우 낮다. 특히 브라질은 차이가 가장 크고 통계적으로 유의미한 결과를 보여주고 있다. 인터뷰에서 브라질, 칠레, 파나마의 많은 교사들은 쿠바보다도 교실이 소란스럽다고 말한다. 소란스러운 교실은 학업성취에 부정적 영향을 끼친다. 쿠바는 물질적 소비를 별로 많이 하지 않는 사회이지만 학교 안과 밖에서 아이들의 교육 및 안전하고 건강한 환경에 더 관심을 두고 있다. 다른 중남미 국가의 경우 성인들은 정치적으로 훨씬 더 많은 자유를 누리지만 불평등, 빈곤, 범죄가 심하며 이리저리 길거리를 돌아다니는 청소년들은 더 많다. 우리가 연구한 국가 가운데, 특히 브라질과 파나마가 그러하다. 어떤 사회적 환경이 아이들로 하여금 학교에서 학습을 잘하도록 준비시키는지를 상상하는 것은 어렵지 않다.

쿠바 학생들은 그들 사회의 더 큰 소득 평등으로부터 또 다른 이득을 얻고 있다. 쿠바의 임금 구조는 국가에 의해 결정되는데, 이는 다른 많은 경제 분야를 위해 그다지 효율적인 시스템은 아니다. 즉 쿠바에서 가장 숙련된 노동력은 반드시 가장 수익성 있는 산업과 기업에 배당되지는 않고 있다. 임금이 다른 부문과 크게 차이 나지 않는 구조는 우리가 연구한 다른 나라에 비해 더 숙련된 노동력을 유치할 수 있는 교육을 가능하게 한다. 그래서 아마 다른 영역에서 더 효율적인 생산을 비용으로 쿠바의 학생을 더 잘 대우하는 것일지도 모른다. 쿠바의 지도자들은 물질적 재화와 정치적 자유를 덜 누리더라도 국민들에게 양질의 공공 서비스를 제공하는 것이 자신들이 해야 할 선택이라는 점을 민첩하게 파악했다. 쿠바의 부모들이 이러한 선택을 할지는 의문이 든다.

반면 브라질, 파나마, 칠레의 대다수 저소득층 부모들은 소득이 더 평등해지고 교사의 질이 더 향상되기를 원한다. 이들은 또한 아동의 학교교육에 더 많은 자원을 사용하고 싶어 한다. 이러한 변화는 아마 정치적으로 힘 있는 중층 및 중상층의 가정이 더 많은 세금을 내고 재화 소비를 줄이도록 요구하기 때문에 부모들은 이 모든 것을 점진적으로 얻어가고 있다. 그런데 파나마, 칠레, 브라질의 소득 불평등 정도는 지난 10년간 점점 감소해왔지만 그 격차는 여전히 매우 높은 편이다. 2008년 칠레는 낮은 사회 계층의 학생들을 위해 초등학교 학생 1인당 지출을 크게 늘리는 법안을 통과시켰다. 이는 빈곤층이 많은 학교에 속한 학생의 학업성취에 긍정적 영향을 미치고 있는 것으로 보인다.

그런데 코스타리카는 소득 분배가 다른 중남미의 국가들보다 평등했지만 지속적으로 불평등해지고 있다. 불평등이 증대됨으로써 초래된 결과는 최근 2014년 중남미에서 치른 UNESCO의 제3차 지역 비교 및 설명 연구TERCE 시험에서 분명하게 나타났다. SERCE 결과로부터 코스타리카는 3학년 수학 점수가 감소한 정도와 비슷하게 상승했지만 3학년 읽기, 6학년의 읽기와 수학 점수가 15~20점가량 통계적으로 유의미하게 감소했다.[14]

이 시대에 소득의 평등을 더 크게 하는 것이 정치적으로 쉬운 일은 아니지만, 그렇다고 해서 불가능한 일도 아니다. 모든 국가에 적용되는 한 가지 교훈으로 빈곤과 소득 불평등을 줄이면 학생의 학업성취도가 향상된다는 점은 거의 확실하다. 이를 설명할 수 있는 근거는 많다. 빈곤을 줄이는 핵심적 요소는 그것과 상관관계가 있는 것들, 즉 임산부 및 유아의 좋지 않은 건강, 깨끗한 물 부족, 불충분한 영양, 정기적 건강검진 및 아동 예방접종의 부족, 아동이 일할 수밖에 없는 가정의 가난, 그리고 도시 빈민가의 높은 범죄율을 줄이는 것이다. 이런 빈곤과 상관관계가 있는 것들은 학교에서 학업을 잘 수행할 수 있는 능력과 동기가 저조함을 보여주는 좋은 지표라고 할 수 있다. 게다가 사회 계층이 낮은 학생과 높은 학생 간의 사회적 격차가 클 때, 낮은 사회 계층의 학생은 낮은 사회 계층의 학교에 집중될 가능성이 더 높을 것 같다. 이러한 사회적 격차가 지속되는 사회와 정치 시스템일수록 대부분의 저소득층 학생이 다니는 학교가 필요로 하는 자원을 투자할 가능성이 적다. 이렇게 되면 낮은 학업성취의 조건을 만들어낸 사회, 경제, 정치 시스템에서 그 원인을 찾기보다는 낮은 사회 계층 출신들이 다니는 학생들의 낮은 학업성취도를 학부모와 교사의 책임으로 돌릴 가능성이 크다. 이 책은 특히 미국 교육을 다룬 장에서 위와 같은 분리의 결과를 자세하게 설명한다.

1960년대 초 쿠바가 지향한 교육개혁의 핵심적 차원은 도시와 농촌 그리고 교외 지역의 학교를 통틀어 교육 기회의 접근성과 학습의 질을 평등하게 창출하려는 거대한 노력이었다. 1980년대에 들어 모든 아이들이 다니는 보편적 10학년 체제가 완성되었다. 또한 교육과정의 개혁은 학업성취 향상에서 평등화를 목표로 하였다. 그 결과 쿠바는 학생의 교육 조건에서 상당한 형평성을 구현하였다.

이와 대조적으로 아주 최근의 코스타리카, 1990년대와 2000년대 초의 칠레와 같은 국가의 체제는 소득 불평등이 커짐에 따라 잘사는 아이들과 못사는 아이들이 이용할 수 있는 학교교육의 질에서 불균형이 심화되었다. 낮은 사회 계층 출신의 학생이 낮은 학업성취를 보이는 학교로 몰리는 가장 큰 역설 가운데 하나는 높은 사회 계층이 다니는 학교의 학생임에도 학업의 곤란을 겪는다는 사실이다. 낮은 학업성취를 보이는 다수의 학생/학교는 전체 교육 시스템에 (낮은) 기준을 설정하고 있다. 사립학교나 선택형 공립학교에 다니는 상층 부모들의 자녀들이 '상대적으로' 높은 학업성취를 보이는 것을 증거로 부모들은 자녀가 공부를 매우 잘하고 있다고 생각하는데, 이것은 사실이 아니다.

국제적인 관점에서 바라본다면 상위 10% 사회 계층에 속하는 브라질과 칠레 학생들—높은 사회 계층의 교육 방식이 지닌 모든 이점을 누리며 대부분 명문 사립학교를 다니는—이 2009년 PISA와 같은 국제시험에서 보여준 수학 성적은 미국의 중산층 학생과 비교했을 때 거의 같았으며, 읽기 성적은 더 낮았다. 그리고 중하층 캐나다 학생과 비교했을 때 수학 성적은 훨씬 낮았다. 말하고자 하는 핵심은 브라질과 칠레의 명문 사립학교들—그리고 더 일반적으로 중남미 명문학교—은 낮은 사회 계층 학생들이 처한 빈약한 학교 시설과 교직원 부족을 고려하지 않고 학생들의 학업성취를 측정한다는 점이다. 이러한 상황은 학업의 엘리트라 불리는 학생을 비롯하여 모든 학생의 학업성취 기준을 낮추는 원인이 되고 있다.

그러므로 적어도 초등학교와 중등학교에서는 부모의 선택권이 많거나 경제적 불평등—교육에서의 시장조건—이 사회 전반적으로 더 좋은 학습을 창출하는 것처럼 보이지 않는다. 특히 불평등과 시장의 부정적 측면은 사회의 기저부터 시작되므로 학교를 선정하고 선택할 수 있는 부모의 '자유'가 지닌 어떤 긍정적인 효과도 상쇄하는 것으로 보인다. 칠레의 교육을 다룬 장에서 자세히 설명한 바와 같이 더 큰 선택의 결과 한 가지는—시장 기반 지지자의 주요한 경제적 논거—부정적 결과를 초래한 사회 계층별 학생의 집중이다.[15] 이와는 대조적으로 쿠바의 공적 투자 전략은 두 번째 교훈에 해당하는 교사에 초점을 둔 교육 기제를 활용함으로써 국가적으로 긍정적 효과를 제공해왔다.

두 번째 교훈: 교육과정이 중요하지만 그것의 수행은 교사의 능력에 달려 있다

모든 학교 시스템은 국가에 의해 만들어진 교육과정과 그것을 전달하기 위해 훈련된 교사의 '테크놀로지'에 의해 좌우된다. 교육과정은 중앙정부가 발행한 필수 교육과정을 기반으로 한 교과서를 전국적으로 사용하거나, 아니면 출판사가 기획하고 교육자 및 내용 전문가가 저술한 교과서를 학교 및 교사가 선택함으로써 개별적으로 사용할 수 있다. 쿠바는 첫 번째 방식을 채택하고 있다. 혁명정부가 집권한 이래 수년간 쿠바 교육부는 동유럽 모델의 도움을 받아 하나의 중심 표준을 가진 수학과 과학 교육과정을 개발했다. 교육부는 또한 스페인어로 된 국가수준 교육과정, 그리고 사회주의와 쿠바의 목표 등에 부합하는 사회과 교육과정을 개발했다.

국가적 학교 시스템, 그리고 주정부나 지방자치단체가 사용하는 일관성 있고 통합적인 교육과정은 현장 전문가가 보기에 '훌륭하다'거나 아니면 매우 일관성이 없고 기준에 못 미친다고 여겨질 수 있다. 미국 대부분 주의 교육과정을 결정하는 상업 교과서는 최대한 많은 주 및 학군의 요구에 부응하기 위해 가능한 한 많은 주제를 다루려고 하는 데 이로 인해 미국의 수학 교육과정은 "범위는 넓은데 깊이는 없다"[12] 라는 비판을 받았다. 미국의 출판업자들은 이런 방식으로 더 많은 교과서를 판매하려 든다.

그런데 교육과정이 아무리 훌륭하더라도 교사가 학생들에게 더 높은 수준의 주제를 가르치기 위한 내용지식이 부족하고 교수법에 대한 교육을 충분히 받지 않았다면, 매우 불균등한 교육과정이 될 수 있다. 모든 국가의 교사들은 전부 상층 출신의 대학생이 아니기에 그들이 갖고 있는 교과목 지식의 수준, 특히 수학과 과학의 수준이란 대학 입학을 위해 중등학교가 요구하는 고등학교의 수학이나 과학 수준에 거의 전적으로 달려 있다고 할 수 있다. 예를 들자면 평균적으로 미국의

12) 수학교육학자 슈미트와 다른 사람들이 쓴 W. H. Schmidt 등이 쓴 『*A Splintered Vision: An Investigation of U. S. Science and Mathematics Education*』(1997년)에서 처음 미국 수학교육을 질타한 말이다. 당시 미국 학생들이 국제적인 수학성취도 비교 시험에서 낮은 성적표를 받았으며, 일군의 미국의 수학교육학자들은 미국 수학 교육과정의 문제를 '범위는 넓고 깊이가 없다'는 말로 요약했다. 이 말은 우리의 공식과 문제풀이 위주의 암기식 수학 수업을 비판하는 데에도 그대로 적용될 수 있다. 이러한 미국 수학교육의 반성에서 '공통핵심수학교육과정Common Core State Standards for Mathematics'이 등장했다. 이 과정은 적은 수의 중요한 것에 집중하면서 다른 학년에서 배운 것들과 긴밀한 연계성을 갖게 한다는 데 목적을 두고 학년별로 개별적인 기준을 마련했다. 하지만 이 교육과정 또한 하나의 크기로 모든 걸 다 맞추겠다는 것은 각각의 교실과 학생들의 문화적 다양성을 무시하는 것이라는 지적을 받고 있다.

고등학생은 프랑스, 체코, 싱가포르, 한국의 학생보다 수학 수업을 훨씬 적게 받고 있다. 브라질과 칠레 대학 교육학부 지원자는 평균적으로 쿠바의 중등학교 졸업자보다 수학에 대해 잘 알지 못하고 있다. 쿠바의 교원양성기관을 졸업한 초등 교사는 여타 중남미 초등 교사보다 수학을 가르칠 준비가 잘되어 있다. 우리가 연구한 세 국가 중에서, 특히 브라질과 파나마의 대다수 초등학교 교사들은 8학년 이후 수학을 학습하지 않고 있는 것이 사실이다.

우리는 브라질, 쿠바, 칠레의 3학년 수학 교과서를 분석하여 세 가지 교과서가 비슷한 내용을 다루고 있다는 것을 발견했다. 쿠바의 교육과정은 이론적 맥락에서 수학의 개념을 가르치는 경향이 있다. 그렇지만 브라질의 교과서 중에서 두 종은, 예를 들어 분수와 두 자릿수 나눗셈 같은 다양한 계산법들을 비롯한 더 많은 내용을 다루고 있다. 이렇듯 교과서만 살펴보면 브라질 학생이 더 많은 학습 기회를 갖고 있다는 결론을 내릴지 모르나, 사실은 그 반대이다.

쿠바 학생은 더 적은 주제를 접하지만 더 심도 있게 다루고 있다. 이런 점은 수학 전문가들이 학생들에게 수학을 가르치는 데 더 효과적이라고 생각했던 유럽 유형의 수학 교육과정이라고 할 수 있다. 또한 어느 곳에 있든 쿠바의 모든 사회 계층 학생들은 규정된 교육과정 전반을 평등하게 접할 가능성이 아주 높다. 브라질과 칠레의 학생은 더 많은 주제를 피상적으로 다루고 있으며, 규정된 교육과정을 각각 다르게 접할 가능성이 크다.

이런 대조를 통해 두 가지 결론을 이끌어낼 수 있다. 첫째는 브라질의 교육과정 작성자는 교사가 교육과정 내용을 가르치는 능력에 맞게 교과서를 수정하는 데 별 관심이 없다는 점이다. 교과서에 명시된 수학 수준과 우리가 관찰한 브라질의 3학년 수업에서 배우는 내용의 수준 사이에는 큰 차이가 있어 보인다. 두 번째 결론은 브라질에서 3학년 때 교사가 다루는 내용이 크게 다르며 교과서는 저소득층과 중상위층 누구에게나 자신의 목적에 맞는 교육과정을 제공한다는 것이다.

칠레의 단일한 국정 교과서도 유사한 내용을 다루지만, 쿠바 또는 두 종류의 '최고' 브라질 교과서보다 수준이 좀 떨어지는 것 같다. 1999년 초등학교 저학년에 실시되기 시작해 2001년 중등학교로 이어진 교육과정 개혁에 관한 칠레의 교사와 관련 부처 담당자와의 광범위한 인터뷰를 했던 우리는 교육과정 작성자가 교육과정을 설계할 때 교사의 역량을 반드시 고려해야 한다는 결론을 내렸다. 칠레의 개혁자들은 그렇게 하지 않았다면 교육과정이 실행되지 않거나 기껏해야 부분적으로만 실행되었을 것이라고 분명하게 주장한다.

미국의 '새로운 수학' 교육과정이 그러하였다. '새로운 수학'은 유럽 유형의 종합적 수학 프로그램이지만, 수학을 가르칠 수 있는 교사들의 준비가 부족하여 수학 교육과정을 효과적으로 가르칠 수 있는 교사가 거의 없었다. 이런 방식으로 배워본 적조차 없었기 때문에 '새로운 수학'을 이해할 수 있는 부모 또한 많지 않았다. 그런데 미국의 46개 주가 '새로운 수학'보다 아주 덜 급진적인 새로운 공통핵심기준 Common Core Standards 및 교육과정을 채택해도 동일한 결과가 발생할 수 있다. 여전히 교수 방법론의 큰 변화를 요구하며, 부모세대가 학창 시절에 접했던 내용과는 매우 다르기 때문이다.

실제로 교육과정의 상당 부분은 학교와 교실에서 다루어지기에 대부분의 국가교육 시스템은 매우 다양성을 갖는다는 특징을 보인다. 칠레가 실시한 교사 설문 조사에 따르면 사회경제적 수준이 낮은 학생이 다니는 학교는 중산층 학교보다 교육과정이 덜 실시되고 있음을 보여준다. 브라질과 쿠바에서 이와 비슷한 연구를 수행하지는 않았지만, 두 국가의 교실에서 관찰된 바에 따르면 브라질의 학교는 권장된 체계의 내용을 매우 다양하게 적용하고 있는 것은 확실하다. 브라질의 학교는 어쩌면 칠레의 학교보다 차이가 훨씬 클 수 있다. 이에 반해 쿠바는 분명 교육과정을 더 평등하게 접하도록 하고 있다.

쿠바가 학생에게 교육과정 지식에 대한 접근을 확대할 수 있도록 한 것이 시장에 기반을 둔 개혁이나 고부담 시험에 의해 성취되지 않았다는 것은 흥미롭다. 칠레가 더 높은 시험 점수를 얻기 위해 학교 간 경쟁을 통한 인센티브와 금전적 보상을 제공한 반면, 쿠바의 시험은 교육자들에게 정보를 주기 위한 것이지 교사나 학교를 '주도하는' 데 사용되지 않는다. 쿠바의 지방자치단체는 교육부와 학교에 어느 정도로 교육 시스템이 잘 운영되는지에 대한 피드백을 제공하기 위해 6학년과 9학년 학생들에게 시험을 치르게 할 책임을 지고 있다. 그렇지만 시험 결과는 대중에게 공개되지 않는다. 그것은 관리기관의 의사결정에 활용되고 있으며, 그 결과는 모든 학교에서 한층 효과성 있는 교육을 목표로 하는 실천으로 전환이 된다. 학습의 질을 향상시키는 것은 교사에게 있지, 시험에 있지 않다는 가정에 바탕을 두고 있다.

가르침의 질이 핵심이다

각 교실별로 교육과정 적용의 차이를 설명하는 열쇠는 각 국가가 가진 교사 역량의 차이이다. 1960년 초 이래로 농촌 및 노동계급 출신의 도시 지역 학생을 위해 교육의 질을 향상시키는 것이 쿠바 교육개혁의 주류였다. 교육의 질적 향상을 위한 주요한 전략은 모든 학교에 잘 훈련되고 동기부여가 강한 교사를 제공하는 일이었다. 이러한 노력의 촉진은 전문직 사이에, 그리고 근로자와 전문가 사이에 차이가 거의 없도록 소득을 고정시키는 정책에 의해 이루어졌다. 그리하여 교직은 매우 존경받는 직업이 되었다. 혁명적 사회에서 교육은 '최전선'의 활동이고 학교 교사는 명망 있는 직업이다.[16]

쿠바가 젊은 사람을 교직으로 끌어들이는 능력은 그 자체로서는 여타 중남미 국가들에게 이전할 수 있는 전략이 아니다. 오늘날에도 쿠바에서는 모든 고용이 거의 공공 고용에 의해 이루어지고 있다. 정부는 임금을 매우 낮게 설정하고 쿠바인들에게 아주 저렴한 가격으로 기본적 물자(주거지, 음식 그리고 기본적인 복지 서비스)를 제공한다. 그러기에 쿠바의 (약간 존재하는) 시장은 매우 제한적으로 존재하고 있다. 교사의 월급은 매우 적지만, 쿠바의 대부분에서 더 많은 임금을 주는 대체 고용은 실제로 존재하지 않는다. 쿠바인들은 교육, 취향, 숙련도에 따라 직업을 할당받고 있다. 교직은 비교적으로 명망 있는 직업으로 여겨지며 의사보다 임금이 좀 적은 편(월 300~450페소, 미화로 13~18달러)이고, 다른 직업과 견주면 거의 동일하다.

이러한 임금 체계는 최근에 이르기까지 아이들 및 청소년과 일하고 싶어 하고 주로 가르치는 것에 매력을 느낀 유능한 교사들—상대적으로 명망 있는 직업—을 쿠바 정부가 지속적으로 공급하는 것을 보장하고 있다. 임금 체계가 거의 동일하기 때문에 우수한 중등학교 학생들은 다른 전문직 교육보다 교육 전문 대학교와 교직을 선택할 가능성이 크다. 1970년대 이래 쿠바 교육은 상당히 높은 기준으로 운영되고 있기 때문에 중등학교의 학생은 평균적으로 상대적으로 높은 수준의 수학, 과학, 언어 교육을 받았고, 이것이 교사교육에도 도입되었다. 정부가 운영하는 교원양성기관에서 이들 예비 교사를 잘 설계된 국정 교육과정을 가르치도록 훈련하기 때문에 교육부는 비교적 '좋은' 교사들을 양성할 수 있으며, 쿠바의 모든 학교, 심지어 수도 아바나에서 멀리 떨어진 지방의 농촌에서도 필요한 교육과정을 가르치도록 훈련시킬 수 있었다.

쿠바의 계획경제에서 교사 채용 문제는 시장경제의 경우와는 근본적으로 다른 방식을 취하고 있다. 시장경제에서 교사가 받는 급여 수준 및 근무조건 그리고 민간 부문의 경쟁 기회는 (특히 여성들에게) 교직의 명성을 결정짓는 주요한 변수이다. 따라서 시장경제에서 교사가 될 가능성이 있는 사람들의 학문적 자격, 좀 더 대중적으로는 중등학교 졸업생의 자질, 그리고 교사교육의 질은 미래 교사의 역량에 영향을 미칠 수 있는 변수가 되고 있다.

교사교육에서 쿠바가 다른 국가에 전하는 교훈으로 돌아가기에 앞서 쿠바가 장기간에 걸쳐 교육의 질 향상에 투자한 것은 동시에 교사의 질에도 이익을 가져다주었다는 점을 주목할 필요가 있다. 초등 교사 역량의 국가 간 차이는 주로 중등교육의 질에 달려 있다. 중등학교에 질 높은 수학 및 언어 프로그램이 있을 경우 '선순환'이 일어난다. 초등 교사의 교과에 대한 지식이 더욱 풍부해질수록, 그리고 그들에게 교육과정이 더 요구될수록 학생들에게 도움이 될 것이다.

물론 '악순환'도 발생할 수 있다. 중등학교 수학 및 언어 프로그램의 질이 낮을수록 (고등학교 이후 교과 준비 과정을 거의 거치지 않은) 초등학교 교사의 교과지식은 평균적으로 매우 낮아지고 교육과정은 필연적으로 덜 도전적이 될 것이며, 도전적인 교육과정이라도 부분적으로만 구현됨으로써 학생들은 그 결과로 인해 피해를 볼 것이다. 쿠바에서 핵심 교육과정은 교육 전문 대학교의 교사교육을 위한 기초가 되고 있다. 더욱이 쿠바 학교는 비교적 높은 기준을 일찍이 수립했기에 한 세대 이상의 교사들은 중남미보다 훨씬 더 높은 수준의 수학, 과학, 언어 교육과정을 매우 높은 수준으로 가르쳤던 학교를 통과할 수 있었다.

세 번째 교훈: 교사교육은 실천을 기반으로 기존 교육과정과 치밀하게 연계하여 편성해야 한다. 그것은 저절로 생겨나지 않는다

지난 10년 동안 관광 분야, 심지어 호텔 청소부로 일하면서 팁으로 벌어들이는 것에 견주어 교사의 월급이 낮은 수준에 머물러 있는 것은 안타깝다. 그리하여 쿠바의 젊은이들이 정부가 제공할 수 있는 것보다 더 많은 물질적 향상을 원하기에 가르치는 일의 '혁명적' 측면이 점차 사라지고 있지만, 교사들은 여전히 대체로 교사교육을 잘 받고 있다. 1959년 새로운 정부가 권력을 잡은 첫해에 특별교원양성학교가 만들어졌다. 이 학교는 곤란한 상황에 처한 고립된 농촌 지역에서 근무할 교사를 양성하는 데 중점을 두었다. 1960년대는 각 주에 초등학교 교사를 훈련하는 교육기관을 설립하였고, 중등교사를 훈련하는 고등교육기관을 설립했다. 이런 기관은 중앙정부가 관리했고 교사교육은 항상 국가교육과정과 밀접한 관련을 맺고 있다.

여타 중남미 국가의 교원양성과정은 분명 쿠바와 차이가 있다. 쿠바의 예비 교사는 아동 중심 교육철학자들, 특히 듀이, 비고츠키, 마카렌코 등 저서의 상당한 분량을 이해해야 하지만, 훈련은 실천(특히 국가교육과정을 전달하는 것)에 더 중점을 두고 있다. 나아가 예비 교사들은 교직에 입문하면 오랜 유도 기간 동안 강도 높은 장학을 받는다. 쿠바의 교육과정을 가르치는 실천은 매우 잘 짜여 있고 공방처럼 엄격하게 수행되고 있다.

쿠바 교사의 교원양성과정은 중앙에서 관리한다. 지역마다 교사교육을 할 수 있는 대학 수준의 기관들이 있지만, 교육부는 잘 개발된 교수법을 활용하여 정식 학교교육과정을 전달하는 것을 중심으로 교육과정을 구성·개발한다. 이러한 기법들은 학생이 협력적 학습의 맥락에 적극적으로 참여하도록 하는 교육이론과 연구에 기반을 두고 있다. 이것은 기계적 암기학습이 아니라 개념의 깊이 있는 이해를 목표로 하고 있다. 대개 이들 기관에 근무하는 교사교육자는 교육학이나 전문 교과의 상급 단위의 학위를 취득한 교사들이다. 예비 교사들은 그룹cadres에서 훈련을 받아야 하고 이들 개개 그룹은 자신을 따라다니며 아이들을 교육하고 있는 예비 교사들을 장학하는 멘토 교사의 지도를 받는다. 교사교육은 필수교육과정을 전달하는 것에 중점을 두기 때문에 예비 교사들은 교육과정에 따라 내용과 교육학적 지식을 학습한다.

2년제 학부에서 이루어지는 교사교육 프로그램의 목적, 즉 국가교육과정을 전달하기 위해 예비 교사를 가르치는 것, 학생을 위해 사회적 및 교육적 지침을 제공하는 것, 초등학교 교사가 어린 시기에 아이들을 돌보는 것 등은 분명해 보인다.

쿠바의 교육 및 교사가 되는 준비는 교사가 받은 훈련, 그리고 학교 구조 모두에서 표현된 학생의 학습에 대한 발달적 관점에서 출발한다. 초등 교사는 대체로 초등 4년 및 심지어 6년 동안 함께 머물며 학생을 잘 알 수 있는 장기적 관계로 발전시켜간다. 또한 이런 점은 학생들이 학업의 진전을 보이지 않는다고 하여 다른 교사를 탓할 수 없기에 책무성을 향상시킬 수 있을 것이다. 학생들이 계획대로 학습할 수 있도록 교사와 장학진 모두에게 더 큰 책임이 주어진다.

최근 이러한 방식은 중등학교 저학년(7~9학년)까지 확대되었으며, 학생들과 관계를 강화하고 그들을 위한 더 많은 지도를 확보하기 위해 영어와 체육을 빼고는 한 명의 주교사에게 모든 교과를 떠맡게 한다.[13] 이렇게 수업에 집중하는 것은 부분적으로 아동 발달에 대한 교사들의 준비, 그리고 채택된 교육과정을 능숙하게 가르칠 수 있는 그들의 준비 정도에 달려 있다. 이 책에서 핀란드와 캐나다는 또한 쿠바와 비슷하게 교사를 가르치고 지원하는 실천에 집중적으로 투자하는 것으로 파악되고 있다.

학생들의 학업성취에 주요한 장애물이 빈약한 교사교육으로부터 비롯되었다는 것을 밝혀낸 것은 우리의 연구가 처음은 아니다. 또한 직접적인 국가 통제로부터 교사양성대학의 자율권이 문제의 가장 명확한 부분임을 암시한 것도 처음은 아니다. 교육 당국에 의해 간접적으로만 규제되는 대학 기반 교사교육과 비슷한 시스템을 가진 미국과 중남미에서도 이런 사실은 잘 알려져 있다.

쿠바의 시스템과 비견되는 브라질, 칠레, 코스타리카, 파나마의 교사교육은 자율성 문제와 관련해 두 부분이 강조된다. 첫째는 교육을 받는 예비 교사들에게 더 나은 실천을 가르치는 것보다 '이론'의 우수성을 강조하는 비非쿠바 중남미 교수들의 인센티브 시스템과 연관이 있다. 둘째는 교사를 양성하는 대학의 교육학부 졸업생이라는 것을 인증하는 데 있어, 그리고 젊은 교사가 교실에서 가르치기 시작하면 장학과 지원을 받으면서 수행되는 어떤 '질 관리' 개념이 부재한 것과 연관이 있다.

중남미의 사례 중에서 파나마를 제외한 모든 나라들이 수행한 것처럼, 초등학교 교사를 대학 수준의 전문직으로 양성하는 것은 현명하다. 왜냐하면 이것은 초등 교사에게 중등학교 수학 및 언어가 필요로 하는 사항을 숙달했다는 것을 의미하기 때문이다. 하지만 이런 주요한 장점이 있음에도 불구하고, 초등 교사 양성을 교원양성기관이

---

13) 이러한 형태가 잘 굴러가기 위해 쿠바는 우리나라의 EBS와 유사한 교육 방송을 활용한다.

아니라 일반 대학교에서 준비시키는 것은 단점으로 작용할 수 있다. 왜냐하면 젊은이들이 하나의 국가교육 시스템에서 가르치도록 준비하는 일반 대학교는 잘 정의된 교육과정의 틀을 전달하는 수업을 잘하는 교사를 양성하기보다는 가르침의 '이데올로기'에 집중하기 때문이다.[17]

따라서 각 대학이 교사교육의 핵심에 비중을 두려면 모든 교사가 국가, 주 또는 지방자치단체의 적절한 교육과정 표준을 가르치는 전문가가 되어야 한다는 개념을 따르지 않으면 안 된다. 이러한 점 때문에 많은 나라에서는 예비 초등 교사들이 초등학교에서만 가르치려고 하더라도 수학 및 언어 과정을 더 많이 수강하도록 요구받을 것이다. 브라질, 칠레, 코스타리카, 특히 파나마가 그러하듯 많은 초등 교사들(심지어 최근 몇 년간 새로운 졸업자도)은 수학 및 언어 과목 지식에 대한 준비가 부족했다. 또한 이들 국가의 많은 교육학부는 중등교사 양성에 대한 준비를 잘하지 못했다.

설상가상으로 농촌과 빈곤한 도시 지역에 사는 낮은 사회 계층 학생을 가르치는 데 준비가 가장 덜 된 교사가 제공되었다. 실례로 우리 연구진은 파나마 산티아고의 주요 초등 교원양성기관(사범학교)의 학생들을 인터뷰했다. 이 기관은 1년의 단기 교사연수과정을 개설한 중등교사 양성학교이다. 이는 비교적 다소 낮은 사회 계층 출신의 교직 지망생의 요구에 부응한 것이다. 이들 교사 대부분은 베라구아스 주 또는 농촌 초등학교에서 교직을 끝내며, 서북쪽에 있는 지역의 학교로 가서 근무하기를 매우 힘들어하고 있다. 우리가 작성한 질문지와 짤막한 수학 시험의 결과에 따르면 젊은 예비 교사들은 수학에 대한 준비가 매우 부족했다. 이들이 매우 훌륭한 교사와 함께한다고 하더라도, 거의 수학 능력을 배울 준비가 안 된 이미 어려운 사회적 조건에 처한 아이들에게 초보적 수준을 넘어서는 수학적 기술을 가르치려는 것은 매우 곤란한 일이다. 더 나아가 이들은 교사 초임 시절에 장학을 받지 못하고 종종 어려운 사회적 조건에 처한 농촌학교에 고립되어 있다. 2007년 유네스코의 SERCE 시험에서 파나마 6학년 학생들이 거의 최하점을 획득한 것은 놀라운 일이 아니다.[18]

단기적으로는 쿠바 학교에서 교장과 교감의 수업 지도력과 장학이 부재한 조건에서 브라질, 칠레, 코스타리카 그리고 파나마는 교사가 어떻게 교실 현장에서 가르치는지를 평가할 수 있는 기제를 마련해야 한다는 결론을 내렸다. 젊은 교사의 수업 기술을 평가한다는 것은 그들이 알고 있는 교과지식을 평가하는 것보다도 복잡한 일이다. 그래서 교생은 언제나 처음부터 실습생으로서 치밀하게 장학을 받으며 그들의 향상을 지원하기 위해 수습 기간을 밟게 된다.

중남미 국가가 안고 있는 문제의 대부분은 좋은 가르침에 대한 명확한 기준이 없으며 수업에 대한 평가, 심지어 교생이나 초임 교사에 대한 아무런 평가도 없다는 사실이다. 대부분의 직업은 최소한 작업 산출물의 내재적 척도를 갖고 있다. 판매량, 고객만족도, 낮은 불량률, 시간당 생산량, 창의적 역량, 쓰기 능력, 문제해결 능력, 업무량은 직무수행 능력의 일반적인 척도이다. 명확한 수행 능력 기준이 존재하고, 관리자가 그러한 기준을 일관성 있게 적용할 수 있다면, 질적인 용어로도 수업의 질을 평가할 수 있다.

칠레는 모든 공립학교 교사—칠레의 학교 절반 정도가 공립—가 동료 교사 그룹에 수업의 포트폴리오와 교습 샘플 영상을 제공하는 교원 평가 시스템을 개발했다. 이론적으로, 이 시스템은 적어도 칠레 교실에서의 교육 상태에 대한 전반적 평가를 제공할 수 있다. 동료 교사들이 평가를 한다면 특정한 교수·학습 능력이 부족한 교사에게 피드백을 줄 수도 있다. 그런데 이 척도에 대한 평가를 수행하기 위해 드는 물류상의 어려움과 비용 이외에 칠레의 '일회적' 동료 평가는 젊은 쿠바 교사들이 그들의 경력 초기에 따라야 하는 지속적 주간 장학과 피드백에 비하면 한참 못 미친다. 우리는 네 번째 교훈에서 이와 관련해 더 다룰 것이다.

교사훈련기관으로 하여금 자신들이 산출한 결과물의 질을 측정함으로써 표준을 준수하도록 하기 위한 이런 단기적 노력은 유용하지만 충분하지는 않다. 브라질과 칠레와 같은 나라는 교사훈련에 필요한 명확하게 정의된 대학 교육과정과 교사훈련 코스를 개발해야 하고, 특히 교과목을 준비하는 것과 관련해 더욱 엄격한 교원 인증 요구 사항을 채택하고, 그러한 해당 기관이 교사들을 국가교육과정(칠레) 또는 국가의 체계(브라질)에 준비시키는 방법 또한 숙고하지 않으면 안 된다.

이러한 제안은 교원 인가요건을 더 축소시킬 것을 주장하는 분석과는 정반대된다. 많은 시장주의자들은 교사에 대한 인가요건, 필수과정 및 학위 그리고 누가 가르칠 수 있는가에 대한 또 다른 국가 통제로 인해 많은 재능 있는 개인이 직업에 뛰어들지 못하게 하는 진입장벽을 만들 수 있으며, 특히 수학 및 과학과 같은 '교사 부족 과목'의 인재 풀을 축소시키고 있다고 생각한다. 이런 생각은 TFA/Teach for America[14]와 같은 프로그램의 전개와 국제적인 확장을 뒷받침하는 전략이다. TFA는 6주의 임시교원양성 프로그램을 거친 대학 졸업자들을, 앞서 설명했듯 가장 준비가 덜 된 교사들로부터 교육받고 있는 가장 위험에 처한 학생들이 안고 있는 파나마 문제를 되풀이하며 가장 곤란을 겪고 있는 교실에 배치한다.

하나의 시나리오로서 누구든지 우리가 방금 설명한 것과 같은 교사 자격 인정 시험과 교원평가를 통과하는 것이 가능할 것이다. 인정 기준을 높이는 것 그 자체는 나쁜 아이디어가 아니다. 그러나 인정 기준이 높으면, 특히 교직 분야에서 정규 라인을 벗어나 교사 자격 인정 시험을 통과할 수 있는 사람은 거의 없을 것이다. 따라서 교원교육기관은 임시양성 프로그램을 통해 비정규직walk-ons을 충원할 수 있는 길을 마련하는 것이 타당할 수 있다. 하지만 장담하건대, 교사교육 기관은 교원양성 프로그램이 엄격한 인증 절차를 통해 바람직한 표준을 준수하는 것이 타당하다. 이것은 성공을 거둔 양질의 교사교육 프로그램이라는 뚜렷한 비전이 존재한다는 것을 의미한다. 우리는 그러한 모델이 존재한다고 생각한다. 우리는 그중 한 모델을 쿠바에서 보았으며, 또 다른 모델도 있다. 그리고 이들 모델 모두 중남미 대학에서 가르친 수업의 이데올로기보다는 진정한 수업을 다루고 있다는 점이다.

---

14) 1990년에 설립된 대안적 교사 양성 및 배치 조직이다. 1988년 프린스턴 졸업반 웬디 콥의 엘리트 대학 졸업생을 조직하여 교사 부족난을 겪는 열악한 학교에 2년간 교사 봉사단으로 근무하게 하고자 한 생각에서 시작됐다. 2016년 미국 52개 지역에 4,000명이 넘는 교사를 배치했고, 공적 및 사적 영역으로부터 전폭적인 지지를 받으며 2000년~2008년 사이에 연방정부 및 주정부와 교육 및 자선 재단으로부터 4억 달러가 넘는 재정 지원을 받았다. 또한 전 지구적 차원으로 확산되어 전 세계 38국에 연계 또는 파생 조직을 갖고 있다. 티치 포 아메리카는 정책이나 개혁이 초국가적으로 이동하는 새로운 환경에서 교육개혁의 새로운 양상을 보여주는 대표적 사례로서 지금까지 안정적으로 보호됐던 개별 국가적 차원에서의 좋은 수업관, 바람직한 교사상, 교직 전문직주의, 그리고 교사양성 시스템과 관련된 지식의 경계선을 밀어내고 재편하려는 패러다임적 전환 사례라는 평가를 받고 있다. 하지만 티치 포 아메리카는 효과적인 수업으로 불평등 문제를 해결할 수 있다고 전제하고 그것을 교수·학습과 교사의 질의 문제로 환원시키면서 그것의 해결책을 궁극적으로 학생의 윤리적 처신에 달려 있다는 것을 수용하게 하는 것은 교묘한 담론 장치라는 비판을 받고 있다. 그리고 학생은 교사를 모델로 삼아 신자유주의적인 주체로서의 열망을 고양하며 교사에 대한 선망과 모방을 통해 중산층의 헤게모니를 은연중에 내면화하게 하는 경향이 있으며, 교사는 개별 교사의 능력과 자신감을 강조하며 교직의 개인주의 문화 강화와 협력 문화의 부식을 초래하기도 한다. 이런 대안적 과정은 정규과정의 가치를 훼손할 뿐 아니라, 근본적으로 교사에 대한 사회적 이미지와 존경심을 떨어뜨리며, 짧은 연수 기간은 교사의 질 문제도 발생시킬 수 있다는 우려도 낳을 수 있다.

네 번째 교훈: 수업의 지도력과 장학 활동이 수업을 향상시키는 비결이다. 시장주의적 인센티브는 좋은 관리를 대체할 수 없다

우리가 다른 중남미 국가와 비교하여 배워야 할 마지막 교훈은 쿠바 학교가 브라질, 칠레, 코스타리카, 파나마 학교보다 질 높은 교육을 중심으로 조직될 가능성이 훨씬 높다는 점이다. 그리고 이러한 수업에 중점을 두는 것은 주로 쿠바 학교가 교실의 실천을 관찰하고 개선하는데, 특히 젊은 교사에 크게 중점을 두고 있다는 점이다.

교사는 교실에서 수업을 하면서 교수법을 많이 배운다. 이런 과정은 교생이 되는 순간부터 시작되며 교사의 첫 직장에서의 수업으로 이어지고 이후 몇 년간 지속된다. 이러한 교직을 경험하는 초기에 교사가 멘토링[15)]과 장학[16)]을 받아들이는 방식은 교사의 효과적 교수 능력에 큰 차이를 낳을 수 있다. 멘토링은 주요한 두 가지 구성 요소를 갖는다. 첫째, 권장된 교육과정이 학생들의 학문적 능력을 길러줄 수 있는 효과적 근거가 된다면, 멘토링은 교육과정을 효과적으로 적용할 수 있는 방법을 이해하는 데 중요한 도움이 된다. 둘째, 훌륭한 교사와 지식이 풍부한 장학사는 수년간 신임교사와 긴밀히 협력함으로써

15) 멘토링mentoring은 조직 내에서 상급자mentor와 하급자protege/protegee 간의 강력하고도 지속적인 관계 발전을 조정하거나 유지시키는 일련의 과정을 의미한다. 원래 풍부한 경험과 지혜를 겸비한 신뢰할 수 있는 사람이 1:1로 지도와 조언을 하는 것이다. 멘토링은 그리스 신화에서 유래한 말로 조력자의 역할을 하는 사람을 멘토mentor라고 하며 조력을 받는 사람을 멘티mentee라고 한다. 멘토의 활동, 즉 멘토링은 일반적으로 기업체, 학교 등에서 우수한 경력과 풍부한 경험을 가진 선배가 후배/신출내기/예비 교사들을 돕는 것에 활용될 수 있다.

16) 장학supervision이란 학교교육에서 교사와 학생 간의 교육 작용을 한층 더 효과적으로 하기 위해 아동의 성장과 발달에 관한 모든 여건을 향상시키기 위해 교사들의 활동을 전문적으로 지도·조언하는 활동이라고 할 수 있다. 장학의 핵심은 학생의 학습 행위를 변화시켜 학습의 성취와 결과를 높이는 데 있다. 그런데 우리나라의 경우 승진, 감사, 예산으로 학교를 감시하고 조종하는 행정 행위로 받아들여 부정적으로 여기는 경향을 보이고 있다.

더 나은 교육자와 교실 관리자가 되도록 하는 데 도움이 된다.

멘토링과 수업 장학 지도가 교육적 관리를 할 수 있는 통합적 요소가 되지 않으면 초임교사는 거의 또는 전혀 피드백을 받지 않은 채 실천을 통해 배워야 한다. 그중 일부는 교육과정을 전달하면서 스스로 효과적 수업이 이루어지기도 한다. 초임교사들은 타고난 재능, 학생들과 얼마나 잘 소통하는지에 대한 민감성, 그리고 자신의 실천에 높은 수준의 의식을 바탕을 두면서 좋은 교사가 되어간다. 하지만 혼자 배우기만 한다면 교사들은 대부분 전혀 효과도 없는 패턴에 빠지게 되어 그것이 사실인지를 모르게 되거나 신경도 쓰지 않게 된다. 모든 시스템에서 일부 교사는 교직을 그냥 돈벌이하는 하나의 수단으로 여기며, 출근도 하지 않고 임금을 여전히 받을 수 있다면 그렇게 할 것이다. 대규모의 교육 시스템이 잘 기능하도록 하려면 경험을 통해 높은 수준의 교수법을 합리적으로 개발하고 교사는 일터에 나가서 모든 학생들에게 필요한 기회 제공을 보장할 수 있는 관리 시스템을 갖추어야 한다.

우리는 관찰을 통해 쿠바의 학교관리 시스템이 굉장히 '수업'에 중점을 두고 있음을 보았다. 나아가 쿠바의 교사들은 학교 행정가에 의해 교실이 관찰되고 있으며 구성주의적으로 '평가받는' 일에 익숙하다. 신임교사는 가르침으로의 '학습 전환'이 이루어지는 것을 확실히 하기 위해 강도 높은 멘토링을 받으며 교육과정을 계획에 따라 수행한다. 그리고 학급의 동년배 아이들—학생들은 4년 동안 같은 교사와 함께 지낸다—은 동일한 학교 및 지방자치단체의 다른 동년배 아이들과 마찬가지로 높은 학업성취를 보이고 있음을 확실히 하기 위해 교사와 장학사에게 더 큰 책임이 주어진다.

좋은 수업이 질 높은 교육의 근본임을 자각하고 있는 쿠바처럼 브라질, 칠레, 코스타리카, 파나마의 학교 행정이 학교교육을 장학하고 개선하기 위해 훨씬 더 많은 노력을 기울이지 않는다는 것은 기이한 일이다. 브라질, 칠레, 코스타리카, 파나마의 모든 교장들은 주로 행정 역할을 수행하고, 학교의 일상적 업무 관장과 홍보 활동을 하며, 특히 칠레의 많은 교장들은 기금을 모으는 활동을 한다. 브라질과 칠레의 도시 학교, 그리고 코스타리카와 파나마의 많은 학교들은 또한 교사들이 국가 계획에 부응하는지를 굳건히 하고자 이들의 수업 계획 준비 상황에 대해 장학 지도를 하는 교감을 두고 있다. 그런데 이들 기능적 행정가들은 알려진 바대로 수업 과정 계획이 얼마나 잘 수행되고 있는지를 점검하는 데까지는 거의 나아가지를 못하고 있다.

칠레에서는 군사정권 동안 감독관으로서 장학사는 사라졌지만, 질 높은 교육을 촉진하기 위해서는 시장의 힘—학생을 위해 경쟁하는 학교—이 필요하다는 생각으로 바뀌는 경향을 보였다. 첫째, 칠레에서 장학 지도가 이루어지고 있지 않다는 것은 서론에서 논의된 바와 같이 시스템이 학교 수준의 교사를 위한 적절한 지원과 지도를 더 이상 제공하지 않으면서 경쟁과 규제 완화를 경험함으로써 교육의 질이 매우 어려워지고 있음을 잘 보여준다. 이런 민영화 모델은 교사의 준비 부족과 결합하여 칠레 학생들에게 주로 사회경제적 지위에 따른 아주 다른 교육 기회를 제공한다.

장학 지도가 결여된 두 번째 설명으로는 브라질과 칠레의 학교 행정가는 필수 교육과정의 질 높은 수업을 구성하는 것이 무엇인지에 대한 명확한 생각이 없으며, 또한 수업을 구성주의적으로 장학 지도할 역량도 없다는 사실이다. 그러기에 이를 위해 그들은 다른 교사의 발전을 책임지고 있는 멘토 교사로서 상당한 훈련과 경험을 필요로 한다.

장학 지도가 결여된 세 번째 설명으로는 브라질과 칠레의 교육문화는 교실에서 교사의 자율성을 강조하고 있다는 점이다. 칠레 교원협회/노조 위원은 우리에게 "교실은 교사의 성역이다"라고 말했다. 학교 행정가는 구성주의적인 수업을 강조한다고 하더라도 교사의 실천에 대해 코멘트하려고 그들을 관찰하는 것을 내켜 하지 않는다.

이러한 설명은 칠레의 학교 민영화가 왜 적절하게 교육의 발전으로 나아가지 않고 왜 사립학교 행정가가 공립학교 행정가보다 수업 지도자가 될 가능성이 없는지를 함의하고 있다. 칠레의 공·사립학교에서 몇 명의 수업 지도자들을 만나보니 이들은 이 역할을 담당할 행정가를 육성하기 위한 정부의 시스템적인 노력의 부분이라기보다는 우연히 나타난 것처럼 보였다. 또한 우리의 설명은 어느 수준에서라도 학교 행정가의 수업 지도력이 저절로 발전하지 않는다는 것을 시사한다. 수업 수준의 열악함을 인식하거나 그것을 개선할 수 있는 방법을 아는 능력이 결여되고 있다는 점 그리고 교실 수업에 '간섭'하는 것에 대해 문화적 장벽이 놓여 있는 점 사이에서 중남미 학교 행정가들은 현재 쿠바 학교에 존재하는 종류의 수업 집중을 할 수 있는 처지에 있지 못하다.

칠레는 지난 10년 동안 '간접적' 장학, 즉 학생의 학업성취도를 테스트하는 형태를 가지고 교사들의 노력, 교육과정 수행, 수업 실천의 질을 개선하려는 노력을 보였다. 1995년부터 시험 성과를 이용해왔던 칠레는 4학년 및 8학년을 대상으로 한 전국적 교육평가시스템SIMCE 시험에서 가장 높은 점수를 받은 각 지역의 학교 교사들에게 성과급을 지급했다. 의심의 여지가 없이 학생들의 시험 성적이 교사에게 중요하다는 것을 인식시키는 데 긍정적 영향을 미쳤다.[19] 그 결과 일부 교사의 수업을 향상시켰을 수도 있다. 그러나 지금까지 그러한 교사 인센

티브가 학생의 학업성취 능력을 향상시켰다는 증거는 없으며 일부 증거는 그러하지 않다고 한다.[20]

쿠바는 초등학교 및 하급 중등학교가 끝날 무렵 학생을 테스트하게 되는데, 이 시험은 지방자치단체별로 따로 실시하지 않고 있으며, 결과 또한 공개하지 않으며, 교육부가 시스템 전반의 학업 수행을 점검하는 데 사용하고 있다. 그러므로 쿠바의 학생시험은 분권화 시스템을 규제하기 위한 정부의 기제(브라질과 칠레)이거나 시장화된 시스템이 만든 결과물의 척도(칠레)라기보다는 근본적으로 관료주의(교육부의 의사결정을 위해 사용되는 자기규제의 수단)에 대해 내부적 평가를 위해 사용되고 있다.

그러므로 브라질, 칠레, 코스타리카, 파나마는 교사가 효과적으로 필수 교육과정을 전달하는 것을 확실히 하거나 중요한 목표를 달성하는 데 도움을 주는 구조적 메커니즘을 갖추지 않은 채로, 심지어 필수 교육과정을 효과적으로 전달하는 것을 주로 교사에게 의존하고 있는 것이다. 이러한 국가에는 재능 있는 교사가 많고 그들은 효과적인 교육을 하고는 있지만, 이 경우도 선진국의 유능한—그리고 대다수의 유능하지 못한—교사보다 수준이 낮을 가능성이 크다. 코스타리카와 파나마에는 감독관이 있다. 칠레는 교사로 하여금 학교 학습을 개선하는 것으로 유도하기 위해 학교 간 경쟁 그리고 간접적으로는 재정적 인센티브에 의존해왔다. 브라질 또한 감독관이 있으며 직접적이고 간접적인 인센티브 실험을 하고 있다. 그러나 칠레나 브라질은 시험점수가 낮거나 아무 점수를 얻지 못한 학교에 대해 제재를 가하지 않기 때문에 교사가 경쟁이나 인센티브에 응할 필요는 없다. 그리고 대부분 학생들이 다른 학교의 학생들보다 점수가 더욱더 악화되지 않는 한 수업 방법을 변경하려고 하지 않는다. 그렇다 하더라도 공립학교는 교사들을 해고하거나 이동시키기가 어려울 수 있다.

쿠바 학교의 관리자 집단은 수업 지도자로서의 역할을 *정치 시스템에 의해 요구를 받고 있다.* 이러한 시스템으로 인해 관리자들은 교직을 시작하는 초기에 교사의 수업을 향상시키기 위해 직접적으로 장학하고 지원하는 방식의 학교문화로 전환시켜간다. 또한 학교문화는 동료 아이들의 학습을 위해 모든 초등교사에게 더 큰 직접적 책임감을 부여한다. 우리가 방문한 모든 학교—상대적으로 교육을 많이 받은 부모의 아동을 관리하는 학교, '극빈층proletarian'이 사는 아바나 교외 학교, 그리고 지방의 교실이 두세 개밖에 없는 농촌 학교—에서 이런 광경을 목격했다.

장학 문화와 교사의 책임은 확실히 쿠바의 정치·사회의 위계적 지배구조 속에 뿌리를 내리고 있다. 그런데 그것은 또한 사회의 모든 아이들을 위한 학습 기회를 보장할 수 있는 일차적 책임이 국가에 있다는 전략에 기반을 두고 있다. 쿠바의 교사는 전문가로 간주되고 교육과정을 전달할 책임이 있지만, 그들의 전문성은 학생의 학습을 훼손시키면서 자율성을 옹호하지는 않고 있다. 모든 교실에서 교육과정의 목표를 달성하는 것은 쿠바의 학교조직에서 절대적이다.[17] 그리고 교장과 교감은 교사가 그들의 학교에서 자기가 맡고 있는 일을 분명히 하기 위해 교사들과 책임을 공유하고 있다. 또한 지방자치단체 관계자는 해당 지역의 학교에서 학생들의 학업성취에 대한 책임을 공유하고 있다. 교사는 자기가 맡고 있는 아이의 학습에 책임을 다하지 못할 때 해임될 수도 있음을 잘 알고 있다. 동시에 우리와 이야기를 나눈 교사들은 자신의 일을 신뢰하고 있었고, 그리고 자신이 가르친 아이들에

17) 행정직원들 또한 교육학을 이수하게 하여 학교 전체가 교육에 집중한다.

게 깊은 애정을 갖고 있었다.

요컨대 장학 시스템의 결함이 전혀 없는 것은 아니기에 우리는 그것을 이상화하고 싶지 않다. 쿠바의 모든 교사가 유능한 것은 아니고, 많이 열악한 수업은 확실히 갈라진 틈새로 새어 나오고 있다. 그러나 쿠바의 교실 수업은 평균적으로 브라질이나 칠레보다 더 효과적이다. 우리가 관찰한 바에 따르면 이렇게 효과성이 크게 보이는 것은 적어도 수업의 질에 대한 더욱 광범위한 행정적 개입과 경계 시스템을 갖추고 있기 때문이다. 우리가 쿠바의 교장, 교감, 그리고 교사와 가진 인터뷰는 주로 이 문제를 중심으로 이루어졌다. 400~600명의 학생들이 재학 중인 초등학교 교장은 교사로 하여금 가정방문을 하도록 하여 부모와 이야기를 나누고, 가족과 관련된 문제를 점검한다. 그리고 아이들이 어려움을 겪고 있는 교육과정의 특별한 부분에 대한 연구를 포함하여 학습장애를 갖고 있는 모든 아이들과 그들을 돕기 위한 조치를 취하는 역할을 하고 있다.

동시에 쿠바의 교사 대부분은 자신의 일에 유능해지기 위해 매우 훌륭한 연수와 구성주의적 장학 지도를 통해 교육적 권한을 행사하고 있다. 또한 교사는 자신이 가르치는 아이들에 대해 책임감을 가지고 있을 뿐만 아니라, 그러한 책임감을 높은 수준의 학습으로 전환시킬 수 있는 역량을 갖고 있다.

쿠바가 우리에게 주는 시사점

쿠바 학생의 높은 학업성취도는 몇 가지 요인의 결과이다. 표준 생산함수[18] 추정을 통해 우리는 이들 요인의 일부 효과를 측정할 수 있었다.[21] 그런데 이러한 추정으로는 쿠바인의 우수한 수학 능력이 특히 교실 수업의 질적 차이로부터, 그리고 상당히 까다로운 국가교육과정이 학생들의 사회적 지위에 상관없이 보편적으로 적용되도록 하는 관리 시스템으로부터 비롯된 것이라는 의미 있는 부분을 설명할 수 없었다. 그래서 우리는 이런 효과가 존재하는 것과 잠재적 영향을 이해하기 위해 질적 연구—학교 인터뷰, 교과서 분석, 3학년 개별 교실의 수학 수업 영상 등—를 조합하는 방식으로 돌렸다. 질적 분석에 따르면 평균적으로 쿠바의 아이들은 브라질과 칠레 학교보다도 더 직접적으로 수업에 중점을 두고 있는 학교에서 잘 훈련되고 장학과 지도를 더 자주 받는 교사로부터 상당히 어려운 수학 교육과정을 매우 효과적으로 전달받고 있었다.

우리는 생산함수 추정에 학생의 가정환경 변수, 학교자원 변수 그리고 사회적 맥락이나 국가가 유도하는 사회적 자본이라고 불리는 여전히 정립이 덜 된 변수의 집합을 포함하였다. 주로 아이들의 초등학교 밖 사회적 조건과 그들의 사회적 계급에 따른 학교 배분과 연관된 이런 사회정치적 맥락이라는 변수는 적어도 쿠바가 더 높은 시험 성적을 획득한 부분을 설명할 때 중요하다. 이 점은 교육정책에 중요한 시사를 주는 흥미로운 발견이라고 할 수 있다. 아이들이 교실 환경에서 잘 기능하도록 하는 데 필요한 안전, 건강, 그리고 도덕적 환경을 제공하지 않는 학교 바깥의 사회정치적 맥락에서 살고 있다면 국가, 지역 또는 학구는 수준 높은 학습을 달성하는 데 어려움을 겪을 것으로 예상된다.

---

18) 생산함수production function란 일정한 기간에 생산요소의 투입량과 생산물의 산출량 사이에 존재하는 기술적 관계를 나타내는 함수를 말한다. 즉 생산함수는 일정한 생산요소의 투입량으로부터 기술적으로 얻을 수 있는 생산물의 극대 산출량을 나타낸다.

마찬가지로 저소득층 아이들의 아주 낮은 기대와 학습 결과를 낳게 한 불평등한 학습은 저소득층 학교로 분류된 학교와 유사한 사회계층 배경을 가진 아이들이 집중적으로 모여 있는 학교 시스템에 의해 더욱 강화된다. 칠레 연구에 따르면 사회경제적 계층이 낮은 학생들이 다니는 학교일수록 더 높은 비율의 교사가 수학 교육과정을 가르칠 준비가 충분하지 않다고 느끼고 있으며, 가장 '실력 없는' 교사들이 결국 이런 학교에서 교직을 그만둔다는 것을 암시한다. 따라서 서로 다른 학교에서 사회경제적 지위에 따라 학생들의 학습 집중도가 더 커질수록, 학교 자원은 더 불평등하게 분배될 가능성이 높으며 시스템 또한 불평등한 학습 결과를 낳을 가능성은 더 커질 것이다.

우리는 질적 분석을 통해서 쿠바의 높은 시험 점수를 설명하는 데서 국가가 창출한 사회적 자본의 또 다른 효과를 확인했다. 쿠바 교사들은 국가가 급료를 정하는 정책으로 말미암아 칠레, 코스타리카, 특히 브라질과 파나마의 예비 교사보다도 학업성취도가 높은 고등학교 졸업생 출신일 가능성은 더 크다. 수준 높은 교과 지식을 갖춘 젊은 교사들의 접근으로 인해 쿠바의 집필진들은 많은 것을 요구하는 교육과정을 모든 단계의 학교교육, 특히 초등학교에 도입할 수 있었다.

국가 주도의 사회적 자본은 일부 국가의 아이들이 왜 학교에서 학업성취도가 높은지를 이해할 수 있는 중요한 구성물이지만, 한 국가로부터 다른 국가로 더 높은 사회적 자본을 이동시키는 것은 쉽지 않다. 대개 국가가 창출한 사회적 자본은 어느 정도 국가의 고유한 역사적 힘의 결과인 동시에 특정한 문화적 가치의 부산물이자 형성자이기도 하다. 그럼에도 국민국가는 아주 어린 아이들부터 시작되는 조기 영유아 보육을 무상 지원하고, 자녀를 취학시키고 아동의 노동을 금지하는 것을 조건으로 저소득층 가정에 가족 보조금을 지급하고, 학교 기반 영양 및 건강관리에 접근할 수 있는 기회를 제공함으로써 아이들의 복지를 실질적으로 향상시킬 수 있다고 본다.

그런데 쿠바 학교의 성공과 관련한 우리의 많은 발견들은 직접적으로 쿠바의 교육 시스템 내부에서 일어나는 것으로부터 기인한다. 연구에서 배운 네 가지 중 세 가지 교훈은 교과목 준비(중남미 중등학교에서, 특히 수학과 같은 낮은 수준의 교과목 학습을 부분적으로 보완하는 것 등)에 더 초점을 두는 아주 훌륭한 초기 교사훈련을 시작하면서 필수 교육과정 체계를 가르치는 법을 학습한다면 남미 (또는 다른) 교육 시스템과 통합하는 것이 가능할 것이다.

중남미의 교육 당국은 대학 및 교원양성대학에서 교사교육을 더욱 엄격하게 통제하는 것 말고도 교장으로 하여금 교실에서 초임교사의 장학과 높은 수준의 교육과정 전달을 보장하는 쿠바의 방법에서 많은 것을 배울 수 있다. 이들은 또한 같은 학급 학생을 1학년부터 4학년 때까지 한 교사에게 맡기는 시스템으로 전환할 수 있다. 칠레 학생이 4학년 때 SIMCE 시험을 치르거나 브라질 학생이 Prova Brasil[19] 시험을 치른 학업성취 결과는 한 교사의 누적된 활동의 효과이며, (쿠바처럼) 교사와 학교의 책임을 늘리는 것은 각 교사들이 질 높은 수업을 제공하는 것을 보장하기 위해서이다.

마지막으로 생각해볼 사항으로, 민주주의 사회에서 서로 다른 인간 삶의 대부분의 측면에서 발생하는 개인의 자유와 거의 민주적이지 않은 학교교육에서 보여주는 개인의 자유 간에 있을 수 있는 갈등을 독자들에게 상기시키고 싶다. 3학년 이상의 아이들 중에 한 해에 40주 동안 주당 30시간 혹은 더 많은 시간을 자발적으로 교실에 앉아서 보

---

19) 브라질 교육연구소에서 공립학교의 교육의 질을 측정하기 위해 사용된다.

내겠다고 선택하는 아이는 거의 없겠지만, 그렇게 하도록 강요받고 있다. 민주사회에서 보장하는 개인의 자유의 일부로서 부모는 자기 자녀를 위해 학교를 선택하거나 일터에 보낼지를 선택할 권리를 종종 요구한다. 그리고 교사는 교실에서의 전문적 자율성을 포함하여 많은 '권리'들을 요구한다. 이러한 자율성은 교사가 자신의 수업을 수행하는 방식에서 관리자에 의해 지나치게 방해받지 않도록 교사를 보호하며, 좋은 수업을 구성하는 내용에 대해 이데올로기적으로 판단하는 것으로부터 교사를 보호하기 위한 것이다.

쿠바의 교육 시스템은 교사가 이런 불일치에 직면하지 않도록 한다. 그리고 쿠바 정부는 질 높은 기초 학업능력을 제공하는 데 진심 어린 관심을 갖고 있기 때문에 가정 및 교사에게 학생의 학습 표준을 준수하도록 압박을 가하면서 집단적 관심을 불러일으킬 수 있다. 그렇게 함으로 학부모가 동시에 공무원으로서 자녀가 높은 수준의 학업성취를 달성할 수 있도록 자신의 몫을 다하도록 보장하는 것을 포함하여 국가는 자녀 교육에 대한 궁극적 책임을 지고 있다. 이것은 공공 부문, 즉 국가가 시민사회에 암묵적 신뢰를 보내고 있는 민주적 사회에서만 가능하다. 국가는 질 높은 서비스를 제공하고, 교사와 같은 공무원이 전적으로 그 임무에 헌신하고 있는 것에 대해 부모는 전폭적 신뢰를 보낸다.

서로 다른 중남미 국가들, 즉 브라질, 칠레, 파나마 그리고 (조금 덜 하지만) 코스타리카—에서 이런 조건이 널리 퍼져 있는지를 우리는 발견하지 못했다. 역사적으로 브라질은 국민 대다수에게 양질의 교육을 제공하려 하지 않았다. 칠레에도 브라질과 마찬가지로 지난날 중산층 엘리트를 위한 좋은 공교육이 존재했지만, 대중을 위한 것은 아니었다. 그 결과 칠레는 바우처 제도를 채택했는데 이로 인해 사교육이 급격히 늘어났다. 파나마의 공교육은 중남미의 기준으로 보아도 매우 열악하다. 브라질, 칠레, 파나마의 사교육 수준은 매우 저급함에도 불구하고 일반인들이 이를 선호하고 있다. 이러한 상황에서 양질의 서비스를 보장하고자 하는 국가의 중심적 역할은 그 의미를 상실하고 있으며, 다른 사람보다 우위를 차지하려고 고군분투하는 개인이 최고에 군림할 것이다. 어른들이 부모 및 교사의 개별적 권리를 지혜롭게 사용함으로써 아이들의 학습이 향상될 것이라고 전제를 한다면, 아이들의 학습을 증진시키기 위해 교사, 행정가, 학부모, 그리고 학생의 힘을 함께 모은다는 생각은 자신들의 개별적 선택 및 권리를 최우선의 가치로 두는 것으로 퇴보할 것이다.

쿠바 시스템에 정치적 자유가 결여되어 있고 개인의 선택권이 제한받고 있다는 점에서 심각한 결함이 있음은 분명하다. 초등학교 수준에서 교실을 원활하게 기능하도록 하는 수준 높은 자기도야와 협력적 활동은 문제를 해결할 수 있는 기본 능력과 탁월성을 개발하는 데 중요하다. 그런데 중고등학교에서 요구되는 더 높은 수준의 교육에서의 창의적 반란과 반대—미국과 같은 사회에서 극도로 발달한 특질—가 쿠바에서 전반적으로 억압되고 있다.

민주사회에서 더 나은 교육으로 가는 길이 권위주의적일 필요는 없다. 그렇지만 우리가 쿠바의 경험에서 얻은 교훈은 국가가 모든 사람에게 양질의 교육을 제공할 수 있는 훨씬 더 많은 '보증인'이 되지 않으면 안 된다는 점이다. 국가는 아이들의 성공에 대해 공적 책임을 지지 않으면 안 된다. 국가는 학교에서 일어나는 일에 대해 통제력을 높이기 위해 교육의 경영을 혁신하는 효과적 능력을 발휘하는 실천가가 되지 않으면 안 된다. 교사의 초기 형성 과정에서 국가가 사범대학의 교수진 및 행정의 자율권을 감소시키면서 그들에게 자율성을 부여했음에도 불구하고, 수준 높은 창조성과 역량을 보이지 못할 경우 교실 교사의 자율성을 위축시키는 희생을 감내하더라도 수업을 향상시킬 책임을 전적으로 져야 한다.

초기의 자격 인증에서부터 교실 활동에 대한 평가 장학에 이르기까지 정기적으로 교사를 평가함으로써 국가는 모든 교사가 학생의 학습을 효과적으로 만들어내도록 보장할 필요가 있다. 학교와 교사에게 높은 기준을 설정하고 실행함으로써 국가는 대부분의 학교에서 적절하고 비슷한 방식의 양질의 교육을 제공하도록 하며, 따라서 자녀를 어느 학교로 보낼지에 대한 학부모의 고민은 줄어들 것이다. 이 점은 공중the public이 민주적 국가에서 원하는 것이다. 그리고 이것은 공중이 획득해야 하는 것이다.

주

1. 2009년 PISA 수학 시험에서 우루과이는 전 사회 계층을 통틀어 라틴아메리카에서 최고 점을 획득했다(가정이나 어머니의 교육도 반영하여 측정). 그러나 읽기에서는 칠레가 더 높은 점수를 획득했다(2009년 PISA에 관한 자료를 통한 저자의 추정).
2. Laboratorio Latinoamericano de Evaluación de la Calidad de la Educación (LLECE). (1998). *Primer Estudio Internacional Comparativo sobre Lenguaje, Matemática y Factores Asociados en Tercero y Cuarto Grado*. Santiago: UNESCO; Segundo Estudio Regional Comparativo y Explicativo (SERCE). 2008. *Los aprendizajes de los estudiantes de América Latina y el Caribe*. Santiago: UNESCO.
3. Carnoy, M., Gove, A. and Marshall, J. (2007). *Cuba's Academic Advantage*. Stanford, CA: Stanford University Press; Carnoy, M., Luschei, T., Marshall, J., Narnjo, B., and Sorto, A. (2007). *Improving Panama and Costa Rica's Education Systems for the Twenty-First Century Economy and Society: A Comparative Study*. Stanford CA: Stanford University School of Education (mimeo); Carnoy, M., Chisholm, L., and Chilisa, B.(2012). *The Low Achievement Trap*. Pretoria, S.A.:HSRC Press; Carnoy, M., Ngware, M., and Oketch, M. (2015). The Role of Classroom Resources and National Educational Context in Student Learning Gains: Comparing Botswana, South Africa, and Kenya. *Comparative Education Review*, 59(2), 199-233, May.
4. 참조: Hill, H., Rowan, B., and Ball, D. (2005). Effects of Teachers' Mathematical Knowledge for Teaching on Student Achievement. *American Educational Research Journal*, 42(2), 371-406; Measures of Effective Teaching Final Report (Gates Foundation). (2013). *Ensuring Fair and Reliable Measures of Effective Teaching*. MET Project. Retrieved from http://www.gatesfoundation.org/media-center/press-release/2013/01/measures-ofeffective-teaching-project-releases-final-research-report.
5. Adamson, F. (2010). How Does Context Matter? Comparing Achievement Scores, Opportunities to Learn, and Teacher Preparation across Socio-Economic Quintiles in TIMSS and PISA. Unpublished doctoral disseration. Stanford, CA, Stanford University.
6. 참조: Carnoy, M., Ngware, M., and Oketch, M. (2015). The Role of Classroom Resources and National Educational Context in Student Learning Gains: Comparing Botswana, South Africa, and Kenya. *Comparative Education Review*, 59(2), 199-233, May; Simielli, L.(2015). Equidad Nacional no Brasil. Unpublished doctoral dissertation, Sao Paulo: Fundação_Getulio Vargas; Schmidt, W., and McKnight, C. (2012). Inequality for all: *The Challenge of Unequal Opportunity in American Schools*. New York: Teachers College Press.

7. Rothstein, R. (2004). *Class and Schools*. New York: Teachers College Press.
8. 아프리카의 경우 케냐 학생들이 더 높은 소득 수준인 보츠와나나 남아공의 학생들에 비해 높은 수준을 성취하고 있다. 쿠바에서 얻는 교훈을 케냐에도 적용해볼 수 있다. 특히 교사의 훈련에 관한 부분과 학교의 기본양식 측면에서 말이다(참조 Carnoy *et al*., 2015).
9. Carnoy, M., gove, A., and Marshall, J. 2007. *Cuba's Academic Advantage*. Stanford, CA: Stanford University Press.
10. 영화 Maestra, Catherine Murphy 연출, 1961년의 문해력 신장프로젝트를 기록했다.
11. Bhola, H. S. (1984). Campaigning for Literacy: Eight National Experiences of the 20th Century. Paris: UNESCO.
12. Coelman, J. S. (1988). Social Capital in the Creation of Human Capital. *American Journal of Sociology*, 94, S95-S120
13. Segundo Estudio Regional Comparativo y Explicativo (SERCE) (2008). *Los aprendizajes de los estudiantes de América Latina y el Caribe*. Santiago: UNESCO.
14. UNESCO (2014). *First Release of Results*: TERCE. Santiago: UNESCO
15. 1990년 칠레가 다시 민주화되었을 때 칠레 중부는 학교 시스템에서 불평등의 증가가 가져오는 악영향들을 인지했었다. 이는 브루너 보고서를 통해 알 수 있다.: Comisión Nacional para la Modernización de la Educación, Comité Técnico Asesor del Diálogo Nacional sobre la Modernización de la Educación Chilena (1995). *Los Desafíos de la Educación Chilena frente al siglo XXI*. Santiago, Chile: Editorial Universitaria.
16. Gasperini, L. (2000). *The Cuban Education System: Lessons and Dilemmas*. LCSHD Paper Series 20966. Latin America and Caribbean Regional Office: The World Bank.
17. 브라질은 오랜 기간에 걸쳐 5~8학년 교사들에게 대학의 학위를 요구했지만 최근에 초등 저학년 교사들에게만 대학교육을 요구하기 시작했다. 많은 저학년 교사들은 중등교육만 받았고 저소득층 지역에서는 대다수의 중등 교사교육 혹은 낮은 단계의 교육을 받았다.
18. Segundo Estudio Regional Comparativo y Explicativo (SERCE). (2008). *Los aprendizajes de los estudiantes de América Latina y el Caribe*. Santiago: UNESCO
19. Mizala, A., and Romaguera, P. (2001). Regulación, incentivos y remuneraciones de los Profesores en Chile. Santiago, Chile: CRESUR.
20. Carnoy, M., Brodziak, I., Molina, A., and Socias, M. (2007). The Limits of Teacher Pay Incentive Programs Based on Inter-Cohort Comparisons: The case of Chile's SNED. *Education Finance and Policy*, 2, summer.
21. Carnoy, M., Gove, A., and Marshall, J. (2007). *Cuba's Academic Advantage*. Stanford, CA: Stanford University Press.

4장

시민에서 소비자로: 학교 시장으로 변형된 스웨덴의 민주적 이상

비에른 오스트랜드Björn Åstrand

1948:

민주주의는 모든 시민의 자발적인 협력을 바탕으로 한다. 이러한 협력은 자주적인 개인에게 달려 있기 때문에 학교교육의 우선적인 역할은 민주적인 인간으로 성장시키는 것이다.

_스웨덴 학교위원회[1]

2006:

학교를 운영하는 것과 냉장고를 판매하는 것은 동일하다. 이것은 시장의 소리를 듣고 우리의 소비자, 학생에게 무엇이 필요한지를 이해하는 것이다.

_Tord Hellmark, 스웨덴 사립학교 연합 설립자[2]

스웨덴 학교의 전환

2008년 『이코노미스트』는 "큰 정부를 추구한 사회민주주의 국가 스웨덴은 자유-시장 혁명을 추구하는 특이한 나라로 보인다. 그런데 이런 일이 이 나라 학교에서 일어나고 있다"라고 보도했다.[3] 기자는 스웨덴의 학교체제가 시장 친화적인 성격을 띠고 있는 것에 놀란 듯하다. 거의 누구나 사립학교를 다닐 수 있고, 학생을 입학시킬 수 있으며 정부의 재정 지원을 받을 수 있다.[4] 1990년도 초반 이래 시장논리를 기반으로 세워진 현재의 스웨덴 학교 모델에서는 재정이 학생 수에 따라 배당되고 있다.[5]

물론 줄곧 그랬던 것은 아니다. 사회민주주의 시기의 스웨덴은 복지국가 모델이 지향하는 목표를 구현했다. 동시에 스웨덴의 교육체제는 전 세계로부터 민주적으로 훌륭하다는 평판을 받아왔다.[6] 게다가 스웨덴의 학생들은 이전의 피사PISA와 유사한 국제 평가 모델에서 최고를 달렸다.[7] 하지만 현재의 자료에 의하면 스웨덴은 OECD 국가 중 가장 빠른 속도로 불평등이 증대하고 있고, 교육체제는 시장 모델로 크게 변화했으며, 피사PISA 점수는 사상 최저 수준으로 곤두박질쳤다.[8] 어떻게 이런 일이 일어났을까?

이 장에서 우리는 스웨덴 학교체제의 변화를 교육정책의 두 가지 주요하고 체제적인 180도 방향 전환의 결과로 설명할 것이다. 이러한 전환은 교육의 공적 유형과 사적 유형 사이의 긴장이 계속되면서 회전하고 있다. 첫 번째 중요한 전환은 2차 세계대전 이후 스웨덴이 공·사립 기관의 혼합, 복선제 교육체제, 학생의 조기 진로 선택 그리고 높은 불평등 교육체제의 종식을 결정한 후 시작되었다. 스웨덴 학교체제는 불평등한 학교 모델을 민주적 이상과 평등의 방향으로 나아가는 통일된 종합학교 모델로 대체되었고, 1980년대를 통해 실질적인 성공을 거두었다.

두 번째 중요한 전환은 1990년 무렵에 스웨덴이 지난 30~40년 동안 유지 발전시켰던 오늘날의 복지 기반 종합학교 모델을 개인의 선택,

대안적 사립학교private alternatives, 경쟁을 기초로 한 시장 기반 모델로 재설계하면서 일어났다. 1950년대에서 1990년대까지 담론 속에 존재하던 대안적 사립학교는 공립학교 발전에 긍정적인 영향을 미쳤는데, 이는 교육적으로 탁월한 가치를 제공하는 주요한 존재였다. 그러나 대안적 사립학교는 1990년대 들어서서 사회민주주의 시대에서의 담론적 역할, 즉 공립학교를 보완하는 긍정적인 영향을 미치는 역할을 넘어, 정규 공립학교를 대체하는 것으로 진화해갔다.

더 단기적인 역사 관점에 보면 교육을 학교 시장 모델로 혁신하는 것은 복지를 기반으로 한 공립학교체제 규범에 도전하는 중대한 전환이다. 그런데 역사적 관점을 확장해보면 2차 세계대전 자체가 주요 개혁을 대표한 후 민주적인 학교로의 전환이 어떻게 이루어졌는지를 알 수 있다. 이러한 더 넓은 관점으로 확대해보면 사회의 민주화와 복지국가의 발전이 실제로 대안적 사립학교들을 이전의 자리로 밀어냈다는 것을 보여준다. 하지만 대안적 사립학교들은 (30~40년의 사회민주주의가 실시된 이후) 오히려 원래 위치를 빠르게 회복했고 오늘날 대안적 사립학교들은 스웨덴 교육체제의 주요한 부분을 이루고 있다.

이러한 더 폭넓은 관점은 전후 스웨덴이 종합적이고 민주적 지향성을 갖는 교육체제를 충분히 완수하지 못하였고, 덜 민주적이며 평등 지향성이 덜한 더 오래된 구조가 생존하도록 하는 여지를 남겼음을 함의한다. 이러한 구조들은 1990년대 정치경제적 환경에서 다시 활성화되었고 교육체제를 회귀시켰다. [그림 4.1]을 보면 이러한 다양한 관점에 따라 복지국가의 교육적 역할에 대한 스웨덴의 '전형적'이고 '비전형적'인 서술 방향이 어떻게 교체되었는지를 보여준다. 단기적 관점을 보여주는 첫 번째 화살표에서 민영화는 사회민주적인 규범에서 벗어나는 것같이 보인다. 하지만 관점을 확장한 두 번째 화살표는 복지

국가 그 자체가 제2차 세계대전의 교육 불평등과 1990년대에 다시 나타난 교육 불평등 사이에서 닫혀버린 매우 짧은 기간의 사회적 실험을 재현하고 있음을 보여준다.

이러한 시간 단위 비교는 또한 이행 시간의 차이를 보여준다. 복지국가가 지향하는 교육 모델 수립에는 수십 년의 민주적인 절차가 필요했지만, 1990년대에 사립학교와 시장 기반 교육체제를 다시 배열하고 투입하는 데에는 불과 몇 년밖에 걸리지 않았다. 무언가를 짓기보다는 해체하는 것이 훨씬 쉽다. 이러한 차이는 교육을 시장으로 전환한 이래 누적되어온 더 낮은 학업 수행 능력 및 이윤을 동기로 한 불평등의 결과물과는 대조적으로, 교육을 민주적으로 구성하는 것이 생산적이며 공평했지만 얼마나 어려웠는지를 반증하고 있다.

이 장의 핵심 메시지는 최근 스웨덴이 자기 나라의 사회민주적인 접

[그림 4.1] 스웨덴이 지향한 원칙에 대한 대안적인 역사관

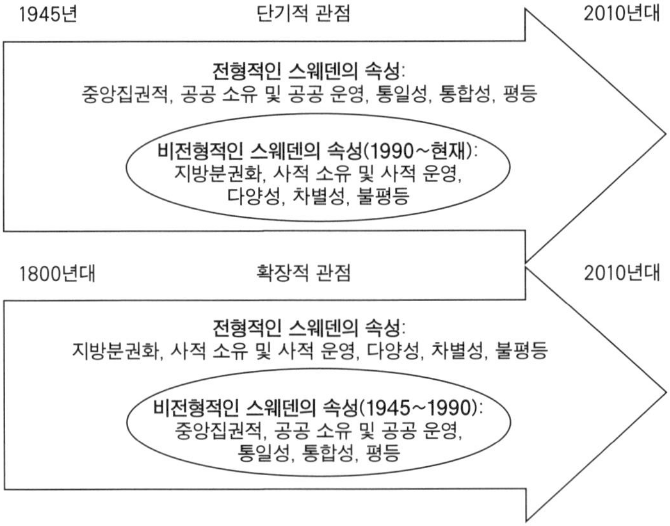

근을 촉진시켰던 교육 모델을 시장 기반 모델로 대체했다는 것이다. 시장 모델은 경쟁 기반 체제를 포함하며, 이 체제에서는 학교를 선택하는 자유가 교육적 평등보다 더 강조된다.[9] 공공성에서 민영화로의 궤도 전환은 스웨덴 내 학교교육의 불평등 증대와 국제적인 학업성취도의 하락을 수반한다. 게다가 이러한 전환은 지배적인 공·사립 학교교육의 혼합 패러다임 그리고 사회민주적 복지국가가 성취하였던 다소 짧은 교육적 성공 이전에 존재했던 불평등으로의 회귀를 재현하고 있다.

첫 번째 전환:
민주적으로 수립된 종합적 공교육체제

2차 세계대전 이후 스웨덴은 많은 것들을 개선하였다. 스웨덴의 민주적인 돌파구는 전쟁 이전으로부터 왔지만 전후에는 복지국가를 구현하게 되었다. 복지국가를 향한 초기 열망 이후 스웨덴 산업은 전쟁으로 폐허가 된 유럽에서 매우 높은 수익을 거두어 수많은 개혁에 자원을 활용할 수 있게 되었다. 스웨덴은 갑작스레 상대적으로 유리한 조건이 되었으며 사회 진보에 투자를 할 수 있었다.[10] 역사는 채택된 모델을 '복지국가'라고 표현했으며 복지국가의 열망에는 시민을 위해 학교교육을 공평하게 제공하는 것이 포함되었다.[11]

제2차 세계대전 이후 스웨덴은 민주적인 정신을 지닌 시민을 길러 내 민주적인 사회에 기여하는 포괄적인 목적을 가지고, 장래 전체주의로 발전할 가능성을 예방하기 위한 새로운 종합학교 체제를 구상했다. 이러한 교육개혁 담론의 핵심에는 모든 학생들이 계층과 상관없이 공유하는 교육적 경험을 제공하는 학교 설립을 포함하고 있었다. 스웨덴 사람들은 모든 사회 계층의 학생이 학급 친구가 되는 것을 "인간이 자초한 대재앙을 방지하고 민주적 사회를 수호하는" 수단으로 보았다.[12]

1945~1946년 교육부 장관이었던 타게 엘란데르Tage Erlander는[1)] 회고록에서 나치가 유럽을 점령했던 12년 동안 스웨덴 사람들은 강한 전문화를 피하는 학교체제를 수립하는 것이 중요하다는 것을 배웠다고 기술했다. 이보다 학교는 학생이 사회에서 일어나는 일들을 인식하고 "사회에 소속감을 느끼도록" 돕지 않으면 안 된다.[13] 동시에 학교는 학생들을 동등하게 참여하게 하여 계열화된 학교로 나누어 아이들의 미래가 형성되는 것을 피하지 않으면 안 된다. 사회민주주의를 위해서 "전후의 새로운 사회는 모든 시민을 가능한 평등하게 만들고자 하는 보편적이고 자유로운 기본 질서 위에 세워야 한다."[14]

민주주의를 위한 탐구는 교육체제뿐 아니라 개인의 형성 문제에도 중점을 두었다. 1946~1951년 교육부 장관을 지낸 요제프 바이너Josef Weijne에 따르면 학교교육은 "지식을 가르치는 것"과 관련이 있지만 학교교육의 핵심 목표는 "학생의 심층적 형성"이다.[15] 개인적인 인격과 윤리를 포함한 "자유로운 개인의 형성formation"을 통해 학교는 "민주적인 정신을 지닌 인간을 형성하는 임무를 성공적으로 수행할 수 있는 수단"이었다.[16] 따라서, 학교교육은 또한 학생에게 "우리의 국경을 넘어 세계시민성의 본질과 그것이 수행해야 할 의무를 잘 이해할 수 있도록" 밖을 살펴볼 수 있는 기회를 제공했다.[17] 당시 스웨덴의 지도

1) 타게 엘란데르(1901~1985)는 스웨덴의 총리, 정치가. 스웨덴 사회민주당의 리더였으며 1946년부터 1969년까지 23년간 총리직을 역임해 '스웨덴의 가장 긴 총리'로 불렸다. '스웨덴 국민의 아버지'로서 존경과 사랑을 받았던 정치가이다. 1950년대 수많은 사회입법을 성립시켜 스웨덴이 복지국가의 길을 걷게 했고 1960년대 '황금의 시대'라고 불리는 고도 성장기에 복지 환경을 더욱 정비하여 세계가 '스웨덴 모델'을 주목하게 했다.

자들은 민주주의를 연대와 협력뿐만 아니라 청렴과 독립에 달려 있다고 보았다.[18]

교육을 책임진 사회민주당 장관이자 1969년부터는 스웨덴의 수상이었던 올로프 팔메Olof Plame[2)]는 교육에 관한 민주적 접근을 계속 발전시켜갔다.

> 우리는 개인과 자유로운 발전을 가로막는 오래된 계급적 울타리를 폐지해야 한다. 교육법the Education Act에 따르면 학교교육은 학생들의 조화로운 인간이자 능력 있고 책임감 있는 시민으로의 발달을 촉진해야 한다.[19]

교육은 사회민주주의 사회를 달성하기 위한 중요한 수단이지만 유일한 수단이 될 수는 없었다. 진보는 일관성 있는 정책에 따라 이루어져야 했는데, 팔메는 "학교가 사회의 민주적 발전에서 중요한 역할을 수행하기에 앞서 공유된 장기적 약속을 필요로 한다"고 주장했다.[20] 바람직한 학교 모델은 거주지 및 사회적 배경과 관계없이 모든 학생들이 이용할 수 있는 형식, 조건, 교육과정 및 내용으로 구성된 모델이다. 교사는 "거짓된 사회적 가치"에 반대하는 전향적 태도를 취하기를 요구하고, 학교는 분류하는 기계가 아닌 개인의 잠재력을 증진시키는 것으로 기대되었다."[21] 팔메에 따르면 학교는 "미래를 향한 선봉"이자

2) 스벤 올로프 요아힘 팔메(Sven Olof Joachim Palme, 1927~1986) 타게 엘란데르의 보좌관으로 일하면서 본격적인 정치활동을 시작했다. 팔메는 노동정책에 많은 관심을 가졌으며 직업별로 차등 지급되었던 연금제도를 개선하여 스웨덴 복지정책을 발전시켰다. 1967년부터 1969년까지 교육부 장관을 맡으며 비싼 학비 때문에 부자들만 누릴 수 있었던 고등교육을 교육비 장기 대출 지원 정책을 통해 누구나 대학교육을 받을 수 있도록 했다. 1969년 43세에 총리가 되었고 스웨덴의 복지정책을 개혁하고 한층 발전시키는 데 주력했으며 특히 여성의 사회활동 보장을 위한 다양한 정책을 추진했다.

"계급을 기반으로 한 사회를 소멸시킬 수 있는" 방안이 되지 않으면 안 된다.[22]

스웨덴에는 이전에 "유럽의 관점에서 볼 때, 1950년대 말과 고풍스런 학교 시스템을 갖추고 있었는데 후진적이었다고 말할 수 없다"는 견해가 있다.[23] 종합학교 체제를 위한 개혁이 해결해야 했던 문제는 계급 기반 사회를 재생산하는 학교교육의 부정적인 측면이었다. 미래의 학업과 취업을 결정짓던 기존의 조기 선택과 복선제 교육체제는 위에 요약된 민주적 기반의 아이디어를 활용하여 통일된 종합적 모델로 변화시켜야 했다. 새로운 체제는 계열화된 복선제 교육체제에 우호적인 이들의 저항을 받았고, 모든 학생들이 상급 학년(김나지움, 10~12학년)에서 공부하여 이득을 볼 수 있어야 한다는 생각은 또 다른 저항에 부딪혔다.[24] 따라서 개혁자들은 새로운 체제를 실험해보고 연구를 기반으로 주장해야 했다.[25]

1950년 스웨덴의 학교 모델은 모든 사회계급 학생들이 공유하는 종합적인 9개년 의무교육 모델로 바뀌었다. 개혁안은 "공개적인 조사로 확대한 후 정치적으로 중요한 합의"를 이룬 다음에 실시되었다.[26] 이 결정은 스웨덴이 양질의 학교교육, 형평성의 향상, 기회의 평등을 위해 상당한 공적 투자를 할 준비가 되었음을 분명히 했다. 1950년대에 대략 전체 학군의 3분의 1을 종합적인 학교 모델로 바꾸기 위한 대규모의 연속적인 실험이 착수되었다.[27]

선구적인 실험 프로젝트들과 공개 조사 이후 1962년 의회 승인을 받은 새로운 학교 모델에 대한 의회의 최종결정을 위한 시간이 무르익어 갔다. 스웨덴은 1970년대 초까지 종합적 학교교육으로의 전환을 완료하지 못했음에도 불구하고 국가 차원에서 집행되었다.[28] 교육의 형평성은 국가교육과정과 공평하고 통일된 교사교육에 의해 지지되어야 했다.[29] 1940년대 후반에서 1970년대 초반까지 오랫동안의 전환 기간은 1990년대의 학교 시장 모델로 급격하게 전환을 한 것과는 대조적이다.

1980년대 중반에 이르러 담론이 바뀌었고 1990년 무렵 일련의 새로운 개혁이 시작되었는데, 이는 스웨덴의 학교체제 개혁 또한 복지국가를 전반적으로 개혁하는 맥락에서 이루어졌다. 그런데 1990년에는 사립학교가 많지 않았으며, 이 전통은 분명히 존재하였다.[30] 지방분권화 및 규제 완화의 등장과 관련한 교육의 요소를 재활성화하고 재정립하기 위한 수많은 학교개혁은 경쟁의 논리와 학교 선택의 자유와 함께 학교 시장 모델과 사립학교의 급격한 증가와 연관이 있다.

원칙의 딜레마를 낳은 종합 체제 속의 사립학교

기존의 사립학교는 민주적 열망을 담은 통일된 종합적 학교체제를 지향하는 움직임에 장애가 되었다. 1950년대에는 1% 미만의 학생들이 사립학교에 등록되어 있었고 이 학교들은 대체로 (정부 인가 이후) 공적 자금을 받았다.[31] 사립학교의 존속은 제안된 개혁의 핵심적 생각—사립학교의 수용은 "전체 체제를 망치게 할 것이다"[32]과 상반되었다.

그래서 타협안은 일부 사립학교가 종교, 민족, 문화적 성격과 교육적 지향성을 보이지만, 국가수준 교육과정을 이행하고 국가의 목적에 맞춰 운영되는 한 존속을 허용했다.[33] 정규 사립학교는 공립학교와 같은 교육과정을 따라야 했기에 불필요한 것으로 여겨졌다. 기존의 홈스쿨링(학생의 집에서의 사적인 개인 교습)에도 같은 주장이 적용되었다.

도래할 사립학교의 역할에 대한 반전을 이해하려면 스웨덴이 교육적 실험과 혁신에 중점을 둔 사립학교를 받아들였다는 점에 주목하는 것이 중요하다.[34] 교육적 동기를 가진 대안을 의도적으로 유지한 주된 근거는 정규학교에 긍정적인 영향을 미칠 수 있는 잠재력 때문이었다.[35] 그런데 사립학교는 국가수준 교육과정을 따라야 했고 의무학교체제의 이념과 목표에 반하는 작업을 할 수 없었다.[36]

두 번째 전환:
종합학교에서 시장 기반 교육체제로의 변화

스웨덴의 종합적 학교개혁은 비약적인 진보로 인식되었고 국제적인 명성을 얻었다. 그런데 스웨덴은 1990년대에 왜 변화했는가?[37] 역사학자 외스터베르그Österberg과 안데르손Andersson은 "격렬한 비판이 쏟아지면서 복지국가 이념조차 충분히 구현하지 못했다"고 지적했다.[38] 스웨덴의 교육사를 비롯한 20세기에 대한 역사 서술은 복지국가를 중심으로 하고 있다.[39] 그리고 1990년 무렵 교육정책의 전환은 "스웨덴 학교체제가 OECD 국가 중 중앙계획적인 성격이 강한 체제에서 학교 선택의 확대를 허용한 지방분권화 성격이 강한 체제로 혁신시킨" 극적인 과정을 나타낸다.[40] 이 과정은 스웨덴을 "교육의 외재적 시장화로 가는 먼 길로 인도하였고, 또한 새로운 공공 관리, 즉 대부분의 측면에서 '교육의 내재적 시장화'를 전면적으로 받아들였다."[41] 이 절에서는 이러한 전환이 어떻게, 왜 일어났는지를 살펴본다.

변화의 씨앗: 금융 위기와 새로운 정부 전략

1990년대 초 경제위기는 복지국가의 혁신을 예고하는 주요한 징후였다. 스웨덴은 과거 산업위기와 지속된 공적 영역의 증가 때문에 국가 부채가 누적되었다.[42] 늘어나는 실업률과 재정 지출, 소득 감소는 국가 재정의 악화를 가져왔다.[43] 금융 영역의 자유화는 지탱하기 어려운 신용 수준을 초래했으며 "60년 만에 처음으로 대형 은행들은 위기에 처했다."[44]

국가 부채가 "GDP와 관련하여 눈사태처럼" 증가하며 국가재정 개혁의 필요성은 커져갔다.[45] 거시경제 불균형에 대한 개혁은 시작됐지만 시민들은 또한 "덜 복잡하지만 더 접근 가능하고 더 효율적인 공적 조직"을 요구했다.[46] 위기는 진행 중인 과정을 가속화하였으며 또한 스웨덴을 재형성하는 개혁의 발판이 되었다.[47]

민영화는 주로 교육보다는 사회의 다른 영역에 합당한 해결책으로 보였다.[48] 그러나 공적 소비의 성격 때문에 보건과 마찬가지로 교육에서도 효율성을 제고해야 한다는 압박이 커졌다.[49] 교육개혁은 지방분권화, 규제 완화, 대안학교alternative schools 수의 증가를 요구하는 것에 중점을 두었다. 체제는 "중앙정부가 보조금을 주는 형태"에서 "중앙의 규제를 줄여서" 지방자치단체의 자율성을 높이는 형태로 바뀌었다.[50]

1983년에 스웨덴 고용주연합은 공적 자금을 사용할 수 있는 사립학교 도입을 위한 계획을 세우기 위해 자유보수당 지방정부와 협력했다.[51] 이러한 시도는 "모든 환경미화원들의 업무에 존경을 표하지만, 더러운 옷과 쓰레기 봉지를 다루는 것은 아동을 돌보는 것과 비교했을 때 큰 차이가 있다"고 강조하는 주장으로부터 반발에 부딪혔다.[52] 민영화 그 자체가 문제는 아니었지만, 이윤 동기와 창안들은 "공적 영역에 반하는 신자유주의 캠페인의 본질"로 인식되었다.[53] 그러나 사회민주당은 대안적 사립학교에 대해 주저하는 태도가 덜하였으며, 이는 그들의 정치적 우선순위가 바뀌었다는 것을 의미한다.

미디어 초점의 변화를 분석해보면 시간에 따라 민영화의 프레이밍

[그림 4.2] 스웨덴 인쇄 매체의 학교 관련 기사에서 주요 개념의 연간 빈도수(1982~2013)

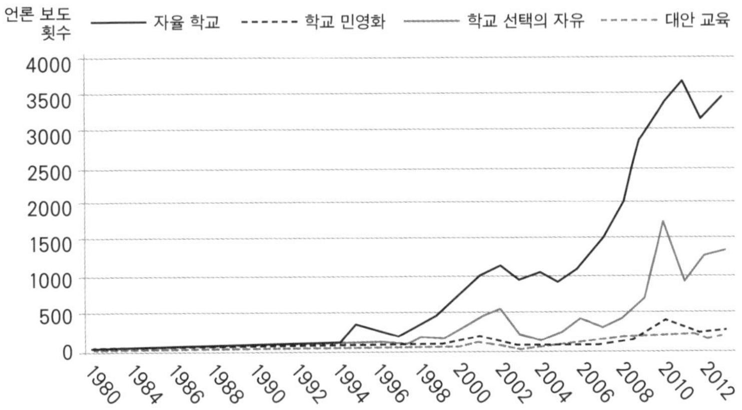

출처: Mediearkivet[55]

framing(인식의 틀)이 어떻게 진전했는지 알 수 있다. 1950~1960년대 스웨덴 의회는 대안학교의 가치가 참신하고 대안적 교수법에 공헌할 수 있는 잠재력에 있다고 보았다. 그러나 1980년대 대안교육의 개념은 사라졌고 대신에 [그림 4.2]에서 볼 수 있듯이 1990~1992년에 "학교 선택의 자유"가 지배적인 시각으로 수면 위로 올라왔으며, 1993년 이후로는 독립적이고 "자유로운" 학교의 개념이 뒤따랐다.[54]

경제 전반에서 민영화를 추진함에도 불구하고 교육에 관한 언론의 논의에서는 "대안적 교수법"과 마찬가지로 "학교의 민영화"라는 용어가 사라지고 있다는 점을 주목할 필요가 있다. "민영화"라는 용어로부터 거리를 두려는 움직임은 아마도 민영화를 옹호하는 개혁자들이 "자유"나 "독립"과 같은 덜 도발적인 용어를 사용하여 전환의 프레임을 형성하기를 선호한다는 것을 나타낸다.[56] 그럼에도 국회의 주도적인 정치 담론에서는 학교의 해결책으로 시장에 중점을 둔 이야기는 유지되었다.[57]

외국에서 들어온 신자유주의가 스웨덴 행정부에 기반을 마련했을 때 스웨덴 체제가 변화하게 됐다는 것은 지나치게 단순화한 설명이다. 오히려 스웨덴 학교체제의 다면적인 변형은 국내외의 이념과 실천으로부터 탄생한 신구 전통이 교차하면서 발생한 것으로 보인다. 선택의 자유와 "광범위한 민영화 계획"은 자유보수당 정권 어젠다의 최고 정점에 이르렀고 사회민주당이 재집권했을 때는 "민영화에 대한 반대"를 어느 정도 포기했다."[58] 신자유주의 아이디어, 경제위기 그리고 공적 자금을 받는 사립학교가 남긴 유산의 결합은 1980년 초반 바우처 모델을 이용하여 대안학교를 강력하게 추진할 수 있는 발판이 되었다. 우리가 주목할 점은 종합학교를 도입한 지 20년 만의 일이라는 사실이다.

공적 투자에서 시장 기반 모델로의 전환

스웨덴의 맥락에서 보면 학교의 민영화란 그러한 전환을 가능하게 한 다른 과정들과 연관된 현상일 뿐 아니라 그 내부의 뚜렷한 변화라고 바라보면 이해가 가장 잘된다. 이 "혼합된" 현상 또는 요인 중에서 네 가지(지방분권화, 규제 완화, 학교 선택, 학교 재정 지원)가 교육체제에서 대안적 사립학교를 늘리는 방향으로의 전환을 불러왔다. [그림 4.3]은 각각의 요인들 그리고 그것의 스웨덴 학교체제의 혁신과의 전체적 관계를 보여준다.

요인 1, 2: 지방분권화와 규제 완화–전환의 핵심 요인

1980년대 후반에서 1990년대 초반까지 사회민주당 및 자유보수당 정부는 지방분권화와 규제 완화를 점점 확대하는 방향으로 스웨덴 학교체제를 이동시켰다. 이 움직임은 정치적으로는 사회민주당 정권의

[그림 4.3] 스웨덴 학교체제의 요소 변형[62]

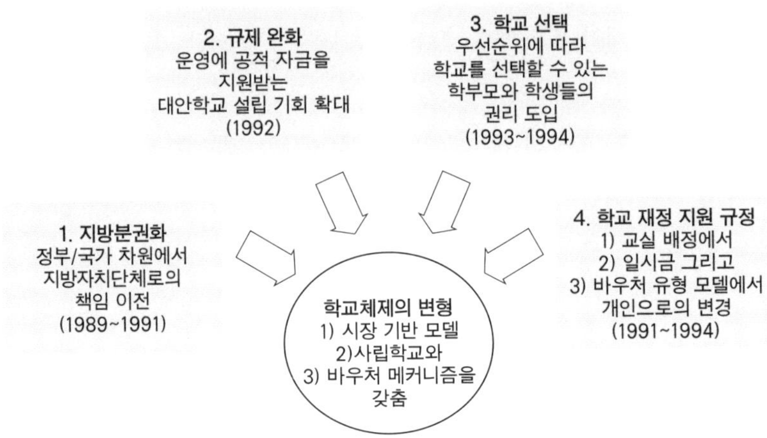

환경에서 시작됐지만 1991년에 새로운 자유보수당 정부가 재빠르게 학교 선택을 도입했고 대안적 사립학교의 설립 및 공적인 재정 지원을 받을 수 있는 기회를 제공했다. 이는 또한 집단적 가치의 강조에서 개인의 기회의 강조로 우선순위가 전환된 것뿐만 아니라 시민 참여에 중점을 두는 것에서 소비자 영향력에 중점을 두는 것으로의 이동을 포함한다.[59]

학교 관리를 지방분권화하는 스웨덴의 작업은 교육에 대한 책임이 중앙에 있는지 지방에 있는지에 대한 정치인과 교사 간의 극렬한 충돌로 치달았다. 1980년대 후반 사회민주당 정부는 당초 학교에 대한 책임을 "중앙 및 지방 정부"가 같이 가졌음에도 불구하고 학교 관리를 지방분권화하는 모델로 전환할 것을 주장했다.[60]

사회민주당의 관점은 중앙집권 모델이 "힘을 잃었고" 지역 발전에 "방해가 된다는 것"이었다.[61] 스웨덴 사람들은 중앙집권 모델이 불공평 해소 및 종합적인 학교개혁으로 이행하는 것의 안정을 위해 필수적이라고 보았지만, 선호되는 지방분권 모델은 개혁의 목표를 수행하기 위해 중앙집권을 대체하였다. “학교 내부의 작업과정을 개선하는 것은 지역의 참여에 좌우되기 때문에”[63] 학교가 자체적으로 교육 이력educational profiles을 높이는 것을 권장했다. 지방의 책임 증가가 주된 이유로 보였지만 기존의 자원을 잘 활용해야 했던 이유가 먼저였다.[64]

다음 단계는 규제 완화이다. 규제를 완화하는 과정에서 “지시에 따라 공공사업을 중앙집중식으로 관리하는 전통적인 작업 모델은 중단되어야 하고”, 교사가 “더욱 자율적이고 의도한 방식대로 학교를 발전시키기 위해서” 중앙에서는 목표와 기회를 명확하게 해주고, 지역은 그것을 달성할 수 있는 자율성과 책임을 동시에 지는 형태로 대체되어야 한다.[65] 학교 재정 지원 계획은 교실당 배정에서 지방자치단체로의 일시불 이전으로 변경되어 중앙정부의 자원 제공 역할을 제한했다.[66] 책무성, 국가수준 교육과정, 교사교육의 설계, 교사 고용의 규제, 지역 여건에 따른 자원의 차별화에 의해 형평성이 유지되어야 했다.[67]

지방분권화와 규제 완화는 양날의 칼이다. 시민들에게 더 가까이 책임과 권리를 제공함으로써 민주주의 발전의 일부가 될 수 있다. 그러나 민영화의 맥락에서는 시민이라기보다 고객/소비자로서 개인에게 결정권과 권리를 부여한다. 지방분권화와 규제 완화를 위한 계획은 지방정부에 교육의 질을 자유롭게 개선할 권한을 부여하지만, 오히려 이런 전략은 네 가지 방향에서 부정적인 결과(뒤떨어진 교사 연봉, 교사 자격 요건의 하향, 학교 단위의 확대, 적절한 역량이 부족한 지역 정치인이 학군을 지도하는 것)를 초래하였다.[68]

요인 3, 4: 학교 선택 및 재정지원제도의 변경

1992년에 스웨덴은 새로운 교육체제의 기본 사항들을 15페이지의 문서로 작성했다. 종합적 학교개혁에 앞선 방대한 문서[3)]와 비교하면 놀라운 차이다. 장관은 학생과 가족에게 "교육을 그들의 우선순위에 따라 선택할" 기회를 줄 수 있는 근거를 제공했다.[69] 선택권을 갖는 것, 자유로운 학교 선택은 "자유사회"의 필수 요소이자 국제협약에서 보장하는 것으로서 합법화되었다. 이 정책은 학교를 활성화하고 "참여를 증가"시키는 것으로 이해되었다. 게다가 관련 부처도 현재의 "통일된" 체제는 미래에 필요한 "다양성과 유연성"을 위한 기회를 제공할 수 없기 때문에 대안적 교수법에 접근해야 할 필요성이 증가하고 있다고 언급했다.[70]

시장 모델을 지향한 전환의 핵심은 공적 자금을 사용하여 민간 경영에서 작동하는 대안적, 비정부 학교의 도입에 있다.[71] 스웨덴은 1992년 인가받은 사립학교의 경우 자동적으로 공적 자금을 받을 수 있다고 결정했다.[72] 이것은 판도를 뒤바꿔놓는 것이었다. 이전에는 사립학교 경영과 공적 재원의 분리는 스웨덴의 보통 가정은 사립학교 비용을 감당할 수 없었기 때문에 오직 소수의 대안적 사립학교만 생겼다. 새로운 공공재정 지원의 모델에서 사립학교는 관용, 평등, 개방성이라는 민주적 원칙을 보장하지 않으면 안 된다. 따라서 사립학교는 (학교 규모에 따라) 각각의 지원자들에게 기회를 제공해야 했으며 부모에게 어떠한 재정적 기부를 요구하는 것도 허용되지 않았다.[73] 동시에, 중앙에 의한 재정 지원 방식은 변동되었고, 교육에 할당되는 예산 비율 결정은 지역의 책임이 되었다.[74]

---

3) 스웨덴의 교육개혁을 위해 1940년, 1946년 큰 연구조사위원회가 구성되었다. 이 위원회들은 각 학교급별에 따른 교수학습 방법과 조직, 그리고 학교와 사회, 학교와 가정과의 관계 등 교육의 모든 분야에서 총체적 연구조사를 수행했다. 그리하여 1940년 위원회는 교육에 관해 20개의 보고서를 남겼고 1946년 위원회가 작성한 1940년 위원회의 결과를 종합하는 보고서만 해도 600쪽이 된다.

경쟁의 창출-"공립학교 독점제도"의 해체

대안적 사립학교들에게 법적, 재정적 기반을 마련해주는 것에 덧붙여 학교 시장 형태에서 지방자치단체 학교에 대한 조건이 변화되었다.[75] 학교들은 사립학교뿐 아니라 지방자치단체 공립학교 간의 '가능한 한 최고 수준'의 '경쟁을 유발하는' 이력을 개발하도록 장려되었다.[76] 비용의 효율성 또한 소개되었지만 주된 목표는 아니었다.

전후 공적 책임으로서 학교 경험의 공유를 위한 방안은 바람직하지 못한 학교 독점으로 갑자기 변화되었다.[77] 교육 영역에서 학교 선택은 "공립학교의 독점을 중단"하는 방안이 되었다.[78] 인식 틀은 빠르게 '왜' 그래야 하는지에 대한 질문이 아니라 '어떻게' 부수어야 하는지에 대한 쟁점을 형성했다. 복선제 교육체제를 폐지하고 종합적 학교개혁의 관점에서 학교 선택은 다양한 대안과 다른 교육의 경로를 택한 중대한 변화다.[79]

지방분권화와 규제 완화를 강조하면서 새로운 정책을 추가함에 따라 교육 지형의 구성 요소가 변화했다. 경쟁은 발전을 위한 모델로 협력을 대체했으며 중앙집권화가 교육의 질과 형평성을 지원한다는 이념이 사라진 것처럼 모든 계층의 학생들이 함께 교육받아야 한다는 종전의 아이디어는 사라졌다.[80] 2006년 이래로 자유보수당 정권하에서 시장 모델의 초기 개혁 및 시험의 도입 그리고 등급제의 확장을 추가한 학교개혁의 또 다른 물결이 시작되었다.[81]

현재의 상황: 시장 기반 스웨덴 학교들

체제의 변화는 여러 수준에서 일어났는데, 종합해보면 교사의 일상

업무와 자신의 직업을 인지하는 방식뿐 아니라, 학교교육의 잠재적인 사회적 역할에 상당한 영향을 미쳤다. 현재의 모델은 종합학교의 도입을 지지했던 것과는 근본적으로 다른 이념에 의존하고 있다. 이제 시장화는 (그리고 경쟁에 중점을 두고) 매우 지방분권적이며 규제 완화적인 체제와 혼합했다.[82] 이 절에서는 현재 상황의 핵심적인 특징에만 중점을 둘 것이다.

학교 시장과 사립학교의 성장

위에서 설명한 것처럼 1960년대 초에는 단지 소수의 사립학교만이 존재했다.[83] 1970년도에 약간의 증가가 있었지만 종합적인 학교개혁을 지향한 기간에 그 수는 더욱 감소했다.[84] 하지만 1980년대 후반에 시도한 개혁과 1990년도 공적 재정 지원을 사립학교에 허용한 이후 체제 전환이 일어났다.[85] 다른 개혁을 완전히 이행한 이후 몇 년 뒤인 1996년 주로 대도시나 대도시 주변 사립학교의 학생 및 학교 수는 증가했다(60%).[86]

이러한 변화로 인해 1990년 이전 상황과 비교하면 지금의 스웨덴의 학교체제는 또 다른 풍경을 보여주고 있다. 변화는 학교의 성격과 수량 모두에서 뚜렷하다. 2010년까지 초등 및 전기중등학교 (1~9학년)의 15% 이상이 사립이었고 후기중등학교(10~12학년)의 절반 가까이가 사립이었다.[87] 이런 변화는 유치원 수준에서도 일어났다(2012년 유치원의 거의 20%가 사립이다).[88] 그러나 2014년도의 보고서는 스웨덴의 학교체제(K-12)의 약 4분의 1이 사립이고, 고르지 않게 분포되어 있다고 밝히고 있다.[89] 가장 높은 비율은 대도시(25%)이고 그다음은 낮은 사회경제적 상황의 교외 지역(15%)이며 시골 지역에는 약간(5%) 존재한다.[90]

사립학교, 수익 사업-누구를 위한 것인가?

학교 시장 모델을 찬성하는 사람들은 질 높은 교육을 증진시킬 수단으로 사립학교를 주목했으며, 또한 많은 수의 학교를 소유한 교육기업의 성장을 촉진해왔다.[4)] 이러한 학교 기업은 스웨덴 교육의 새로운 현상을 드러내면서 규모의 경제, 이윤 동기, 그리고 신속한 확장과 축소가 포함된 사업 전략을 구사한다. 기업에서 운영하는 사립 영리학교의 확산은 후기중등학교에서 가장 많았다. 가령 "1,000명의 학생이 재학 중인 규모가 큰 학교 기업 여덟 곳 중 다섯 곳이 매각전문회사 buy-out[91] 기업의 소유였다."[92] 2014년에 스웨덴 학교 기업 '아카데메디아Academedia'는 5,300만 달러EBIT[5)] 흑자를 기록했는데 그 돈의 절반은 결국 아카데메디아의 수익이 되었다.[93]

학교 기업인 포프런트Fourfront의 역사는 학교 기업의 역동적 확장/축소의 실례를 보여준다. 2006년에 포프런트는 기업 성장률로 유명한 기업가에게 주는 상인 '가즐The Gazel'을 수상했다. 얼마 후 소유주는 당시 벤처 자본가인 액셀Axcel이 이미 소유한 JB 에듀케이션에 기업을 매각했는데, 사실 JB 에듀케이션은 매각 전문회사 기업이다. JB 에듀케이션은 4년 후에 1,000%의 성장률을 기록했지만 2013년 파산했다. 그 결과 이 학교들은 팔리거나 문을 닫았다.[94] 스웨덴은 이전에 지역 인구 변화와 정치적 결정 때문에 학교를 정리했었다. 스웨덴 사람들에게 청산 절차를 밟게 되는 학교를 운영하는 기업을 목격하는 것은 새로운 현상이었는데, 이는 사라지는 학교에 입학하게 된 학생들의 삶에

---

4) 기업의 지분 상당 부분을 인수하거나 아예 기업 자체를 인수한 후 대상 기업의 정상화나 경쟁력 강화를 통해 기업 가치를 제고하는 것을 말한다.

5) 이자 및 세전 이익으로 영업 행위로 발생한 수익에서 비용을 차감한 것으로서 이자 비용, 세금을 포함하지 않으며 비정상 항목은 포함하지 않는다(EBIT/earnings before interest and taxes).

부정적인 영향을 미쳤다.

친시장주의자들은 1990년대 초 다른 학교에 긍정적인 영향을 미치는 사립학교의 잠재력에 대한 중요한 논거를 제공했다. 초기 국면에서는 많은 교육적 대안학교를 포함하였다. 그러나 이러한 추세는 변했고, 현 사립종합학교의 85% 이상은 전문적이거나 대안적인 교수법보다는 일반적 교수법에 의존하고 있다(대략 10%가 종교적 교수법, 5%가 대안적 교수법을 가지고 있다).[95] 교수법에 중점을 둔 이러한 변화는 영리 모델로의 전환과 함께 일어났다. 학부모 협동조합 방식으로 운영되는 예비학교 비율이 40% 미만에서 20%를 조금 넘는 수치로 떨어졌다. 반면에 수익 기반 사립학교 기업은 55% 이상으로 증가했다.[96] 전체적으로, 현재 스웨덴에서 영리를 추구하는 사립학교 기업은 전체 사립학교의 거의 70%를 차지한다.

기업형 소유권–그리고 기업형 학교 담론

1990년대 학교 밖에서 일어난 공공적 담론에서 가장 포괄적인 주제는 학교의 독립성 그리고 학부모와 학생의 선택의 자유에 관한 것이었다. 게다가 학교체제의 혁신은 학교 내에서 일어나는 일과 그리고 학교 행정에 대한 새로운 이해를 불러일으켰다. 학교 소유자가 점차 재정적인 부문에 거점을 확보하면서 전통적으로 다양한 기업과 일하게 되었으며, 종합학교를 개혁하는 동안 형성된 민주적 비전과 경쟁하는 새로운 학교교육에 대한 이해를 하게 되었다.

『이코노미스트』 기사에 따르면, 큰 학교 체인인 쿤스캅스콜란Kunskapsskolan은 "고객이 많은 일들을 스스로 하도록" 하는 데에 IKEA 개념을 반영한다. 기사에 따르면 맥도날드와 견줄 수 있는 큰 규모의 학교 체인 대표자가 "우리가 신봉하는 것이 곧 표준화이다"라고 말한다. 결과적으로 학생은 주로 웹 기반 과제를 독립적으로 운영하고, 일주일에 15분 정도 과외 교사를 만난다. 그들은 표준화된 학습요강을 따르고 지속적으로 모니터링을 받고 그들의 성취도를 매주 학부모가 볼 수 있다.[97]

1990년경 극적 반전이 일어난 이후 15년 차에 성공적인 학교 기업의 설립자는 "학교를 경영하는 것과 냉장고를 파는 것은 동일하다"라고 언급했다. 그것은 시장에 귀를 기울인다는 것이고, 고객이 필요로 하는 것을 이해한다는 것이다.[98] 이러한 언급은 어느 정도 비즈니스 지향적인 사람들이 교육에 진입하게 된 이유를 밝혀주고 있다.

스웨덴의 사립학교는 오늘날 주식회사, 민간회사/기업, 협동조합, 신뢰를 기반으로 한 단체, 재단 등 행정적·법적·사법적 형식으로 조직될 수 있다.[99] 이러한 학교들은 지방자치단체 학교로서 동일한 경제적 조건이 부여된다.[100] 사립학교는 수익을 창출할 권리가 있다. 시간이 지남에 따라, 영리학교 비율은 비영리학교와 교육적으로 동기 부여된 학교를 잠식하게 된다(한때 사립학교를 유지, 확장하는 것은 최초의 논쟁거리였다).

학교 기업은 공적 자금을 받기 위한 중요한 요건 중 하나로 학부모 혹은 다른 당사자에게 추가적인 자금을 요구할 수 없다. 그들에게 지원 수수료나 입학등록비를 청구하는 것도 허용되지 않는다. 학교도 교수학습 도구나 점심값을 청구할 수 없다.[101] 이러한 사립학교는 학교 교육, 행정 등 그들의 활동을 위해 적절한 장소를 임대, 구매 또는 다른 방식으로 설치할 수 있다. 지방자치단체 학교는 그들이 사용하는 건물을 소유하지 않으며, 일반적으로 지방자치단체에서 제공한다. 특히 부모나 재단이 이미 잘사는 학생 집단에 추가 자금을 일상적으로 제공하는 미국의 상황과 비교할 때, 이런 "가득 채워주는topping up"

관행의 금지는 어느 정도 비슷한 재정적 형평성을 유지하는 것이다.

학교 투자에서의 평등이란?

학교 시장에서의 평등은 어떠한가? OECD는 스웨덴 사회의 불평등 지수가 상당히 높아지고 있다고 보고했고, 스웨덴 학교의 평등 상황에 대해 우려를 표명하고 있다.[102] 이 절에서는 새로운 시장 체제가 동일한 양의 자원을 서로 다른 학교의 학생들에게 할당할지에 대한 구상을 보여준다. 이것이 처음에는 처리하기 쉬운 문제처럼 보이지만, 실제로는 평등한 적용인지 형평성 있는 적용인지 차이를 보인다. 미티법이 학교에서 동일한 양의 재정을 지원하는 평등이어야 하는지, 적정한 양의 재정을 지원하는 형평성이어야 하는지 문제가 되는 것이다.

스웨덴의 바우처와 같은 시스템은 지방자치단체 학교와 동일한 지방자치단체 내의 사립학교가 학교 운영 자금을 동일하게 제공받는다는 점에서 재정을 똑같이 배분한다. 각각의 지방자치단체는 독립적이고, 서로 다른 방식의 조세권을 가지고 있으며, 전제 조건과 상황, 그리고 이념적 우선순위에 따라 의무교육을 위해 재정을 지역적으로 할당한다. 분권화된 자원 배분을 하는 근본적인 이상은 지역 조건을 고려하여 지역에 국한된다는 이점이 있다.[103] 하지만 결과적으로 스웨덴은 현재 학교 재정의 상당한 변화를 보이고 있다. 게다가 스웨덴 공공관리국이 지역을 조사한 결과, 재정적 전망과 후기중등교육에 대한 투자 사이의 연관성을 발견했다. 이러한 연구 결과는 지방자치단체가 교육을 위해 서로 다른 양의 자원을 할당할 뿐만 아니라 교육의 형평성 이외의 이유로도 그렇게 한다는 것을 보여준다.[104]

학생당 가장 많은 투자를 하는 10개의 지방자치단체는 11,850달러에서 13,850달러 사이를 지출한다. 학생당 투자에 대한 스펙트럼의 다른 한쪽 끝에 있는, 가장 적은 투자를 하는 10개의 지방자치단체는 8,150달러에서 8,350달러 사이의 지출을 보였으며, 또는 가장 많이 지출하는 지방자치단체보다 대략 3분의 1 정도 낮았다.[105] 지방자치단체는 보상 전략에 따라 자원을 배분하고 국가는 또한 재정 차이를 완화시키는 비슷한 기제를 이용한다.[106] 하지만 국가교육청과 스웨덴 학교장학단에 의한 국가 기여는 미미하고 불충분하며, 학생들의 명시적 욕구를 주요 목표로 하지 않는다.[107] 게다가 각각의 지방자치단체는 더 높은 수준으로 투자할 자유가 있으며 잘사는 지방자치단체는 이러한 점에서 제한받지 않는다.[108] 그러므로 일부 지방자치단체는 분명히 더 높은 수준으로 투자하고, 이는 건물을 포함하지 않고, 전체 재정의 대략 70%까지 학교에 자원을 할당함으로써 큰 변화를 낳고 있다.[109]

학교 지출은 지방자치단체들 '사이에서' 다르지만 지방자치단체 '내의' 투자 수준은 사립학교는 물론이고 공립학교에서도 동일하다. 사립학교는 이익을 창출하는 것이 자유롭고, 교사는 학교의 주요 비용을 차지하기 때문에, 학생 대비 교사 비율의 큰 차이가 발생할 수 있다. 이것은 학생 상담사 같은 예와 같이 다른 인원의 경우도 해당한다. 지방자치단체 학교의 상담사 일인당 배정된 평균 학생 수는 사립학교의 두 배이다.[110] 스웨덴의 현 시장 기반 학교 모델은 교육 투자에서의 큰 변화와 불평등한 자원 분배를 특징으로 하며, 이러한 변화들은 학생들의 교육적 요구와는 미미하게만 연관되어 있다.[111]

마지막으로, 학교에 대한 재정 투자의 다른 면은 학교 선택과 관련된다. 스웨덴 시장 모델은 이론적으로는 학부모가 '어떤' 학교라도 선택할 수 있다. 하지만 규제적 실질적 제약에서는 학교 선택이 모든 사람에게 동일한 방식으로 적용되지 않는다는 것을 의미한다. 스웨덴은 지방자치단체가 집에서 멀지 않은 가까운 곳에서 학생들에게 의무교육을 제공해야 한다.[112] 학부모가 특정한 학교에 입학을 신청할 수 있지만, 지방자치단체는 근거리 거주자에게 우선권을 줄 수 있다.[113] 이 경우 최종적으로 지방자치단체가 입학을 관리한다.

K-9 학년 사립학교는 형제에게 추가적으로 우선순위를 두는 선착순 정책을 두고 있다.[114] 지방자치단체 학교는 두 가지 유형의 학교를 위해 수립된 학교 기준(연령과 거리)에 따라 학생들의 통학을 제공해야만 한다.[115] 실제 학부모가 원거리의 사립학교를 선택한다면, 그들은 자녀 운송을 책임져야만 한다.[116] 따라서 학부모의 선택은 사회경제적 지위와 통학을 책임질 뿐만 아니라 여러 사립학교를 다닐 수 있는 부수적인 것들을 감당할 능력을 고려해야 한다. 그러므로 자세하게 들여다보면 많은 '선택' 계획들이 빠지기 쉬운 함정이 있는데, 그것은 완전한 선택권은 실제로 존재하지 않으며, 어떤 가족은 다른 가족들에 비해 더 많은 선택권이 있다는 것이다.

자격 있는 교사: 그들은 어디로 가고 있나?

교직원 배치를 위한 지역 차원의 책임 분권화는 교사 자격에 대해 더 엄격한 규정이 사라지는 것과 일치한다.[117] 사립 대안학교의 경우, 필수 학위를 보유한 교사 수가 더 작다. 필수 교사 학위를 가진 예비학교 직원의 비율이 50%로 1999년에는 비슷하지만, 2012년에는 사립 대안학교 교사의 40%만이 학위를 가졌고, 지방자치단체 취학전 학교는 실제 약간 증가했다.[118] 1학년에서 9학년까지의 경우, 2012~2013년에 필수 교육을 받은 사립학교 교사의 비율이 70%인 것에 비해 지방자치단체 학교에서는 86%로 상당히 높아졌다.[119] 후기중등교육의 경우, 이러한 차이가 지방자치단체 학교는 79%, 사립학교는 62%를 보였다.[120]

자격시험을 더 엄격하게 함으로써, 자격이 있는 교사가 교실에서 가르칠 수 있는 수치는 감소하고 있다. 하나의 사례로, 중등학교에서 전문성을 가지고 가르치는 자격 있는 교사의 가장 높은 비율을 차지하는 과목은 프랑스어, 독일어, 역사이다(평균 75%). 이에 비해 물리학, 사회 과목, 지리학은 50~60% 미만이다.[121] 스웨덴은 또한 교과 영역에서 큰 지역적 차이를 보이는데, 자격 있는 수학 교사에게 수업을 받는 비율이 남부지방 학생들의 경우 50~60% 미만이지만 북부지방 학생들은 75% 이상이다.[122]

위에서 언급했듯이, 사립학교는 시골이 아닌 도시에 주로 위치하고 있다. 사립학교 학생의 65%는 3개의 대도시나 혹은 대도시 근처에 산다.[123] 전통적으로, 능력 있는 교사가 시골지역에서 근무하는 것은 어려운 일이었다. 하지만 지금 대도시에 위치한 학교의 필수 교육 학위를 가진 교사의 비율이 국가 평균보다 더 낮다.[124] 자격 있는 교사의 비율이 사립학교에서 낮으며 도시 지역에 사립학교가 집중되어 있다는 사실은, 일반적으로 도시 사립학교가 자격 있는 교사를 더 낮은 비율로 보유하고 있다는 것을 설명할 수 있다.[125] 게다가 OECD 연구는 스웨덴에서, "더 많은 경험을 가진 교사가 사회경제적으로 불우한 가정의 학생 비율이 높은 학교에서 일할 확률이 절반이다"라는 것을 발견했다.[126]

스웨덴 학교에 대한 최근 OECD 보고서는 스웨덴 내의 형평성에 대한 관심을 보였다.[127] "자원 할당의 공정성"이 중요하다는 점이 강조되었고 "할당될 수 있는 자원의 양과 마찬가지로 자원이 어떻게 할당되어 이용될 수 있는지가 중요하다."[128] OECD는 스웨덴 교사가 "학교 간에 덜 공평하게 분배된다"는 것을 발견했다. 교사 부족이 사회경제적으로 불리한 학교에 더 많은 영향을 미치고 자원의 불평등한 분배에 의해서 더욱 증폭된다는 것을 알았다.[129]

다른 국가에서처럼, 스웨덴에서도 교사 부족은 재발했고, 외견상으로 분권적인 학교 시장 모델에서 악화되는 결과를 낳았다. 사립학교에 임금이 더 낮게 지급한 것이 자격이 불충분한 교사와 노동력 부족의 결과를 낳았는지는 설명하기 쉽지 않지만 몇몇의 증거는 이러한 가능성을 뒷받침한다.[130] 새로운 교사 인증 시스템을 도입했지만, 심각한 교사 부족으로 인해 교사의 불평등한 분배 문제는 해결될 수 없을 것이다.

더 작은 학교, 더 큰 교실:
사립학교의 학생 대 교사 비율

교사 부족과 전문성이 부족한 교사 문제에 더하여, 사립학교는 공립학교보다 평균적으로 더 작지만, 더 큰 교실을 가질 가능성이 있다.[131] 1세에서 3세가 다니는 사립 취학전 학교의 전체 입학률은 공립학교보다 상당히 적다.[132] 지방자치단체 학교가 100~200명의 입학생을 받는 것과 비교하여, 1학년에서 9학년을 대상으로 하는 사립학교는 50명 미만으로 매우 적은 수의 학생이 입학한다. 이러한 차이는 10학년에서 12학년 사이에 나타나는 후기중등학교에서도 뚜렷하다. 사립학교가 전체 학교의 대략 절반 정도를 차지하지만 학생의 4분의 1 정도가 사립학교에 입학한다.[133]

교실 크기는 그 반대 유형을 따르고 있는 것처럼 보이는데, 사립학교는 더 큰 교실을 가지고 있다. 1990년대 초 교실 크기에 관한 규제를 완화하는 국가 기준을 폐지함으로써 그러한 규제가 오늘날에는 존재하지 않는다.[134] 결과적으로, 교실 크기에 관한 어떠한 통계도 없지만, 학생-교사 비율에 관한 자료가 있다.[135] 이 수치들은 사립학교에 교사당 더 많은 수의 학생이 있고, 더 큰 교실이 있을 가능성이 있다는 것을 나타낸다. 사립 취학전 학교는 교사당 12명 미만이고 반면 더 많은 학생이 있다. 지방자치단체 학교의 경우 교사당 10명 미만이다. 후기중등학교는 사립학교에 교사당 14.3명의 학생이 있고, 이에 비해 지방자치단체 학교의 경우는 11.6명이다.[136] 학생-교사 비율에서 이러한 차이는 지역과 분권화 체제의 또 다른 특징에 의해 매우 다양하게 나타난다.[137]

사립학교는 지방자치단체 학교보다 학생당 교사 비율이 더 낮은 경향이 있지만, 또한 특정한 유형의 사립학교 사이에 큰 차이가 존재한다. 비영리 회사가 운영하는 학교에 비해 영리 회사가 운영하는 학교는 학생당 교사 수가 매우 적고 교실 크기는 더 클 가능성이 있다. 사실, 몇몇 비영리 학교는 지방자치단체가 운영하는 학교보다 교사당 더 적은 수의 학생을 맡고 있다.[138] 게다가 영리학교는 허용되지 않는 원칙인 가장 좋은 부분 걷어내기cream-skimming[6)] 전략으로 학생들을 선택함으로써 수익을 낸다. 같은 교실에서 최고의 학생을 얻는 것은 거대한 형평성의 결과에도 불구하고 더 큰 교실과 더 높은 학업성취도를 결합하도록 한다.[139] 사립 중등학교는 교수법을 적절히 변경하지 않고서도 프로그램을 가장 높은 수준의 보상을 받을 수 있는 다양한 형태로 재분류하는 듯하다.[140]

스웨덴은 역사적으로 1990년대 이래로 교사당 학생 증가를 보여 왔다. 주요한 증가는 2000년 이전에 발생했고, 그때 이후로 작은 교실을 추구하면서 느린 속도로 개선해왔다. 하지만, 오늘날의 상황이 분권화와 규제 완화 이전인 1990년 수치와 비교해서는 학생들에게 득이 덜

6) 학교 안에서, 가장 좋은 학생들을 선발하고, 그런 좋은 학생들로부터 이윤을 얻으며, 높은 테스트 점수를 얻고, 그 프로그램이 다른 프로그램들보다 더 좋은 것처럼 보여주었다. 실재로 단순히 높은 성취만을 보인 학생들을 이끌었으며, 그 과정에서 교육 불평등은 악화되고 있었다.

되고 있다.[142] 상황을 개선하려는 정부의 여러 개입에도 불구하고, 재정 분배 계획을 일반적인 모델로 변화시킴으로써 오히려 학생당 교직에 입직하는 교사 수가 줄어드는 것을 수반하였다. 2000년 이후의 느린 개선은 또한 자격을 갖춘 교사 비율의 상당한 하락을 동반했다.[142] 이전에는 도시가 시골과 비교해서 교사당 더 적은 학생 수를 가졌다. 하지만, 도시학교의 사립학교 비율이 높아짐에 따라 지금은 도시에서의 자격 있는 교사의 비율이 시골보다 더 낮다.[143]

교사가 일하는 방식의 변화

학교 선택의 도입은 여러 측면에서 전문직의 근거를 변경할 가능성이 있다. 또한 그것은 질 높은 교육과 학생들의 학습 향상을 위한 핵심적 이념이다. 하지만 부정적인 결과 또한 있다. 학교 시장 체제는 교사의 일상적인 업무를 변화시키고 있다. 이제 "시장의 영향을 받는 교육적 정체성"은 학교 간 경쟁이 치열한 학군에서 감지되고 있다.[144] 교사는 가르치는 것 이외에 행정 업무 시간이 전보다 훨씬 더 많아졌다. 시장 모델에 의한 변화가 강화되고 있는 것이다.[145]

또한 시장 모델로 인하여 교사들의 업무량이 확장되고 강화되었다.[146] 지금 교사의 역할은 특정한 학교(기업)에 새로운 학생을 유치하기 위한 홍보와 마케팅을 포함하고 있다.[147] 교사는 학부모(고객)와의 면담을 늘려갔다. 교사 자신에 대해 신랄하게 비난한 것을 인용하면 다음과 같다. "만약 당신이 학생을 잃으면, 다른 누군가 당신의 일자리를 가로챌 것이다."[148] 이런 상황에서 교사들은 자신들이 교직의 주요한 책무를 방해받고 있다고 보고하고 있다. 학교 스스로가 기업적인 접근을 발전시키는 경향이 있고, 점차 비즈니스적인 무대, 덜 교육적인 장소가 되어가고 있는 것이다. 결과적으로 교사는 전문적인 역할에서 자율성이 하락되고, 교장에게 더 많이 의존하게 된다. 시장주의는 교사의 정체성에 영향을 미친다. 왜냐하면 대부분의 교사들의 직업생활은 그들의 고용이 위험에 처해 있다는 사실로 인해 영향을 받고 있기 때문이다."[149]

교육의 질적인 문제가 생길 때 그 질을 보장하고 내부 고발자로서도 기능할 수 있는 교사의 역량은 지방자치단체 학교와 사립학교 간에 차이가 있다. 지방자치단체의 교사들은(그리고 여타 사람들)은 드러나는 것이든 드러나지 않는 것이든 내부 고발자로서의 역할을 위한 헌법적 권리를 가진다.[150] 하지만 기업법 때문에, 이러한 권리는 사립학교에는 적용되지 않아서 어떤 교육 방법이 효과적인지 또는 그렇지 않은지에 대한 담론은 억눌리고 있다. 그러므로 교사가 그들 고용과 관련된 우려를 나타내는 의견을 자유롭게 이야기할 수 없기 때문에 질 높은 교육에 대한 광범위한 견해를 감출 가능성이 있다.[151] 결국, 학교의 대중에 대한 책무성은 높은 정도의 투명성에 의지하지만, 영리회사는 지방자치단체 학교와 달리 투명성에 관한 동일한 법률에 적용을 받지 않는 듯하다.

교사의 전문적 자율성에 대해 시장 모델이 영향을 미치는 한 가지 지표는 점수 인플레이션이다. 놀랄 만한 사실은, 국제적인 시험에서 스웨덴 학생들의 학업성취도가 '감소'해온 시기 동안 같은 학생들의 점수는 '증가'했다는 것이다.'[152] 국가교육청이 초중등 학년에서 점수 인플레이션의 명확한 징후를 2012년에 주목하고 또한 그러한 분석의 복잡성을 강조했다.[153] 예를 들어 중등학교 학생의 경우 2012~2013년, 사립학교가 상당히 더 높은 평균 점수를 받았다.[154]

또한 국가교육청의 연구는 후기 중등학교에서 점수와 성취도 사이의 높은 격차를 또한 나타내는데, 이는 사립학교가 차지하는 큰 비중과 고등교육으로의 진학을 위한 중등학교 점수의 사용 때문이다.[155] 이러한 학생들의 점수가 정말로 그들의 성취도를 나타내는지가 위험한 징후라 하겠다. 결국, 이 연구는 커다란 점수 격차뿐만 아니라 현재의 스웨덴 방식에 대한 낮은 신뢰를 나타내는데, 이것은 일부 사람들이 점수 인플레이션과 학교 시장 경쟁이 견고하게 연결된다고 주장하는 증거가 되었다.[156]

결국 교수법과 학습에 관한 OECD의 연구(TALIS 2013)는 교수법에 대한 시장의 영향력이라는 측면에서 얼마나 그들의 전문직에 가치를 두는지에 대한 스웨덴 교사들에 대한 이해가 바뀌었다는 것을 보여주고 있는 것 같다. TALIS는 교사들에게 "교사라는 직업은 사회에서 가치 있게 여겨진다고 생각한다"는 말에 응답하기를 요청했는데, 스웨덴 교사들은 조사된 다른 국가보다 더 높은 비율로 강하게 동의하지 않았다."[157] 게다가 스웨덴 교사는 그 연구에서 가장 낮은 "직업 만족도"를 나타냈다(2011 PIRLS와 2011 TIMSS에서 조사된 내용이다).[158] 이러한 결과는 시장으로의 이동이 교사에게 부정적인 영향을 미쳤다는 것을 보여준다. 이것은 자격증을 가지고 근무할 수 있는 교사의 수에서부터 그리고 마지막으로 그들의 일상적 업무와 그들의 전체적인 직업 만족도까지를 포함한다.

스웨덴 학교교육의 현재 상황이 의미하는 것은 무엇인가? 교육체제는 여러 다른 관점에서 볼 수 있으며 또한 교육을 더 넓거나 더 좁은 목적을 가진 것으로 볼 수도 있다. 이러한 점은 스웨덴 학교체제의 현 상황을 묘사하며 우려를 나타내고 있다. 이 점은 스웨덴 PISA 점수가 시장 기반 스웨덴 학교 모델에서 학습을 위한 잠재력이 어디에 있는지를 국내적 관점에서 볼 때나 다른 여타 OECD 국가와 비교할 때도 동일하다.

이러한 연구들은 1990년대 중반 이전에 스웨덴 학생들이 읽기, 수학 그리고 과학에서 최고의 성취도를 가졌다는 것을 나타낸다.[159] 하지만 PISA의 결론은 읽기, 수학, 그리고 과학에 관한 스웨덴 학생들의 지식은 지난 20년 사이에 평균 이하로 떨어졌고, 최고 학업성취자는 급격히 떨어졌으며, 학업성취도의 기본선에 미달된 학생들의 비율이 증가하고 있다는 것을 나타낸다.[160]

2012년 PISA에 따르면 "모든 교과 영역에서, 스웨덴은 성취도가 가장 많이 하락한 국가이다". 스웨덴 정부 보고에서 OECD는 "PISA에서 측정된 3개의 핵심 교과목"에서 하락, "수학에서 기본 성취도" 미달 학생 비율의 "상당한" 증가, 그리고 "지난 10년 동안 최고 수학 성취도를 가진 국가의 대략 절반의 성적"을 가지고 있다는 사실을 강조했다.[161] 게다가 유럽연합 집행위원회European Commission는 2014년 6월에 스웨덴의 낮은 교육적 성과를 지적했다.[162] 2012년 PISA에 따르면, 핀란드, 덴마크, 그리고 노르웨이 등 18개의 OECD 국가들이 세 개의 교과목에서 스웨덴보다 상당히 학업성취도가 높고, 25개의 국가는 수학, 과학에서 스웨덴보다 성취도가 높으며, 19개의 국가들이 읽기 문해력에서 스웨덴보다 상당히 성취도가 높은 것으로 보고되었다.[163]

체제 내에서의 미세한 변화인가, 체제의 심층적 전환인가

전후 스웨덴은 현대 학교체제를 목적의식적으로 구상했다. "학교교육의 주요한 역할은 민주적 인간을 교육하는 것이다." 이와 같이 새로운 구상의 핵심적 메시지는 간명하다.[164] 결론적으로 9년의 의무교육과 종합학교라는 역사적 모델에서 출현한 학교 모델에는 근본적인 민주주의의 열망과 희망이 담겨 있었다. 1990년 이후 스웨덴은 교육적 전환을 통해 종합학교 모델을 경쟁과 이윤을 위한 선택권을 가진 시장주의 모델로 변화시켰다. 스웨덴 사회가 교육 목표를 민주적 시민 아니면 소비자로 간주할 것인가에 대한 중요한 방법론적인 질문은 이러한 두 가지 모델 이면에 깔려 있다.

주요한 질문은 학교 선택권과 바우처형 시스템이 있는 학교 시장으로 설계된 교육 부문에 대한 스웨덴의 실험이 스웨덴과 이 나라 시민들에게 어느 정도 도움이 되었는가이다. 일부는 긍정적이라고 주장한다. 경제학자 뵐마르크A. Böhlmark와 린달M. Lindahl의 2012년 연구 결과물은 경쟁이 교육의 질을 증진시킨다는 것을 확인하는 내용이다. 그들은 지방자치단체 학교와 사립학교의 서로 다른 비중을 비교하는 다양한 요인들을 관련지으며 다음과 같은 결론을 내렸다.

> 우리는 독립학교independent school의 학생 비율이 증가한 것은 의무교육이 끝날 때 그리고 종국에는 고등학교 성적, 대학 입학 그리고 수년의 학교교육의 측면에서 평균적인 교육 성취도를 향상시킨다는 것을 발견하였다.[165]

하지만 그들의 결론은 위에서 개괄한 내용처럼, 사립학교와 지방자치단체 학교 간의 차이 나는 사회경제적 요소 때문에 유발된 성적 인플레이션과 표본 편향과 같은 조건을 완전히 관리하지 못했다는 방법론적인 비판을 받았다.[166] 발코스Valchos와 같은 경제학자들도 방법론적인 어려움을 또한 강조했는데, 그것은 결론을 내기 어려운 분석이다. 다만 여기서 우리가 주목하는 것은, 학교교육은 뵐마크와 린달이 주목한 개인적 자질과 분명히 관련이 있다. 다만, 그들의 경제학적인 관점은 종합학교 체제 내의 기업으로서 사립학교가 가진 기능의 영향력뿐만 아니라 학생들의 사회화와 민주적 성장에 대한 심각한 우려를 설명하지 못하고 있다는 점이다.[167]

다른 이들은 학교 시장 모델의 실패를 지적한다. 2013년 3월에 국가교육청의 최고 분석가가 쓴 기사는 스웨덴 학교가 잘못된 방향으로 가고 있고, 지난 10년 동안 점점 불평등해지고 있다고 주장한다.[168] 그는 나중에 국가교육청을 그만뒀고, 매우 비판적인 저술인 『아동 실험-스웨덴 학교의 자유로운 몰락*The child experiment-Swedish schools in a free fall*』[169]을 출간했다. 그의 관점에서 주요한 문제의식은, 심각한 교육 불평등이 시작된 1980년대 후반과 1990년대 초반의 광범위한 지방분권화 및 규제 완화와 관련된다. 결국 시장으로 180도 전환하는 동안 스웨덴 정책을 입안하는 데 있어 어느 정도 현실을 간과했다는 인상을 피할 수가 없다. 시장 모델은 주로 수익 중심 사업으로 확장되고 전환되기까지 여러 해가 걸렸다. 그동안 명확한 일련의 규정들이 대안적 사립학교의 "영향력 있는" 전략을 보존하고 지지할 수 있었을 것이며, 아마도 그것들이 그나마 스웨덴 학교에 긍정적인 영향을 미쳤을 것이다.

일부 국제 분석가들은 시장 모델이 효과가 별로 없었다는 데 동의한다. 비록 스웨덴 교육체제가 2008년 영국에서 활용된 사례로 제시되었음에도 불구하고, 그러한 사례로는 이러한 관점을 부인하지 못한다.[170] 런던 대학원 수잰 위보그르Susanne Wiborg는 2010년에 『스웨덴 자유 학교free school-과연 효과가 있는가?*Swedish Free schools-Do they work?*』를 출간했다. 추측건대 그녀는 영국과 스웨덴의 동일한 "자유 학교" 간의 상당한 차이를 발견하고, 스웨덴 실험은 전반적으로 학습의 상당한 성과를 증진하는 데 실패했다고 결론을 내리고 있다. 다소 제한된 실험 기간에도 불구하고, 그녀는 불평등의 증가라고 핵심적인 결론을 내린 것이다. 또한 그녀는 스웨덴의 실험이 이러한 유형의 결과에 반할 수도 있는 평등의 역사적 유산을 가진 사회에서 수행되었다는 점을 강조하였다.[171]

자유 학교 선택의 도입은 평등한 교육에 대한 열정과 그 접근 가능성의 증대를 수반한다. 학업성취도에 대한 국제적인 조사는 그 기간 동안 학생과 학교 모두 학업성취도가 좋아졌고, 동시에 교육 불평등도 증대했음을 나타낸다.[172] 이러한 현상들 사이에 인과관계가 있는지 그리고 그것이 어떻게 나타날지는 아직 논쟁 중에 있다. 연구에 따르면 비록 혜택을 제대로 받지 못하는 학생들을 보상하기 위한 교육법의 필요성에도 불구하고, 이 연구들이 평등을 증진시키는 데 상당한 영향력을 미칠 의도된 효과를 가져왔다는 것을 보여주지는 않는다. 오히려, OECD에서 확인된 바대로 교육과 사회의 불평등은 확실히 증대하였다.[173]

일부 사립학교의 도입으로 종합학교 체제에 '영향을 주려는' 생각은 현재의 '대체' 모델로 가는 길을 깔아주었으며 동시에 원래의 생각과는 정반대의 것이기도 하며, 그리고 오늘날 스웨덴의 학교체제 내에서 격차가 점점 벌어지는 것을 발견하게 된다. 현재의 스웨덴 체제는 오늘날 1950년대 이전의 종합적 학교개혁이 청산하려 했던 민주적으로 문제가 있던 계열화된 학교체제로 회귀하는 것으로 보인다

사립학교 단체인 JB 에듀케이션이 2013년에 파산한 것은 대중에게는 놀라운 사건일 수도 있다. 그것은 수익성 추구와 같은 쟁점과 비즈니스 지향적 접근이 어린이의 양육 및 교육과 관련하여 제공할 수 있는 것이 있는지에 대한 대중적 논의를 일으켰다. 하지만 벤처 사업가, 매각전문회사, 그리고 다른 영리 기업이 사립학교 사이에 중요한 행위

자가 되었다는 사실은 그 이유 때문에 널리 알려지지 않았거나 받아들여지지 않은 것 같다.

스웨덴 학교와 관련된 문제와 복지 부문의 친-영리 회사에 대한 사회적 논란은 의회의 조사를 불러왔다. 하지만 의회는 2013년 봄에 사립학교가 "여기에 머물고 있다"는 결론을 내리고, 영리회사를 금지하지 말 것을 제안했다.[174] 이러한 언급에도 불구하고 스웨덴은 2014년 가을에 치러질 선거가 다가왔을 때, 다시 사립학교에 대한 논쟁이 가열되었다. 교육부는 국제학업성취도 조사에서의 하락이 사립학교의 성장 및 시장화된 학교 모델과 아무런 인과관계가 없다고 강조하면서 "학교를 선택할 수 있는 특별한 권리를 위태롭게 하지 말라"고 주장하면서 이 체제를 방어했다.[175]

일반적으로 대다수의 스웨덴 정당은 이러한 인과관계가 없다는 것에 대한 일반적인 합의를 하고 있는 것으로 보인다. 하지만 시민들은 이 문제를 현대 스웨덴 사회의 해결되지 않은 문제로 인식하면서 훨씬 더 분할 접근법을 취하고 있는 듯하다.[176] 스웨덴의 가장 최근의 정치적 발전은 학교 시장 모델에 대해 주저하는 분할 접근법의 조짐을 보여주고 있다. 시장 모델로부터 야기된 문제를 이제서야 깨닫고 있는 듯하지만, 다른 대안 모델에 대한 충분한 정치적 합의가 부족하기 때문에 스웨덴 교육의 미래는 여전히 많은 개별 계획이 있지만, 학교 시장 패러다임 안에서 구상되고 있다. 자유주의-보수주의 행정과 현 정부 모두 교육의 총체적인 개혁과 학교 시장 모델을 수정하는 계획을 착수하였다.

현재, 정부의 계획은 다음과 같은 조치, 제안 그리고 문의를 통해 학교 시장 모델과 관련하여 확인된 문제를 개선하는 데 초점을 맞추고 있다.

- 교육 투자 시 더 많이 필요로 하는 지역에 의도적으로 투자 증가를 보장하기: 투명성의 증가(사립학교의 개방성과 모든 학교 간 비교를 필요로 하는)
- 학교 소유자가 교육 목적을 위한 사업을 하도록 보장하기(소유자의 장기간 참여에 대한 필수 사항을 소개하고 사립학교를 위한 수익 잠재력을 제한함으로써)
- 분리 효과에 대응할 수 있는 공유된 통합적 입학 체계를 마련하기
- 지방자치단체에게 사립학교 설립을 거부할 수 있는 권한을 제공하기(만약 지방자치단체의 지역 교육 조항을 위태롭게 한다고 판단되면)
- 학교 기업이 청산되는 경우에 대비하여 학생들이 공부를 마무리 짓도록 학생을 위한 재정 기반을 보장하는 재정 마련 소개하기[177]

그런데 위와 같은 계획은 대안적인 다른 모델을 제안하거나 미래가 어떠한 교육 모델을 요구하는지에 대한 본질적인 문제를 해결하기보다는 현 체제의 부정적인 측면을 제한하거나 감소시키는 일종의 수정 전략을 대표한다.

종합하여 생각해보면, 스웨덴 정책 입안자들은 분명히 문제의 본질을 인식하고 있지만 그와 같은 모델의 근본적 개선에는 적극적이지 않은 두 가지 접근 방법을 보인다. 다만, 스웨덴 학교의 학습 방법과 평등을 향상시키는 제안들을 생각해내기 위해 정부학교위원회를 만들었다. 위에서 언급된 것처럼, 2차 세계대전 후 여러 해에 걸쳐서 스웨덴 사람들은 그들의 낡은 교육체제를 개선해야 할 심대한 필요성을 확인했다. 그리고 그러한 긴요한 상황에서, 학교위원회는 스웨덴 교육의 미래를 구체화하기 위해 구성된 것이다. 현재 제2차 학교위원회가 일하고 있다는 사실은 교육 평등을 위한 역사적 참여와 학습 향상의

관점에서 보면 학교 시장 문제에 대한 정부의 통찰력을 보여주는 것이라고 할 수 있다. 하지만 소수자 규칙의 순간이 존재하는 정치적 상황에서, 학교 선택의 자유에 관한 일반적인 정치적 긴장과 정부학교위원회 활동의 제한된 시간은 중대한 변화를 위한 공간과 기회를 제한하고 있다. 학교 시장 모델의 문제에도 불구하고, 스웨덴의 세 번째 교육 전환은 수면 위에 등장하고 있지 않다. 오히려 진지한 반성의 징후를 보여준다. 이 징후들은 한때 이러한 반성이 학교체제를 혁신시키고 시민성과 민주주의에 기여했던 전후 과정과 마찬가지로 심각한 변화를 동반할지는 미지수다.

교육과 민주주의 열망

스웨덴은 오랫동안 민주주의의 발전과 확립의 수단으로서 교육의 중요성을 인식해왔다. 분권화 운동은 또한 그러한 관점에서 이해될 수 있으며, 지방자치단체 및 지역의 학교 지향의 영역 내에서, 그리고 먼 곳에 자리한 경직된 관료주의를 약화시키는 것과 함께 책임을 부여함으로써 동기를 부여받을 수 있다. 이러한 접근법은 본질적으로 민주주의를 뒷받침하는 것으로 여겨진다.[178] 하지만 학교 선택이 시작되고 학교 시장이 확립되면서, 그 근거는 개인과 자유의 필요성에 초점을 맞추는 소비자 담론으로 이동하였다. 교육이란 경쟁에 의한 진보에 관한 것이었다. 이는 2차 세계대전의 그늘에서 민주주의와 복지사회를 발전시키려는 점을 고려한, 불과 수십 년 전에 설명되던 민주주의에 대한 염원과 달리 매우 다른 방법으로 나아가고 있다고 볼 수 있다.[178]

2010년대 스웨덴 학교체제는 수십 년 전인 1990년대 이전에 시행된 버전과 매우 다르고 많은 내용들이 변했다. 스웨덴은 미래를 위한 더 나은 준비를 위해 교육 모델을 수정해왔다. 스웨덴은 이전에 의도적으로 교육에서 시장의 힘을 피하는 것을 선택하면서 대신 평등과 민주적 학교교육을 확보하기 위한 중앙집권화를 활용했다. 대안학교는 종합학교 모델에 중점을 두었음에도 불구하고, 주변의 위치에 있었지만 대안적 교수법을 통해 지방자치단체 학교에 영향을 미치는 잠재력이 있었기 때문에 받아들여졌다. 1990년대 시장 세력의 출현은 사립학교가 대안에 영향을 미치는 것으로서 역할을 했다기보다는 지방자치단체 학교를 대체하고 있다는 것을 의미했다.[180]

결과적으로, 시장 모델과 더불어 집단 책임성보다 개인의 선택을 강조하는 것은 이전 종합학교로의 전환으로 해결하려고 했었던 유사한 종류의 차별성을 만들어내는 경향이 있다. 오늘날의 국제학업성취도 조사 이전인 1970년대 후반 아래와 같은 결론을 내린 바 있다.

> 개방성 초등 및 중등 단계 선별적 시험의 부족, 그리고 높은 학생 재학률 등으로 종합학교 체제는 의무교육 기간 동안 국가적인 차원의 인재 양성에 더욱 효과적인 전략이다… 학문적 잠재력을 가진 것으로 평가되는 학생을 조기에 분리하는 체제는 좋은 '최종 산출물'을 생산하게 될 것이다. 하지만 이러한 이점은 더 많은 교육으로부터 더 낮은 사회계층에 속한 많은 수의 학생을 배제하고 양질의 교육을 받을 수 있는 대다수 학생의 기회를 제한하는 대가로 얻어지는 것이다.[181]

현 시장 모델은 스웨덴에서 잘 기능하고 있는가? 국제조사에 의한 학업성취도의 현재 결과가 질 높은 교육을 나타내는 것은 아니다. 게다가 급속하게 분리가 진행되고 그 분리가 증가하고 있는 상황에서, 스웨덴이 해결해야 할 문제는 1945년과 비슷한 것처럼 보인다. 현재의 교육 모델은 바람직한 공유 사회로 발전해가는 데 가장 좋은 모델

인가? 그것은 모든 개인이 잠재력을 완전히 실현하기 위한 최고의 기회를 제공하고 있는가? 모든 학생과 민주주의를 위해 더 좋은 역할을 할 모델로 또 다른 전환이 가능한가? 스웨덴은 셸던 로스블랫Sheldon Rothblatt의 조언을 상기할 때 희망을 가질 수 있을 것이다. "일부 아름다운 생각은 생각으로만 살아 있다." 현실성은 사라졌고, 우리는 잃어버린 전통의 유령만을 무덤에서 듣고 있다.[182]

주

1. 정부연구조사보고서(SOU). 1948: 27, p. 3(저자 번역).
2. Engzell-Larson(2013), p. 97(저자 번역).
3. *Economists*, 2008. 6. 12.
4. 비정부학교에 관한 용어와 그것들을 라벨링하는 것의 의미, 각주 36, 56, 71 참조
5. 현재 스웨덴 학교의 모델은 바우처 제도와 차터 제도 모두와 유사한 성격을 가진다. 일부 학자는 이 모델은 바우처 제도로 설명한다(cf. Böhlmark, A. and Lindahl, M. 2012). 용어들은 유사성 때문에 관련이 있다. 그러나 중요한 차이도 있다. 좀 더 스웨덴의 모델을 잘 표현하는 용어를 찾았을 때 우리는 스웨덴 학교의 모델을 바우처와 유사한 성격을 가진 시장 기반 모델이라는 용어를 사용하는 것을 선호한다.
6. Esping-Andersen, 1990, p. 12.
7. 학업성취도 평가를 위한 국제협회(International Association for the Evaluation of Educational Achievement/IEA) (Husén 1979; Husén 1972, pp. 122ff). 스웨덴 학생들은 읽기에서 최상위권이었고 연구들에 따르면 수학능력은 1970년부터 1990년 중반까지 성장했다. 1995년의 TIMSS(과학)에서 스웨덴의 학생들은 최상위권이었다. Skolverket 2013b, pp. 10-16; cf. Skolverket 2009.
8. 스웨덴은 여전히 OECD 국가들 중 가장 평등한 나라에 속한다(OECD 2011). 2012년도 피사에 따르면 "스웨덴은 모든 과목에서 성적이 가장 하락한 나라다"(Skolverket 2013v, p. 8; cf. Gustafsson 2011). 특별 보고서에서 OECD는 모든 "피사에서 측정하는 세 가지 핵심 과목들"에서의 하락, "수학 학업능력의 기준선"에 못 미치는 학생들의 "심각한" 정도의 증가 그리고 "지난 10년간 수학에서의 최상위권의 비율이 거의 반으로 줄어들었다"는 사실을 강조했다[OECD 2014a, p. 2; cf. 스웨덴 학생의 학업수행능력의 약화에 관한 유럽위원회(COM 2014, 428)].
9. Cf. Myrdal and Myrdal 1941, pp. 89-132.
10. Cf. Hirdman et. al. 2012: "물론 운이 좋았다. 스웨덴은 꽤 북쪽에 위치하여 3개국이 방패 역할을 함으로써 전쟁이 일어날 동안 안전할 수 있었다. 산업은 전쟁 시기에 피해를 입지 않아 전후 시기에 거의 모든 것이 부족했던 유럽에 물건을 생산하고 수출할 수 있었다"(p. 618).
11 Cf. Esping-Andersen 1990.
12. Weijne 1950, 정부안, no. 70, p. 44.
13. Erlander 1973, pp. 237-239.
14. Berggren 2010, pp. 209ff: cf. "교육정책은 기찻길이나 고속도로와는 다른 차원인 계급, 교육(bildung), 인간의 존엄성 그리고 사상의 자유과 관련이 있기 때문에 평등에 관한 사회 민주적 정치에 핵심을 두어야 한다"(p. 376). 그리고 정부연구조사보고서(SOU) 1948: 27, p. 1.
15. Wijne 1950, p. 12.
16. Ibid. p. 13.

17. Ibid.

18. 이 견해는 1962년의 국회 논쟁에서 그다지 강하지 않았다. 학교교육의 목적은 "학생이 학업, 행동 및 운명을 위해 책임지는 법뿐만 아니라 다른 사람, 누군가의 이웃 그리고 인류에 대해 책임지는 법을 학습하기 위함이다"(Arvidsson 1962, p. 75). 1946년부터 1962년까지 위원회에서 "분명한 민주적 목적을 가진 9년 과정의 종합적인 학교"를 요구하는 "일관성 있는 흐름"이 있었다고 주장되었다(Edenman 1962, p. 43). 그러나 접근 방식이 부분적으로 달랐다. 1950년에 민주주의를 위한 학교의 역할은 강조되었다. 그러나 1962년의 논쟁의 분위기는 사회가 점차 민주화됨에 따라 학교가 "적응"하고 "사회 전반과 조화"해야만 한다는 것이었다(ibid. p. 45).

19. Palme(1967), p. 41(저자 번역).

20. Ibid.

21. Cf. Edenman's introductory presentation on May 22 (Edenman 1962, p. 43). Spring, p.viii.

22. Nilsson 1989, p. 357; cf. Norberg 2003, p. 3.

23. Marklund 1980, p. 8; cf. Erlander 1973, p. 234.

24. Husén 1988, ch 7; cf. Marklund 1980, passim.

25. Cf. Husén 1988, Marklund 1982.

26. Österberg and Andersson 2013, pp. 287ff.

27. 이 실험들은 광범위한 후속 조치와 결합되었고 여러 연구보고서가 출간되었다. Cf. Husén 1988.

28. Richardsson 2010, pp. 115ff; cf. Hartman 2005, p. 50.

29. Cf. Österberg and Andersson 2013, p. 291. 입법과 교육과정은 동등성(equivalence)과 형평성(equity) 두 가지로 해석되는 스웨덴의 용어 likvärdig를 사용한다. Carlbaum이 다음과 같이 이것을 분명히 한다. "동등성은 일반적으로 교육은 전달자 및 지역과 무관하게 동일한 질과 가치를 갖고 있어야 한다와 같은 일정 기준에서 동등한 수준일 때 사용된다. 반대로 형평성은 일정 수준의 결과물과 결과의 평등에 도달했을 때 사용된다. 그러나 다름, 다양성 그리고 선택의 자유의 증가도 고려한다"(Carlbaum 2014, p. 12). 교사교육이 형평성을 위한 정부의 수단이라는 생각은 1940년도에 이미 존재했다(정부연구조사보고서SOU 1948:27). 뿐만 아니라 후에 사례로 말하자면 의회 조사에서 1990년대 후반의 교사교육 개혁을 제안했다[정부연구조사보고서(SOU) 1999:63, pp. 108ff].

30. Winberg 2011; cf. Husén 1979, pp. 83ff; Lundgren 2010, pp. 87ff.

31. 정부연구조사보고서(SOU) 1961:30, pp. 534ff and Government proposal 1962:54, pp. 350ff.

32. Ohlsson 1962, p. 40; cf. Government proposal 1962:54, p. 367.

33. Gov prop. 1962:54, pp. 353ff.

34. 정부연구조사보고서(SOU) 1961:30, p. 541, 558; Government proposal 1962: p. 366f.

35. 정부안. 1962:54, p. 366ff.

36. 정부안. 1962:54, p. 365. 주목할 점은 "실험 및 독립 학교"라는 문구를 사용한 것이다(p. 367). 1980년 초에 enskild skola(분리된 학교, 공적체제로부터 분리를 의미)를 대체한 fristående skola의 줄임말인 오늘날에 일반적인 friskola(자유 학교)라는 용어를

처음 사용할 때 등장했다.
37. Nilsson 1987; Nilsson 1989(cf/ Husén 1988, pp. 218ff; Husén 1989).
38. Österberg and Andersson 2013, p. 487.
39. Neave 1985 p. 322.
40. Baggesen Klitgaard 2007, p. 182. Lundahl, L. et al.
41. Ibid.
42. Schön 2000, pp. 468-517.
43. Schön, 2000 p. 507.
44. Hadenius 2000, p. 206; cf. Schön 2000, pp. 503ff. 스웨덴 통화 크로나는 유럽의 ECU(유럽 화폐 단위 역자 주)와의 관계를 맺게 되면서 국제적인 투기 대상이 되었다. 핀란드, 영국 및 이탈리아는 이전에 ECU에 대한 고정 환율을 포기했었다(Hadenius 2000, p. 208; Schön 2000, p. 506). 스웨덴 중앙은행은 스웨덴이 1933년 이래 처음으로 통화 흐름을 자유롭게 하기 전에 놀랍게도 금리를 500% 인상했다. 크로나는 화폐 가치의 1/4을 상실했다(Gustafsson and Svensson 1999, p. 52).
45. Schön, 2000 p. 507.
46. Gustafsson and Svensson 1999, p. 52.
47. 정치적 성향으로 인해 설명은 물론 다양하다. Cf. Magnusson 2006; Santesson 2012.
48. 예를 들어, 그 당시 국회는 10만 명 이상을 고용하고 있는 30개 이상의 국영기업을 매각하는데 표결했다(Hadenius 2000, p. 205).
49. Schön 2000, pp. 501ff.
50. Foss Hansen 2011, p. 124; cf. Forsell and Ivarsson Westerberg 2014, p. 19.
51. 컨설팅 자회사를 통해. Küng 1984, p. 7ff. 지방분권화의 결과에 대한 정부 조사는 "컨설턴트와 '개혁 옹호자'들이 지방정부와 수요공급 모델에 대한 논쟁 사이에서 왔다 갔다 했다는 사실에 1980년대 초의 개발이 영향을 받았다"고 주장했다. 정부연구조사보고서(SOU) 2014:5, p. 53.
52. Andersson 1984, p. 36; Österberg and Andersson 2013, pp. 46, 488ff.
53. Andersson 1984, pp. 37-40. 보수당은 1980년대 국회 매 회기마다 학교 선택의 자유 확대에 관한 법률안을 제출했음을 주목해야 한다. Cf. 국가교육청(Skolverket), *Val av skola. Refornen: historik, sammanhang och intentioner. Ett tioårigt perspektiv*, p. 3.
54. 개념들에 대한 빈도수 추적은 해석의 문제뿐 아니라 방법의 문제를 수반한다.
55. 2013년 12월 초 자료 열람, 2013년 자료는 부분적으로 완전하지 않음.
56. 참조: "길가 어딘가에서 그들은 덴마크에 개념의 뿌리를 둔 '자유 학교'라는 용어를 가져왔고 이 용어는 낡고 논쟁적인 용어 '사립학교'를 제거하는 데 적절했고 스웨덴에서 폭넓게 지지받지 못했던 가치와 나란히 했다." Engzell-Larsson 2013, p. 106(저자 번역).
57. Forsell 2011, pp, 206-215.
58. Foss Hansen 2011, p. 124. 국가교육위원회는 개혁에 대한 사회민주당 정부의 지지를 다음과 같이 요약했다. "현 정부의 가장 중요한 목표는 학생과 학부모가 가능한 가장 자유롭게" 학교를 선택할 수 있게 만드는 것이다. Skolverket, *Val av skola. Reformen: histork, sammanhang och intentioner. Ett tioårigt perspektiv*, p. 15). 재무 장관 K-O. Feldt는 교육의 민영화에 긍정적인 입장을 취했다. 1986년 팔메(Palme)의 암살과 뒤따른 사회민주당 정치인들의 재편성 이후, 정책은 대안적 사립학교를 도입하는 데 덜 주저하게 되었다.

59. Cf. Englund 1993; 정부연구조사보고서(SOU) 2014:5, p. 18.
60. 이 요소들은 다음의 정부안에서 제시되었다. 1988/89:4;1988/89:150; 1989/90:41; 1990/91:18; 1991/92:95; 1992/93:230.
61. 이 과정의 한 부분은 "교직의 정부규제를 끝내는 것"이다. Ringarp 2012: 329. (Cf. Ringarp 2011, passim, and pp. 70ff.). 교사 파업에도 불구하고 학교에 대한 책임은 지방자치단체로 이전되었다. 정부안 1989/90:41; cf. p. 14 및 Riksdagens 규약. 1989/90:42, band A5, s84; Österberg and Andersson 2013, p. 47). 이 결정에는 교육의 민영화나 시장화에 관한 것은 없다. 심지어 기존 대안학교들에 대해 다룬 것도 없다. (정부안 1989/90:41, p. 12); 정부안 1988/89:4, p. 1.
62. 정부안 1988/89:150, p. 33. Cf. 1989년 4월 25일의 국회 토론에서의 재무 장관 K-O. Feldt의 논평.
63. 정부안 1988/89:4, p. 4.
64. 정부안 1990/91:18, p. 17.
65. 정부안 1990/91:18, p. 17, 22.
66. 정부안 1990/91:18, p. 53.
67. 정부안 1990/91:18, p. 28, 62.
68. Österberg and Andersson, p. 290ff.
69. 정부안 1991/92:95, p. 8.
70. Ibid. p. 9.
71. "사립(private)"과 "공립(public)"을 이해하는 것은 일반적으로 교육의 민영화 담론과 사립학교와 민영화를 정의하는 것과 같이 광범위한 주제이다. Cf. Millares 2012, Alexiadou 2013 및 Campbell et al. 2009, pp. 9ff. 이 연구는 "영리, 비영리와 상관없이 비정부기관에 의한 학교의 설립"을 민영화의 개념으로 따른다(Zajda 2006, p. 8).
72. 정부안 1991/92:95. p. 6, 14 (cf. 교육기본법, 9 ch. 4a§). 이후에 이 법안은 후기 중등학교를 포함했다(정부제출안 1992/93:230).
73. 정부안 1991/92:95, pp. 11-15 지방자치단체가 공·사립 관계없이 학생의 수에 따라 기금을 이전하는 것이 의무화되었다. 오늘날 모든 학교들은 이와 똑같은 규정을 따라야한다. 그러나 "사립학교"가 민간이 소유, 경영 및 재정 지원하는 학교를 지칭해야 한다는 주장은 전혀 없다.
74. 국가교육청(Skolverket) 2013, p. 6.
75. 스웨덴 학교 시장을 "유사(quasi)" 시장이라고 부르는 것이 정확할 것이다. Cf. Norén 2003, pp. 30ff; Rönnberg 2011 and Alexiadou 2013. (Cf. 정부안 1991/92:95, p. 9f).
76. 국가교육청(Skolverket) 2013a, pp. 7-9.
77. 보수주의자들은 집단주의로부터 멀어지고 독점을 중단하는 것이 바람직하다고 주장했다. Cf. Österberg and Andersson, p. 379.
78. 정부안 1992/93:230, p. 26f. N.B.: "적극적인 학교선택의 추구는 부모의 의무"이다.
79. Ibid.
80. N.B.: 지방자치단체 학교 중 학교 선택은 개혁 이전에 일부 지방자치단체에 도입되었었다. 정부안 192/93:230, p. 93.
81.2006년부터 2013년까지의 정책 변화의 요약은 아래에서 찾을 수 있다. 정부연구조사보고서(SOU) 2013:30, pp. 12ff. Cf Läropaln för grundskolan(의무학교를 위한 교육과정) 11, p. 8.

82. Cf. Lundahl, L. et al. N.B.: 최근의 정책은 중앙정부의 재활성화를 나타낸다.
83. 정부연구조사보고서(SOU) 1961:30: pp. 534ff; 정부안 1962:54, pp. 350ff. Cf. Ambler 1994, p. 356.
84. 주로 교육적인 동기를 가졌다. Ekvall 1978, p. 106.
85. 개별 학생당 기금을 책정하고 이전했기 때문에 학군 간에 보상을 위한 행정 방식은 새로운 바우처 유형 모델을 예고했다. Cf. Ekvall 1978 pp. 115ff.
86. 국가교육청(Skolverket) 1996.
87. Ekonomifakta 2014. Cf. Friskolorna I siffror 2014; 정부연구조사보고서(SOU) 2013:56, p. 76.
88. 국가교육청(Skolverket) 2014a, p. 17, cf. pp. 10, 28, 84.
89. 정부연구조사보고서(SOU) 2013:56, p. 77.
90. 국가교육청(Skolverket) 2014a, pp. 29, 82.
91. CF. SOU 2013:56, CH. 4.3; Engzell-Larsson 2013; Aftonbladet, May 182011, 'Stop the fortune hunters'.
92. 여기 용어상의 쟁점이 있을지도 모른다. '벤처 자본'은 완전히 적절하지 않은 것처럼 보인다. 2013년 Engzell-Lasson에 따르면, '바이 아웃 기업'은 이러한 경우에 사용하기에 더 정확한 용어이다(pp. 10ff, 102-105). 참조: SOU 2013:56, CH. 4.3은 이러한 기업의 목표는 '한정된 시간' 아래에서 '가치를 증가하는 것'이다(p. 100).
93. *Dagens Nyheer*, 2월 11일, 2015, "Lönsamt-men lågt intresse för nya friskolor."(수익 사업이지만 새로운 학교를 설립하는 것에 대한 관심을 저하시킨다.)
94. Engzell-Larsson 2013, p. 98.
95. Skolverket 2014a, p. 33.
96. Skolverket 2014a, p. 11.
97. 이 회사는 해외에 학교를 설립했다.(Österberg and Andersson 2013, p. 292). Alexiadou는 2013년에 주목하기를 스웨덴은 또한 국제적으로 영리, 프리 스쿨 부문에 점차 자신감을 가짐으로써 스스로를 구분했다. 이것에 대한 설립의 관점은, (cf. Emilsson 2014). N.B.: 교육은 서비스 무역에 관한 일반협정(GATS: General Agreement on Trade in Servie) 같은 세계무역기구 협약에 의해 국제적인 업무로 규정되었다(Cf. Squeria 2005; Zajda 2006).
98. Engzell-Larsson 2013, pp. 97ff. 스웨덴 전경련(Confederation of Swedish Enterprise : Svenskt Näringsliv)은 이러한 유형의 기업 모델의 존재를 확신한다. "고객은 가치가 창조되고 서비스가 제공되는 시스템 내에서 중요한 자원으로 간주된다." 그리고 "중심이 제품, 서비스, 혹은 자원의 특징에서 고객의 상황, 요구 및 고객을 위한 결과로 이동한다. 예를 들어서, 학교에서의 학습을 들 수 있다"[Edverdsson 2011, p. 68(나의 해설)].
99. 입법에 따르면(SKOLFS 2011:154), 일곱 가지 소유자 유형은 합자 회사, 무역회사/유한합자 회사, 개인 회사, 협동조합, 비영리 단체, 등록된 신뢰 기반 단체 및 재단 등이다.
100. 인디펜던트 학교는 지방자치단체 학교에 적용된 비용과 일치하여 지원된다. 교육법 2010:800, 10 ch. 38-9§에 따르면, 그 학교는 교수학습 및 학습 장치, 건강 서비스, 식품, 행정, 세금 그리고 주거를 위한 자원이 제공되어야 한다. Cf. SOU 2013:56, p. 58.
101. 교육법(2010:800, 10ch. 10-11§§)에 따르면, 의무교육은 무료이다. 예를 들어 "사소한 가치"인 실외 활동 같은 소액의 요금은 허용된다(Skolverket 2012a; cf.

Skolinspektionen 2011a).
102. OECD 2011; OECD 2014a.
103. SOU 2014:5, P. 273.
104. Statskontoret 2013, p. 81.
105. 건물에 대한 비용은 포함되지 않는다. SOU 2014;5, p. 266(이러한 수치는 2010년 이후부터이고, 2010년 9월 15일 통화율이 적용된다). 후기중등교육에서, 재정에 대한 국가 규정이 있다. 예를 들어, 고정 가격 리스트가 있다(Skolverket 2014e).
106. Cf. Statskontoret 2013, pp. 28ff.
107. Skolverket 2013, pp. 28ff, 46ff.
108. Cf. Statskontoret 2013, p. 65.
109. Statskontoret 2013, p. 48.
110. Skolverket 2014a. p. 94.
111. Statskontoret 2013, p. 88은 변화의 10 퍼센트가 학생의 요구 때문이라고 계산한다.
112. 교육법 SFS 2010:800, 10 ch. 29§. 면제가 특정 상황에서는 가능하다.
113. 교육법 SFS 2010:800, 10 ch. 30§.
114. 인디펜던트 학교는 스웨덴 학교 장학단(Swedish Schools Inspectorate)에 의해 받아들여진 입학 원칙을 단지 적용할 수 있다. Cf. 교육법(2010:800, 10CH. 35-36§).
115. 학생들이 등록한 지방자치단체 내.
116 교육법 SFS 2010:800, 10 ch. 40§.
117. SOU 2014:5, p. 17.
118. Skolverket 2014a, p. 17. 예비학교의 경우, 2012년~2013년에, 자격 있는 교사의 비율은 사립학교에서 상당히 더 낮아졌다(p. 24).
119. Skolverket 2014a, p. 53.
120. Skolverket 2014a, p. 93; Skolverket 2014c, p. 29.
121. Skolverket 2014c, p. 15.
122. Skolverket 2014c, p. 17.
123. Skolverket 2014a, p. 33.
124. SOU 2014:5, p.270; cf. Skolverket 2014a, p. 93.
125. 스웨덴 상황에서, 도시나 혹은 도심지역 학교는 더 강한 사회경제적 배경을 가진 학생들의 비율이 높은 학교와 동일시되고 그 반대는 교외나 시골이 차지한다.
126. OECD 2014b, p. 42.
127. OECD 2011; OECD 2014A, OECD 2015.
128. OECD 2014a, p. 3.
129. OECD 2014a, pp. 6ff.
130. Fakta om Friskolor(p. 5)에 따르면, 초봉이 사립학교에서 약간 높다. 하지만, 경력 있는 교사는 지방자치단체 학교보다 대략 10% 더 낮은 것처럼 보인다. Cf. Lärarnas Tidning, February 15, 2013.
131. SOU 2013:56, p. 76.
132. Skolverket 2014b, p. 15.
133. Cf. Skolverket 2014a, p.30, 82; SOU 2013:56, p. 76. 최근 "학교 단위"의 법적 정의가 변화하면서 요즘은 시간이 지나면서 수치를 덜 비교하게 되었다.
134. Cf. 정부 제안서 1990/91:18.

135. 스웨덴 국가교육청(Swedish National Agency for Education)은 2014년에 총액 수준에 관한 잠재적인 정보를 발표했지만, 불행하게도 학교가 공립인지 사립인지에 대한 구분을 하지는 않았다(http://www. skolverket.se/satistik-och-utvardering/nyhetsarkiv/2.8084/19-elever-per-klass-i-grundskolan-1.219495; personal communication with Christina Sandström at the agency, 2015년 1월 9일).

136. Skolverket 2014a, pp. 17, 24, 93.

137. Skolverket 2013(pp. 52ff)는 그 비율이 학생 100명당 교사 6.1명에서 11.9명까지 다를 수 있다.

138. 영리 학교는 학생 100명 당 6.8명에서 7.5명의 교사를 가지는 데 비해(가장 큰 규모의 학교에서 비율이 더 낮다) 비영리 학교는 8.0명에서 9.6명을 가진다(지방자치단체 학교는 7.9명에서 8.1명이다)(Svensson 2010, p. 26).

139. Svensson and Wingborg 2015.

140. 학교당국은 이 "프로그램 위장"을 분류하고, 합법적이지 않다고 말하지만 의도된 것은 아니다. Dagens Nyheter, March, 29, 2015(Friskolor tjänar miljonet på kryphål I lagen).

141. SOU 2014:5, p. 263. 1990년에, 1-9학년에서 학생 100명당 9.1명의 교사가 있었다. 2000년에, 7.6명으로 떨어졌고, 2011년에는 8.3명을 약간 초과했다.

142. SOU 2014:5, p. 265. 1991년 이래로, 95% 가까이에서 80%를 약간 초과해오고 있다.

143. SOU 2014:5, pp. 268ff.

144. Lundahl. et al. (2005) p. 151.

145. Forsell and Ivarsson Westerberg 2014, pp. 154-158.

146. Lundahl, L. et al. (2013) 학교 시장에 관한 연구는 학교와 교사의 업무에 대한 영향을 요약하고 있다.

147. Lundström and Holm 2011. 스웨덴 복지 모델에서 일반적인 결과에 초점을 맞춘 기업 부문에 가까운 협회에 의해 시작된 연구(Hartman 2011). 그 연구는 경쟁을 통한 이점과 개선의 증가가 부족하다는 것을 발견했다. 또한 어떠한 상당한 비용 감소도 없었다. 대신에, 직원들 간의 교육 수준이 낮아지고 공식적인 교육이 필요하다는 징후가 있었고 직원의 밀도도 낮았다(참조: Österberg and Andersson 2013, p. 479). 연구 결과물은 그 보고서를 보류할 내부적 시도에 의해 불붙여진 강한 논쟁을 유발했다. Cf. Hanspers, Mörk와 Vlachos이 기사(in Hartman 2011)에서 진전에 대한 불충분한 증거를 지적하지만 사립학교 교육이 교사 역할의 변화를 가져온 것은 잘 알려져 있다. 이러한 학교들이 교사당 학생 수의 비율이 높기 때문에, 그들은 표준화를 통해 경제적 효율성에 대한 동기부여를 한다.

148. Lundström and Holm 2011, p. 196.

149. Lundström and Holm 2011, p. 197. Cf. Fredriksson 2010, pp. 254ff.

150. 이러한 두가지 권리(meddelarfrihet and offentlighetsprincipen)는 스웨덴 헌법에 규정되어 있다(Tryckfrihetsförordningen 1949:105, 1 kap 1§ and 2 kap 1§). 주요한 원칙이 모든 서류가 공개되었기 때문에 접근이 거의 거절되지 않는다. 게다가, 고용주가 익명의 내부고발자의 정체를 찾는 것은 불법이다.

151. 이러한 쟁점은 정부 조사에 영향을 받아왔다(SOU 2013:79).

152. Cf. Skolverket 2009b.

153. Skolverket 2012c, p. 9.

154. Skolverket 2012a, p. 41.
155. Cf. Lundahl, L. et al. 2013, p. 60 그리고 그들의 참고문헌.
156. Cf. Gustafsson et al. 2014, pp. 96, 103.
157. OECD 2014b, p. 187.
158. Skolverket 2014b, p. 79.
159. Skolverket 2013b, pp. 10~16. Cf. Skolverket 2009.
160. Skolverket 2013b, p. 8; cf. Gustafsson 2011.
161. OECD 2014a, p. 2. Cf. OECD 2015.
162. European Commission, COM 2014, p. 428.
163. Skolverket 2013a, p. 8. PISA 2012. 15-åringars kunskaper I matematik, läsförståelse och naturvetenskap. Skolverkets internationella studier, rapport nr 398, Stockholm.
164. SOU 1948:27, p. 3.
165. Böhlmark and Lindahl 2012 p. 42.
166. Cf. Syll 2013 and Bunar 2010.
167. Cf. Biesta (2010). p. 20.
168. Kornhall, 2012.
169. Kornhall, 2013.
170. Cf. Independent, December 3, 2008. 가장 최근의 스웨덴 PISA 점수가 발표된 이후, 반대하는 정치인들은 스웨덴의 예를 가지고 반박했다. Dagens Nyheter, December 4, 2013.
171. Wiborg 2010, p. 19.
172. Skolverket 2012a; OECD 2014a (cf. 2009a, 2009b). 하지만, 교육 불평등은 여전히 비교적 낮다. Skolverket 2013b는 부분적으로 긍정적 전환을 묘사한다.
173. OECD 2014a; OECD 2011.
174. SOU 2013:56. Cf. the English summary on pp. 21ff and also Engzell-Larsson 2013, pp. 104ff.
175. Björklund 2014; Emilsson 2014. On Emilsson's role, see Engzell-Larsson 2013, pp. 88, 105ff. On Kunskapsskolan, see SOU 2013:56, pp. 100ff and 180ff. Österberg and Andersson 2013, p. 292.
176. 스웨덴 연구소(SOM-institutet)은 복지 영역에서 수익을 금지하는 제안에 대한 여론을 조사했다. 평균과 50% 이상은 이러한 규제를 선호한다(Nilsson 2012). Dagens Nyheter April 24 2014에 따르면 같은 연구소의 새로운 데이터는 스웨덴 사람의 70%가 복지 영역에서의 친-영리 회사를 반대한다고 제시하였다.
177. Cf. 조사: U 2015:01(후기중등교육), U 2015:02(국가 시험), U 2014:14(학교 비용), U 2014:12(사립학교의 공식적 기록에 대한 공개적 접근성의 투명성/원칙), U 2014:05(초등·중등 교육) 그리고 Fi 2015:01(민영으로 운영되는 복지 서비스에 대한 공적 자금) 그리고 관련 정부 지시 사항.
178. Cf. Englund 1993.
179. Cf. Englund 2013, p. 38.
180. N.B.: 급진적인 변화에 대한 저항을 극복하기 위한 전략과 관련하여, 정치학자 P. Santesson은 개혁자들이 무엇을 변화시키고 싶어 하는지가 공존하는 병렬 체계를 확

립함으로써 변화를 성취하는 전략을 지적한다. Santesson 2012, p. 53(Cf. "변장의 한 형대는 더 어려운 개혁 결정을 위한 특징으로 나타난다.", ibid. p. 157). Cf. Valfrihet I skolan, p. 11. Neave은 1985년에 그 당시 독일이 비국립/비정부 '대체' 학교를 구분하고 "비국립 부문에 대한 재정적 지원이 전반적인 다양성과 국가의 교육 자원의 공급을 만드는 데 공헌하는 것과 연관된다"는 사실에 관심을 가진다(p. 331). '서플리멘터리(supplementary)' 학교는 사립학교의 더 전통적인 형태의 사립학교를 대표하고 일반적으로 공공자금을 받을 자격이 없었다. 정부가 특정한 지역에 학교를 운영할 필요가 없었기 때문에, 비국립학교가 존재한다. '대체' 학교로서 공헌하는 것으로 인지되었기 때문에 그것은 보조금을 받을 수 있었다. 독일의 특별함은 여기에 묘사된 관점이 상당히 다르지만 비정부 학교의 기능과 관련하여 비슷한 쟁점을 다룬다(cf. Campbell et al. 2009).

181. Husén 1979, p. 100.

182. Rothblatt 2003, p. 1.

5장

핀란드의 역설: 경쟁적 시장경제 안에서의 평등한 공교육 구현

파시 살베리Pasi Sahlberg

모두의 예상과 달리, 핀란드는 2001년 국제학업성취도평가Programme for International Student Assessment[1)]에서 세계 정상에 올랐다. 그전까지 핀란드는 기초 문해력 교육에 집중하는 것으로 알려졌다.[1] 핀란드 10세 학생의 읽기 능력은 같은 연령대 내 세계 최고 수준이었지만, 수학과 과학 과목에서의 학업성취도는 1970년대와 1980년대에 국제교육성취도평가협회IEA:International Association for the Evaluation of Education Outcome가 두 차례 실시한 평가 결과 국제적으로 평균 수준에 머물렀다. 국제적으로 중위권 성적이었기에 핀란드에 대한 정보는 어떠한 교육 잡지나 책에서도 찾아보기 힘들었다. 핀란드 사람들도 자신들의 교육체제를 연구하거나 서술하는 데 관심을 가지지 않았으며, 심지어 교육자와 정책 입안자들마저 여타 국가에 더 관심을 가졌다.

핀란드 학교의 성공 요인에 관심 있는 사람들은 핀란드가 이룬 최고의 학업성취도에 크게 놀랐고, 이는 단지 핀란드의 성공적인 교육체

1) 경제협력개발기구OECD가 만 15세 이상 학생들을 대상으로, 수리Math, 읽기능력Reading, 과학Science 등 총 세 과목에 대해 각국의 학업성취도를 비교 평가하는 시험으로 영어의 머리글자를 따서 PISA(Program for International Student Assessment)라고 약칭하며, '학업성취도 국제비교'라고도 한다. 경제협력개발기구OECD가 교육과정에 바탕을 둔 지식보다는 실생활에 필요한 응용능력을 평가해 국제적으로 비교할 목적으로 2000년부터 3년마다 실시하고 있다. 시험문제는 평가 대상국에서 제출한 문항 가운데 이의 제기가 없는 문항을 골라 출제한다.

제의 일부라는 사실을 곧 깨닫게 되었다. 핀란드 교육체제에서 떠오르는 이미지는 다른 국가들의 교육정책이나 개혁과는 꽤 달랐다. 핀란드는 교수학습법의 표준화가 학교의 질을 향상시키는 현명한 방법이라고 판단하지 않았다. 또한 핀란드는 학생, 교사, 그리고 학교 성취도를 면밀하게 모니터링하기 위해 국가 수준의 표준화 시험제도를 개발했던 다른 대부분의 국가들과 다른 길을 선택했다. 또 핀란드는 교육에서의 다양성과 혁신, 그리고 학교 선택을 위해 민간이 학교를 소유하거나 경영하는 것에 적극적이지 않았다. 가장 중요한 점은 핀란드가 차터 스쿨[2], 프리 스쿨free school, 또는 민간이 설립한 학교를 포함하여 다방면의 시장 기반 교육정책에 영향을 받지 않은 것으로 보인다.

핀란드 교육은 일종의 유토피아이고 꿈의 나라이다. 핀란드에서 교직은 가장 이상적인 직업이고, 정부는 학교를 신뢰하며, 정당들은 교육개혁의 방향에 동의한다. CNN의 파리드 자카리아Fareed Zakaria와 같은 사람은 핀란드를 교육계 내 최고의 게으름뱅이로 보았다. 핀란드에서는 일곱 살이 되어야 학교에 입학한다. 다른 국가보다 숙제도 더 적다. 그리고 단지 한 번의 외부 표준화 시험이 있는데, 그마저도 고등학교 마지막 해에 치러진다.

이 장에서는 시장의 힘과 세계화가 어떻게 핀란드 교육체제에 영향을 주었는지 살펴보고자 한다. 부모가 학교를 선택하는 세계 다수의 국가들과 달리, 핀란드는 누가 학교를 소유하거나 경영하는지 엄격하게 관리하고, 개인이나 재단 혹은 법인이 사적인 돈을 학교에 기부하

2) 차터 스쿨charter school은 미국에서 공립학교가 안고 있는 문제에 대한 대응의 일환으로 1990년대부터 시작된 '차터 스쿨 운동Charter School Movement'의 결과 설립된 자율형 공립학교다. 차터 스쿨은 주州정부의 인가charter를 받은 주체가 예산은 주정부의 지원과 기부금으로 충당하되, 학교 운영은 사립학교처럼 자유롭게 할 수 있는 자율형 공립학교다. 1991년 미네소타주를 시작으로 2009년까지 모두 41개 주와 워싱턴DC가 차터 스쿨 법을 통과시켰다. 차터 스쿨이 기존 공립학교의 문제들을 온전히 해결할 수 있는 대안인가에 대해서는 논란 중이다.

도록 허용하지 않으며, 우호적인 수준에서 학교 간 경쟁을 한다. 이 장에서는 우선, 핀란드의 사회적, 경제적, 정치적 상황에 대해 간단하게 알아보고 세계교육개혁운동GERM에 대한 설명과 더불어 핀란드 교육체제가 어떻게 세계교육개혁운동과 대조적으로 운영되는지 설명할 것이다. 그리고 마지막으로, 핀란드의 주요한 교육정책과 개혁, 그리고 이를 가능하게 하는 사회적 관행에 대해 알아볼 것이다. 즉, 핀란드의 공적 투자 전략이 교육의 민영화 전략과 어떻게 다른지, 국제적인 시험에서 꾸준히 높은 학업성취도를 달성함으로써 핀란드 교육법에 대한 비판을 어떻게 진정시켰는지 다룰 것이다.

사회적, 경제적, 정치적 상황

핀란드는 스웨덴과 함께 서방 국가의 최북단 유럽연합 회원국이다. 핀란드의 교육과 사회 전반에 대한 이해를 위해서는 사회적, 문화적, 정치적, 경제적 관점이 교육과 어떻게 상호 연관되는지 연구하는 것이 필요하다. 핀란드는 1968년에 OECD에 가입했고, 1995년에 유럽연합에 가입했으며 2002년에 북유럽에서 유일하게 유럽연합의 단일 화폐인 유로EURO를 통화로 채택한 국가가 되면서 서방 세계의 위상을 확보했다. 핀란드가 중시하는 사회적 가치는 민주주의, 평등, 사회정의, 그리고 평화 추구이며, 이러한 측면에서 다른 북유럽 국가들과 매우 밀접하게 연계되어 있다. 경제는 주로 다른 유럽 국가들과 러시아 연방으로의 수출에 의존하고 있다.

경제 위기에 대한 대응

핀란드는 1990년대 초반 심각한 경제 침체를 맞아 개혁적 조치를 취했으며, 이러한 개혁은 2008년 세계경제 위기 때까지 눈에 띄는 경제성장을 이끈 원동력이 되었다. 1990년대 상반기 핀란드는 주요 은행의 위기로 인해 심한 경제적 쇠퇴를 겪었다. 실직률이 4%에서 18%로 폭등했고 공적 부채는 GDP의 60% 이상으로 치솟았으며, 핀란드는 국제대출한도international lending limits 국가로 전락했다.[2] 이에 경제 회복을 위해 수출 구조를 다양화하고, 기업혁신을 장려하며 시민들을 위해 전통적으로 운영되던 공적 서비스를 민간 사업자에게 개방했다. 그로 인해 신속한 개별 맞춤식 진료를 선호하며 경제적 능력이 있는 사람들에게 치과 치료 및 건강 진료 부문의 민간 의료 서비스가 가능해졌다. 국가 우편 서비스, 철도 시스템, 그리고 정부 소유 자산이 부분적으로 혹은 완전히 민영화되었다. 하지만 교육체제는 헌법에 의해 보호되었기 때문에 민간시장의 손길이 닿지 않았다. 유상 교육 서비스는 유아기에만 적용되는데 부모의 경제적 능력에 근거하여 공동 부담하고 추가로 공적인 지불을 한다. 일반적으로 핀란드의 경제와 특히 교육 부문의 발전은 공통된 특징을 가지고 있고 이는 신지식 기반 산업의 출현과 규모가 큰 공적 부문의 생산성 향상을 포함하고 있다.

핀란드는 1990년대 경기 후퇴가 가져온 경제 및 교육정책의 과감한 변화의 결과, 유례없이 세계에서 가장 경쟁력 있는 시장경제국가 중 하나가 되었다. 21세기 초에 세계경제포럼World Economic Forum은 핀란드 경제를 세계에서 가장 경쟁력 있다고 평가했다. 좋은 정부의 수준을 평가하는 국제청렴도기구Transparency International[3)]는 핀란드가 세계

3) 2015년 국제청렴도기구에서 조사한 국가별 청렴도 조사에서 핀란드가 조사 대상 168개 국가 가운데 세계 2위를 차지했다.

에서 가장 덜 부패한 국가 중 하나라고 평가했다. OECD는 PISA를 통해 학교교육 평가의 새로운 질적 척도뿐만 아니라 핀란드 교육체제가 다른 최고 선진국보다 앞선다고 보았다. 핀란드는 최첨단 연구 개발 및 혁신을 촉진하기 위해 재구성된 매우 높은 수준의 인적 자본, 정보통신기술의 광범위한 이용, 교육연구기관 등을 가지고 있다. 실제로 핀란드는 혁신(WEF 조사), 번영(영국 레가텀 조사), 지속가능한 경제 경쟁력(WEF 조사) 부문 등 국제정보통신기술 발전 분야에서 세계 정상의 자리에 올랐다. 또한 OECD 및 WEF 조사에 따르면, 핀란드는 지속적으로 세계에서 성 평등이 가장 잘 보장된 국가 중 하나로 평가받고 있다. 이는 이 사회의 민주주의 체제가 제대로 기능하고 있다는 또 다른 지표이다.

핀란드 교육 모델에 대한 관심

핀란드가 PISA에서 좋은 성과를 얻기 전에는 핀란드 교육체제에 대한 외부의 관심이 거의 없었다. 하지만 그 이후에는 핀란드 교육체제를 직접 보기를 원하는 국제 고위 인사, 학자, 그리고 "교육 탐방객"들의 발길이 줄을 이었다. 그들은 이해 관계자에 대한 고려, 장기적으로 통합된 기획, 유연성, 공공기관의 투자 등 몇몇 중요한 요소들을 발견했다. 핀란드 경제와 교육의 성취는 상대적으로 작은 변방국가도 경제와 교육체제 발전과 혁신의 본보기가 되는 사회로 개혁할 수 있다는 것을 보여준다.

1970년대 초반, 핀란드는 교육 기회 평등을 위한 개혁을 시작했다. 이를 위해 시험 점수를 기반으로 학생의 (전공)계열을 가르던 기존의 시험제도를 폐지했다. 이전까지는 학생의 진로를 구별 짓는 데 활용되었던 각종 시험제도 관행을 폐지한 것이다. 이 개혁은 1972년부터 점진적으로 시작되어 1978년에 완수되었다. 그 결과 유·초·중학교를 거쳐서 고등학교 종료 시점까지 이르는 전반적인 교육 시스템을 아우르는 공통 교육과정이 탄생하게 되었다. 이러한 변화는 좋은 학교를 선택할 수 있는 기회를 평등하게 보장하고, 교육적 성과를 높이며 중등 및 고등교육에 대한 접근성을 더 많이 제공하기 위해 의도된 것이다.[3] 이러한 변화가 이루어지는 동안 아이들과 가족에 대한 사회적 지원은 학교, 예방적 특수교육 서비스에서 제공하는 의료 및 치과 치료와 통학 등 여러 면에서 동시에 시행되었다.

1970년대 후반에 이르러, 핀란드는 교원양성과정 개선 및 확대 등 교사에 대한 투자에 추가적으로 집중하기 시작했다. 다양한 유형의 학생을 더 잘 가르치고, 학업성취를 도모하는 방법을 고안하는 데 모든 학교를 잘 준비시키기 위해서, 정책 입안자들은 양질의 교원 양성에 투자할 것을 결정했다. 교원 양성에 대한 이러한 공적 투자를 통해 교원들이 3년제 교원양성과정에서 5년제 일반학술 교육과정으로 이동할 것이라는 기대를 포함했다. 한편, 핀란드 대학이 마련한 교원양성과정 프로그램 중 연구 기반 석사과정은 문제해결력, 비판적 사고력 같은 고도의 교육 기술 등을 핵심 교육 내용으로 다루게 되었다.

핀란드는 1970년대 계열을 통합하여 교육 형평성을 실현하는 데 집중하고, 교사에 대한 투자를 늘리며, 숙련된 교육자들이 자율적으로 의사결정을 하도록 허용함으로써 경제적 침체 이후 성장 기간 동안 핀란드 교육 혁신을 위한 토대를 마련하였다.

고려해야 할 모든 이해 당사자들

1990년대 경제성장 시기에 핀란드 교육과 경제 정책 사이에는 흥미로운 유사점이 있다. 첫째, 교육과 경제성장 모두 장기적인 미래 전망에 대한 비전과 사회에 존재하는 모든 이해 당사자들의 필요를 기반으로 하고 있다.[4] 이 비전은 정부, 민간 부문, 노동조합 그리고 교육자들 사이의 광범위한 합의에서 도출되었다. 지속성은 미래위원회 Committee of the Future, 의회교육위원회Parliamentary Education Committee, 산업 고용주, 공공 부문 행정부, 노동조합에 의해 공동으로 만들어진 싱크 탱크들과 같은 여러 특정한 기관들의 지원을 받았다.

5년의 계획

두 번째로, 교육과 경제 발전 모두 통합된 정책으로 이끌었다. 교육 정책은 모든 교육 연구 부문을 포함하는 5개년 계획을 통해 명확하게 표현되었다.[5] 이러한 통합된 계획은 기존 정부와 새롭게 구성될 정부의 정치적 권한 사이에 가교를 형성한다. 따라서 그것은 교육에서 지속적인 정치적 리더십을 형성하는 데 주요한 도구가 되었다. 경제 발전 정책과 전략도 과학과 기술을 산업과 교육 부문으로 통합해왔다.

유연성과 분권화

세 번째, 교육과 경제 부문은 유연하고 분권적인 책무성의 모델을 채택해왔다. 이러한 점은 핀란드가 학교교육 및 교원 체제 전반을 검토하여 강력한 교육 혁신 조치를 도입함으로써 세계교육개혁운동의 시장 친화적인 경향을 결코 따르지 않았음을 의미한다. 핀란드 학교에는 책무성이 체제 전반적으로 퍼져 있고, 발전을 지향하는 표본 수집 중심의 외부 평가와 교내 자체 평가를 기반으로 한다. 평가 기제는 유연하며, 교사는 자신이 관리하는 평가 기제를 대부분 스스로 고안한다. 후기중등교육 마지막 단계에서 시행되는 대학입학시험을 제외하고는 표준화된 고부담 시험이 없다. 이와 유사한 방식으로, 경제 발전 또한 내부적 집단 책무성을 기반으로 한 경영 및 리더십에 그 토대를 두고 있다.

이 장의 맥락상 핀란드식의 분권화와 세계교육개혁 운동가들이 주장하는 시장 기반 전략의 분권화 간의 차이를 구별하는 것이 중요하다. 핀란드는 교사가 되기 위한 준비와 전문성에 매우 집중적으로 투자한다. 결과적으로 이러한 투자는 대중과 정부로부터 교사가 유능하게 학생들을 잘 지도하고 있다는 신뢰를 촉진한다. 분권화의 민영화 버전에서는 민간 운영자에게도 결정에 대한 관리를 맡긴다. 그러나 민영화는 경험이 부족한 교사가 인건비가 더 싸기 때문에 교실에 투입되도록 허용하고 사실상 장려한다. 이때 민영화의 접근 방식은 교사가 선다형 문항인 고부담 시험을 이용해서 그들의 일을 수행할 수 있는지를 결정하려고 시도한다. 핀란드의 경우, 전 경력에 걸쳐 교사에게 투자하기 때문에 국가가 교사의 우수함을 알고 있고, 한편으로 핀란드 학생들이 PISA와 같은 국제적인 평가시험에서 특별히 좋은 결과를 얻는 추가적인 성과도 있는 것이다.

공공 기관에 대한 의존

네 번째, 교육과 경제 발전은 둘 다 정책을 기획하고, 세우는 데 주도적인 파트너인 공공 기관의 신뢰에 매우 의지해왔다. 우수한 공공 기관, 법에 대한 깊은 문화적 존중, 그리고 실질적으로 존재하지 않는 부패는 합의를 만들어가는 메커니즘 형성을 촉진한다. 이 같은 특질을 바탕으로 공공 부문과 민간 부문이 좋은 교육과 경제 성장 전략을 발전시키는 데 조화를 이루도록 하고 있다. 정책 발전과 개혁 원칙은 전통적으로 지역 활동가의 전문지식을 기반으로 한다. 지역 활동가의 경험, 의견, 능력은 최선의 방법으로 나아가도록 해준다.

이 책의 목적을 위해, 핀란드의 교육체제가 핀란드의 다른 사회 서비스 부문, 특히 의료 서비스 부문에 점차 일반화되고 있는 시장 기반 모델을 채택해왔는지를 알아보는 것은 흥미롭다. 일부 핀란드 학자들은 핀란드가 적극적으로 OECD의 정책 추천을 따라가고 있고, 1990년대 신공공관리론[4)]의 이데올로기가 핀란드에 비옥한 토대를 마련해왔다고 주장한다.[6] 새로운 용어가 그 당시 핀란드 공공 부문에 도입되었다. 성과 위주 관리 모델, 효율적인 고용주에 대한 성과급, 공공 책임성과 효율성은 모두 공공 기관의 전략과 운영 지침서에서 유행어가 되었다.

동시에, 핀란드의 학교는 초기의 중앙집권적 톱다운 경영 방식에서 지역의 협치local governance 아래 지역 주도의 자치 단위로 급진적으로 변화하고 있었다. 핀란드의 교육자들은 이러한 새로운 교육 환경에서 자유시장제도의 경영 방식으로는 교육적 효과를 얻을 수 없을 것으로 판단하였다. 교육은 인문학적 가치, 교사의 전문성, 교육적 리더십으로 특징지어졌고, 이 모두는 새로운 교육 경영 시대에 성공의 신호가 되었다. 또한 핀란드는 이웃 나라인 스웨덴의 시장 기반 전략의 초기 징후들을 지켜보며, 조사 분석했다. 스웨덴은 학부모, 이익집단, 사기업이 학교를 설립하도록 허용하는 바우처 제도를 도입하고 있었다. 조기교육, 사회개혁과 마찬가지로 핀란드는 서방 우호국들의 학교개혁을 따를지 혹은 다른 방법을 찾아야 할지 결정하기 전에, 서방 우호국들의 학교개혁이 성공했는지 알고자 했던 것이다.

핀란드는 그 당시에 다른 나라들에 비해 하나의 이점이 있었다.

---

4) 신공공관리론은 크고, 강한 행정 위주 국가 시스템의 실패에 대한 대응으로 '작지만 효율적인 정부'를 구현하기 위하여, 1980년대 이후 대처 정부와 레이건 정부로 대표되는 앵글로색슨계 나라들에서 추진된 시장 지향적인 정부 개혁에서 비롯되었다. 신공공관리론은 시장주의와 신관리주의의 결합으로 '시장주의'는 경쟁원리와 고객주의를 포함하는 개념으로, 기존의 독점적 정부 서비스에 경쟁과 고객 선택권을 최대한 적용하여 행정 서비스를 제공하라는 것이다.

1990년대 중반에 도입된 새로운 핀란드 교육과정 체제는 대부분의 학교를 소유했던 지방자치 당국에 상당히 더 많은 자유를 주었다. 더 나아가 이러한 새로운 시대는 학교에 자율권을 주었고, 이는 학교에 직접 교육과정을 구성할 기회를 주어 모든 학생들을 위한 더 좋은 학습 환경을 고안할 수 있었다. 유연함은 곧 핀란드 교육체제의 새로운 표준이 되었다. 만약 핀란드 학교가 새로운 방법으로 교수법을 설명하기를 원한다면 그들은 더 이상 일반 규정에서 벗어나기 위해 허가를 요청할 필요가 없었다. 대부분의 학교는 스스로 교육과정을 구성하고 지역의 필요와 기대를 기반으로 가치와 목적, 비전을 세웠다. 대부분의 학부모가 집 근처에 있는 학교가 만족스럽지 않다고 생각하지 않았으며 실질적으로 대안학교나 대안 프로그램이 필요하지 않았다. 이와 유사하게, 민간 부문 역시 규제가 완화되었고, 훨씬 유연한 기준이 기업과 대학 그리고 공공연구개발기관 사이에 네트워킹을 촉진하기 위해 도입되었다.

최근 핀란드의 정치적·경제적 역사는 정부, 고용주 그리고 노동자 사이의 긴밀한 협업과 의사소통을 특징으로 한다. 이들 삼자 간의 원칙은 또한 전통적으로 고용주와 노동자연합 간의 이해관계에 대한 교육과 연관된다. 정책 결정으로부터 학교와 교실에서의 개혁의 수행과 변화의 지원에 이르기까지 삼자는 1960년대 이래 모든 시민들을 위한 훌륭하고 의미 있는 교육을 보장하기 위해 긴밀하게 협업을 해오고 있다. 오늘날 핀란드 산업조합은 학교와 산업 간의 파트너십에 계속해서 자원을 제공하는 역할을 하여 구성원들이 국가정책에 대한 대화에 참여하고 공동으로 결정하고 실행할 수 있도록 이끌고 있다.

1990년대 이래로 핀란드 교육체제의 이러한 발전은 바우처, 차터 스쿨 그리고 사립학교의 확장을 통해 다른 많은 학교에서 그랬던 것처럼 왜 교육의 민영화가 핀란드 교육정책의 일부가 결코 될 수 없었는지에 대한 질문을 갖게 하였다. 전체적으로, 핀란드 교육정책의 주요한 원칙은 형평성을 기반으로 한 교육정책이 주도적인 발전 원칙이었던 1970년대 초반 이래로 크게 변하지 않았다. 핀란드는 일반적으로 다당 체계이며, 셋에서 여섯 정당으로 구성된 연립정부의 성격을 띠고 있음에도 불구하고[5], 교육은 새로운 정부 프로그램의 논쟁거리가 거의 되지 않는다. 여러 해에 걸쳐서 떠오르는 주요한 논쟁은 교육 일정과 과목 선택의 자유에 관한 것이다. 이는 곧 학교에서 교육하는 과목들에 대한 할당 시간, 즉 학생과 학부모가 그들의 학습 프로그램과 교육과정에서 스웨덴어와 종교교육과 같은 의무적인 역할을 하는 교과목을 선택할 자유를 가져야 하는 정도를 말한다. 다른 한편, 핀란드는 기술, 환경과학, 학교에서의 기업 교육을 증가시키는 데 광범위한 합의를 가져왔다. 그것들은 긍정적으로 경제 발전과 성장에 공헌하는 것처럼 보인다. 동시에 핀란드 학교정책은 전 세계적으로 점차 일반화되고 있는 세계교육개혁운동, 즉 GERM의 영향을 받지 않았다.

세계교육개혁운동

세계교육개혁운동GERM의 발상은 교육정책의 국제적인 변화와 교육체제 사이의 "최상의 방법"으로부터 진화한 것이다. GERM은 공식적인 국제정책이 아니다. 이는 비공식적 교육 의제로 교육의 질과 학업

5) 핀란드에서는 1917년 독립 이후 치러진 모든 국회의원 선거에서 단 한 번도 과반을 넘는 다수당이 출현한 적이 없다(Helsinki Sanomat, 2015. 4. 20.). 김병찬(2017), 『왜 핀란드 교육인가』에서 재인용.

성취 전반을 개선하기 위해 교육개혁 원칙으로 사용되는 특정한 전제이다.[7] 도입부에서 언급했듯이, GERM의 씨앗은 1980년대에 태어났고, 신자유주의 세계화 추세를 통해 확산되었다. GERM은 국제개발기관, 컨설팅 회사, 민간 자선가 사이에 "새로운 교육 통설"로 받아들여졌다. 그 결과 최근 전 세계적으로 교육개혁운동GERM 동향이 형성되었다. 미국, 호주, 잉글랜드, 남미 대다수 국가, 일부 스칸디나비아 반도의 국가, 그리고 개발도상국들이 이에 해당한다.

증가하는 입학 경쟁

1980년대 이후 GERM으로 특징지어지는 교육정책 및 개혁 원칙에서 최소한 다섯 가지 특징이 공통적으로 적용되었다. 이는 교육의 질 개선, 특히 학업성취도 향상을 위해 국제적으로 채택되고 있다. 첫 번째가 학교 간 입학에서 경쟁률을 높이는 것이다. 거의 모든 교육체제는 학생들의 학교교육에 관해 학부모에게 더 많은 선택을 제공하기 위해 대안학교 형식을 도입해왔다.[8] 1980년대 칠레의 바우처 시스템, 1990년대 스웨덴의 프리 스쿨, 2000년대 미국의 차터 스쿨, 2010년대 영국의 중등 아카데미secondary Academies가 교육 개선의 동력으로서 민간 시장과 경쟁에서 신뢰의 본보기들이다.

동시에 사립학교 또는 독립independent 학교[6)]에서 공부하는 혜택을 받는 학생들의 비율이 증가하고 있다.[9] 예를 들어 호주는 초등학교와 중학교 학생 중 거의 1/3이 흔히 사립학교인 비정부 학교에서 공부한다.[10] 국가 표준시험의 성취도에 따라 학교 순위를 매기는 것은 학교 간 경쟁을 훨씬 더 증가시키고 있다. OECD 자료는 OECD 국가의 교

6) 정부 보조가 없는 사립학교.

칙에 따라 PISA로 평가한 학생들의 3/4 이상이 입학을 위해 최소한 하나의 학교와 경쟁하는 학교에 다닌다는 것을 보여준다.[11] 마지막으로, 특히 많은 아시아 국가에서 학생들은 최고의 고등학교와 대학 입학을 위한 심한 경쟁 때문에 동급생보다 더 좋은 성적을 얻기 위해 더 심한 압박을 받는다.[12]

교육의 표준화

두 번째는 교육의 표준화이다. 1980년대에는 결과 기반의 교육개혁이, 1990년대 초에는 영미권 국가에서 표준 기반 교육정책이 인기가 있었다. 이러한 개혁들은 꽤 정확하게도 학생의 학습과 학교 성과를 의미하는 교육적 결과에 관심을 집중하였다. 그 결과 정책 입안자와 교육개혁가들 사이에 널리 받아들여지고 있고, 대체로 의심의 여지가 없는 믿음이 생겼다. 그것은 학교, 교사 그리고 학생을 위한 분명하고 충분히 높은 수준의 수행 표준을 설정하는 것이 바람직한 결과의 질을 반드시 향상시킬 것이라는 것이다. 이러한 표준이 어떻게 성취되었는지를 판단하기 위한 표준화된 외부 시험과 학교 평가 시스템의 시행은 원래 이러한 표준화 중심 교육정책에서 출현했다. 표준화는 모든 학생이 동일하고, 야심에 찬 학습 목표로 교육받아야 한다는 가정을 이끌었다. 결국 이러한 개념은 전 세계적으로 표준화된 교육과정의 확산과 교육정책의 동질화로 나아갔다. 1990년대 영국의 국가수준 교육과정National Curriculum, 2010년대 독일의 국가수준 새 교육과정New National Education, 미국의 국가수준 핵심성취기준Common Core State Standards이 학교에서 교수법과 학습에 일관성과 질을 부여하려는 시도의 예이다.

문해력과 수리력에 중점

세계교육개혁운동의 공통된 세 번째 특징은 교육과정에서 문해력과 수리력 같은 '핵심 과목에 초점'을 맞추는 것이다. 독서, 작문, 수학, 자연과학에서의 기본적인 학생 지식과 능력은 주요한 목표와 교육개혁 지표로서 도출된다. 교육성과의 지표로 OECD의 PISA, IEA의 팀스TIMSS, 펄스PIRLS 같은 국제적인 학생 평가를 수용하기 때문에 이러한 핵심 과목으로 학생들이 공부하는 것, 교사가 가르치는 것, 학교가 강조하는 것, 국가교육정책이 우선시하는 것으로 세계 대부분 지역에서 현재 지배적이다. OECD와 많은 국가의 연구에 따르면, 국가 교육정책은 특히 PISA와 같은 국제학생평가에 의해 점차 영향을 받고 있다.[13] 누가 국제학생평가에서 상위권을 차지하는지에 관해서 국가들 사이에 훨씬 더 많은 경쟁이 있는 것처럼 보인다.

잉글랜드와 온타리오에서 소위 핵심 과목 강의 시간을 늘렸던 문해력과 수리력 전략은 세계교육개혁운동의 구체적인 계획에 따른 사례이다. 미국에서는 아동낙오방지법No Child Left Behind[7)]으로 인해, 학생들이 문해력과 수학에서 학생의 성취도를 측정하는 국가시험을 더 잘 준비할 수 있도록 대부분의 학군이 특히 사회, 미술, 음악과 같은 다른 과목 시간을 핵심 과목으로 대체하고, 많은 학교에서 쉬는 시간을

---

7) 아동낙오방지법(No Child Left Behind, NCLB)은 1990년대 미국 전역에서 학업성취도 평균이 현저히 낮아지자 1965년에 제정된 초중등교육법(the Elementary and Secondary Education Act, ESEA)을 2002년 부시 정권 때 개정하면서 만든 법안의 별칭이다. 유치원부터 고교까지 모든 학년에서 낙오하는 학생이 없도록 한다는 취지로 매년 학업성취도 평가 후 연간 적정한 향상도를 보이지 못하면 연방정부에서 그 학교의 재정 지원을 삭감한다는 것이 골자다. 한편, 오바마 정부에 들어서 아동낙오방지법이 지나치게 시험 결과에만 치중한 나머지 교육의 과정, 비판적인 사고력이나 창의성, 협력 등이 경시돼왔다는 비판이 거세졌다. 또한 학생의 시험 점수로 교사나 학교 평가가 이뤄지면서 교육의 질이 오히려 떨어진다는 문제도 제기됐다. 이에 따라 오바마 정부에서는 '아동낙오방지법'을 대체하는 법안으로, 공교육을 강화하고 교사·학교 평가 방식을 개선하는 '모든 학생 성공법Every Student Succeeds Act'을 추진했다. 하지만 트럼프 대통령은 2017년 3월 각 주정부의 교육정책에 대한 연방정부의 과도한 권한 남용이라고 비판하며, '모든 학생 성공법' 의무이행 규칙을 폐지하는 법안에 서명하였다.

폐지함으로써 학생들의 놀이 시간을 빼앗는 결과를 가져왔다.[14] 그래서 미국, 잉글랜드, 중동의 많은 사립학교들은 학문적으로 엄격하고, 행동 규율을 중시하는 학교 제공이라는 면에서 사업 가능성을 보아왔다. 그렇지만 삶과 직장에서의 성공이란 호기심이 많고, 다른 사람과 함께 일하는 방식을 알며, 어려운 문제를 해결할 수 있으며, 리더십을 터득한 젊은이에게 주어진다.

시험을 기반으로 한 책무성

네 번째 특징은 표준화된 외부 시험을 통해 교사와 학교에게 학생의 성취도를 책임지게 하는 것, 즉 '시험을 기반으로 한 책무성'이다. 학교 성과, 특히 학생의 성적을 올리는 것은 학교와 교사에 대한 평가, 조사 그리고 보상 혹은 제재를 가하는 과정과 밀접하게 관련되어 있다. 성과급, 교사 휴게실의 데이터 게시판data wall, 신문의 학교 순위 매기기는 주로 외부에서 만들어진 표준화된 학생시험과 교사 평가로부터 자주 데이터를 모으는 새로운 책무성 기제의 사례들이다. 시험을 기반으로 한 책무성의 문제는 학생, 교사, 학교가 책임을 지는 것뿐만 아니라 책무성 기제가 학교에서의 교사의 일과 학생의 공부에 다소 영향을 미친다는 점이다. 학교 책무성이 저품질 저비용의 표준 시험에 의지할 때마다, 대부분이 그렇듯이 책임이 거세된 책무성만 남겨진다.

학교 선택

다섯 번째, 교육개혁에서 세계적으로 관찰되는 추세는 학교 선택의 증가이다. 부모의 선택권Parental choice은 1950년대 밀턴 프리드먼의 경제학 이론의 결과로서 흔히 알려지게 되었다. 프리드먼과 도널드 레이건 대통령을 포함한 그의 제자들, 조언자들은 학부모의 다양한 필요를 더 잘 충족시키기 위해서 학부모에게 자녀 교육을 선택할 자유를 주어야 하고, 그리하여 학교 사이에 건강한 경쟁을 촉진해야만 한다고 말한다. 일반적으로, 학교 선택은 학부모가 자녀들의 교육을 위해 수업료를 내는 사립학교의 출현을 통해 그 자체로 분명해진다. 오늘날 교육 시장에서 선택을 확장하기 위해 학비를 기반으로 한 사립학교 이외에 다양한 형태의 많은 대안학교가 있다. 미국의 차터 스쿨, 스웨덴의 프리 스쿨Free schools, 영국의 후기 중등 아카데미upper-secondary school academies, 네덜란드의 종교학교들이 학부모의 선택을 향상시키는 메커니즘의 예이다. 이러한 학교 선택 이데올로기는 학부모가 자녀의 교육을 위해 사립이든지 공립이든지 적합한 학교를 선택하기 위해 별도로 책정된 공적 자금을 이용해야만 한다고 주장한다.

핀란드에서는 GERM을 적용했던 다른 많은 국가들의 교육정책들과는 달리 [표 5.1]에서 언급된 GERM의 어떤 요소도 채택하지 않았다. 물론 그렇다고 해서 핀란드 학교에서의 표준화, 기초역량 학습, 혹은 책무성이 없다는 것을 의미하는 것은 아니다. 또한 GERM의 각 요소들에 대한 핀란드와 다른 국가 간의 이러한 차이는 이분법적이지는 않다. 핀란드 정책이 함의하는 바는 다음과 같다. 즉 대안적 정책을 사용하여 좋은 교육제도가 등장할 수 있다는 것이다. 그리고 그러한 핀란드 정책은 아마도 전 세계 교육정책 시장에서 공통적으로 발견되고 있고 또 장려되는 것과는 상반된다.

GERM은 공교육의 민영화를 증대시키는 경향을 강화해왔다. 가장 주목할 만한 점은 대부분의 경우 공립학교와 함께 민간 공급자가 학교를 운영하도록 함으로써 촉진할 수 있는 학교 선택과 경쟁에 대한 집중을 통해 영향을 미친다는 것이다. 기업가적인 측면에서 결과론적인

[표 5.1] 세계교육운동과 핀란드 교육 혁신 모델

세계교육개혁운동 모델(GERM)	핀란드 모델
학교 사이의 경쟁 경쟁이 궁극적으로 서비스의 질, 생산성, 효율성을 향상시키는 시장기제로 작용한다는 것이 기본 가정이다. 공립학교가 차터 스쿨, 프리 스쿨, 인디펜던트 스쿨 그리고 사립학교와 경쟁할 때, 결국 교수법과 학습을 향상시킬 것이다.	학교 간 협업 교육은 학교 간 협력, 네트워킹, 그리고 생각의 공유가 궁극적으로 교육의 질 향상을 가져온다는 것이 기본 가정이다. 학교가 협업하면, 그들은 서로 돕고, 교사가 교실에서 협력의 문화를 만들도록 돕는다.
표준화된 학습 결과의 질과 형평성을 향상하기 위해 모든 학교, 교사 그리고 학생을 대상으로 한 성과 목표를 분명하고 높게, 그리고 중앙에서 규정하기. 이것은 측정치 및 데이터의 일관성과 공통 기준을 확실히 하기 위해 외부에서 고안된 교육과정을 통하여 표준화된 교수법의 결과를 도출한다.	개별 맞춤식 학습 학교 기반 교육과정을 계획하기 위해 분명하지만 유연한 국가 틀 세우기. 모두를 위한 개별 맞춤식 학습 기회를 제공하는 최선의 방법을 위하여 학교 기반의 개별 맞춤식 해결책이 국가의 목표가 되도록 장려하기. 특수교육의 필요성이 있는 사람들을 위한 개별화된 학습 계획 이용하기.
문해력과 수리력에 집중 읽기, 쓰기, 수학, 그리고 자연과학에서 기초 지식과 역량은 교육개혁의 주요한 목표로서의 역할을 한다. 보통 이러한 과목을 위한 강의 시간은 다른 과목(미술과 음악 같은, 특히 문예체 수업) 시간의 감소의 대가로 증가한다.	전인적 아동 발달에 집중 교수학습과 학습이 전인 발달에 집중함으로써 인간의 인성, 도덕적 특성, 창조성, 지식, 윤리 그리고 역량의 성장 등 모든 면에 공평한 가치를 주는 것이다. 강의 시간과 자원은 공평하게 교육과정의 다양한 분야에 분배된다.
시험 기반 책무성 학교 성과와 학생 성취도 향상은 승진, 점검 그리고 궁극적으로 학교와 교사를 보상하는 과정과 긴밀히 연결되어 있다. 교사의 월급과 학교 예산은 학생의 점수에 의해 결정된다. 제재는 고용을 끝내거나 학교문을 닫는 것을 자주 포함한다. 전체 인구 조사 기반을 둔 학생 평가와 데이터는 정책결정의 정보를 알리기 위해 이용된다.	신뢰 기반 책임 점진적으로 학생을 위한 최선이 무엇인지 판단하는 데 교사와 주요한 전문성에 가치를 두는 교육체제 내에서 책임과 신뢰 문화를 형성하기. 낙제할 위험에 있거나 뒤처질 위험에 있는 학교와 학생에 대한 자원 지원을 목표로 하기. 표본 기반 학생 평가와 주제연구는 정책결정을 알리기 위해 이용된다.
학교 선택 학교 간 건강한 경쟁이 가족의 필요를 더 잘 충족시키는 한편, 학부모가 자녀의 교육을 선택할 자유가 있어야 함을 기본 전제로 한다. 이상적이게, 학부모는 자녀의 교육을 위해-사립인지 공립인지-적합한 학교를 선택하기 위해 별도로 책정된 공적 자금을 이용할 수 있어야 한다.	교육 결과의 공평성 모든 학생은 학교에서의 교육적 성공에 대해 공평한 전망을 가져야 한다는 것이 기본적인 전제이다. 왜냐하면 학교교육은 자녀의 가족 배경과 연관 요소에 의해 강하게 영향을 받기 때문에, 결과의 공평성은 이러한 불공평을 조치할 실제 필요성에 따라 학교에 공적 재원이 모아질 필요가 있다. 학교 선택은 교육 결과의 불평등을 증가시키는 분리의 결과를 초래한다.

책무성을 묻는 경우, 표준시험에서 예상보다 낮은 점수의 결과로 학교를 문 닫게 만들거나 혹은 민간 운영자에게 학교를 넘겨주는 결과를 도출하기도 한다. 국가표준에 맞춘 새로운 학생 평가와 시험은 매우 실망스럽고, 심지어 학교에 새로운 문제를 야기하곤 한다. 하지만 교육 표준화 의제는 그 효율성과 교육적인 질 향상을 보장한다고 보기 때문에 정치적으로, 그리고 전문적으로 기본적인 변화의 이데올로기로서 광범위하게 받아들여지고 있는 실정이다.

교사에 대한 공적 투자

핀란드 교육 모델과 GERM 사이의 주요한 차이는 핀란드가 교사의 전문성을 강화하는 데 투자를 집중한다는 것이다. 2004년 실시된 고등학교 학생들을 대상으로 한 여론조사에 의하면,[15] 핀란드 학생들은 교사를 가장 선호하는 직업으로 선정했으며, 또한 최근에는 초등학교 교사를 가장 매력적인 직업으로 생각하고 있다고 밝혔다. 핀란드에서는 매우 경쟁적인 과정을 통해서 초등학교 교사가 될 수 있다.[16] 핀란드에서는 최고의, 매우 열정적인 학생들만이 이러한 전문가의 꿈을 이룰 수 있다. 매년 봄 수천 명의 고등학교 졸업생들이 핀란드의 대학 교원양성과정에 지원한다. 보통 고등학교를 마치고 엄격한 대학입학시험을 통과하는 것으로는 충분하지 않다. 사범대학 진학에 성공하는 수험생들은 탁월한 대인관계 능력과 학교에서 가르치고 일하는 것에 깊은 개인적 열정을 가지고 있어야만 한다. 해마다 열 명의 지원자 중에서 대략 한 명만이 초등학교 교사가 되기 위한 공부를 할 수 있게 된다. 또한 모든 사범교육학과 지원자 2만 명 중에서 대략 5,000명이 예비 교사가 된다.

핀란드에서 학생들이 교사가 되길 희망하는 이유는 임금 때문이 아니다. 교사의 임금은 국가의 평균 월급 수준이다. 이는 일반적으로 OECD 국가에서 중간 경력의 중등학교 교사 연봉은 대략 4만 2,600달러이다.[17] 핀란드에서 교직을 선택하는 것은 연봉 때문이 아니라 교사의 높은 사회적 명성과 교사의 전문적인 자율성, 그리고 공공선을 실현한다는 자부심 때문이다. 그래서 핀란드 학생들은 대학 공부를 통해 전문직업인이 되는 것과 똑같이 교직을 생각한다.

핀란드의 초중고 교사는 석사학위가 있어야 한다. 취학전 학교, 유치원 교사도 학위가 있어야 한다. 핀란드에서 교사 학위를 받을 수 있는 대안적인 방법은 없다. 대학 학위는 교직에 대한 자격증을 포함하고 있다. 초등학교 교사는 교육을 전공하지만, 중등학교 교사는 교육학적 내용과 지식을 구성하는 교수법뿐 아니라 수학과 같은 특정한 과목을 공부하는 데 집중하고 있다.

교사교육은 연구와 실행 그리고 그 결과의 반영을 토대로 하는데, 이는 과학적 지식에 의해 뒷받침되어야 하고, 연구를 수행하는 데 이용되는 사고 과정과 인지 역량 향상에 집중한다는 것을 의미한다. 모든 학생은 교육 이론, 내용 그리고 특정 과목 교수법과 더불어, 교육 실습과 관련된 주제에 대해 석사 논문을 제출하여 통과해야 한다. 교직에 대한 석사학위 논문 심사를 성공적으로 마치는 데에는 학사학위를 포함하여 연구 분야에 따라 5년에서 7년 반 정도 걸린다.[18]

성취도가 높은 다른 국가에서처럼, 핀란드의 학교는 좋은 강의를 위해 교사들의 정기적인 협업을 위한 시간을 제공한다. 핀란드에서 교사들은 함께 교육과정 계획을 세우고 향상시키기 위해 보통 방과 후에 최소한 매주 한 번씩 만난다. 그리고 같은 자치구에 있는 학교들은 학습 자료 공유를 위해 함께 일하는 것을 장려한다. 또한 교사는 본인의 업무 일정 내에서 전문성 향상을 위한 시간을 보장받는다.[19]

몇몇 보도에 따르면, 교육체제를 구성하는 핀란드의 접근 방식에서 좋은 강의와 전문성 향상을 위한 집중적인 투자는 학교교육의 효율적인 교수법의 일반화를 강화하는 결과를 가져오고 있다. 핀란드 정부는 핀란드 교사에 대해 아래와 같이 언급한다.

> 교사에게 권한을 부여하여 좋은 결과를 낳았다. 전문적인 교사는 학습을 향상시키는 새로운 방법을 찾으려고 노력하며, 혁신적인 공간을 만들어낸다. 교사란 엄격하게 지시된 일정을 이행하는 기술인처럼 간주되는 것이 아니라 오히려 모두를 위한 학습을 향상시킬 방법을 아는 전문가로서 간주되어야 한다. 이 모든 것이 도전이다. 확실하게 교직 프로그램에는 도전이 필요하다. 교육체제는 교사를 통해서 작동하기 때문에 교사는 가장 중요한 교육적 위치에 있다.[20]

핀란드 교육체제에서 교육 형평성을 위해 교사에게 초점을 맞추는 것은 매우 효과가 있었다. 하지만 이와 마찬가지로 공적 기관 및 학교 지배구조, 그리고 교육재정과 관련하여 견지해야 할 강한 원칙들이 있다.

핀란드 학교의 지배구조와 재원 조달

핀란드 교육체제는 형평성에 집중하며 1970년대 이래 변화해왔다. 하지만 이러한 변화는 민영화 대신에 공적 투자와 협업에 근거해왔고, 이는 교사의 전문성과 지역 역량 강화에 투자함으로써 교육을 향상시키는 국제적인 사례가 되었다. 1990년까지는 중앙집권적인 교육 경영이 이루어졌는데, 일반교육과 직업교육을 담당하는 두 곳의 국가위원회National Board와 교육문화부에서 큰 역할을 맡았었다. 또한 1990년대에 교육에 관한 많은 권한들이 지방자치단체와 학교로 이동되는 공공행정의 변화 및 교육행정의 새로운 제도들을 경험하게 되었다.

새로운 중앙 단위 담당 기관인 국가교육위원회National Board of Education는 두 개의 국가위원회National Board를 대체했고, 지금은 학교와 교사에게 전문적인 지원 서비스를 제공하면서 교육과정 개발과 평가를 맡고 있다. 교육문화부는 교육에 대한 정책과 입법 및 교육재정을 담당한다. 동시에 지방정부의 권한은 상당히 줄어들었는데, 다만 현재의 교육을 운영하는 한정된 역할만을 맡음으로써 학교교육에 대한 더 많은 책임이 지방자치 수준으로 이동하게 된다.

지방정부의 주요한 역할

핀란드 교육을 이해하는 핵심 요소는 교육을 계획하고, 수행하며, 평가를 담당하는 지방정부와 교장의 역할이다. 핀란드 지방자치단체는 규모가 다양한데, 평균 인구수는 약 1만 2,000명이다. 대부분은 규모가 아주 작아서 모든 주민들을 위한 서비스를 지자체의 힘만으로 스스로 조직할 수 있는 것은 아니다. 그래서 많은 이들이 연방을 형성하기 위해 힘을 모으기도 한다. 이러한 이유로 핀란드는 1995년 455개의 지방자치단체에서 2015년에는 317개로 그 수가 감소했으며, 더 나아가 고령화와 이농 현상의 영향까지 받게 되었다. 이와 동시에 1990년대 지방자치단체의 통합 및 규제개혁과 재정개혁을 통해 지방자치단체들은 교육을 포함해 공공 서비스를 자율적으로 운영할 수 있게 되었다.

핀란드 지방정부가 교육을 경영하는 방식에는 지역마다 뚜렷한 차이가 있지만, 교육 부문의 발전을 감독하는 것은 대체로 지방자치단체 혹은 지방교육단체 연합이다. 지방자치단체는 법이 정하고 있는 규정대로 모든 필수 요목과 관련된 정부 프로그램을 시민들에게 제공하기 위해 중앙정부로부터 보조금을 일시불로 받는다. 많은 지방자치단체에게 지역사회의 리더십과 지역 경영을 통해 중앙정부와 지방정부의 이러한 유연한 관계는 교육의 질을 발전시키고 유지하는 데 핵심적 역할을 한다. 중앙정부가 더 이상 교육재정을 배정하지 않기 때문에 지방자치단체와 교육 당국은 중앙정부와는 독립적으로 학교운영과 관련된 결정을 한다. 또한 지방의회는 매년 예산에 교육과 다른 공공 서비스 자금을 얼마나 할당할지에 관한 최종 결정도 하고 있다. 교육에 관한 이러한 조직적 접근 방식은 지방 공무원과 교장의 경영 및 리더십을 좋은 교육을 제공하는 데 가장 중요한 요소로 전환하게 한다.

핀란드 교육에서 교장의 역할은 1990년대 이래 극적으로 변해왔다. 교장은 학교의 교육적 지도자일 뿐만 아니라 재정과 인사, 그리고 학교의 전체적인 운영을 책임지는 관리자이다. 하지만 핀란드의 학교 리더십은 경영 업무를 위해 요구되는 막대한 시간에도 불구하고, 교육학적인 리더십에 초점을 맞춰왔다. 이전의 교장은 교육을 잘 수행해서 승진한 경험이 있는 고참 선생님이었다. 오늘날의 교장은 교육 발전을 이해하고 학교를 이끌어갈 강고한 경영 역량을 갖춘 자질 있는 리더이자 교사이어야 한다. 새 교장은 후보자의 적합성을 묻는 인터뷰나 심리검사를 사용하여 후보자의 인성과 리더십 역량을 평가하고 확인하는 절차를 토대로 선발한다. 교장직의 최고 필수 요건은 사범교육, 교직 경험, 학교에서의 리더십을 포함한 교육 분야의 자격증들이다.

학교 재정

핀란드 헌법은 모든 사람이 무상으로 공식적인 교육을 받을 권리가 있다고 규정하고 있다. 또한 핀란드의 모든 학교는 정부로부터 재정 지원을 받으며, 정부가 인가한 75여 개 "독립independent"학교를 포함하여 모든 학교는 공적 자금 지원을 받는다. 이러한 독립학교는 종교학교, 루돌프 슈타이너 학교Rudolf Steiner schools, 다양한 외국어 학교, 예를 들어 영어 학교, 독일어 학교, 핀란드어-러시아어 학교, 핀란드어-프랑스어 학교 등과 대학 부설 사범학교를 포함한다. 이러한 모든 학교들은 일반 공립학교 네트워크 내에서 운영된다. 이때 중요한 점은 민간 교육기관들은 학생 수업료를 받는 것이 금지된다는 점이다. 이는 교육 자원이 불평등하게 분배되지 않도록 보장하기 위해서이고, 교육에 대한 접근과 교육적 질에서 불평등을 야기하기 때문이다. 국가 보조금 체계는 아래에서 설명하는 대로 수요자 기준으로 예산을 편성하기 위해 1990년대 초에 전면적으로 개선했다. 이러한 재정 개혁은 경기 침체기에 실시되었는데, 이때 직업고등학교 학생들의 수를 늘리도록 장려했기 때문에 개혁 시기는 마침 좋았다. 그리하여 직업교육 체계는 전체 비용을 확대하지 않고도 증가하는 학생들을 수용할 수 있었다.

직업고등학교는 인기를 끌게 되었고, 16살에 의무교육을 마친 핀란드 학생들이 계열을 선택할 때 이들 학교는 경쟁력 있는 교육 선택지 중 하나가 되었다. 1990년대 이전 이러한 직업학교는 일반 고등학교에 들어가는 데 실패한 학생들이 차선 혹은 마지막으로 선택하는 곳이었다. 오늘날 핀란드 직업고등학교 학생들은 대부분 자진해서 입학한다. 예비 대학교육을 제공하는 핀란드의 지방자치단체 혹은 지방정부 조직들은 모든 16세 학생들에게 학습할 공간 선택을 보장하는데, 이러한 정책은 학생 자신의 선호를 토대로 한다. 고등학교의 교육 프로그램은 학생들이 두 개의 고등학교 교육 부문 간 이동을 허용하는 방식으로 구성되어 있다. 고등학교 교육에서 형평성은 체계적인 학력 관리 지침과 좋은 학교로의 평등한 접근을 의미하며, 또한 특수교육이 필요한 학생들을 지원하는 포괄적인 교육을 통해서 실현된다. 한편, 핀란드의 몇몇 직업교육기관은 지방자치단체나 지방자치단체 클러스터의 소유와 경영 아래 운영되는 민간단체가 사실상 소유하고 있다.

지방자치단체와 국가는 핀란드 9년의 의무기초교육의 재정을 공동 부담한다. 지방교육체제에 대한 정부 보조금은 인구밀도와 핀란드어-스웨덴어 구사자, 섬의 수,[8] 특수교육 대상 학생 수, 13~15세 학생의 수와 같은 지역적 상황을 고려한 특정한 공식을 사용하여 책정된다. 그 결과가 모든 지방자치단체의 지출비 평균을 토대로 하여 추정된 지방교육비용이다. 이러한 총 금액을 기반으로 하여, 지방자치단체의 인구와 일인당 총계를 토대로 해서 추정치가 산출된다. 각 사람당 계산되는 체계의 결과로서, 정부의 재정보조는 정부가 정한 단가이며 학교가 아니라 학생에게 적용된다. 한편 GERM 모델에서도 몇몇 바우처 찬성자들은 학생을 기준으로 적용하는 재정 지원에 찬성하지만, 이와 달리, 핀란드 재정계획은 형평성 있는 교육 자원 분배를 기반으로 하고 있다. 또한 민간 보조금을 통한 자원 충원으로 인한 재정 불균형을 허용하지 않는다는 점에서 [GERM 모델과] 다르다.

국가 보조금 체계의 주요한 원칙은 지방자치단체의 역량에 대한 신뢰이며 전국적으로 학생의 자유로운 이동을 보장하는 것이다. 또한 국가 보조금 체계를 개혁하기 위해 재정 권한의 일부를 각 부처에서 내

8) 발트해에 있는 핀란드 군도에는 거의 8만 개의 섬이 있다.

무부로 이동하는데 내무부는 지방 행정을 책임진다. 내무부는 광범위하고 다양한 세금 기반이 있는 부유한 지역 간의 수준을 맞추기 위해서 지방자치단체로 일반 보조금을 지원한다. 그러한 예산 분배는 재정이 탄탄한 지방자치단체에는 보조금을 줄이고, 재정이 부족한 자치단체에는 보조금을 확대하는 방식이다.

이러한 재정 지원 절차는 단지 학생의 입학을 기반으로 할 뿐 아니라 또한 얼마나 많은 학생들이 졸업할지에 따라 학교가 재정적 인센티브를 받을 때 교육체제의 효율성을 증가시킨다. 그것은 최소한, 지방정부와 고등학교 교장이 가능한 한 많은 학생들의 성공적인 졸업을 돕는 학교의 서비스를 구상하고 그 메커니즘을 지원하도록 한다. 지방정부는 지방자치단체의 몫으로 공제하는 것 없이 학생 1인당 총금액으로 국가 보조금을 받는다. 이러한 국가 보조금은 여러 학교와 프로그램에 적절하게 할당하기 위해 교육기관 담당자가 전담하고 있다. 한편, 독립 학교는 정부 예산에서 재정 지원을 직접 받는다. 이 지원은 통상 1인당 학생 교육비에서 계수에 따른 차감된 금액으로, 이는 여타 학교보다 저비용으로 학교를 운영해야 한다는 것을 의미한다.

최근 정책 입안자들은 학교 성과와 교육재정을 연결하는 방식을 연구해왔다. 2002년도에서 2005년도까지, 소규모의 직업교육 재정을 졸업생의 취업자 수와 진학률, 중퇴율 및 자질 있는 교사의 비율과 교사연수에 대한 투자 등과 같은 지수에 대한 개선을 보여온 학교에 배분했다. 하지만 이러한 결과 기반 재정 운용은 여전히 제한적이며 단지 전체 교육비용의 2퍼센트에 불과하다. 이는 교육의 질 제고라는 정부의 목적에 집중하여 성취할 정도로 잠재적으로 강력한 방법을 창출했다. 이러한 체제는 2006년도에 상설되었고, 추후 여타 고등학교로 확산될 예정이다.

국가적으로 볼 때 핀란드가 다른 산업 국가들보다 교육비를 더 많이 지출한 것은 아니다. 2012년에 핀란드의 교육비는 GDP의 약 6.5%였고, 이는 OECD 국가 평균 수준이다(OECD, 2014). 민간 재단 및 기업의 교육비 출연은 없다. 다만, 전체 교육비 가운데 (고등교육 포함) 약 2.5% 정도는 고등학교 교과서 구입비 명목 등으로 개별 가정이 분담하고 있다.

비非핀란드적 비즈니스: 학교 시장과 민영화

핀란드 교육이 찬양받는 이유는 국제적으로 높이 평가되는 학생들의 학업성취도와 사회체제 전반에 영향을 미치는 교육 평등을 어떻게 성취해왔는지 때문만은 아니다. 그것은 핀란드 교육체제가 어떻게 세계교육개혁운동에 전염되지 않았는지 하는 점 때문이기도 하다. 핀란드 교육체제가 달성한 현재의 진화가 늘 순조로웠거나 비판을 받지 않았다고 판단하는 것은 오판이다. 핀란드 교육체제 역시 더 많이 시장 기반 교육정책의 방향으로 변화할 수 있었고, 공교육의 점진적인 민영화가 실제 대안이 되었던 역사적인 순간들도 있었다.

새로운 종합학교 체제

새로운 종합학교 체제와 관련 제도가 시행되던 1970년대, 대다수 사립 문법학교가 공립학교 네트워크로 합병되었다. 당시 교육개혁의 골자는 모든 아동들은 사회적 구성원이 다양한 교실에서 동일한 교육 목적을 가진 비슷한 학교에 다녀야 한다는 것이었다. 당시 이 주장에 대한 정치적 지지가 충분히 있었지만, 일각에서는 이러한 개혁이 단순히 좋지 않은 생각일뿐더러 나아가 모든 학생이 동일한 목표를 가지고 학습할 수 있다는 기대가 비현실적이라고 주장했다.

핀란드의 새로운 종합학교는 특정 정치인과 재계의 일부로부터 제기된 강력한 반대에 직면하였다. 하지만 대다수 핀란드 재계 지도자들은 이러한 새로운 학교체제가 지향하는 목표와 시행 방법을 철저하게 따랐다. 대부분의 사립학교가 정체성을 잃고 지방자치단체 공립학교 체제의 일부가 되었을 때, 학부모들이 지불했던 모든 수업료도 폐지되었다. 친시장주의 정책을 연구하는 싱크 탱크인 핀란드 비즈니스 정책 포럼The Finnish Business and Policy Forum은 이렇게 진행 중인 학교 개혁을 반대했던 재단에 자금을 지원했고, 새로운 학교의 대체물로 사립학교 추진을 원했다. 의회의 보수적인 우파는 새로운 학교 옹호자들을 사회주의자라고 비난했으며, 또한 평등과 교육 형평성에 기초한 학교 모델은 1970년대와 1980년대의 꾸준한 경제적 성장과 핀란드의 번영을 위태롭게 할 것이라고 경고했다. 의회의 다른 진영, 특히 사회민주당Social Democrats은 핀란드에서 모든 아이들을 위한 좋은 교육을 보장하고, 그로 인해 모든 핀란드 사회의 복지와 번영을 향상시킬 것이라고 주장하면서 개혁을 옹호했다.

또한 이 논쟁들은 전문성을 갖춘 노동력으로 국제 경쟁에서 뒤떨어지지 않기 위한 새로운 종합학교의 역량도 다루어지고 있다. 비판자들은 새로운 학교가 능력별 계별화와 선별화ability tracking and streaming를 제한할 때, 학교에서 최고의 능력과 재능을 가진 학생들이 그들의 기량을 맘껏 펼칠 수 없다는 것을 두려워했다. 또 몇몇 비판자들은 사회적 평등에 대한 강조는 개성에 대한 억압의 결과를 가져왔다고 주장한다. 그에 대한 해결책으로 재능 있는 학생들을 위한 특수-영재-학교가 제안되기도 했다. 1987년 11월에 총리는 아래와 같은 방법으로 핀란드 학교장 연례 모임Finnish School Principal에서 이러한 우려를 제기하였다.

> 누구나 모든 것을 학습 할 수 있다고 믿는다면, 종합학교의 목적은 너무 높게 설정된다. 모든 학생들을 실현 불가능한 종합학교 수준으로 교육시키려고 노력할 때, 작은 국가의 재정적 정신적 자원이 희망이 없는 일에 낭비되고 있다. 이와 같이 낭비되는 교육 자원은 국제적으로 인정받는, 높은 수준으로 다른 분야에 재능 있는 사람들을 교육시키기 위해 투자할 필요가 있다. 오로지 그렇게 교육에 대한 투자를 할 때, 우리는 치열한 과학과 경제의 지위를 유지할 수 있다.[21]

최고위층 정치 리더의 이러한 인식에 고무되어, 핀란드의 재계 지도자들은 1988년에 새로운 핀란드 종합학교의 실제 현황을 확인하는 조사를 시작했다. 학교가 학생들의 재능을 죽인다는 것은 암울한 결론이다. 다시 말해, 그 체제는 모든 학교와 교실에 통합된 교육과정을 시행하는 방법으로 사회적 평등을 고수하기 때문에 능력 있고 재능 있는 학생들의 잠재력을 완전히 발달시키지 못한다. 이러한 결론은 우연히도 경제의 규제 완화와 일치한다. 그 교육체제는 핀란드 사회를 더욱더 많이 자유시장경제로 전이하도록 보조해야만 했다. 후기-산업경제에서 지식기반경제로의 경제적 패러다임의 전환은 능력 있고, 재능 있는 학생들에게는 자유롭게 진학할 수 있는 기회를 제공하고, 평범한 학생들에게는, 특히 수학과 과학을 기다리지 말아야 한다고 주장한 사람들—수상처럼—이 있었다.

새로이 등장한 신공공관리론 모델에 따르면, 핀란드 교육체제를 개혁하려고 하는 캠페인은 1990년대까지 계속되었다. 몇몇 핀란드 사람들은 핀란드의 공교육을 다양화하는 방법으로 영국의 1988년도 교육 개혁법(Education Reform Act, 모두를 위한 최초의 국가수준 공통 교육과정 및 목표), 뉴질랜드의 결과 기반 교육정책, 미국의 표준 기반 모델, 그리고 특히 스웨덴 프리 스쿨의 자유주의적 바우처 등을 적합한 대안으로 보았다. 그들은 교육을 향상시키기 위한 수단으로 더 많은 부모의 학교 선택과 학생 입학에 대한 학교 간 증가하는 경쟁, 재능 있는 학생들을 위한 학교의 조기 특성화를 인용하여 제시했다. 이에 따라 지역 수준의 책무성을 강화하고, 교육제도상 다른 국가와의 간극을 좁히기 위한 필수적 방안으로 국가수준 학업성취도 평가 및 정규시험이 제안되었다.

비록, 연구 결과는 학생들이 새로운 종합학교에서 이전보다 덜 배우고 있지 않다는 것을 증명했지만, 새로운 종합학교에 대한 비판은 1990년대 말까지 지속되었으며, 더 격렬해졌다.[22] 1990년대 중반에 교육과정 계획과 학교 개선, 학생 평가의 책임을 지방자치단체와 학교로 이동한 것은 교사와 교장에 대한 지지를 더 강화시켜서 시장경제 모델을 사용하지 않고도 핀란드 학교체제를 발전시켜갈 수 있었다.

2001년 12월 초에 처음으로 PISA 연구 결과가 세계 언론을 통해 발표되었을 때, 새로운 종합학교에 대해 신랄한 비난을 퍼붓던 목소리들이 갑자기 잠잠해졌다.[23] 핀란드는 중등학교 저학년(15세) 말에 치러지는 읽기, 수학, 과학 시험에서 다른 모든 OECD 국가보다 더 나은 결과를 보였다. 사실 핀란드 종합학교는 실현 가능성 있는 바람직한 교육체제 개혁으로 국제적인 유효성을 가졌다. 역설적으로, OECD의 PISA 연구는 차후에 입증된 세계교육개혁GERM의 해로운 영향으로부터 핀란드 학교를 구해냈다. 이후 핀란드에서는 학교체제의 민영화에 관한 논쟁들이 더 이상 심각하게 제기되지 않게 되었다.

핀란드 종합학교는 빠르게 국제적으로 인정받는 성공 신화를 이루었다. 핀란드 사람들은 그들 자신도 교육기회의 평등과 형평성을 위한 초기 투자가 모든 학교체제를 잘 작동하게 하는 최고의 방법이라고 확신하게 되었다. 수천 명의 외국 방문객들이 핀란드의 기적을 보러 왔지만 핀란드 사회가 전체적으로 어린이와 청소년들을 돌보고 후원하기 위해 어떻게 서로 조율하고, 협력하는지는 보지 못했다. 핀란드 교사와 학생들은 일상적으로 학교에서 하는 것에는 특별한 것이 없다고 생각했기 때문에 대다수 그들에게는 PISA가 가져온 영광은 예상 밖이었고, 일선 교사와 학생들에겐 때로는 불편한 일이었다. 이러한 국제적인 조명을 받게 됨으로써 핀란드의 많은 정책 입안자와 정치인들은 교육에서 몇몇 주요한 변화를 만드는 데 관심을 기울이게 되었다.

한편, 동시에 핀란드는 주변 세계와 함께 변화하고 있었다. 새로운 세대의 아동들은 더 빠른 삶의 속도와 새로운 글로벌 의사소통, 엔터테인먼트와 디지털 테크놀로지를 즐기는 여가 문화에 의해 형성된 새로운 태도, 기대 그리고 습관을 가지고 학교에 입학했다. 결과적으로 최소한 어느 정도는 학생들의(특히 남학생들) 읽기와 수학의 성취도가 떨어지기 시작했다. 많은 외부 관찰자들은 핀란드의 정책 결정자들이 예상보다 낮은 성과를 위한 치유책으로 경쟁과 표준화, 책무성, 민영화 등을 사용한 많은 다른 국가의 사례를 따르면서 이에 어떻게 대응했는지를 궁금해 했다. 하지만 핀란드는 공공 지출이 줄어들고, 이로 인해 학교가 사용할 수 있는 재정이 감소하는 매우 어려운 경제 상황에도 불구하고, 모든 정치인들은 민영화가 공교육의 세계로 들어오는 것을 꺼려 하였다.

왜 핀란드 학교체제는 GERM에 영향을 받지 않는가: 의지, 인내(노력) 그리고 행운

왜 핀란드 학교교육은 대부분의 다른 선진국에서 일어나는 것처럼 자주 민영화의 다양한 형태를 통해서 나타나는 GERM에 감염되지 않았을까? 그에 대한 대답은 삶에서 마주치는 다양한 상황처럼, 강력한 의지와 끈기 있는 노력, 그리고 행운이 뒤섞인 일종의 칵테일이라 할 수 있다. 핀란드 사람들은 불평등한 구학교 체제를 벗어나서, 모든 아동들이 학습을 통해 그들의 재능을 발견하고, 꿈을 이룰 기회를 가질 수 있도록 더 좋은 학교체제를 구축하기로 결심한 이래로 이러한 각각의 요소를 통해 축복을 받아왔다. 핀란드 학교가 형평성을 중시하는 교육과정을 지속적으로 유지하는 데는 세 가지 주요한 이유가 있다.

첫째, 강력한 의지이다. 핀란드 교육자들이 분석하기를 1970년대 이래로 교직이란 의학, 법 그리고 건축과 유사하게 사회적으로 인정받는 높은 직업군이어서 모든 교사들에게 이와 유사한 엄격한 학문적인 준비 과정을 요구한다는 것이다. 핀란드 교사들은 교실에서 학생들을 가르치는데 잘 준비되어 있을 뿐만 아니라 그들의 직무를 적극적으로 수행하고, 전문성을 좀 더 발전시키는 데 참여할 열정도 있다. 연구를 기반으로 한 핀란드의 교사교육은 모든 교사들에게 교직 수행과 관련된 동향이나 다양한 생각들을 이해하고, 이야기할 수 있는 비판적인 시각을 제공한다. 핀란드 교사와 교장은 거의 틀림없이 좋은 교육정책과 나쁜 교육정책을 구별할 준비가 잘되어 있다. 핀란드 교육자들은 핀란드의 다른 학문적인 전문가들처럼 또한 면밀하게 조직된 전문가 집단이다. 그리고 그들은 그들의 직업이 GERM을 멈추게 하는 것을 포함해서 해로운 사상이 공교육에 침투하는 것을 막을 만큼 충분히 강하다고 확신한다.

두 번째, 끈기 있는 노력이다. 교육 권력을 중앙정부에서 지방자치단체와 학교로 이동하는 것은 경제 침체기의 어려운 시기에 결정되었다. 새롭게 부여된 자율권은 아이들에게 유익한 것을 수행하기 위해 정부로부터 더 많은 유연성과 신뢰를 요구해왔던 많은 학교에서 대환영을 받았다. 연장 근무와 잡무 없이도 핀란드의 수백 개 학교는 그들이 최선이라고 주장했던 것처럼, 학교를 평등한 공교육 현장으로 조직할 기회를 가졌다. 교사의 전문성은 교육자들이 협업하면서 집단적 전문성으로 전환되었다. 핀란드 교사들은 중앙 행정부로부터 더 많이 자율적이지만 각각 더 많이 서로 의존하였다. 학교에서의 이러한 새로운 학습자 중심의 문화는 강력한 교육적 가치를 학교에 가져다주었다. 대부분의 경우, 교사들 간에 형성된 학교 공동체 문화와 자율성이 외적으로 강제된 시장 기반의 교육정책에 거부감을 갖게 하였다.

세 번째, 행운이다. 새로운 국제적인 학생 평가인 PISA와 관련해서 가장 솔직한 회의론자가 첫 번째 영웅이 되었다. 2001년 12월에 첫 번째 PISA 결과가 공개되었을 때, 그것은 핀란드의 국제적 우승이라기보다는 핀란드의 새로운 종합학교를 신뢰하는 사람들의 국내적 우승이었다. 첫 번째 이후 세 번에 걸친 핀란드 교육의 PISA 우승은 1970년대 논란이 되었던 교육개혁을 성공시켰고, 핀란드 학교교육 방식을 시장 친화적으로 바꾸려고 하는 제안과 대부분의 의심들을 침묵시켰다. PISA가 핀란드에게 안겨준 국제적인 성공이 없었다면, 핀란드 학교체제는 선별적인 학교, 국가표준평가, 중앙집권적인 관리 그리고 민영화 추진으로 인해 아마 꽤 다르게 변화했을지도 모른다.

주

1. Sahlberg. P. (2015). *Finnish lessons 2.0: What can the world learn from educational change in Finland?* New York: Teachers College Press.
2. Halme, K., Lindy, I., Piirainen, K., Salminen, V., and White, J. (2014). *Finland as a knowledge economy 2.0: Lessons on policies and governance*. Washington, D.C.: World Bank.
3. Eckstein, M. A. and Noah, H. J. (1993). *Secondary school examinations: International perspectives on policies and practice*. New Haven: Yale University Press. p. 84.
4. Sahlberg, P. (2015). *Finnish lessons 2.0: What can the world learn from educational change in Finland?* New York: Teachers College Press.
5. Ministry of Education and Culture (2012). *Education and research 2011-2016: A development plan*. Helsinki.
6. Rinne, R. and Ozga, J. (2013). The OECD and the Global Re-Regulation of Teachers' Work. Knowledge-Based Regulation Tools and Teachers in Finland and England. In T. Seddon and J. Levin (Eds.) *World yearbook of education: Educators, professionalism and politics. Global transitions, national spaces and professional projects*. New York: Routledge, pp. 97-116.
7. Hargreaves, A. and Shirley, D. (2012). *The global fourth way: The quest for educational excellence*. Thousand Oaks, CA: Corwin; Sahlberg, P. (2015). *Finnish lessons 2.0: What can the world learn from educational change in Finland?* New York: Teachers College Press.
8. OECD (2013). *PISA 2012 results: What makes schools successful? Resources, policies and practices* (Vol. 4). Paris.
9. OECD (2013). *PISA 2012 results: What makes schools successful? Resources, policies and practices* (Vol. 4). Paris.
10. Jensen, B., Weidmann, B. and Farmer, J. (2013). *The myth of markets in school education*. Melbourne: Grattan Institute.
11. OECD (2013). PISA 2012 *results: What makes schools successful? Resources, policies and practices* (Vol. 4). Paris.
12. Zhao, Y. (2014). *Who's afraid of the big bad dragon: Why China has the best (and worst) education system in the world*. San Francisco, CA: Jossey Bass.
13. Breakspear, S. (2015). Meauring How the World Learns: An examination of the OECD's PISA and its uses in National Policy Evaluation. Unpublished Ph.D. dissertation. University of Cambridge, UK.
14. Robert Wood Johnson Foundation (2010). *The state of play: Gallup survey of principals on school recess*. Princeton, NJ.

15. Helsingin Sanomat (2004). *Ykkössuosikki: opettajan ammatti* [Top favorite: Teaching profession], February 11, 2004.
16. Taajamo, M., Puhakka, P. and Välijärvi, J. (2015). *Opetuksen ja oppimisen kansainvälinen tutkimus TALIS 2013*. Tarkastelun kohteena alakoulun ja toisen asteen oppilaitosten opettajat ja rehtorit. Helsinki: Ministry of Education and Culture.
17. OECD (2014). *Education at a glance. Education indicators*. Paris.
18. Ministry of Education (2007). *Opettajankoulutus 2020* [Teacher education 2020]. Committee Report 2007:44. Helsinki.
19. OECD (2004). *Learning for tomorrow's world: First results from PISA 2003*. Paris.
20. Taajamo, M., Puhakka, P. and Välijärvi, J. 2015. *Opetuksen ja oppimisen kansainvälinen tutkimus TALIS 2013*. Tarkastelun kohteena alakoulun ja toisen asteen oppilaitosten opettajat ja rehtorit. Helsinki.
21. Aho, E., Pitkänen, K. and Sahlberg, P. (2006). *Policy development and reform principles of basic and secondary education in Finland since 1968*. Washington, D.C.: World Bank.
22. Linnakylä, P. and Saari, H. (1993). *Oppiiko oppilas peruskoulussa? Peruskoulu arviointi 90-tutkimuksen tuloksia* [Do pupils learn in Peruskoulu? Findings of the Peruskoulu 90-research]. Jyväskylä, Finland: Jyväskylän yliopiston kasvatustieteiden tutkimuslaitos.
23. OECD (2001). *Knowledge and skills for life: First results from PISA 2000*. Paris.

6장

미국 교육의 결정적 선택: 사적 투자인가 공적 투자인가?

프랭크 애덤슨Frank Adamson, 린다 달링-해먼드Linda Darling-Hammond

미국의 교육제도는 기로에 서 있다. 정책 결정자들은 학교의 질적 개선과 학업성취 격차를 줄이는 최선의 방안을 마련하기 위해 수십 년간 고심했다. 학업성취상 인종 및 계급 격차가 있다는 점에는 이론의 여지가 없지만, 해결 방안에 대해서는 의견이 분분하다. 특히 두 가지 상반된 방안을 두고 논의가 계속되고 있다. 이는 학교 경영을 민영화하는 시장 중심 해결 방안과 공적 투자를 확대하는 역량 구축 방안이다. 해결 방안을 검토하기에 위해서는 양 방안의 논리와 시행 방법 및 성과를 충분히 이해할 필요가 있다.

시장 중심 방안을 옹호하는 자들은 학교 선택권을 강조한다. 이들의 주요 골자는 바우처voucher와 차터charter 등을 통해 각 가정에 학교 선택권을 부여하는 것이다. 이와 같은 경쟁을 통해 학교는 양질의 교육product을 모색하거나, 그렇지 않으면 시장에서 사장될 것이다. 일각에서는 다양한 학교 선택권을 통해 혁신을 위한 기회를 창출하고 학생이 자기 관심사에 부합하는 최적의 방법을 찾을 수 있게 만드는 것이 [교육의] 목표라고 주장한다. 이에 대한 그간의 연구 결과는 각양각색이다. 일부 차터 스쿨과 바우처가 공립학교의 학업성취를 능가하기도 했으나, 대다수는 공립학교 수준에 그치거나 혹은 그에 못 미치

기도 했다.[1]

그 외 교육개혁은 학업성취 격차를 줄이는 전략으로 전문교원양성에 투자하고 교육과정 기회와 재정상 균형을 맞추는 데 중점을 두었다. 그 노력의 결과로, 이 방안이 잘 적용된 경우에, 역사적으로 충분한 지원을 받지 못한 학생군에서 눈에 띄는 결과를 얻었다.[2]

이 장에서는 정책과 시행 과정에 나타난 위의 두 관점의 변천사를 검토한다. 각 방안의 성과에 관한 연구를 요약하고, 교육 민영화 사례를 분석한다. 이는 위스콘신Wisconsin주의 밀워키Milwaukee시에서 추진된 최초의 바우처 제도와 최근 루이지애나Louisiana주의 뉴올리언스New Orleans시에서 추진하는 최초의 대규모 사업인 차터 스쿨의 체계적인 확장 정책이다. 이에 본고는 두 도시에서 시행된 접근 방법과 그 성과를 매사추세츠Massachusetts주의 시행 방안과 비교한다. 매사추세츠주는 성취수준에서 가장 큰 개선을 보인 주로, 국내의 여러 성취지표를 포함하여, 여타 관할구역 대비 PISA 같은 국제비교평가의 상위국 대비 미국 내 1순위를 기록하고 있다.

상충하는 경제학 패러다임

미국에는 서로 상충하는 힘이 있다. 그것은 형평성을 위한 노력과 부와 권력에 집중하려는 경향 사이에 놓인 긴장이다. 교육을 포함하여 사회 부문에서 형평성을 향한 노력은 불평등이 극에 달했던 시기와 맞물려 미국 역사상 되풀이되었다. 1860년대에는 노예제도 종식과 더불어 해방과 재건의 시기가 도래했다. 1890년대 민중은 여성참정권과 시민권을 위한 투쟁으로 결집했다. 1930년대에는 부의 편중으로 야기된 경제위기로 대공황 시기가 도래했으며, 이는 곧 루스벨트의 뉴딜 정책을 촉진했다. 1960년대와 1970년대는 불평등에 대한 인식에서 시작한 시민 저항운동을 목도했으며, 이에 따라 궁극적으로는 차별 폐지와 교육 형평성 확대를 위한 학교 재정 개혁을 앞당겼다.

1980년대 이래 지난 30년간 보수적 방안이 지배적이다. 이에 따라 가구 소득과 교육 성취의 불평등이 급격히 증가했다.[3] 이러한 불평등은 신자유주의적 정치경제 방안의 도입과 더불어 나타났으며, 일정 정도는 그 결과이기도 하다.

자유주의 경제학과 케인스 경제학-20세기의 대립

지난 두 세기 동안 미국은 두 가지 경제학 이론을 적용했다. 하나는 자유주의 경제학(자유주의의 왜곡된 부활인 신자유주의를 포함하여)이고 다른 하나는 케인스 경제학이다.[4] 1800년대에는 자유가 자유방임주의로 이해되었다. 애덤 스미스Adam Smith가 명시한 바 있듯, 시장중심제도의 기저는 "자유"시장에서 정부의 역할을 제거하는 것이다. 스미스는 "자유"시장이 소비와 생산을 구성하는 "보이지 않는 손"으로 기능한다고 주장했다. 즉 이것이 수요와 공급 곡선을 균형으로 이끈다는 것이다.[5]

그런데 대공황 시기는 자유-시장경제학의 실패를 입증했다. 이는 존 메이너드 케인스John Maynard Keynes가 고안한 새로운 패러다임의 출현을 예고했다. 케인스 경제학, 혹은 통제된 자본주의는 정부의 역할을 강조한다. 정부는 공적 부문 투자를 확대하고 통화 공급량을 조절하며, 시장과 은행을 규제하여 탈주하는 인플레이션과 치명적인 디플레이션을 예방하는 역할을 한다. 2차 세계대전의 원조로 성장한 사회 기반 시설과 더불어, 케인스 경제학이 도입된 1930년대 이후로 미국 경제는 반세기 동안 상당 수준 공평하고 안정적인 성장분배가 이루어졌다.

시민권 성취

경제 개발 궤도 속에서 사회 분야에서도 이에 준하는 발전이 이어졌다. 시민권 운동으로 아프리카계 미국인의 권리가 확장되었다. 이 권리는 투표권 확보와 학교 차별 철폐를 포함한다.[6] 이 시기 고용기회평등위원회Equal Employment Opportunities Commission를 위시한 "반편견 집중운동"이 전개되었다. 연방법원도 "적극적인 고용 기회 평등과 확고한 실천제도"를 지지했다.[7]

1960년대 케네디 대통령과 존슨 대통령 휘하의 위대한 사회The Great Society 시대에는 미국의 고질적인 교육 불평등 문제에 집중했다. 이 불평등은 역사상 용인되었던 인종차별과 이중적인 학교제도의 불공평한 재정 방식에 기인한다. 또한 재산세에 주로 의존하는 공립학교 재정 방식은 학교 간 재정 수입 격차를 부추겼다. 1954년 브라운 대 토피카 교육위원회 판결Brown v. Board of Education Topeka1)에서 미연방대법원은 법률상 분리주의 제도를 철폐했지만, 이후에도 공립학교별 소속 학생 가정의 소득 차에 따른 학교 재정 격차가 상당하여 특정 구의 교육경비는 다른 지역의 10배 이상인 경우도 있었다.

이러한 불평등 해소를 위해 연방정부의 교육 투자가 이루어졌다. 특

---

1) 브라운 대 토피카 교육위원회 판결. 공립학교에 적용된 인종분리 정책이 수정헌법 제14조, "모든 주는 관할 내 주민에 대한 법적 평등성 보호를 따른다"는 조항을 위배한다는 데 미연방대법원이 만장일치 판결을 내렸다(1954. 5. 17). 이 판결은 기존의 인종분리정책, 즉 '분리하되 평등한segregated but equal' 공공시설을 허용했던 연방대법원의 초기 판결(플레시 대 퍼거슨 판결, 1896)을 뒤집은 것으로, 브라운 대 토피카 교육위원회 판결 자체는 공립학교에 한정된 것이지만, 인종차별 및 분리정책이 기타의 공공시설에도 허용되지 않는다는 의미도 내포하는 것으로 포괄 해석되었다(브리태니커 참조).

히 초·중등교육법(1965) 및 관련 법률은 인종분리주의 철폐, 특수교육, 교사교육, 교원 인력의 공정한 배치, 교육과정 개혁, 고등교육 접근성 강화를 골자로 한다. 빈곤 철폐와 고용 기회 확대는 저소득층 가정과 아동의 삶을 상당히 개선했다. 1960년대와 1970년대 이러한 투자를 통해 불평등이 감소하고 교육 기회가 확대됨에 따라, 당시 흑인 학생과 백인 학생 간 학업성취 격차가 큰 폭으로 감소한 점은 그다지 놀랄 일이 아니다.[8] 이 시기에는 재정 지원 확충과 더불어 확고한 실천으로 사회적 소수자와 백인 학생 간 고등교육 진학생 수 격차가 거의 해소되었다.

이러한 발전을 이루어낸 연방정부 수준의 투자 대부분이 레이건 정부 들어 축소되거나 사라졌다. 이 당시 시장 중심 경제학에 다시 불이 붙었고, 정부 사업은 극적으로 긴축되었다.

자유시장, 공급 중심 경제학, 그리고 신자유주의

이러한 변화는 1970년대 말에 등장한 경제적 불안에 따라 등장했다. 당시 카터 대통령은 석유 수입에 의존한 데 기인한 에너지 고갈의 도래라는 용어를 썼다. 카터는 에너지 사용량을 줄이고 강한 경제를 이루기 위해 각자 허리띠를 졸라매야 한다고 주장했다. 급증하는 사회사업비, 국방비(베트남 전쟁 이후) 그리고 1973년 석유파동 등은 실제로 경제를 위축시켰다. 고공하는 실업률과 지속된 저성장은 고금리와 맞물려 스태그플레이션이라는 새로운 현상으로 이끌었다.

스태그플레이션의 침체기는 밀턴 프리드먼Milton Friedman 같은 "자유시장"주의자가 정책에 영향력을 끼치는 빌미가 되었다. 시카고대학의 경제학과 학과장이었던 프리드먼은 화폐의 안정적인 공급을 확보하는 "통화주의" 정책을 제안했다. 프리드먼은 케인스식의 정부 지출보다는,[9] 정부가 자유시장의 작동을 보장하고 "통화주의 정책이 '큰 정부'가 구상하는 재정정책(과세 및 분배 정책)에 선행해야 한다"라고 주장했다.[10] 프리드먼은 학교 선택권 및 경쟁의 명목하에 교육 민영화 수단인 바우처 제도를 지지한 핵심 인물이다. 이 제도는 그가 1970년대 칠레에 도입하고, 1980년대에는 미국에 제안한 것이다.

1980년에는 각축 끝에 대선에 승리한 로널드 레이건 대통령이 "공급"경제학이라 불리는 경제학적 방법을 취했다. 이는 자유주의 경제학적 전략에 약간의 변주를 주어 재포장한 것이다. 공급경제학은 "자유"시장 내 경쟁을 부추기고 소비자 요구에 부응하는 기업 규제 완화보다는, 상품 공급의 증가가 자연히 소비자 수요 증가로 이어질 것이라는 전제를 기반으로 한다. 증가하는 공급에 따른 소비자 수요 확대, 그에 따른 경영 부문 이윤 확대는 생산 및 임금에 대한 재투자로 이어질 것이라는 주장이다.

1980년대 프리드먼의 "자유시장" 기반 자유주의 기조와 레이건의 새로운 "공급경제학"의 조합은 통상 "신자유주의 경제학"이라 알려진다. 신자유주의 전략은 1980년대에 단기간 동안 급격한 경제 회복과 맞물렸다. 그러나 그 회복은 기록적인 재정적자record budget deficits와 저축대출조합 사태를 양산했다. 장기적으로는, 중산층 임금 정체 현상, 사회 및 교육 부문 형평성 감소, 소득 및 부의 양극화로 이어졌다.

양극화 현상이 지금보다 더 극심한 적은 없었다. 경제학자 이매뉴얼 사에즈Emmanuel Saez와 가브리엘 저크먼Gabriel Zucman의 최근 분석에 따르면 1980년대 이래 소득 불평등이 증가했을 뿐 아니라 부의 편중이 심화되었다.[11] 1970년대 말에는 상위 1% 가구가 국민 총소득의 10% 미만을 차지했지만 이는 2012년에 이르러 20%로 급등했다. 더욱 우려되는 부분은, 미국 인구 가운데 0.1%가 소유한 가구 소득이 7%에서 22%로 증가했다는 점이다. 상위 0.1%는 160,000가구로 이들의 총 자산은 소득 분배상 하위에 위치한 1억 4,500만 가구의 소득을 월등히 초과한다. [그림 6.1]은 대공황으로 이끈 시장 붕괴 직전의 1920년대 말 상황과 소득격차의 유사성을 보여준다.

사에즈와 저크먼이 입증하듯, 지난 세기 부의 분배가 가장 공정하게 이루어진 시기는 1970년대 말이다. 1980년대 초 이래 최상위 소득계층이 독식한 국민총소득의 분배는 가파르게 증가하고 있다. 부유층 대상 세금 규제, 기업 및 은행 구제 조치에 이어 과도한 기업 인센티브 정책을 부추기는 이러한 경제 흐름은 교육을 포함한 정부 사업 민영화를 부추기는 공공정책으로 이어졌다.

[그림 6.1] 상위 0.1% 가구가 소유한 국민 총소득 점유 상황(1913-2012)

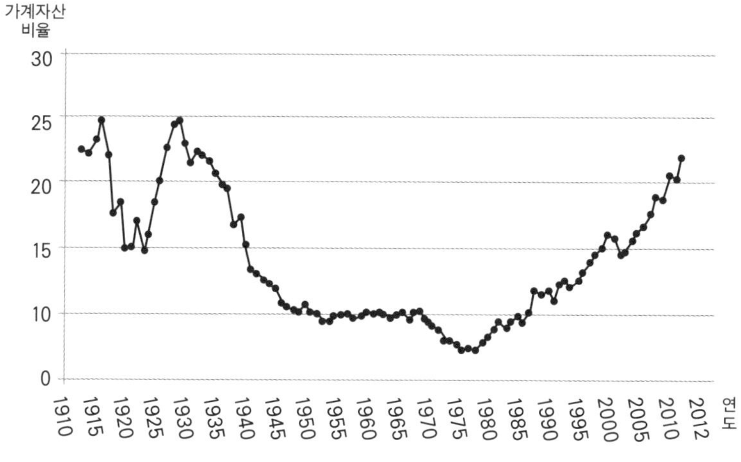

출처: Emmanuel Saez and Gabriel Zucman(2014)[12]

신자유주의와 교육

공적 관리 영역 너머 사적 이익을 추구하는 신자유주의는 기회 불평등과 결탁하여 교육 부문에서 다음과 같이 이해된다.

- 바우처, 차후에는 차터 스쿨 등을 통해 공적 자본에 대한 개인의 선택을 지지한다. 학교가 학생을 선발하고 유치하는 것이 허용된다.
- 평등한 교육 기회를 좀 더 보장하는 공립학교의 균등한 재정 분배를 지양한다.
- 시험 기반 책무성을 학교 평가 방법으로 활용한다. 이를 통해 각 학교는 서로 경쟁하며 시험 결과는 학교 존폐 결정에 활용된다.
- 교사를 대상으로 규제되지 않은 시장을 조성하여 교사 전문성을 대체한다(이로 인해 저소득층 지역구에서는 교육 수준과 교원 임금이 감소할 수 있다).

본 절에서는 1980년에서 2015년까지의 미국 교육개혁사에 나타난 연방 및 주 단위의 대안과 더불어 관련 안건들이 심화된 양상을 간략히 정리한다.

바우처

1980년대 레이건 정부 기간, 교육 부문에서는 사립학교에 공적 자금 바우처에 대한 요청이 제기되었다. 대다수 바우처 안은 도입 초기에는 정교분리政教分離 원칙과 결부된 소송에 휘말리거나, 공적 자금 부족으로 제대로 시행되지 못했다. 1990년대 초반에 이르러서야 위스콘신의 밀워키시에서 전국 최초의 대규모 바우처 제도가 시행되었다.

다음 절에서는 바우처 제도의 성과를 검토한다.

성취수준 기반 개혁Standards-Based Reform

1990년대 클린턴 정부는 새로운 공교육개혁을 추진했다. 이는 공립학교에 공적 투자를 지향하는 전략과는 상반된다. 클린턴의 개혁안은 각 주가 학습성취수준을 적용하고 성취수준을 둘러싼 체계적인 변화를 구성하도록 권장했다. "성취수준 기반 개혁"은 새로운 학업성취와 관련된 전문적인 준비 및 실천에 필요한 성취기준 마련, 교육과정 내용과 전문적 학습에 투자, 공립학교 재정 확대 및 균등화 등을 포함한다. 새롭게 정비된 학업성취수준에 도달하는 데 있어 요구되는 투자에 대해서는 법률상 적법성이 보장되었다. 그러나 일부 주에서는 "성취수준 기반 개혁"을 도입하여 교육재정 균등화를 촉진했지만, 다른 데서는 별다른 투자 없이 성취수준과 고부담 시험제도만 남겼다.[13]

후술하겠지만, 매사추세츠나 코네티컷 같은 주들은 성취수준 기반 개혁을 포괄적으로 받아들여서, 결과적으로 우수한 성취 결과를 얻었다.

차터 스쿨Charters

이와 더불어 학교 "설립 인가Chartering" 아이디어가 구상되었다. 차터 스쿨 구상 초기 단계에는 교원단체장인 알 샨커Al Shanker를 포함하여 진보 인사들의 지지를 받았다. 미국교사연맹American Federation of Teachers의 대표인 샨커는 차터 스쿨이 공립학교의 혁신을 이끌 것이라고 생각했다. 1995년 위스콘신주는 주 단위에서 설립 인가를 허용하는 첫 번째 주 중 하나가 되었다. 그러나 당시에도 밀워키만이 대규모 설립 인가를 추진하는 유일한 지역구였다. 1991년 미네소타에서 최초의 차터 스쿨 설립이 법적으로 허용됨에 따라, 2012~2013학년도 현재, 차터 스쿨 관련 법안은 42개 주와 컬럼비아 지역구에서 통과되었다. 2000년부터 2013년까지, 공립 차터 스쿨에 등록한 학생 수는 30만 명에서 230만 명으로 증가했으며, 2013년 전체 학생 수의 4.6%에 달한다.[14]

2000년, 조지 W. 부시(조지 H. W. 부시 전 대통령의 아들) 정부 출현과 더불어 바우처와 차터 스쿨 제도에 상당한 힘이 실렸다. 2004년 미 연방의회는 밀워키시의 바우처 실험을 워싱턴DC에 도입하여, 연방기금을 기반으로 한 최초의 바우처 제도가 시행되었다. 바우처 제도는 저소득층 학생 그리고 성취수준이 저조한 공립학교에 다니는 학생에게 사립학교 바우처 우선권을 제공했다. 또한 차터 스쿨에 대한 연방정부의 후원이 이어졌다. 시간이 흐름에 따라 차터 스쿨 운동은 특정한 교육적 관심을 보인 집단들이 모여 설립한 개별 학교 수준에서 이윤 추구 혹은 기업형 학교가 운영하는 학교 형태로 확대되었다.

시험 기반 책무성

텍사스 전 주지사였던 아들 부시 대통령은 연방 수준의 교육법인 ESEA(초·중등교육법)에 대대적 개혁을 제안했다. 이 개혁안은 시험 점수에 따른 보상 및 제재 방식으로 학교 책무성을 강조하는 텍사스 교육개혁을 기반으로 한다. 일각에서는 소위 "텍사스 교육의 기적"으로 불리는 이 교육안에 따라 학업성취 격차가 줄고 학업성취수준이 향상되었다고 주장한다. 그러나 후속 연구에 따르면, 성취수준이 낮은 학생은 평가 단계에서 제외되거나 학교 밖으로 퇴출되어, 책무성 측정 당시에 이미 그들의 점수가 배제되었던 것이 밝혀졌다.[15] 게다가 고부담 시험은 결과에 따른 상벌이 결부되지 않은 다른 평가 방식을 반영

하지 않았다.[16]

그럼에도 불구하고, 텍사스 교육안은 2002년 아동낙오방지법No Child Left Behind의 주요 골자가 되었다. 이 교육법은 각 학교가 2014년도까지 모든 학생이 평가에서 "100% 숙달"하는 점수를 얻도록 목표를 설정하는 것이다. 연간적정향상수준adequate yearly progress, AYP에 도달하기 위해, 각 학교는 매년 인종, 소득, 특수교육, 영어 학습 수준에 따른 각 하위 그룹 학생의 시험 결과와 참여율 향상을 목표로 한다(이때 학교당 평가 참여율이 전체 학생의 95%여야 한다). 구성원이 다양한 학교의 경우 매년 최대 30가지 목표를 달성해야 하는 경우도 있다.

목표 달성에 실패한 학교에 가해지는 제재 방식으로 교육재정의 일부를 민간 "보충 서비스" 담당 기관에 보내거나, 학생에게 전학이라는 선택지를 제시한다. 또한 학교 구조조정(교직원 교체), 교육 방법 개입, 차터 스쿨로 전환, 혹은 폐교 등의 제재가 있다.

이 법안이 제시한 목표는 대다수 학교가 도달할 수 없음이 자명했다. 평가상 모든 학생이 100% 숙달하게 만드는 것은 애초에 불가능하기에, 말 그대로 모든 공립학교가 2014년 연간적정향상 수준에 도달하지 못했다.

별도의 영어 학습을 요구하는 학생이 있는 학교가 처음에는 "개선 필요" 결과를 받았고, 잇따라 목표 도달에 "실패"했다. 이는 그저 이 법안이 부조리하기 때문이다. 예를 들어 영어 학습자가 영어를 "숙달"하면 해당 하위 그룹에서 곧장 제외되기 때문에 이 그룹이 100% 숙달 상태에 도달하는 것은 불가능하며, [그 결과는] 연간적정향상수준을 대변하기 어렵다.

각별한 관심이 요구되는 학생이 많은 학교의 경우, 지난 수십 년간 변모한 정책 양상에 따라, 학교에 대한 제재는 가혹해지다 못해 종국에는 폐교, 아니면 차터 스쿨 전환 등에 이르게 되었다.

시험 기반 책무성과 민영화의 교착점

바우처 제도는 2002년 아동낙오방지법NCLB의 일부로 제안되었지만, 당시 이 안은 통과되지 못했다. 그러나 아동낙오방지법은 교육법 제5조 항목을 재해석하여, 실제로 차터 스쿨을 위한 공적 자금 마련의 기반이 되었다.[17]

교육법 제5조는 당초 "국가기술표준위원회National Skill Standards Board"를 통한 공립학교 내 취업능력 개발을 골자로 한 반면, 이후 아동낙오방지법의 "학부모 선택 및 혁신 촉진"으로 논의가 바뀌었다. 이후 해당 조항은 차터 스쿨 기획, 고안, 시행 문제를 다루는 조항이 되었다.[18]

2006년, NCLB가 재승인될 시점에, 부시는 연간적정향상수준AYP에 도달하지 못해 "개선 필요" 결과를 받은 학교 학생들을 대상으로 사립학교에 갈 수 있는 바우처 제도를 다시 제시했다. 이 법은 2006년에 승인되지 못함에 따라 당시 바우처 안에 대한 추후 논의는 진행되지 않았다. 그러나 이 안이 제시된 당시는 "실패" 결과를 받는 공립학교가 계속해서 증가하던 시기였기 때문에, 일각에서는 이 법안이 결과적으로 징벌적 책무성을 통한 민영화를 위한 트로이 목마였다고 평한다.

NCLB법은 점차 인기가 시들었지만, 오바마 대통령은 2009년 임기 초기에 이 법을 바꾸려 하지 않았다. 대신, "정상을 향한 질주"라는 제도를 고안하여 50억 달러를 책정했다. 각 주는 일련의 선결 조건에 부합하고, 평가 결과 향상을 위한 개혁을 추진한다면 이 경쟁적 보조금 제도를 신청할 수 있다. 선결 조건이란 다음과 같다.

- 학생의 시험 점수를 기반으로 교사를 평가할 수 있도록 평가제도

확대

- 학업성취 격차 해소 및 성취 향상 방법 고안
- 교원자격증 대체 증명 실시 확대(교원양성과정 수료를 요구하지 않음. 교사 부족 현상이 있는 저소득층 커뮤니티에서만 활용됨), 이 제도는 레이건, 부시 정부 시절 도입되어 확산됨
- 각 주에 협조 요청하여 차터 스쿨 인가를 확대하고 학교 수 규제 완화

이후 오바마 정부는 혁신보조금(i3 제도)을 희망하는 주에게 위와 동일한 선결 요건을 제시하였다. 추후에는 NCLB의 유동적 면제제도 신청을 위한 선결 요건이 되기도 하였다. 유동적 면제제도는 기존에 학교가 민간보조기관에 지출해야 했던 학교 재정의 20%를 [요건에 부합할 경우] 회수할 수 있도록 허용하는 제도이다. 교육재정 확보를 위해 각 주가 따라야 했던 선결 요건을 충족한 결과, 취약 계층 학생의 저조한 학업성취의 근본적 문제로서 빈곤, 교육재정상 격차 등이 인식되기보다는, 단순히 차터 스쿨 확대, 평가 시험 수 증가로 이어졌다. 반면, 교사 전문성은 약화되었고 교원 수 배치 문제 또한 야기되었다.

차터 스쿨 확장을 위한 연방기금은 민영 재단과 민영 사업체가 상당 부문의 자금을 출연하여 조성된 것이다. 이들 재단은 시험 기반 교원평가제도와 정당한 법 절차에 따른 교권 철폐를 지지한다. 또한 교원 자격 대체안인, 'Teach for America' 같은 프로그램 확대를 주장한다. 이 프로그램은 교육정책 개발이나 월스트리트로 향하는 취업 도상에 있는 엘리트 대학생들을 대상으로 저소득층 커뮤니티에서 2년간 가르치는 제도이다.[19]

2008년에서 2015년까지 미국은 경제위기를 경험하며, 이에 따라 대

[그림 6.2] 미국 내 상충하는 교육 패러다임 변화 추이

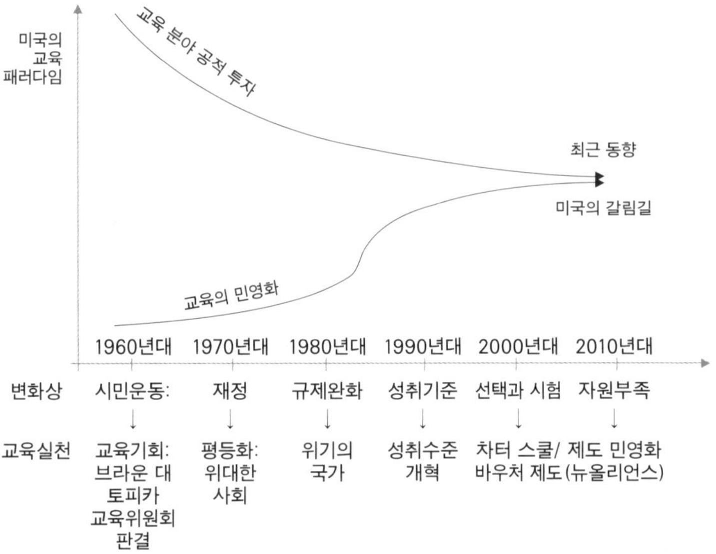

부분의 주는 교육재정을 대폭 삭감하였다. 이는 특히 저소득층 아동이 주로 등록한 학교에 막대한 영향을 끼쳤다.[20] 반면에, 극빈층 학생과 학부모 수는 증가했고, 노숙 아동 수는 두 배에 달했다. 공립학교는 줄어드는 교육 자산을 가지고 교육하기 위해 고군분투했다. [그림 6.2]가 제시하듯, 취약 계층 학생이 속한 학교에 대한 공적 자금 투자 회수disinvestment와 맞물려 민영화는 가속되었다. 현재 취약 계층 학생의 90% 이상이 아프리카계, 라틴계 미국인 학생이며, 90% 이상이 저소득층 학생으로 인종 및 계급에 따른 전형적인 분화가 심화되고 있다.

최근 몇 년간, 주 단위로 교육예산이 큰 폭으로 삭감됨에 따라 인종 및 계급에 따른 분화가 뚜렷한 도심 학교구가 재정 위기에 내몰렸다. 재산관리나 주가 인수하는 방식으로, 학교운영위원회를 몰아내고 대대적 폐교가 감행되었다. 또한 지역구가 운영하는 공립학교는 차터

스쿨로 전환되거나 혹은/그리고 민간 경영인(차터 스쿨 등을 운영하는)을 임명하여 운용하도록 조치되었다. 뉴올리언스는 "위기" 상황에 따라 지역구 교육이 재정비된 첫 번째 사례이다. 카트리나 허리케인 이후 대다수 지역구 공립학교가 대대적으로 폐교되었다.

프리드먼 등은 민영화하는 최상의 방법은 장기적 과정이 아닌 경제적 충격요법이라고 생각했다. 이 요법은 정치적 영향력을 바꾸고, 신자유주의를 조직할 수 있는 사회 각 분야에 걸친 갑작스러운 경제적 충격이다.[21] 근래에 나오미 클라인Naomi Klein은 『쇼크 독트린*Shock Doctrine*』에서 재난이 민간 사업자에게 다양한 방식으로 이익이 되고 또 이윤을 창출하는 형태의 "재난 자본주의"를 지적한다.[22] 클라인은 칠레와 뉴올리언스에서 이러한 과정이 발생했다고 주장했다.

다음의 최근 사례를 보자. 지난 2년간 디트로이트시는 공업 재난 지역이었다. 주세 감면과 맞물린 자동차산업의 경제적 하락세는 재정문제를 야기했고, 전체 학교구를 차터 스쿨로 교체하는 데 혈안이 된 위기관리 경영인 투입으로 이어졌다. 펜실베이니아 주지사 톰 코베트Tom Corbett는 필라델피아 예산을 5억 달러 감축하여 하룻밤 사이 [지역학교에] 재정문제를 야기했다. 지역학교위원회는 해산되었고, 수백 명의 교원이 해고되었다. 이때 투입된 경영인은 지역구를 해체하여 지역의 상당 부분을 민간 기업으로 이전했다.

하위 성적을 받은 학교를 폐교하거나 대체하는 데 따라 부여되는 인센티브 제도는 아동낙오방지법에 법적 근거를 둔다. 인센티브 제도는 경제 위기 상황, 그리고 민간재단 출연 기금 유입과 맞물려 현재 20여 개 이상의 도시에서 차터 스쿨이 확장되고 공립학교는 폐교되었으며, 공립학교 지역구는 민간재단이 운영하는 교육구로 해체되었다.[23]

학교 변화가 일부 학생에게는 좋을지 몰라도, 인근 공립학교에 전학

가기 어려워 곤란을 겪는 학생도 있다. 특히 특수교육이나 언어교육이 별도로 필요한 경우, 학교 측은 전입을 거부할 수 있다. 또 전학 가려는 학교가 통학하기에 먼 곳에 위치해 있을 수도 있다. 학교의 개·폐교가 용이하다는 것은 교육 단절이나 비연속성을 야기할 수 있다. 이러한 변화는 지역학교가 담당했던 각종 업무—성인교육, 도서관, 건강관리 등—와 더불어 학교 출석 면에서도 개별 가구에 골칫거리다.

21개 도시에서 온 풀뿌리 단체와 지역 단체가 모여 만든 "정의를 위한 여정Journey for Justice"이라고 불리는 새로운 단체는 이러한 현상을 막기 위해 설립되었다. 이들은 "공립학교 제도 해체 및 민영화 현상에 맞서 공동체가 이끄는 대안"을 요구한다.[24] 이 단체에 가입한 도시를 보면 미국 전역에 진행된 민영화 현상을 포착할 수 있다. 이는 애틀랜타GA, 볼티모어MD, 보스턴MA, 시카고IL, 디트로이트MI, 유포라MS, 하트포드CT, 로스앤젤레스와 오클랜드CA, 뉴어크, 패터슨, 캠던, 저지시티와 엘리자베스NJ, 미니애폴리스MN, 뉴올리언스LA, 뉴욕NY, 필라델피아, 피츠버그PA, 워싱턴DC, 그리고 위치토KS 등이다. 이 단체는 다음과 같이 설명한다.

> 지난 15년간 교육정책은 우리 아이들의 교육을 위한 고민보다는 사익에 집중했다. 이 정책은 우리 이웃과 민주시민권을 황폐화시켰다. … '정의를 위한 여정' 단체는 하향식 민영화 및 폐교로 인해 직접적인 영향을 받는 저소득층, 노동계층 지역사회로 조직된 공간을 만들기 위해 기획되었다. 우리 단체 구성원은 유색인 학부모와 학생들로 조직되어 운영되며 우리는 지역사회가 이끄는 학교 개선을 위해 한 치의 양보 없이 맞서 싸울 것이다. …
>
> 우리의 도시와 학교 지역구 전반에서 공립학교가 폐교되고 있다. 학

생들은 전학 조치되었으며, 가족들은 인근 학교에 방문할 기회를 잃었다. 때로 학교는 학생의 학업성취에 좌우되고, 또 재정 위기나 학생 등록 수 미달로 인해 폐교된다. 이 모든 경우에서, 인근의 공립학교가 매번 폐교되고 있다. 학생들의 교육이 혼란스러워졌고, 지역사회는 불안정해졌다.[25]

이 연합단체는, 모든 지역구 중 아프리카계, 라틴계 학생, 이들이 속한 학교 및 지역사회에 학교 폐교에 따른 영향이 편중되었다고 기록했다. 그 결과, 상당수의 단체들이 시민법 4조[2)]에 입각하여 교육부의 시민권 부서에 불만을 제기했고, 교육부가 이들 도시에서 자행되는 공립학교 폐교에 따른 인종별 영향 조사를 요구했다.

교육 민영화의 영향

공교육이 이윤을 창출할 만한 새로운 시장으로 보이는 것은 분명한 듯하다. 2013년 'Education Week'에 수록된 보고서는 이윤 창출을 위해 교육 기업이 미국의 정책 입안에 행사하는 영향력이 커지는 데 주목했다.

2012년 한 해 동안 7억 800만 달러 규모로 공개 거래된 회사인 온라인 교육업체 K12 Inc.는 미국 전역에 등록된 39명의 로비스트를 고용했다. 이들은 가상 학습 사용을 확대하기 위하여, 주 단위, 지역 단

2) 역주. 시민법 4조는 1964년 발효되었다. 이 조항에 따라 연방정부의 기금을 받아 운영되는 교육 프로그램 및 각종 활동에서 인종, 출신 국가 등에 따른 차별을 철폐했다.

위 정책 마련을 위해 주력하고 있다. 대기업 피어슨Pearson 출판사 계열인 Pearson Education은 지난 10년간 연방 수준의 로비에 600억 달러 이상을 지출했다. 차터 스쿨 운영 기업인 White Hat Management와 직원들은 2004~2012년간 회사가 설립된 오하이오에서, 주로 공화당 정치인에게 200억 달러 이상을 후원했다. 가장 큰 규모의 차터 스쿨 기업인 White Hat Management는 현재 3개 주에서 33개교를 운영 중이나 이들 학교의 저조한 학업성취로 인해 비난받고 있다.[26]

최근 급성장하고 있는 가상 차터 스쿨의 성과는 여타 다른 학교와 마찬가지로 문제적이다. 펜실베이니아에 설립된 차터 스쿨에 관한 스탠퍼드대학교 보고서에 따르면 대다수 차터 스쿨은 유사한 학생 유형이 등록한 기존 공립학교보다 성적이 저조했고, 특히 온라인 차터 스쿨은 여타 차터 스쿨보다도 성적이 더 낮았다.[27]

한편, 공적 자금을 받는 영리 추구 학교 부문이 급속도로 성장하고 있다. 국립교육정책센터National Education Policy Center는 1995~2012년간 차터 스쿨을 운영하는 영리 추구 교육 경영 기업 수가 5개에서 99개로 20배 증가했고, 이들이 운영하는 학교 수는 6개교에서 758개교로 100배 이상 증가했다.[28] 이와 같은 급성장의 배경에는, 이들 기업이 교육 민영화, 학교예산 절감, 단체교섭권 및 교원단체 폐지 관련 법안을 만들고 추진하는 보수 단체인 전미입법교류위원회American Legislative Exchange Council의 도움을 받았다는 점을 들 수 있다.[29]

현재 진행 중인 정책과정의 주요 사례로 위스콘신을 살펴보자. 공화당의 대통령 경선 후보인 스콧 워커Scott Walker가 주지사로 있는 위스콘신에서 그가 제출한 예산안은 양원(상원 및 하원) 모두 통과할 것으로 기대된다. 워커의 예산은 주 단위로 바우처 제도를 3억 달러 규모로 확대하고 16억 달러 규모의 공립 교육예산을 삭감하는 것이다.[30] 이 예산으로 통상 공립학교보다 더욱 차별적인 사립 차터 스쿨 제도를 확대한다. 반면 지역구 밖 공립학교 선택권을 보장하는 대도시 규모 교육제도를 폐지한다. 대도시 제도로 불리는 (위스콘신주법) 제220장은 인종차별 현상을 줄이고 유색인 학생의 기회를 개선하도록 고안되었다.

[그림 6.3]과 같이, 이러한 정책은 교육 재원을 공적 부문에서 사적 부문으로 이전시킨다. 그리고 그 과정에 비영리단체와 영리단체라는, 즉 세금을 내는 대중과 교육 부문 수령자 간의 상호작용에서 중간상인을 추가한다. 이에 따라 인종 및 계급 간 차별을 확대시키는 경향이

[그림 6.3] 교육세 및 지출: 민간 중간상인의 등장

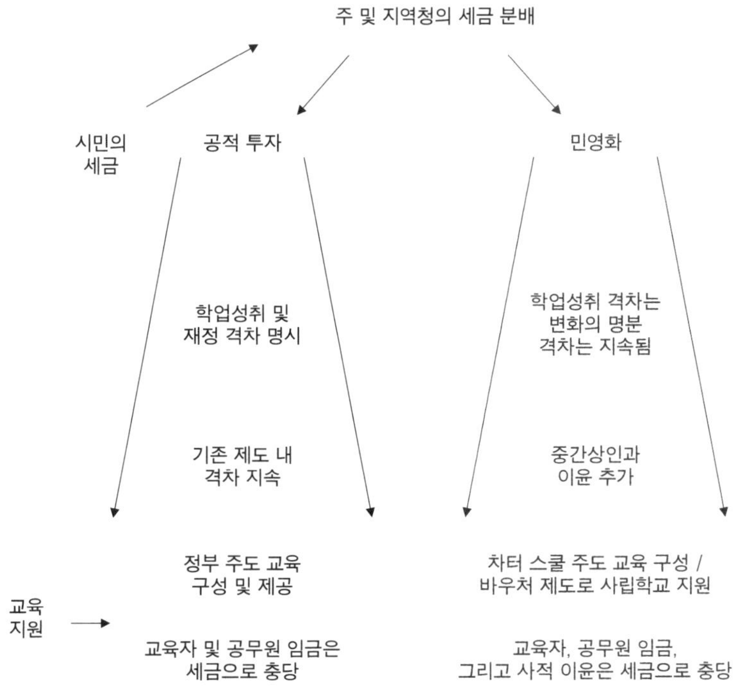

있다. 소득, 교육에 대한 관심, 대중교통 접근성 등에 따른 더 큰 변수가 학교 선택에 영향을 미치기 때문이다. 이들 학교는 입학 절차, 비용, 지리적 위치, 퇴학 정책 등에 따라 각별한 관심이 요구되는 학생들에게는 적합하지 못할 것이 자명하다. 이 문제는 불공평하게 불이익을 받는 학생들을 떠맡은 지역구의 공립학교에 넘긴다. 즉 차별 감소를 추구하는 교육제도(앞서 언급한 위스콘신주법 제220장)가 폐기되자, 차별화는 더욱 악화되었다.

바우처와 차터 스쿨의 성과: 국가수준 자료

교육정책센터는 바우처 제도 관련 각종 연구를 추진했다. 장기 연구로는 밀워키, 클리블랜드, 워싱턴DC에서 시행된 바우처 제도가 학생시험평가점수에 미치는 영향 분석 등이 있다. 해당 연구에 따르면 "바우처로 사립학교에 다니는 학생의 학업성취에서 분명한 이점은 확인되지 않았다." 다만 바우처를 이용하는 학부모는 이들 학교에 대하여 상당히 긍정적으로 받아들이고 있는 것으로 나타났다.[31]

차터 스쿨의 효과성 근거는 각양각색이다. 한 연구 리뷰는 다음과 같이 보고한다.

> 일부 연구자들은 차터 스쿨의 효과가 거의 없거나 부정적이라고 보는 반면(Hanushek, Kain, Rivkin and Branch, 2007; Bifulco and Ladd, 2006; Sass, 2006; Zimmer and Buddin, 2003), 일각에서는 유의미한 결과를 보고하기도 한다(Booker, Gilpatric, Gronberg and Jansen, 2007; Hoxby and Rockoff, 2004; Solmon and Goldschmit, 2004; Solmon, Paark and Garcia,

2001). … 종합하여 볼 때, 학업성취에 대한 차터 스쿨의 효과성은 아무래도 불분명하다.[32]

다른 연구에서도 이 같은 결과는 유사하게 나타난다. 특히 차터 스쿨은 여러 다른 교육 맥락 전반에 걸쳐 다양한 성과를 도출하고 있다고 보고한다.[33] 차터 스쿨이 제대로 규제되지 않은 지역에서는 학생 결과가 나빴다. 예를 들어, 오하이오의 경우 무분별한 시장주의 전략은 여러 규모의 영리 및 비영리 교육단체를 양성했고 이에 대한 공적 안전망이 거의 없었다. 이에 따라 오하이오의 차터 스쿨 학생의 학업성취는 유사한 인구 유형을 나타내는 공립학교보다 학업성취가 지속적으로 낮았다.[34] 애리조나와 워싱턴DC에서도 차터 스쿨의 규제가 크지 않다. 이들 학교에서 유사한 인구 유형 대비 공립학교 학생보다 학업성취에서 상당히 낮은 점수를 기록했다.[35] 미네소타주의 미니애폴리스에서도 차터 스쿨이 급증했으나 최근 연구 결과에 따르면 평균적으로 이들 학교는 유사한 인구 유형을 가진 지역구 공립학교보다도 매우 저조한 학업성취를 보이는 것으로 나타났다.[36]

캘리포니아에서는 교육과정, 교원 채용, 재정 기준 등의 준수를 요구하는 등 차터 스쿨이 신중하게 규제되었다. 여기에 교육 부문별 차이는 대체로 크지 않다. 한 연구 결과에 따르면, 초등교육 차터 스쿨 학생의 학업성취는 비슷한 인구 유형을 보인 공립학교 대비 저조한 수준이었다. 한편, 중학교 차터 스쿨의 학업성취는 공립학교보다 우위를 보였다. 고등학교의 경우 차터 스쿨은 영어 교과에서 공립학교보다 높은 성취를 기록했으나 수학 교과에서는 낮았다.[37] 홈스쿨링, 독자적 교육 활동, 원격 교육으로 지도를 받은 경우 대체로 차터 스쿨 학생들의 성적이 특히 저조했다.

스탠퍼드대학의 교육성과연구센터Center for Research on Education Outcomes가 주관한 16개 주 대상 대규모 학생 데이터 연구 또한 이와 같은 각양각색의 특성을 입증한다. 학생 유형이 유사한 경우, 차터 스쿨 학생의 17%만이 기존의 공립학교보다 뚜렷한 학업성취를 보였으며 37%는 기존 공립학교보다 오히려 성적이 저조했다.[38] 차터 스쿨 학생의 46%는 유사한 학생 유형이 다니는 지역구 운영 공립학교 학생과 학업성취 면에서 유의미한 차이를 보이지 않았다.[39]

학업성취가 저조한 학교를, 선택에 따라 기업이나 지역구가 운영하는 차터 스쿨이나 기타 학교 유형으로 전환하는 시카고의 르네상스 2010안에 대한 평가에 따르면 새로운 학교에서 보이는 학생의 학업성취는 이전 학교의 유사한 비교 그룹 학생의 학업성취와 별반 다르지 않았으며, 두 그룹 모두 계속해서 저조한 학업성취를 보였다.[40]

차터 스쿨이 공립학교보다도 좀 더 인종적, 경제적으로 차별적이라는 연구 결과가 상대적으로 계속해서 보고되는 것이 우려되는 부분이다.[41] 또한 차터 스쿨은 해당 지역구에서 상대적으로 특수교육이나 영어 학습이 필요한 학생들을 잘 대변하지 못하고 있다.[42] 일부 주에서는 사회경제적 차이가 교육적 차이로 반복되고 있다. 예를 들어 텍사스 연구에 따르면, 텍사스의 차터 스쿨에 다니는 대다수 백인계 학생은 인문계 학교에 속한 반면 소수인종 학생들은 대체로 실업계 차터 스쿨에 등록한 것으로 나타났다.[43]

밀워키의 시장 중심 개혁안의 결과

밀워키 공립학교 제도Milwaukee Public Schools, MPS는 전미 교육사상

가장 큰 규모로 장기간 추진된 학교 선택제도이다. 이는 1990년 바우처 제도 도입과 더불어 시작되었고, 학교 선택에 따른 지역구 운영 학교 및 차터 스쿨을 통해 확대되었다. 오늘날 저소득층 밀워키 학생 2만 명이 이 제도를 통하여 정부 바우처의 도움을 받아 백여 개 학교에 입학했다. 차터 스쿨과 더불어, 주법 제220장에 명시된 학교별 인종적 균형을 추구하는 차별금지법은 "학교 선택권"을 확립했다.

1998년 법원은 지역학교가 바우처 제도를 활용하여 바우처 학교 및 학생 수를 확대하도록 명했다. 2011년, 바우처 제도를 신청하기 위한 소득 자격 요건은 빈곤 수준을 175%에서 300%로 늘려, 더 많은 가족이 신청할 수 있게 했다. 바우처를 이용하는 학생 수는 꾸준히 증가하여 1990년 300명에 불과했던 것이 2008년 2만 명에 달했으며 현재까지 이 수준으로 유지되고 있다. 이 기간, 밀워키 공립학교 제도 MPS 등록률은 20% 정도 감소하여 1998년 101,000명이었던 것이 2013년 78,363명으로 나타났다.[44]

밀워키 공립학교 제도MPS 당국은 지역구가 운영하는 기존 학교, 대안학교, 파트너십 학교, 계약 기반 학교, 그리고 30여 개 이상의 차터 스쿨 등을 포함하여 학교 선택의 폭을 늘리는 등 학교 포트폴리오를 마련하여 바우처 제도와의 경쟁에 대응했다.

다만, 주법이 밀워키 사례를 다른 도시와 다르게 접근하고 있다는 점이 특기할 만하다. 위스콘신의 다른 도시들은 인가 권한이 지역학교위원회에 일임되었다. 지역학교위원회가 추진한 차터 스쿨이 아닌 이상, 교직원 50%, 학교구 내 10%의 동의 없이 학교 인가는 불가능하다. 차터 스쿨 기금은 일반적으로 지역구에서 먼저 재분배된다. 밀워키에서는 (밀워키시와 위스콘신-밀워키대학교를 포함하여) 학교 인가를 승인할 기관이 다양하며 기금은 해당 학교에 직접 배정된다.

밀워키 교육 시장은 상당히 불안정했다. 예를 들어 2007년부터 2011년까지 5년간 지역구는 폐교 수 59개교, 개교 수 29개교를 기록했다. 가장 최근에 폐교된 학교 대다수는 학생 등록 수 미달에 따른 것이다.[45] 어느 지역구 행정관은 이러한 현상에서 교육 관심이 교육의 질 구축에서 개·폐교 학교 수 및 학생 이동으로 편중되었다고 설명했다. 나아가, "바우처 제도는 교육을 시장 중심으로 이끌고 있다. … 우리는 의도적으로 경쟁 문화를 만들고 있다. 여기엔 의심의 여지가 없다."[46]

극심한 경쟁에도 불구하고, 밀워키에서 학업성취는 향상되지 않았고, 학업 격차는 더 커졌다. 연구 결과에 따르면, 유사한 학생군 대상 학업성취 정도는 바우처 제도, 차터 스쿨, 지역구 운영 공립학교 간에 큰 차이를 보이지 않았다.[47] 게다가 주 단위 평가 자료 확보가 가능한 지난 12년간의 학업성취 전 분야에서 [밀워키의 학업성취는] 저조한 상태에 정체되었다[47]([그림 6.4], [표 6.1], [표 6.2]는 위스콘신주가 NCLB

[그림 6.4] 밀워키 학생의 독해능력 백분율

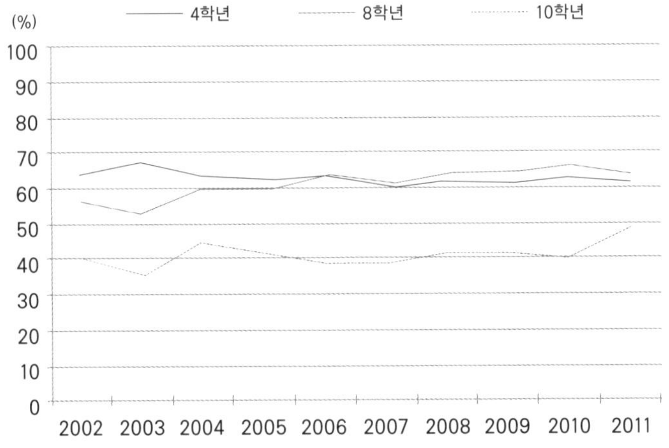

[표 6.1] 밀워키 학생의 독해능력 백분율 2002-2011

학년	2002	2003	2004	2005	2006	2007	2008	2009	2010	2011
4	64%	67.1%	62.8%	62.3%	63.3%	60.8%	61.2%	61.4%	62.3%	61.1%
8	56%	52.9%	59.2%	59.4%	63.5%	60.1%	63.7%	64.2%	65.7%	63.7%
10	40%	36.4%	44.7%	41.9%	39.7%	39%	41.3%	41.7%	40.2%	47.8%

출처: Wisconsin Department of Public Instruction

[표 6.2] 밀워키 학생의 수학능력 백분율 2002-2011

학년	2002	2003	2004	2005	2006	2007	2008	2009	2010	2011
4	47%	53.1%	46.4%	44.8%	53.1%	51.7%	60.2%	58.5%	56.7%	54.7%
8	35%	29.2%	36.4%	38.9%	41.2%	39.9%	50.2%	52.1%	47.5%	53.6%
10	28%	29.8%	31.2%	32.1%	29.7%	28.7%	28.8%	30.4%	31.6%	33.1%

출처: Wisconsin Department of Public Instruction

법에 부응하기 위해 추진한 주 단위 공통시험이 시행된 시기의 자료이다).

2011년, 전국학업성취도평가National Assessment of Educational Progress에서 밀워키는 전국에서 가장 저조한 성적을 거둔 도시로 기록되었다. 8학년생의 수학영역 결과는 다소 상승했으나,[49] 이는 이전부터 시행된 교육 효과에 준하는 것이며,[50] 4~8학년생 학생들은 독해영역에서 2년 전 결과 대비 상당히 퇴보했다. 이 기간 위스콘신주는 전국에서 백인-흑인 간 학업성취 격차가 가장 컸다.[51]

위스콘신은 2011년부터 평가 방법을 바꾸었으나 결과 자체를 크게 바꾸지는 못했다. 밀워키 학생들은 주 내 다른 지역 학생들 성취수준에 비해 절반에 못 미치는 것으로 드러났고, 이 현상은 매년 바뀌지 않고 있다([표 6.3]).

'Milwaukee Journal Sentinel'의 2013년 보고에 따르면, 주의 423개 학교 지역구 중 95% 이상이 2012-2013년도 주가 설정한 학업성취 기대치에 도달하거나 초과한 반면, 밀워키시는 기대 수준에 도달하지도

[표 6.3] 지식 및 개념 시험에 대한 위스콘신 학생의 학업능력 백분율(WKCE), 2011-2013

	2011	2012	2013
독해			
밀워키	14.1%	14.9%	15.1%
주	35.7%	36.0 %	36.4%
수학			
밀워키	20.7%	20.9%	20.6%
주	46.8%	48.3%	48.2%

못했고 최하위권에 머물렀다.[52] 보고서는 다음과 같이 기록했다.

> 2012~2013년도 주 단위 평가 보고에 따르면, 교육과정, 예산 및 교직원 운영상 기존 공립학교보다 더 많은 자유가 부여되었음에도, 밀워키 내 대다수 사립 차터 스쿨은 학업성취 기대수준에 미치지 못했다. 주가 추진한 새로운 학교평가상 책무성 정도에 따른 순위에 포함된 밀워키의 사립 차터 스쿨 17개교 가운데 53%가 기대치 이하의 결과를, 밀워키시가 인가한 2개교는 낙제점을 받았다. 이 결과는 사립 차터 스쿨이 과연 더 좋은 성과를 내느냐에 대하여 의구심이 들게 한다. 이들 학교는 공적 자금으로 구성되었지만 사적으로 운영되며 지역구 내 각종 규제에서 자유로운 대신 학업성취 향상을 공언한 바 있다.[53]

또한 사립 차터 스쿨 대비 3배수의 학생이 영어 학습을, 2배수의 학생이 특수교육을, 그리고 빈곤층 학생 대다수가 지역구가 운영하는 밀워키 공립학교 제도의 교육을 받는 것으로 드러났다. 이 보고서는 이것이 전국적 추이와 일치한다고 보고한다.

지난 25년간 추진된 전국 수준 최대 규모의 교육 시장에서 학업성취상 눈에 띄는 향상은 보이지 않았지만, 밀워키시는 교육이 수월한 학생을 입학시키고 교육하기 어려운 학생은 탈락시키는 선택 기반 학교제도에서 비롯된 일련의 경쟁적 반향을 이끌었다. 최근 연구에서는 입학 담당자들이 이러한 시장 중심적 측면이 어떻게 작동하는지 설명했다.[54]

> 변화하는 등록제도에 맞춰 지난 수년간 지역구 등록 수는 감소했다. 학교들은 학생 영입을 위해 실제로 경쟁한다. 일례로, 일부 학교에서는 일정 수준의 독해능력 이상으로 2등급을 받은 학생의 정보를 얻어서 이들에게 입학 안내 정보를 보내고 있다. 유사한 사례는 많다. 학교들은 마치 복수라도 하려는 듯 개별 학생들을 추적하고 있다.

다양한 유형의 학생 입학을 감수하는 것은 교육 자금 분배와 시험 기간에 집중된다. 위스콘신의 학교는 주에서 교육비를 배정받는데, 이는 학년도 시작 직후 셋째 주 금요일에 기록된 학생 등록 현황과, 10월 평가 결과에 따른다. 일선 교장은 인근 학교에 대하여 다음과 같이 기술한 바 있다.

"어떤 학교에서는 학생들에게 50달러와 텔레비전을 준다고 말했습니다. 학교에 최소 한 달만 등록해주면 말이지요. 한 달 이후면 그 학생들은 그냥 떠나도 되는 겁니다."

학교가 원하는 학생만 선발하여 경쟁할 수 있는 경우, 학교의 학업성취 결과는 분명히 향상했다. 그러나 시장에서 뒤처진 학생을 교육해야만 하는 교육제도 전체로 보면, 선택을 기반으로 한 대규모 실험 결과는 학생 차별을 심화시키고, 전국적으로 학업성취 격차를 가장 높인 반면, 학업성취에서 큰 변화가 없는 것으로 드러났다.

누가 선택하는가?
뉴올리언스의 차터 스쿨 제도 적용 결과

밀워키는 미국에서 최초로 시장 중심 학교 선택제를 적용한 지역이지만, 뉴올리언스는 지역구 수준에서 학교 운영을 전全 민영화한 최초의 도시이다. 2003년, 카트리나 허리케인 이전, 루이지애나는 "학교회복지구Recovery School District, RSD"를 설립했다. 이는 연방법 NCLB상 낙제 받은 학교를 인수하려는 목적으로 설립된 것이다. RSD 운영 첫 두 해 동안, 주는 일부 학교에 차터를 제공하여 NCLB에 부합하는 학교 구조조정을 권했다.[55] 2005년 카트리나 허리케인이 도시를 덮쳐 지역이 쑥대밭이 되고 많은 목숨을 앗아갔다. 그리고 지역의 인구 구성에도 변화가 왔다. 카트리나 이후, 교육 지형은 극적으로 변화하여 뉴올리언스는 전국 최초로 지역구가 운영하는 공립학교를 폐지한 지역이 되었다.[56]

뉴올리언스의 사례는 특히 눈여겨봐야 한다. 민영화 지지자들은 이 사례를 꺼내 들며 전국의 학교 지역구가 반드시 따라야 할 모델로서 교육에 대한 대규모 실험을 제안했기 때문이다.[57] 그러나 과학세계에서 실험은 성공적인 예비실험, 통제군, 배제 등에 기초하여 진행된다. 하지만 위 경우에는 이러한 기초가 전혀 없다. 아이들은 자신의 지역 학교 제도를 폐기하는 선택을 내려야만 하는 주체로 포로가 되었다. 게다가 지금까지 추진된 급진적 개혁과정에서 잘 짜인 통제된 평가과정이 없었다. 루이지애나주는 관내 학생과 이들의 학업성취에 관하여 수집된 공적 데이터를, 개혁에 협조한 두 개 기관을 제외한 일반 연구자 및 대중에는 공개하지 않았다.[58]

차터 스쿨의 효과를 파악하는 것은 상당히 어려운 작업이지만, 카

[표 6.4] 뉴올리언스 주 단위 평가시험 결과 숙달 수준 이상 성취 백분율(2014)

주 전체	24
올리언스 교구 학교위원회(비RSD 소속)	42
RSD- 뉴올리언스	12

트리나 이후 뉴올리언스의 급격한 인구 변화를 보건대, 그리고 타 집단과의 학업성취 비교가 불가능하게 만든 점을 고려해보건대, 뉴올리언스는 계속해서 학업성취가 저조한 지역구임에 틀림없다. [표 6.4]가 제시하듯, 2014년 주 단위 평가시험에서 학교회복지구RSD에 등록된 학생의 12%만이 "숙달mastery" 수준 혹은 그 이상의 점수를 받아, 주 전체 24%의 절반을 기록했다. 반면에 올리언스 교구Orleans Parish 학교—뉴올리언스 내 공립학교를 계속해서 운영하는 분리된 지역구—의 성취율은 42%로 훨씬 더 높다(후술하겠지만, 뉴올리언스의 "성공"으로 알려진 대다수 기사는 RSD의 차터 스쿨에 올리언스 지역구 학교 결과를 결합하여 발표한 것이다).

일반에 공개된 자료에 따르면 뉴올리언스 RSD는 지속적으로 저조한 성과를 내는 지역구이다. 이는 루이지애나주 전체 평균에도 못 미치는 수준이다. 심지어 루이지애나주 자체도 전체 주 가운데 지속적으로 저조한 성적을 내고 있다.[59] 2013년, 전국학업성취도평가(National Assessment of Educational Progress, 집필하는 현 시점에서 가장 최근 자료)에서 루이지애나는 4학년, 8학년 학생의 독해영역은 50개 주 가운데 48위, 수학영역은 8학년 49위, 4학년 50위를 기록했다.[60]

한편, 저자를 포함한 여러 연구자는 뉴올리언스가 시장 기반 경쟁 모델을 적용함에 따라 각 가정에 승자와 패자 구도를 양산했다는 것을 밝혀냈다. 이 과정에서 불평등한 학업성취 격차가 극심해졌다. 뉴올리언스에 거주하는 학부모와의 인터뷰에서 현 상황에 대한 비관적 의견을 들을 수 있다.

> 뉴올리언스에는 교육을 받는 (사회적) 계급과 그렇지 못한 계급이 있을 것입니다. 이것이 우리가 지금 목도하는 현실입니다. 당장 한 세대 후면, 이 나라 어디에서도 볼 수 없었던 그런 하층계급이 등장하게 될 것입니다. 왜냐하면 인구밀도가 높은 지역에서 교육받지 못하는 사람들이 있게 되기 때문입니다. 교육받지 못한 사람이 많은 사회에는 민주주의가 없습니다. 이것이 문제입니다.

다른 데서도 되풀이되는 이러한 견해는 교육 민영화가 많은 아이들의 교육 기회를 박탈할 것이며, 뉴올리언스의 정치사회적 미래에 장기적으로는 심각한 결과를 초래할 것이다.

뉴올리언스의 공립학교를 차터 스쿨로 전환하는 것

『쇼크 독트린』이 예견한 바 있듯, 교육 민영화 방법을 모색하는 사람들에게는 카트리나 허리케인으로 촉발된 위기가 곧 기회이다. 허리케인 직후, 주 의회는 주법 35조Act 35를 통과시켰다. 이는 낙오된 학교의 의미를 대폭 확대하여 낙오된 학교 운영권을 인수하거나 외주를 주는 학교회복지구RSD에 맡기도록 법적 명령을 내리는 것이다.

주법 35조에 따라, 학교수행점수School Performance Score, SPS 수준을 높여서 낙오 학교 규정을 주 평균 60점에서 87.4점으로 상향 조정했다.[61] 이 기준에 따르면 루이지애나주 내 학교의 절반이 낙오로 규정되는 등 상당히 극단적이다. 특히 NCLB 법령하에서 이는 학교 구조조정 혹은 폐교 결정을 내리는 규정이다. 해당 법령에 따라 주는 학교 평가 점수가 87.4점 이하인 학교는 어디든 각종 제한을 덧붙여 지역학교위원회를 RSD로 전환하는 것이 가능케 되었다. 이 법령은 특히 뉴올리언스를 겨냥한 것이다. 루이지애나의 의원들은 지역민의 의견을 고려하지 않고, 2005년 "특별조항"으로 주법 제35조를 통과시켰다.

루이지애나주 의회는 카트리나 재해와 주법 35조를 교육제도의 권한을 이전하는 데 사용했다. 이로써 교육제도 권한이 뉴올리언스 지역민과 지역 선출기관에서 주 당국, 그리고 특히 차터 스쿨 운영 기관 같은 비선출 사립기관charter management organizations, CMOs으로 이전했다. 루이지애나주는 RSD를 통해 시민들이 접수한 기본적 불만 사항인 뉴올리언스 학교 운영을 지역민이 아닌 차터 스쿨 기관에 일임했다. 실제로 우리가 면담한 차터 스쿨 교장은 이 과정을 지역구 "훔치기" 과정이었다고 말한다.

차터 스쿨 정착을 도모하는 과정에서, 루이지애나주는 7,000명 이상에 달하는 현직 교사를 대량 해직했다. 이들 해직 교사들은 계약서에 명시된 법적 절차를 통해 복직 희망 교사 명단을 제작하여 복직을 신청할 기회조차 얻지 못하는 등 정당한 절차를 받지 못했다. 대신, 대다수 교사들은 'Teach for America'와 계약했다. 해당 제도는 2년 단위 계약으로 젊고 경험이 적은 교사와, 다른 지방 출신의 행정직을 유인하는 제도로, 이는 여러모로 차터 스쿨이 무관용 원칙을 정착시키는 방안이 되었다. 2012년 법원은 교원 대량 해고가 불법이었다고 선고했지만, 2014년 주 대법원은 이 판정을 번복했다.[62] 이 소송은 현재 미연방대법원에 상고되었다. 그러나 피해는 고스란히 도시가 떠맡아, 법원의 판결까지 해직 교사들은 그들이 그토록 원하는 지역구로 되돌아갈 수도 없다.

학교회복지구RSD로 시작해, 주법 제35조 시행에 따른 뉴올리언스 지역구 인수, 현직 교사 해고, 차터 스쿨 제도 도입에 이르기까지, 루이지애나는 선출된 기관이 맡아야 할 공교육에 대한 책무를 빼앗아 민간의 특정 차터 스쿨 위원회와 외부 자금의 손에 맡기는 전략을 추구했다. 이에 따라 학생, 학부모, 교사의 권리가 빼앗겼다.

뒤바뀐 선택권: 학교는 학생을 어떻게 선택하는가

시장 모델의 기본 전제는 경쟁을 통해 생산자가 공급하는 상품을 소비자가 선택하는 것이다. 이 이론은 학교의 성과를 다른 학교와 경쟁하고, 각 가정은 이 경쟁을 비교 기준으로 삼을 수 있다는 것을 전제한다. 학교로서는 교육 개선이 아니면, 입학생 수 감소와 궁극적으로는 폐교에 이르는 위험을 감수할 수밖에 없는 방식으로 보상금을 통한 경쟁을 장려했다. 시장주의자들은 이러한 제도가 저조한 성과를 내는 학교를 효율적으로 사장시킬 것이라고 기대했다. 그러나 이렇게 이상적 상황에는 공급자가 경쟁을 할 만큼 모두가 공평하게 이상적인 소비자여야 한다. 또한 학부모는 [학교에 관한] 모든 정보를 얻을 수 있고, 학생은 어느 때고 학교를 전환할 수 있어야 한다. 그리고 앞서 논의된 바와 같이 학생별로 다른 교육 요구상의 수준 차이나 교육 기금별 격차에도 불구하고 이러한 전략에 적응할 학교 역량이 전제되어야 한다.

루이지애나 차터 스쿨 법의 가장 큰 문제는 입학 기준을 학교가 정하게 한 점이다. 캘리포니아 법과 같이 지망 학생 전원 등록 혹은 지망생 초과 시 추첨제를 통한 입학 절차와 다르다. 최근 퇴학 제한 제도가 마련되기 전까지,[63] 적절한 절차 없이 어떤 이유에서든 학교가 퇴학 처분을 내릴 수 있었다.

연방정부와 주 정부의 책무성 제도는 학생의 평가 점수에 집중되어 있고, 또 이는 학교 등급 결정에 가장 주요한 요인이기 때문에, 학교가 경쟁적 이점을 갖추어 살아남는 문제는 학생의 성적 향상 여부에 달렸다. 이는 성적이 우수한 학생을 유치하기 위한 유인책을 모색하게 하고, 또 학교 평균을 내려버리는 하위권 학생은 배제시키는 방책으로, 이를 "크림 스키밍cream skimming"[3]이라 부른다. 그 결과 학교 간 경쟁과 학부모 선택권을 위한 완벽한 시장을 조성하기보다는, 지난 10년간 뉴올리언스는 혜택을 가장 받지 못하는 학생들에게 불이익을 촉진시키는 방향으로 학교별 계층화가 심화되는 현상을 목도했다.

우위권을 가진 학교가 크림 스키밍이 가능하게 고안된 제도하에서, 뉴올리언스는 4개의 등급으로 학교를 나누었다. 주는 명백히 성과가 높은 학교를 낙오로 간주하지 않기 때문에, 1등급Tier 1 학교는 지역구 운영 학교이든 차터 스쿨이든 계속해서 올리언스 교구 학교위원회 Orleans Parish School Board, OPSB의 찬조를 받는다. 이들 학교는 입학시험, 형제자매 및 지역민 우대 등의 입학 선별 절차를 적용한다. 이렇게 성과가 좋은 학교는 매년 수천 명의 지원자가 몰리며 이 가운데 극히 일부만 선발된다.

[그림 6.5]는 선발 중심 학교가 뉴올리언스 공립학교에 다니는 백인 학생을 주로 선발했다는 것을 보여준다. 아프리카계 미국인과 무상급식 학생 수는 일반 학교에서 대다수를 차지하는 반면 1등급 고등학교에서는 3분의 1 이하에 불과하다. 성적이 높은 학교에서 "특수교육"으로 규정된 학생은 대체로 "재능 있는" 혹은 "뛰어난" 학생을 의미한다. 이는 성적이 저조한 학교에서 발견되는 "정서장애" 혹은 "자폐증"과

---

3) 크림 스키밍은 우리에서 양질의 크림만 걷어내는 행위를 말한다. 특히 공공 서비스 부문에서 공기업의 기업성을 강조하다 보면 공기업은 수요가 큰 지역 혹은 고수익 창출 사업에 진출하려는 경향을 표현할 때 쓰이는 표현이다. 우리 식으로는 크림 탈취 혹은 단맛 골라먹기 정도로 번역될 수 있다. 이상철(2000), 『공기업의 이해』, 서울: 대영문화사.

[그림 6.5] 뉴올리언스 내 인종 및 특수교육 대상 학생 추이(학교 등급별, 2011-2012)

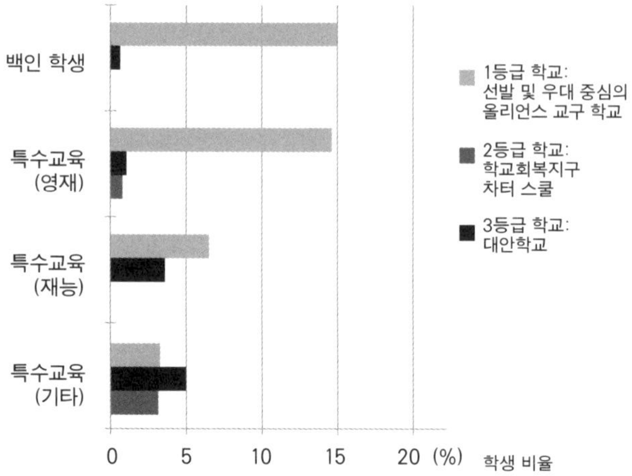

같은 의미의 "특수교육"과 상당히 다르다.

뉴올리언스의 2등급 학교는 학교회복지구RSD 차터 스쿨이다. 이들 학교는 성적이 가장 저조한 학생 수를 제한하는 여러 방법을 적용한다. RSD 학교에 지원하는 학생과 학부모 인터뷰 및 성적표를 바탕으로, (1) 저조한 성적의 학생, 징계 기록이 남은 학생, 특수교육 대상 학생 등록을 거부하고, (2) 주에서 받는 연간 교육 자금 수령 직후인 10월에 학생을 퇴학조치하며, (3) 교내 학생 체포를 허용하여, 퇴학을 위한 별다른 조치 없이 학생 명단에서 제거한다. 일례로 한 학생은 다음과 같이 말했다. "내가 학년말 고사End-of-Course Assessment, EOC에서 1점 차로 낙제했기 때문에 다른 학교는 날 안 받아준 거예요. 그래서 여기(이 학교)에 지원해서 이렇게 오게 된 거예요."[64]

특수아동을 둔 학부모는 자신의 경험을 다음과 같이 기록하고 있다.

학교회복지구RSD에서 나온 직원이 내가 이의 제기하는 걸 도와주겠다고 말했어요. 왜냐하면 11월 고등학교 박람회에 나온 여러 학교가 날 거절했거든요. 그래서 (2월) 초에 학교 엑스포에 갔어요. 네 군데 학교와 상담했는데, 그중 두 군데서 샘Sam 같은 아동은 받지 않는다고 했어요.[65] 그중 하나는 내가 11월에 상담했던 학교였어요. 사실 그때와 같은 여자였죠. 그분이 나에게 지난 11월 고등학교 엑스포에서 나와 대화한 걸 기억한다고 말하기도 했죠. 또 자기네 학교는 통합교육만 운영한다고요. 그래서 자기네 학교가 우리와 맞지 않을 것이라고 했습니다. 그때부터 나는 고민했죠, 아무래도 이의 제기를 해야겠다고요. 법대로 하면 될 것이라고 생각했죠. 그래서 관할 부서에 연락해서 내 이의 제기가 어떻게 처리되고 있는지 확인했습니다. 내가 고발한 세 개 학교가 그런 사실이 없다고 부정하자 조사는 그냥 취소됐나 봐요. 오히려 내가 거짓말쟁이라는 식의 대접을 왜 받아야만 하는지 잘 모르겠습니다.[66]

특수교육 학생의 학교 입학이 계속해서 어려워지자 남부빈곤법률센터는 결국 법원에 소송을 제기했다.[67] 계속되는 문제는 코웬연구소의 2013년 보고서, "뉴올리언스의 공교육 현실"에서 강조되었다. 현재 어느 교육 기관에도 특수교육 아동을 입학시킬 책무성이 없다. 이에 따라 각 학생의 학업진로를 추적하기 어려워졌다.[68]

일부 학생들은 너무 많은 학교에서 입학 거부되어 결국 학교 등록을 포기했다. 한 지역 주민은 다음의 사례를 알려주었다.

[이 아이는] 아마 [특정 학교를 찾아보라는 등의] 아무런 조언도 받지 못했을 거예요. 그냥 붕 뜬 거죠. 우연히 우리가 그 아이를 만났어요. 학교에 등록하지 않았더라고요. 우리가 학교를 찾아줬어요. 우리는 합

격증을 들고 학교에 가서 "여기 합격증이 있습니다"라고 말했죠. 우리는 아이 엄마와 함께 있었어요. 여기 관련 서류를 작성했습니다. 학교 측은 아이와 학부모한테 다소 위협적일 수 있는 그런 면담을 진행했습니다. 이런 식이었습니다. "자, 이제 학교에 등록했으니, 이런저런 것을 어길 시, 널 법원에 넘겨버릴 것이다." 학교에 아직 출석 한 번 안 해본 아이에게 무단결석, 교내 규율에 대해 말했습니다. "네가 이렇게 하면, 우리는 이렇게 할 것이다. 우리가 OPD(Orleans Police Department, 올리언스 경찰)를 경호원으로 고용했기 때문에, 여기에 온 이상, 넌 그냥 감옥으로 갈 수도 있다는 사실을 네가 좀 알아줘야겠다"라고 했습니다. 학교가 아이에게 한 말이에요.

다른 지역 주민은 학교에 지역 경찰을 고용하는 것은 종종 소외 exclusion 전략으로 작용한다고 말했다.

학년 말이 되면, 학교 측은 경찰을 교내에 불렀다고 말합니다. 무슨 일이 발생하면 즉각 감옥에 간다고요. "아무것도 하지 말라"는 겁니다.[4] 애들은 그러니까, "다시는 가고 싶지 않아" 상태가 됩니다.

두 개 학교에서 온 행정직원은 학교 운영상, 어려움에 처한 학생을 배제하는 데 사용하는 소외 전략을 다음과 같이 말했다.

학교 측이 하는 일은 다음과 같습니다. … 우선 비영리(NFP)[5] 지원금

4) 정확한 표현은 "Do not pass Go, don't collect $200"으로, 보드게임 모노폴리(우리나라의 부루마블)에 나오는 표현이다. 돈도 안 되고 어디에도 갈 수 없는 상황, 무슨 일을 하든 나쁜 결과만 초래하는 상황이라는 의미이다.

을 받을 방법을 알아내요. 이 자금은 1등급 학생들을 따라갑니다. 10월, 그러니까 평가 직전에 갑자기 많은 아이들이 전학을 와요. … 학교 측은 말 그대로 밖에 나가서 성적이 우수한 학생들을 영입하는 것입니다. 그런 학생을 찾아내고 자기 학교로 전학시킬 방법이 있다면 말이죠. 성적이 낮은 아이나 장애 아동은 학교 밖으로 쫓아냅니다. 학교 평균을 깎아 먹지 않게 말이죠. 이를 위해 학교 측은 온갖 방법을 동원합니다. 어떤 방법은 좀 뻔뻔하기까지 해요. 학교는 학부모에게 이렇게 말합니다. "당신 아이를 지원할 만한 특수교육 교원이 없습니다, 다른 학교를 찾아보는 게 더 좋은 교육을 받기에 좋을 겁니다, 그런 학교를 우리가 찾아드리겠습니다, 없으면 어쩔 수 없지만." 혹은 정학이나 퇴학도 있다. 여러 학교에서 퇴학률은 놀라운 수준입니다. 그런데 이건 학교 입장에선 그저 "우리 학교 졸업률이 85%, 90%입니다" 정도의 문제예요. 그러나 이 수치는 얼마나 많은 학생들이 졸업 이전 학년인 4학년이나 2학년에서 이탈하는지 대변하지 못합니다. 이때 이탈한 수가 반절일지라도 졸업률은 90%입니다. 학교가 언급하지 않을 뿐이지요. 정말 다양한 방법이 있어요, 지금 말씀드린 게 우리가 직접 목격한 것이고요.

그러니까 10월 1일에, 학부모는 자기 아이를 데리고, 학비도 준비해서 학교에 가보면 그냥 놀라워요. 학비 견적을 뽑아볼 수 있죠, 감당할 수도 있어요. 그런데 일어나는 일은 추방이에요. 10월 1일부로 딱 한 달 걸려요. 이달이 지나면 다시 또 이 아이들을 2월 자금이 들어올 때까지 붙잡아둡니다. 말하자면 11월 이후로는 전학 오는 학생을 잘 못 봅니다. 그런 경우가 있다면, 이제 막 이 도시로 이사 온 경우, 혹은 되돌아온 경우예요. 그 아이들은 다른 학교에 있었거나, 퇴학되었거나, 아마 퇴학될

5) NFP 축약어로만 기술되어 있어 정확한 명칭은 확인할 수 없으나, 맥락상 Not-for-Profit 지원금으로 추정된다. 취약 계층 아동을 대상으로 교육 지원금을 후원하는 제도이다.

상황인 거예요. 이제 학부모들이 깨닫는 거죠, 이 학교가 우릴 받아주는구나. 그렇게 우리가 아이들을 받는 거예요. 11월과 2월 사이 전학률은 높지 않습니다.

학교회복지구RSD에서 3등급 및 그 이하로 분류되는 학교는 대안학교이다. 이들 학교는 교육 이탈 직전에 몰린 아이들, 혹은 교정기관에서 돌아온 아이들이 재입학하는 단계에서 다니는 학교이다. 실제로, 일부 주에서는 사설 교정기관이 대안적 차터 스쿨을 운영하기도 한다. 3등급 수준의 교육기관과 주립 교정기관 사이의 경계가 모호해졌다는 것은 뉴올리언스의 차터 스쿨 제도가 극빈곤층 아이들에게 학교에서 감옥을 잇는 경로로 기능한다는 것을 잘 대변한다.

앞서 저자는 뉴올리언스의 학교 단체가 계층화되었다고 기술했다. 이는 일차적으로 하위권 학교에 이르는 일방향 티켓으로 학생이 학교를 바꾸기 때문이다. 학년 중간에 입학시험을 칠 수도 없고, 또 성적이 우수한, 대체로 백인 학생이 다니는 공립학교에 입학할 수 없다. 그러나 평균 수준의 성적을 내는 차터 스쿨에 등록한 학생이 퇴학될 수는 있다. 그러면 그 학생은 RSD상 하위 등급인 대안학교로 보내진다. [그림 6.6]은 학교교육의 각 계층에서 학생의 학업성취가 얼마나 하락하는지 보여준다. 심지어는 각 계층 내 여러 학교 접근성을 가진 학교 간에서도 학업성취가 꾸준히 하락하고 있다.

2012년, 대다수 학부모의 불만을 수용하여, 학교회복지구RSD는 시 단위 학생 전학 및 퇴학 정책에 통일성을 기했다. 2005년에서 2012년 사이 RSD 학교가 개별 규율, 성적 및 전학 결정 권한을 가졌기 때문에 학교를 규제하기가 말 그대로 불가능했다. 학교장은 각종 규율 위반은 물론, 수업 시간 졸음, 결석, 교사에 불응하는 것 등 언급할 가

[그림 6.6] 학교 등급별 뉴올리언스 학교의 주 수준 평가 결과 평균(2011-2012)

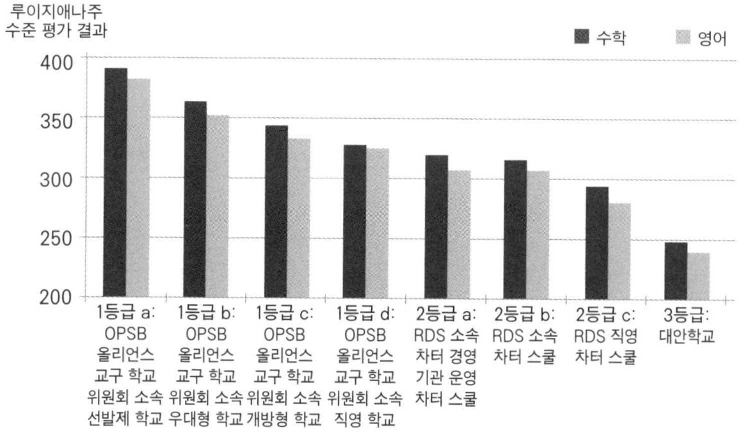

치도 없는 사안에 극단적 기준을 적용하여 학생을 퇴학시킬 수 있었다.[69] 대다수 RSD 차터 스쿨에서 학교장은 "무관용" 원칙을 정학과 퇴학 결정에 할애했다. 이 무관용 원칙이란 결국 "창문을 깨지 말 것" 교육 원칙을 거의 범죄 수준에 두는 것과 같다. 일부 학교에서, 학생은 쉬는 시간에 줄을 맞춰 조용히 걸어야 했다. 점심시간에도 정숙해야 했으며, 수업 시간에는 교사만 쳐다봐야 했다. 그 외 감점, 방과 후 남기, 정학, 퇴학의 순환에 들어서는 위험 부담을 주는 여러 방침에 복종해야 했다.

일부 관찰자는 학생 유형 및 교육 현장에서 1등급과 2등급 학교 간에 큰 차이를 발견했다. 성적이 우수한 학교에서는 교장실 문에 환영 인사말이 걸려 있다. 대다수가 백인인 학생들은 교실을 이동하면서 수다를 떤다. 반대로 RSD 차터 스쿨에서는 경호원은 물론 금속탐지기가 입구마다 비치되어 있어 교내에 들어가는 것이 거의 불가능하다. 일단 들어서면, 각 층에는 줄이 표시되어 있어, 학생들은 이 줄을 따라 걸어야 한다. 수업 사이사이, 대다수 아프리카계 미국인 학생인 청소년들이 일렬종대로 정숙하여 걷는 모습이 좀 부자연스럽다. 젊은 교사들은 20피트 간격으로 서서 학생을 감독한다. 외부인에게 이 상황은 이전 세대에 있었던 인종차별을 상기시킨다.[70]

시장주의자가 제안한 선택의 논리에는 소비자, 즉 학생이 선택한다는 전제가 있다. 그러나 뉴올리언스에서는 학교가 학생 선발상의 거의 모든 결정을 내린다. 선택권이 뒤바뀐 것이다. 물론 이 제도는 앞서 언급한 여러 등급별 학교 중에서 학생이 [학교를] 선택하는 형식을 취하고 있다. RSD는 뉴올리언스 내 거의 모든 학교를 포함하고 있는 OneApp제도를 도입했다. OneApp으로 학부모는 최대 8개교를 선택하여 입학추첨에 등록할 수 있다. 그러나 앞서 말한 바와 같이, 학생이 등록하고 입학하기까지 무수한 난관이 존재한다.

추첨제로는 정말 극히 일부만 입학할 수 있게 되기 때문에, 선택의 동전 이면에는 누군가는 선택한 대로 입학하지 못하는 것이 현실이다. 코웬연구소는 최근 [입학 준비 단계에서] 학부모가 반드시 결정해야 하는 사안에 관한 내용을 상술한 보고서를 발표했다.[71] 이 보고서는 뉴올리언스에서 학교를 선택하는 것이 상당한 운도 요구하지만, 제도를 잘 알아야만 가능한 경쟁적 활동이라고 보고한다. 밝혀진 바와 같이, 성적이 저조한 학교만이 대다수 소수인종 학생, 특수교육이 필요한 학생을 받아들인다. 현 학교제도는 계층화를 더욱 재생산할 뿐 격차를 좁히지 못하고 있다.

이러한 등급 제도상, 곤란을 겪는 학생이 등록할 수 있는 학교는 성적이 저조한 학교가 되어 종국에는 폐교하게 된다. 그러면 학생들은 다른 학교로 보내진다. 연구에 따르면, 학생들은 점차 비슷한 방식으로 낙오한 학교에 모이게 되는 것이다.[72] 이렇게 심화된 계층화가 최상위 사립 차터 스쿨에 진학한 운 좋은 학생들에게는 일정 정도 혜택이 될 수 있다는 점도 인지할 필요가 있다.

이 실험이 잘 돌아가는가?

카트리나 이후 교육개혁의 효과에 대한 인과관계를 밝히는 연구에는 방법론적 난관이 있다. 허리케인 이후 수천 가구가 이 도시에 다시 돌아오지 못했고, 그에 따라 학생 유형도 급격하게 변화했다. 또한 일부 학교는 현재 상당 부분 민간자금으로 운영되고 있다. 때문에 [해당 연구에] 이렇게 변화한 요인을 온전히 반영하기 어렵다. 2000년대 이후 도시 인구가 대폭 줄었고, 특히 저소득층 흑인 가정, 무주택자 인구수가 집중적으로 줄어들어, 오늘날의 인구 유형은 이전보다 소득수준이 높은 가구로 구성되었다.[73]

뉴올리언스의 차터 스쿨이 성공했다는 대다수의 주장은 다른 법령 계정을 위한 모델로 이어졌다.[74] 이는 카트리나 이전의 교육제도가 얼마나 성과가 없었는지를 뒷받침하는 담론이 되곤 한다. 이에 대해 대다수 사람들이 동의할 만한데, 자료에 따르면 학교의 학업성취는 당시 이후로 상당히 개선되었다. 예를 들어, 차터 스쿨 후원 기관인 New Schools New Orleans의 전 CEO인 한 차터 스쿨 지지자는 뉴올리언스 학교가 "F학점에서 C학점"으로 발전했다고 주장했다. 이를 뒷받침하는 근거로 높아진 졸업률과 ACT(미국대학진학시험) 점수를 제시했다.[75] 스탠퍼드에 있는 CREDO 기관이 발표한 연구는 루이지애나의 차터 스쿨이 학생들에게 긍정적인 영향을 미쳤다고 평가했다.[76]

학생 인구 유형이 변화했다는 점과 카트리나 이전 시기보다 학교 낙오 점수를 두 배로 올리는 등 루이지애나의 측정 기준이 변화했다는 점은 차치하더라도,[77] 위와 같은 주장을 검토하는 데는 아직 풀지 못한 난제가 산적하다. 2013년 루이지애나 교육부 발표에 따르면 RSD 차터 스쿨 중 79%가 D와 F 등급을 받았다.[78] 후속 연구에 따르면 "F 학점에서 C학점으로" 이동했다는 주장은 어떤 자료를 사용하는지에 따라, 또 어떤 학교를 분석 대상에 포함했는지에 따라 다를 수 있다. 예를 들어, RSD 데이터만 분석했을 경우 평가 결과나 졸업률에 변화가 거의 없다. 표면상의 개선 상황은 대체로 이전 뉴올리언스 지역구 데이터와 올리언스 교구가 포함된 RSD 차터 스쿨을 비교하는 것이다. 그러나 올리언스 교구는 도시 내 분리된 지역구이며 예전부터 학업성취가 높은 지역구로 주에 운영 권한이 이양되지 않았다. 위의 주장에 언급된 ACT(미국대학진학시험) 결과 또한 얼마나 많은 수의 학생과 어떤 학생이 평가에 응시했는지 여부에 따라 결과 산출에 영향을 준다. RSD 대안 차터 스쿨에 다니는 학생은 산출에 포함되지 않았고, 이 계산법에는 하위권 성적의 학생 결과는 배제되었다.

연구자들은 수차례에 걸쳐 교육개혁의 효과성에 관한 자료 공시에 의문점을 제기했다.

- 특수교육학생 점수 유형을 장애 학생으로 제한하기보다는 "재능 및 유능한" 학생이 포함되었다는 비판[79]
- RSD 차터 스쿨에 등록하려는 많은 아동들이 입학 거부되거나 학교 밖 RSD 지역구가 운영하는 학교(그런 학교가 있는 경우에)로 밀려났다는 사실, 그리하여 학교 구성원 간 차이로 인한 비교 불가한 상태에 이른다는 점이 RSD 차터 스쿨 점수 분석에 경시되었다는 비판[80]
- 일부 차터 스쿨 단체가 내세우는 급격한 학업성취에 부분적으로는 하위권 성적의 학생 수의 급격한 감소 현상에 의거한다는 비판[81]

고등학교 졸업률 산출 방식도 논쟁거리 중 하나라는 것은 놀랍지도 않다. 루이지애나 주지사 바비 진달Bobby Jindal은 차터 스쿨 이전의 데이터를 인용하며, 장기간에 걸쳐 졸업률이 개선되었다고 주장했다.

> 카트리나 재해 직전인 2004~2005 학년도에 뉴올리언스의 졸업률은 54.4%였다. 오늘날 뉴올리언스의 졸업률은 77.8%를 기록하여, 전국의 아프리카계 미국인 학생 평균보다도 높고, 주 전체로 볼 때 항상 상위 수준이었던 72.3%보다 더 높은 수준을 기록했다.[82]

그런데 이 수치에는 근거가 없다. 첫째, 진달이 인용한 카트리나 재해 이전 수치는 루이지애나 교육부가 입증하지 못했다. 당시에는 수치를 수집하거나 발표하지 않았기 때문이다.[83] 몇몇 꼼꼼한 연구자들이 주 및 지역구 기록물을 토대로 검토한 바 있는데, 이 수치는 입증되지 않았다. 카트리나 이전 시기의 뉴올리언스 교육구 자료[현재 RSD이자 OPSB(올리언스 교구 학교위원회)인 자료를 포함하여]를 보면 1999년부터 2002년 당시의 졸업률은 78%에서 81% 수준을 유지하고 있다.[84] 최근 발표한 자료가 입증하듯 이 77.8%에는 RSD와 OPSB 자료를 포함해야 한다는 것이 명백하기 때문에, 전체 졸업률은 증가했다기보다는 소폭 감소한 것이다.

위의 산출방식에는 카트리나 이전의 통계로 동일 연령대 졸업률을 사용했을 수 있다. 이는 졸업률을 다르게 산출하는 방식이다. 슈나이더Schneider는 이 방법으로 산출하면 2001~2002년 OPSB 졸업률이 52%에 그쳐 주지사가 인용한 수치에 근접한다는 것이다. 루이지애나 주가 산출한 자료에는 카트리나 재해 이후(2009~2010) 첫 번째 RSD 졸업생군이 49.7%에 그친다. 이는 2013년, 가장 최근에 59.5%를 기록했다.[85] 2002년 이래 소폭의 상승을 보이는 바이나, 아무래도 78%라는 주장에는 절대 미치지 못한다.

평가 결과 점수에 관해서도 유사한 주장이 제기되었다. 예를 들어, 일부 보고서는 루이지애나 교육부에서 얻은 데이터를 인용하며 "학년 적정 수준 혹은 그 이상"의 성과를 받은 학생이 2007년 23%에서 2012년 51%로 증가했다고 주장했다.[86] 그러나 다른 연구기관이 제시한 자료에 따르면 동일 기간 학생의 숙달 정도는 2007~2012년간 학교별 성취가 현저히 감소하여, 위 계산법의 정확성에 의구심이 든다.[87]

앞서 언급한 바와 같이, RSD와 OPSB가 데이터 구성에 포함되지 않으면, 주가 관리하는 회복 지역recovery district 학교와 올리언스 지역구가 여전히 운영하는 상위권 학교에 다니는 학생 간 학업성취상 현저한 차이를 보이는 것이 자명하다. [표 6.4]가 보이듯, RSD 학생의 12%만이 2013년과 2014년 루이지애나주 수준 평가LEAP의 영어 혹은 수학 영역에서 "숙달mastery" 결과를 받은 반면, OPSB 학교에서는 그 비율이 42%에 달했다.[88] 이 기준에서 루이지애나 지역구의 15%만이 RSD 기록보다 낮은 것으로 조사되었다.

대다수 차터 스쿨이 대학입학 준비기관으로 기능한다고 주장하지만, 이들 학생 중 대학 진학 준비에 상응하는 수준에 도달한 학생은 드물다. 예를 들어, RSD에 다니는 학생 중 대다수는 숙달 정도보다는 기본 정도(57%)를 기록했지만, 루이지애나 교육부는 "기본 수준의 학업성취 정도로는 지역 내 전문대학 및 대학교 진학 수준에 미치지 못한다"라고 평했다. 즉, 주 전체로 볼 때 69%의 학생들이 이 기준에 도달했지만, 이들 중 28%만이 전문대학 및 대학교 수준에 진학할 수 있는 것이다.[89] 이 비율은 주 수준 평가에서 숙달 점수를 받은 비율과 매우 유사하다.

대학 진학 문제와 대척점에 있는 교육문제에는 퇴학, 범죄, 소년사법 제도 등이 있다. 한 연구단체는 저조한 학업성취와 높은 범죄율의 관련성에 관한 장기 연구를 인용하며 뉴올리언스에서 벌어지는 상황을 분석했다.[90]

> 학교 인수로 이어진 지난 수년간 범죄율은 급격히 증가했다. 이 중 청소년 및 청년층 범죄가 지속적으로 증가했다. 2011년 뉴올리언스의 범죄율은 살인, 강간, 무장강도 부문에서 전년도 대비 10% 증가했다.[91]

저자는 이러한 범죄 문제가 잦은 학교 폐교 및 퇴학과 관련이 있다고 본다. 이 두 전략은 학교의 학업성취를 올리는 방법으로 사용되었지만(학교를 다시 개교할 때는 이전 학교 학생을 다시 수용할 필요는 없다), "성적이 저조한" 학생을 낮은 등급의 학교로 이동시키거나 혹은 대체로 학교 밖으로 내몰았다. 일부 보고서에 따르면, 앞서 언급한 방법을 포함하여, 다양한 퇴학 전략이 차터 스쿨에서 활용되었으며, 이는 범죄율 증가와 관련되는 것으로 나타났다. 학생이 양질의 교육 기회를 얻을 수 있는 방법을 보장하는 해결책이 필요하다.

요약하자면, 뉴올리언스 사례는 차터 스쿨 도입을 통한 교육 민영화 정책 적용이 학교 간 경쟁을 촉발시켰다. 이로 인해 (1) 학교 간 계층화 및 차별이 심화되었다. (2) 도움이 필요한 학생에게는 선택의 폭이 좁아졌고, 이들은 소위 "땡처리 학교"로 불리는 학교에 몰리는 등 바람직하지 않은 현상이 발생했다. 또한 (3) 학교는 난관에 처한 학생을 퇴학시키게 되었다. 이윤 창출에 도움이 되지 않는 학생들에게 시장은 선택권을 제시하지 않는 것이다. 이에 대하여 교육자이자 학부모이기도 한 피면담자는 다음과 같이 말한다.

자녀 교육문제로 고민하는 학부모를 우리는 주변에서 흔히 만나죠. 그리고 이들을 변호하는 사람들도 있어요. 그들은 대체로 아동을 잘 교육할 수 있는 제도를 마련하고자 한다고 생각해요. 그런데 이게 아이를 잘 교육시키는 문제, 발전적으로 적절한 교육과정이나 그와 관련된 문제가 아니라는 것을 이해하면 문제가 좀 달라요. 이것은 이윤 추구에 관한 것이며 시장의 문제예요. 간단히 말해 돈벌이 문제죠. 즉 공공기관을 손쉽게 탈취하여 민영화하고 그렇게 어떤 사람들은 돈을 벌 수 있어요. 아이들을 가르치는 것과는 아무런 관련이 없는 것이죠. 왜 이렇게 학교운영위원회나 CEO, 학교 운영 관계자는 교육적 관심이 전혀 없는지, 왜 훈육 방침이 이런 식인지에 대하여 더 이상 고심하거나 마음을 다칠 필요가 없어요. 이건 그렇게 어려운 일이 아니에요. 저들은 이 제도에 도전하지 않는 저임금 노동인구를 원하는 거예요. 이미 종사하고 있는 직업에 따라 규정된 공장에서 생겨나는 사람들, 그러니까 이 제도에 이의를 제기하지 않고, 조합도 만들지 않는 사람들, 그리고 조합을 없애면 다시 만들지 않을 사람들을 원하는 거예요. 이윤을 추구하는 모든 단계에서 사안을 살펴보면, 전부 이해가 돼요. 간단하죠.

민영화의 대안: 매사추세츠의 공적 자금

미국에서 높은 수준의 학업성취를 기록하는 주인 코네티컷, 매사추세츠, 뉴햄프셔, 뉴저지, 버몬트가 시장 중심 교육개혁과 가장 거리가 먼 주라는 것은 흥미롭다. 차터 스쿨 중심의 교육개혁센터Center for Education Reform, CER는 차터 스쿨에 대한 이들 주의 개방성 정도에 C, D등급을 부여했다.[92]

매사추세츠 사례는 특히 본받을 만하다. 2002년 이래 지난 십수 년간 매사추세츠는 전국학업성취도평가의 전 영역에서 뛰어나게 앞서고 있다. 매사추세츠 결과는 PISA 평가 상위권에 있는 핀란드, 싱가포르 등 여타 국가들의 점수와 대등하게 비교되고 있다.[93]

이는 광대역 민영화 현상으로 인한 것이 아니다. CER은 [이 지역에] 차터 스쿨 담당 기관이 하나뿐이라며 이의를 제기한 바 있고, 또 매사추세츠 교육위원회는 연방 차터 스쿨 72개교, 지역구가 운영하는 호레이스만(전환) 차터 스쿨 48개교로 차터 스쿨 수를 제한하고 있다. 주 전체로 보면 1,850여 개 학교 가운데 차터 스쿨의 비중은 6%에 불과하다. 온라인 차터 스쿨이 현재 허용되지 않는다. 다만 "교육 협력"이라는 새로운 안에는 두 개의 기존 학교가 구성하는 가상학습 운영이 가능하다. 2014년 시행되는 새로운 규제에 따르면 차터 스쿨의 책무성이 강화되고, 학교가 학생을 퇴학시키는 일은 어렵게 되었다.

장기적인 수월성을 향한 급속한 성장을 이룬 매사추세츠의 사례는 연방 수준의 '정상을 향한 경주' 인센티브 제도에 부응하는 수준의 극소수 차터 스쿨 시행보다 오래전부터 진행되었다. 이는 1992년 법원 명령에서 출발한다. 핸콕 대 드리스콜Hancock v. Driscoll[6)] 소송으로 법원은 매사추세츠주가 학교 재정을 재정비해야 한다고 판결했다. 1993년부터 시행된 매사추세츠 교육개혁법에 따른 학교 재정 방침은 [각별한 관심이 요구되는] 학교에 실질적인 투자가 좀 더 이루어질 수 있도록 장려하였다. 여기에는 지역구 내 영어 학습이 필요한 학생 및 저소득층 학생의 비율에 따라 지원금을 늘리는 등 학교 내 학생 유형에

6) 매사추세츠주 법원 내린 판결로 학교 재정에 대한 지역구 소득의 의존도를 줄여, 지역에 따른 교육의 질적 차이를 좁히도록 한다. 이는 교육 형평성에 무게를 실어주는 판결이다. http://www.masslegalservices.org/system/files/library/Hancock_v_Driscoll-Report-Summary.pdf

따른 가중치를 두어 교육재정을 평준화하는 동시에 지역의 노력을 강화했다.

이러한 진보적 접근으로 교육 투자가 강화되었다. 또한 주가 추진한 통합적 개혁 정책의 성과는 학문적으로 우수한 교수학습을 요구하는 평가 방식과 새로운 성취수준 확립으로 요약된다. 좀 더 형평성 있는 교육기금이 학교별로 조성된 데 이어, 학생, 교육자, 학교 및 지역구에 대한 주 수준의 성취수준이 확립되었다. 새로운 교육과정은 교육 및 주 평가에 대한 가이드라인을 제시했다. 주요 과목 학습 시간을 확장하고 테크놀로지에 대한 투자가 이루어졌다. 또한 교원양성제도 및 교원자격요건이 강화되었다. 마지막으로 교사 및 학교 지도자를 대상으로 한 양질의 학습 기회가 확대되었다.

1994년에는 전문성 개발을 위한 주 단위 계획이 수립되었다. 매사추세츠 역사상 최초로 수학, 과학 교과 부문 여름집중과정이 마련되었다. 또한 모든 교사의 전문성 강화를 위한 지역구별 기금이 조성되었다. 그리고 재교육 과정을 기반으로 한 자격증 갱신제도와 더불어 지역 평가를 위한 성취수준 및 목표가 재수립되었다. 교육 수월성 제고 방안Attracting Excellence to Teaching을 기반으로 한 교원자격 기능 강화를 도모했다.

이와 더불어, 교육개혁 초기 4년간 지역별 유아교육개혁에 주의 교육기금을 500% 늘렸고, 이후 기금 확대가 이어졌다. 유아교육위원회는 주를 위한 유아교육계획안 및 양육제도를 마련했다. 도움이 필요한 아동을 대상으로 한 유아교육 기회를 확대하는 등으로 아동을 위한 수백 건의 지역 파트너십 기금 및 유치원 교육 모델 등이 추진되었다.

2000년에 이르러, 교육기금에 대한 주의 지분을 확대하고 형평성을 강화하기 위해, 이 개혁에 필요한 20억 달러 규모의 주 단위 기금을 마련하여 공립학교를 지원하는 데 서명했다. 시카고대학교의 조나단 거리언Jonathan Guryan은 이러한 투자의 효과를 분석했다. 그 결과 역사상 소규모 재정의 지역구를 대상으로 교육 투자를 확장한 것은 전 교과 영역 부문에서 학업성취 향상에 기여했고, 특히 학업성취가 저조한 학생군에서 그 효과가 뚜렷하게 나타났다.[94] 2002년에 이르러, 주는 상당히 향상된 학업성취와 급격하게 좁혀진 학업성취 격차를 확인할 수 있었다.

이후에도 계속된 이러한 투자 방식으로 지난 수년간 매사추세츠주는 다른 여러 주를 선도하고 있다. 여러 연구에서 장기적으로 유사한 효과를 얻은 코네티컷, 뉴저지, 버몬트주에서 유사한 조치가 이루어졌다. 교육 자금에 대한 형평성 확대, 고수준 학업성취수준 및 교사 전문성 개발에 대한 투자, 아동 건강, 복지 및 유아교육 지원 등이 이에 해당한다.[95] 매사추세츠 및 다른 주의 사례는 공교육에 대한 투자가 현명하게 이루어지고, 이것이 교육개혁에 대한 체계적인 접근과 조화를 이룰 때 교육 성과에 뚜렷한 차이를 보일 수 있다는 것을 입증했다.

결론

본 장은 지난 40년간 미국 교육제도에 나타난 경쟁적 교육개혁안과 신자유주의 경제학 논리의 관련성을 지적했다. 이에 따라 미국이 교육에서 변곡점에 도달하게 된 양상을 입증했다. 본 연구는 시장 중심 개혁이 진행된 특정 도시와 주의 막대한 노력 및 연방정부의 지원과 더불어 진행된 사립학교 수 급증에도 불구하고 이에 따른 체계적 개선이라 칭할 만한 근거가 거의 없다는 점을 발견했다.

성과가 우수한 차터 스쿨도 분명히 존재하고, 그리고 이 중에는 학생 수 거르기, 혹은 손보기cropping 없이도 우수한 성적을 얻은 학교도 있겠지만, 대체로 시장 중심 교육개혁은 계층화 및 차별화를 심화시켰다는 근거가 일관되게 나타난다. 특히 학교는 가르치기 수월한 학생을 유치하는 데 주력한 반면 각별한 관심이 필요한 학생들은 퇴출할 방안을 모색했다. 이와 반대로, 장기적 관점에서 학업성취수준을 올리고, 학업성취 격차를 줄이는 방안을 모색한 주에서는 형평성을 위한 공적 투자가 전략적으로 이루어졌고, 교원 양성 및 교수과정 상의 개선이 이루어졌다. 또한 아동을 위한 지원이 강화되었다.

미국은 근본적인 질문을 두고 기로에 서 있다. 기업의 차터 스쿨 운동을 강화하고 바우처 제도를 확대하는 민영화 방식을 택할 것인지, 혹은 공공선을 유지할 수 있는 공교육 강화의 방향으로 교육개혁을 추구할 것인지. 그 사이의 갈림길에 서 있다.

주

1. Carnoy, M., Adamson, F. Chudgar, A., Luschei, T., and Witte, J. (2007). *Vouchers and Public School Performance: A Case Study of the Milwaukee Parental Choice Program*. Washington, D.C.: Economic Policy Institute; Center for Research on Education Outcomes (2009). *Multiple Choice: Charter School Performance in 16 States*. Stanford, CA.
2. Elmore, R., and Burney, D. (1997). *Investing in Teacher Learning: Staff Development and Instructional Improvement in Community School District #2, New York City*. New York: National Commission on Teaching and America's Future; Darling-Hammond, L., Hightower, A., Husbands, J., Lafors, J., Young, V., and Christopher, C. (2005). *Instructional Leadership for Systemic Change: The Story of San Diego's Reform* (No. 3). Lanham, Maryland: The Rowman & Littlefield Publishing Group, Inc; Jackson, C. K, Johnson, R., and Persico, C. (2014). *The Effect of School Finance Reforms on the Distribution of Spending Academic Achievement and Adult Outcomes* (No. w20118). Cambridge, MA: National Bureau of Economic Research.
3. Adamson, F. (2010). How Does Context Matter? Comparing Achievement Scores, Opportunities to Learn, and Teacher Preparation Across Socio-Economic Quintiles in TIMSS and PISA (unpublished doctoral dissertation). Stanford University, Stanford, CA.
4. 미국경제사를 요약하는 데에는 이견이 분분하다. 1장에서는 경제 정치 제도상의 다양한 유형에 대한 논의가 심도 있게 다루어진 반면, 본 장에서는 주요 정책 변화 및 관련 인물을 강조하는 방식으로 요약되었다.
5. 실제로, 본 책의 마지막 장의 제목은 다음의 질문을 제기한다. 즉 스미스의 "보이지 않는 손"이 마술 지팡이처럼 경제 전반에 영향을 미칠 수 있는지 혹은 교육과 같이 여타 부문이 번성하기 위해서는 공적 자금이 필요한지 여부이다. 미국 및 여타 국가의 결과로 보건대, 선택은 후자이다.
6. Voting Rights Act of 1965, Public Law 89-110, 79, Stat. 437; *Brown v. Board of Education of Topeka*, 347 U.S. 483, 74 S. Ct 686, 98 L. Ed. 873 (1954).
7. Freeman, Richard B. (1981) Black Economic Progress After 1964: Who has Gained and Why? In S. Rosen (Ed.), *Studies in Labor Markets* (pp. 247-294). Chicago, Il: University of Chicago Press, accessed online at http://www.nber.org/books/rose81-1.
8. Darling-Hammond, L. (2010). *The Flat World and Education: How America's Commitment to Equity Will Determine our Future*. New York: Teachers College Press.
9. Jones, Stedman (2012). *Masters of the Universe: Hayek, Friedman, and the Birth*

of Neoliberal Politics. Princeton: Princeton University Press.
10. Steger, Manfred and Roy, Ravi (2010). *Neoliberalism: A very Short Introduction*. Oxford: Oxford University Press (p. 17).
11. Saez, Emmanuel and Zucman, Gabriel (2014). *Wealth Inequality in the United States since 1913: Evidence from Capitalized Income Tax Data*. NBER Working Paper, October 2014, accessed online at http://gabriel-zucman.eu/usweath/.
12. Saez, Emmanuel and Zucman, Gabriel (2014). *Wealth Inequality in the United States since 1913: Evidence from Capitalized Income Tax Data*. NBER Working Paper, October 2014, accessed online at http://gabriel-zucman.eu/usweath/.
13. Darling-Hammond, L. (2004). Standards, Accountability, and School Reform. *Teachers College Record*, 106(6), 1047-1085.
14. National Center for Education Statistics (2015). *The Condition of Education: Charter School Enrollment*, accessed online at http://nces.ed.gov/programs/coe/indicator_cgb.asp.
15. Heilig, J. V., and Darling-Hammond, L. (2008). Accountability Texas-Style: The Progress and Learning of Urban Minority Students in a High-Stakes Testing Context. *Educational Evaluation and Policy Analysis*, 30(2), 75-110.
16. Klein, S. P., Hamilton, L., McCaffrey, D. F., and Stecher, B. (2000). What Do Test Scores in Texas Tell Us? *Education Policy Analysis Archives*, 8(49); Haney, W. (2000). The Myth of the Texas Miracle in Education, *Education Policy Analysis Archives*, 8(41); Heilig, J. V., and Darling-Hammond, L. (2008). Accountability Texas-Style: The Progress and Learning of Urban Minority Students in a High-Stakes Testing Context. *Educational Evaluation and Policy Analysis*, 30(2), 75-110.
17. No Child Left Behind Act of 2001, 20 U.S.C. § 6319(2008). *Title V-Promoting Informed Parental Choice and Innovative Programs*, Sec. 5101, accessed online at http://www2.ed.gov/policy/elsec/leg/esea02/pg57.html.
18. No Child Left Behind Act of 2001, 20 U.S.C. § 6319(2008). Subpart 3- *Local Innovative Education Programmes*, Sec. 5131, accessed online at http://www2.ed.gov/policy/elsec/leg/esea02/pg60.html.
19. Ravitch, D. (2013). *Reign of Error: The Hoax of the Privatization Movement and the Danger to America's Public Schools*. New York: Vintage.
20. Hall, D., and Ushomirsky, N. (2010). *Close the Hidden Funding Gmen in Our Schools. K-12 Policy*. Washington, D.C.: Education Trust.
21. Marangos, J. (2004). Was Shock Therapy Consistent with Democracy? *Review of Social Economy*, 62(2), 221-243.
22. Klein, N. (2007). *The Shock Doctrine: The Rise of Disaster Capitalism*. London: Macmillan.
23. 필라델피아와 디트로이트 사례를 참고할 수 있다. 관련 자료는 각각 다음과 같다. Gabriel, T. (June 16, 2013). *Budget Cuts Reach Bone for Philadelphia Schools*, accessed online at http://www.nytimes/com/2013/06/17/education/budget-cuts-reach-bone-for-philadelphia-schools.html?_r=0; Pedroni, T. (2014).

Another Lost Year: Children in State-Managed Detroit Schools Lose Even More Ground to State Peers, accessed online at https://sites.google.com/site/detroitdataanddemocracyproject/ANOTHER-LOST-YEAR.
24. Accessed online at http://www.j4jalliance.com/whoweare/.
25. Accessed online at http://www.j4jalliance.com/whoweare/.
26. Davis, M. (2013). Education Companies Exert Public Policy Influence, *Education Week*, 32(29).
27. Center for Research on Education Outcomes (2011). *Charter School Performance in Pennsylvania*, Stanford, CA, accessed online at http://credo.stanford.edu/reports/PA%20State%20Report_20110404_FINAL.pdf.
28. Miron, G., Urschel, J. L., Aguilar, Y., Mayra, A., and Dailey, B. (2012) *Profiles of For-Profit and Nonprofit Education Management Organizations: Thirteenth Annual Report, 2010-2011*. Boulder, CO: National Educaiton Policy Center, assessed online at http://nepc.colorado.edu/publication/EMO-pofiles-10-11.
29. The Center on Media and Democracy (nd), accessed online at http://www.alecexposed.org/wiki/ALEC_Exposed.
30. Peterson, B. (2015). Scott Walker's Budget Undermines Public Education, with Bull's-eye on Milwaukee. *Portside*, accessed online at http://portside.org/2015-07-10/scott-walkers-budget-undermines-public-education-bulls-eye-milwaukee.
31. Usher, A., and Kober, N. (2011). *Keeping Informed about School Vouchers: A Review of Major Developments and Research*. Washington, D.C.: Center on Education Policy.
32. Imberman, S. A. (2011). Achievement and Behavior in Charter Schools: Drawing a More Complete Picture. *The Review of Economics and Statistics*, 93(2), 416-435.
33. Miron, G., and Nelson, C. (2004). Student Achievement in Charter Schools: What we Know and What we know So Little. In bulkely, K., and Wohlstetter (Eds.), *Taking Account of Charter Schools: What's Happened and What's Next* (pp. 161-175) New York: Teachers College Press; American Federation of Teachers (2002). *Do Charter Schools Measure Up? The Charter School Experiment After 10 Years*. Washington D.C.: American Federation of Teachers.
34. Miron, G., Coryn, C. L., and Mackety, D. M. (2007). Evaluating the Impact of Charter Schools on Student Achievement: *A Longitudinal Look at the Great Lakes States*. Tempe, AZ: Education Policy Research Unit, College of Education Arizona State University; Messina, I. (2005). State to Review Charter School Concerns, accessed online at http://oh.aft.org/index.cfm?action=article&articleID=d2bd2915-42dd-487c-84ed-c311811bf95a.
35. Carnoy, M., Jacobsen, R., Mishel, L., and Rothstein, R. (2005). *The Charter School Dust-up: Examining the Evidence on Enrollment and Achievement*. Washington, D.C.: Economic Policy Institute.
36. Institute on Race and Poverty (2008). *Failed Promises: Assessing Charter*

Schools in the Twin Cities. Minneapolis, MN: University of Minnesota, Institute on Race and Poverty.

37. EdSource (2008). *California's Charter Schools: 2008 Performance Update*, Palo Alto, CA: EdSource.
38. Center for Research on Education Outcomes (2009). *Multiple Choice: Charter School Performance in 16 States*. Stanford, CA.
39. Center for Research on Education Outcomes (2009). *Multiple Choice: Charter School Performance in 16 States*. Stanford, CA.
40. Young, V. M., Humphrey, D. C., Wang, H., Bosetti, K. R., Cassidy, L., Wechsler, M. E., Rivea, E., Murray, S., and Schanzenbach, D. W. (2009). Renaissance Schools *Fund-Supported Schools: Early Outcomes, Challenges, and Opportunities*, Menlo Park, CA: Stanford Research International and Chicago: Consortium on Chicago School Research, accessed online at http://ccsr.uchicago.edu/publications/RSF%20FINAL%20April%2015.pdf
41. Frankenberg, E., Siegel-Hawley G., and Wang, J. (2010). *Choice Without Equity: Charter School Segregation and the Need for Civil Rights Standards*, Los Angeles, CA: The Civil Rights Project/Proyecto Derechos Civiles at UCLA, accessed online at www.civilrightsproject.ucla.edu.
42. Miron, G., Urschel, J. L., Mathis, W. J., and Tornquist, E. (2010). *Schools Without Diversity: Education Management Organizations, Charter Schools and the Demographic Stratification of the American School System*, Boulder, CO and Tempe, AZ: Education and the Public Interest Center, University of Colorado, Boulder & Education Policy Research Unit, College of Education, Arizona State Univeristy, available at http://epicpolicy.org/publication/schools-without-diversity.
43. Wamba, N. G., and Ascher, C. (2003). An Examination of Charter School Equity. *Education and Urban Society* 35(4), 462-476.
44. *Milwaukee District Report Card 2012-13*, accessed online at http://apps2.dpi.wi.gov/sdpr/spr/action.
45. *Milwaukee District Report Card 2011-12*, accessed online at http://apps2.dpi.wi.gov/sdpr/spr/action.
46. Montgomery, K., Darling-Hammond, L., and Campbell, C. (2011). *Developing Common Instructional Practice Across a Portfolio of Schools: The Evolution of School Reform in Milwaukee*. Stanford, CA: Stanford Center for Opportunity Policy in Education.
47. Wolf, Patric J., (2010). *The Comprehensive Longitudinal Evaluation of the Milwaukee Parental Choice Program: Summary of Third Year Reports*, School Choice Demonstration Project, Fayetteville, AR, accessed online at http://www.uaedreform.org/SCDR/Milwaukee_Research.html; Zimmer, R., Gill, B., Booker, K., Lavertu, S., Sass, T. R., and Witte, J. (2009). *Charter Schools in Eight States: Effects on Achievement, Attainment, Integration, and Competition* (Vol. 869). Santa Monica, CA: Rand Corporation.

48. Montgomery, K., Darling-Hammond, L., and Campbell, C. (2011). *Developing Common Instructional Practice Across a Portfolio of Schools: The Evolution of School Reform in Milwaukee*. Stanford, CA: Stanford Center for Opportunity Policy in Education.
49. D'Andrea, C. (2011). *Milwaukee Public Schools Rate Amongst Worst U.S. Urban Districts When it Comes to Reading*. McIver Institute, accessed online at http://www.maciverinstitute.com/2011/12/milwaukee-public-schools-rate-amongst-worst-u-s-urban-district-when-it-comes-to-reading/.
50. Montgomery, K., Darling-Hammond, L., and Campbell, C. (2011). *Developing Common Instructional Practice Across a Portfolio of Schools: The Evolution of School Reform in Milwaukee*. Stanford, CA: Stanford Center for Opportunity Policy in Education.
51. Anderson, T. (2014). *Wisconsin Panel to Target Racial Achievement Gap*, accessed online at http://www.twincities.com/education/ci_25541424/panel-target-racial-achievement-gap
52. *Milwaukee District Report Card 2012-13*, accessed online at http://apps2.dpi.wi.gov/sdpr/spr/action.
53. Richards, E. (2013, September 23). Many Independent Charter Schools Miss Mark on State Report Card, *Milwaukee Journal Sentinel*, accessed online at http://www.jsonline.com/news/education/many-independent-charter-schools-miss-mark-on-state-report-cards-b99102550z1-224814982.html.
54. Montgomery, K., Darling-Hammond, L., and Campbell, C. (2011). *Developing Common Instructional Practice Across a Portfolio of Schools: The Evolution of School Reform in Milwaukee*. Stanford, CA: Stanford Center for Opportunity Policy in Education.
55. 연대순에 따른 사건 배열을 보면 미국 교육제도와 특정 주가 교육 해법으로서 어떻게 민영화를 추진했는지 잘 드러난다. 루이지애나는 학교회복지구(RSD)를 연방정부의 책무성 정책인 NCLB법에 맞춰 카트리나 허리케인 이전부터 시작했다. 따라서 "회복"이란 단어는 허리케인으로부터 회복하는 뉴올리언스를 언급하는 것이 아니다. 다만 NCLB법 기준에 낙오로 규정된 학교를 회복하는 것이다. 이에 관하여는 이전 장에서 논의되었다.
56. 뉴올리언스에 차터 스쿨 제도가 도입된 맥락 전체를 이 장에서 논하기엔 너무 방대하고 복잡하다. 따라서 우리는 이 특정한 상황이 민영화 논의에 어떻게 반영되었으며, 그 결과에 어떠한 영향을 미쳤는지에 초점을 맞추도록 한다.
57. 예를 들어, Osborne, D. (2012). Born on the Bayou: A New Model for American Education. Third Way, accessed online at http://content.thirdway.org/publications/579/Third_Way_Report_-_Born_on_the_Bayou-A_New_Model_for_American_Education.pdf; Smith, N. (2012). *The Louisiana Recovery School District: Lessons for the Buckeye State*. Washington, D.C.: Thomas B. Fordham Institute; The Mind Trust. (2011). Creating Opportunity Schools: A Bold Plan to Transform Indianapolis Public Schools, accessed online at http://www.themindtrust.org/files/file/opp-schools-full-report.pdf; Hill, P., Campbell, C., Menefee-Libey, D., Dusseault, B., DeArmond, M. and Gross, B. (2009). *Portforlio*

School Districts for Big Cities: An Interim Report, Seattle, WA: Center on Reinventing Public Education.
58. 뉴올리언스에 기반을 둔 연구자들은 교육개혁의 효과에 대하여 우려를 표하며 5년 동안 정보 공개를 요청했으나 루이지애나 교육부는 이를 거부했다. 결국 "교육개혁 연구"라고 불리는 단체는 주를 상대로 소송을 제기하였다. 수년에 걸친 소송 결과 2015년에 이르러 정보 공개 판결을 받았다. (http://www.researchonreforms.org/html/documents/AppealCourtReversesDistrictCourt.pdf 참조). 그러나 이 단체는 법원 판결 이후에도 아직까지 데이터를 전부 받아볼 수 없었다. 본 장의 저자도 루이지애나 교육부에 유사한 내용을 요청했지만, 제한된 데이터만 받아볼 수 있었다. 이 데이터로는 인종, 계급, 장애 여부 및 언어능력 정도에 따른 학생 성취를 분석하기에 완벽하지 않다. 아직까지 필수적인 데이터를 전부 받지 못했다. 한편, 루이지애나주는 스탠퍼드대학의 Hoover Institution 내 CREDO와 툴레인대학의 코웬연구소에 모든 데이터를 제공했다. 이들 두 단체는 기타 연구원과 정보 공유를 하지 않고 있다.
59. Ferguson, B., and Hatfield, C. (2014). *RSD High School Test Scores Remain Below State Average*. New Orleans, LA: Research on Reforms, accessed online at http://researchonreforms.org/html/documents/RSDHighSchoolTestScoresRemainBelowStateAveragePDF.pdf.
60. National Center for Education Statistics (2013). *How are States Performing? The Nation's Report Card: 2013 Mathematics and Reading* (Data file), accessed online at http://www.nationsreportcard.gov/reading_math_2013/#/state-performance.
61. 학교별 상대적 성취를 검증하기 위하여 루이지애나주는 SPS를 사용한다. 주가 주관하는 시험평가가 기본 요소이다. 그러나 지난 십 년간 평가 요소 및 척도(100, 150, 200점)를 바꾸어, 연대별 비교를 어렵게 만들었다.
62. The Associated Press. (2015). *Fired New Orleans School Workers go to U.S. Supreme Court*. accessed online at http://nola.com/education/index/ssf/2015/03/fired_new_orleans_school_worke.html.
63. The expulsion regulation went into effect for the 2014-2015 school year, pursuant to Louisiana administration code, Title 28:CXXXIX, Bulletin 126: Charter Schools, ∬2701, Section K, accessed online at http://doa.louisiana.gov/osr/lac/lac28.htm.
64. 저자 주: 학생을 퇴학시키는 이유가 저조한 학업성취라지만, 이는 명백히 불법이다(단, 학업성취가 높은 학교에서는 불법이 아니다. 이는 계층화 강화의 또 다른 방법이다). 따라서 많은 학교들은 하위권 성적의 학생을 퇴출시킬 경향이 높지만, 다른 이유로는 품행 문제 등이 있을 수 있다.
65. 본 연구의 참여자 및 참여 학교에 가명이 사용되었다.
66. 연방정부의 IDEA 법의 영향을 받는 공립학교는 특수교육 학생을 포함한 모든 학생에게 입학권을 보장하고 필요한 경우 숙식을 제공해야 한다. 특수교육 학생에 드는 비용과 저조한 학업성취 등을 이유로 많은 학생들이 입학을 거부당하고 있는 것은 명백히 연방정부의 IDEA 법 위반이다.
67. Southern Poverty Law Center (n.d.). Case docket: *P.B., et al. v. Pastorek* (summary of legal case). Montgomery, AL. Accessed online at http://www.splcenter.org/get-informed/case-docket/new-orleans-special-education/.

68. Scott S. Cowen Institute (2013). *The State of Public Education in New Orleans: 2013 Report*. New Orleans: Scott S. Cowen Institute, Tulane University, accessed online at http://www.coweninstitute.com/wp-content/uploads/2013/07/2013_SPENO_Final2.pdf.
69. Ferguson, B. (2011). *New Orleans RSD Charter Schools Can Expel Unwanted Students-Marking Test Results Questionable*. New Orleans, LA: Research on Reforms, accessed online at http://www.researchonreforms.org/documents/CharterSchsCanExpelUnwantedStudents.pdf.
70. 뉴올리언스 교육제도를 경험한 학생들의 경험담 관련 자료는 다음을 참조. Adamson, F., Cook-Harvey, C., and Darling-Hammond, L. (forthcoming), *Whose Choice? Student Experiences and Outcomes in the New Orleans School Marketplace*, Stanford, CA: Stanford Center for Opportunity Policy in Education; Buras, K. L. (2014). *Charter Schools, Race, and Urban Space: Where the Market Meets Grassroots*, New York, NY: Routledge.
71. Scott S. Cowen Institute (2015). *The State of Public Education in New Orleans: 10 Years After Hurricane Katrina*. New Orleans, LA: Scott S. Cowen Institute, Tulane University, accessed online at http://www.speno2015.com.
72. Williams, J. (2013, June 11). Most students leaving RSD's 4 closed, failing schools are headed to other substandard schools. The Lens, accessed online at http://thelensnola.org/2013/06/11/most-students-leaving-from-rsds-4-closed-failing-schools-are-headed-to-other-substandard-schools/. See also Scott S. Cowen Institute (2013). *The State of Public Education in New Orleans: 2013 Report*. New Orleans: Scott S. Cowen Institute, Tulane University, accessed online at http://www.coweninstitute.com/wp-content/uploads/2013/07/2013_SPENO_Final2.pdf.
73. Robertson, C. (2011, February 3). New Orleans Shrank after Hurricane Katrina, census shows. *The New York Times*, accessed online at http://www.nytimes.com/2011/02/04/us/04census.html/.
74. 예를 들어, Osborne, D. (2012). Born on the Bayou: A New Model for American Education. Third Way, accessed online at http://content.thirdway.org/publications/579/Third_Way_Report_-_Born_on_the_Bayou-A_New_Model_for_American_Education.pdf; Smith, N. (2012). *The Louisiana Recovery School District: Lessons for the Buckeye State*. Washington, D.C.: Thomas B. Fordham Institute; The Mind Trust. (2011). *Creating Opportunity Schools: A Bold Plan to Transform Indianapolis Public Schools*, accessed online at http://www.themindtrust.org/files/file/opp-schools-full-report.pdf; Hill, P., Campbell, C., Menefee-Libey, D., Dusseault, B., DeArmond, M. and Gross, B. (2009). *Portfolio School Districts for Big Cities: An Interim Report*, Seattle, WA: Center on Reinventing Public Education.
75. Emma, C. (2015, April 16). The New Orleans Model: Praised but Unproven, *Politico*, accessed online at http://www.politico.com/story/2015/04/the-new-orleans-model-praised-but-unproven-116982.html.

76. Center for Research on Education Outcomes (2013). *Charter School Performance in Louisiana*. Stanford CA, accessed online at http://credo.stanford.edu/documents/la_reprt_2013_7_26_2013_final.pdf.
77. 카트리나 재해 이후, 루이지애나주는 낙오 학교 기준 점수를 SPS 점수 60점에서 주 평균 87.4점으로 상향 조정했다. 지난 10년간 루이지애나는 낙오 학교 기준 점수를 SPS 점수(100에서 200점)와 SPS 계산에 사용되는 측정 방법으로 바꿨다. 이 변화로 인하여 낙오 학교 수에 따른 측정 방법으로는 뉴올리언스 학생에게 가해진 차터 스쿨의 영향에 관한 종단적 이해가 불가능해졌다. 연대기별 비교가 가능한 지수를 개발하는 데 필요한 개별 학생 데이터 공개 거부와 맞물려, SPS 점수 변화는 학생의 학업성취가 어느 정도 어느 부문에서 향상되었는지 하락했는지, 어떻게 학생들이 교육받고 있는지를 규명하기 더욱 어려워졌다.
78. Andrea Gabor (2013, Sept. 20). The Great Charter Tryout, *Newsweek*, accessed online at http://www.theinvestigativefund.org/investigations/politicsandgovernment/1848/the_great_charter_tryout?page=entire.
79. Ferguson, B. (2013). CREDO Report is Biased Evaluation, New Orleans, LA: Research on Reforms, accessed at http://www.researchonreforms.org/html/documents/CredoIsBiasedEvaluation.pdf.
80. National Economic and Social Rights Initiative and Families and Friends of Louisiana's Incarcerated Children (2010). *Pushed Out: Harsh Discipline in Louisiana Schools Denies the Right to Education* (A Focus on the Recovery School District in New Orleans). New York.
81. Miron, G., Urschel, J. L., and Saxton, N. (2011). *What Makes KIPP Work? A Study of Student Characteristics, Attrition, and School Finance*, New York: National Center for the Study of Privatization in Education, Teachers College, Columbia University; and Kalamazoo, MI: Study Group on Educational Management Organizations, Western Michigan University, See also Tuttle, C. C., Teh, B., Nichols-Barrer, I., Gill, B. P., and Gleason, P. (2010). *Student Characteristics and Achievement in 22 KIPP Middle Schools*, Washington, D.C.: Mathematica Policy Research.
82. Jindal, B. (2014, September 13). New Orleans is Leading the Way in Education Reform. *Nola.com*, accessed online athttp://www.nola.com/opinions/index.ssf/2013/09/louisiana_is_leading_the_way_i.html. See also Educate Now, which is likely the original source for the claim: Jacobs, L. (2011, November 11). *Historic Gains in Four-Year High School Graduation Rate*. Educatenow.net, accessed online at http://educatenow.net/2011/11/01/historic-gains-in-four-year-high-school-graduation-rate/.
83. Johnson, A. (nd). *Charter Schools' Katrina Memory Hole*. Citationsneeded.com, accessed online at http://citationsneeded.com/2014/05/24/charter-schools-katrina-memory-hole/.
84. Schneider, M. (2015, June 11). *Info on New Orleans Graduation Rates Pre-Katrina*, Deutsch29.wordpress.com, accessed online at https://deutsch29.wordpress.com/2015/06/11/news-info-on-new-orleans-graduation-rates-pre-

katrina/.
85. The date can be found here: Louisiana Department of Education (nd). *District and State Graduation Rates (2005-2006 to 2012-2013)*. Louisianabelieves.com, accessed online at http://louisianabelieves.com/docs/data-management/cohort-graduation-rates-%282006-2012%29.pdf?sfvrsn=2.
86. Osborne, D. (2012). Born on the Bayou: A New Model for American Education. *Third Way*, accessed online at http://content.thirdway.org/publications/579/Third_Way_Report_-_Born_on_the_Bayou-A_New_Model_for_American_Education.pdf.
87. Hatfield, C. (2011). *Annual Percent Proficiency Changes in ELA by RSD Schools and Grade*. Accessed online at http://researchonreforms.org/html/documents/RSDGainsLosseswithCover.pdf
88. Louisiana Department of Education (nd). *2014 and 2013 Percentile Ranks for Percent of Students Mastery and Above and Percent of Students Basic and Above (LEAP and iLEAP)*. Louisianabelieves.com, accessed online at www.louisianabelieves.com/docs/default-source/test=results/district-percentile-ranking-comparison-2013-to-2014-(mastery-above).xlsx?sfvrsn=2.
89. Louisiana Department of Education (nd). *Results Steady on Transitional LEAP and iLEAP Test*. Louisianabelieves.com, accessed online at http://louisianabelieves.com/newsroom/news-releases/2014/05/27/results-steady-on-transitional-leap-and-ileap-test.
90. Ferguson, B. (2012). *New Orleans Schools Should Not Serve as a National Model: Omissions and Errors in the Report Used by Senator Mary Landrieu in Promoting New Orleans Schools as a National Model*. New Orleans, LA: Research on Reforms (accessed online at http://www.researchonreforms.org/html/documents/NOSchoolsNotSeveasNatModel.pdf.
91. Ferguson, B. (2012). *New Orleans Schools Should Not Serve as a National Model: Omissions and Errors in the Report Used by Senator Mary Landrieu in Promoting New Orleans Schools as a National Model*. New Orleans, LA: Research on Reforms (p. 3). Accessed online at http://www.researchonreforms.org/html/documents/NOSchoolsNotSeveasNatModel.pdf.
92. Center for Education Reform (2015). *Charter School laws across the states: 2015 rankings and scorecard*. Edreform.com, accessed online at https://www.edreform.com/wp-content/uploads/2015/07/CharterLaws2015.pdf.
93. Kelly, D., Nord, C. W., Jenkins, F., Chan, J. Y., and Kastberg, D. (2013). *Performance Context, First Look at PISA 2012*. NCES 2014-024. Washington, D.C.: National Center for Education Statistics.
94. Guryan, J. (2001). *Does money matter? Regression-discontinuity estimates from education finance reform in Massachusetts* (No. w8269). Cambridge, MA: National Bureau of Economic Research.
95. 예를 들어, Darling-Hammond, L. (2010). *The Flat World and Education: How America's Commitment to Equity Will Determine our Future*. New York:

Teachers College Press; Murnane, R. J., and Levy, F. (1996). *Teaching the New Basic Skills, Principles for Educating Children to Thrive in a Changing Economy.* New York: Free Press.

7장

캐나다의 수준 높은 공교육 발전: 온타리오주 사례

마이클 풀란Michael Fullan[1], 산티아고 링컨-가야르도Santiago Rincon-Gallardo

캐나다, 특히 온타리오주는 질 좋은 공교육체제의 실증적인 사례를 보여주고 있다. 온타리오주는 2003년 교육 시스템의 전면적인 개혁을 시작한 이래로 크고, 다양한 공교육체제에서 학생들의 학업성취와 형평성을 크게 향상시킬 수 있다는 점을 꾸준하게 보여준 것이다. 온타리오주의 이런 성공을 가능하게 했던 것은 다음의 세 가지 원칙에 입각한 사려 깊은 혁신적인 전략의 결과이다. 이는 우선순위가 높은 핵심 과제 해결에 집중하기와 그것을 달성하기 위한 학교들의 집단적 역량 구축 및 교직원과의 발전적인 협력적 관계 형성하기 등에 초점을 맞추는 전략적 원칙들이다. 또한 이들 핵심적인 원칙들은 끊임없는 배움에 기반을 두고, 구체적이고, 정확하게 실행된다.

이번 장은 네 가지의 주요 부분으로 구성되어 있다. 우선, 질 높은 공교육에 대한 약속을 다룬다. 둘째, 2003년에서 2014년까지의 온타리오주의 교육적 성취에 대해 알아본다. 셋째, 큰 성공을 거두는 데 사용된 정책과 전략을 살펴보기로 한다. 마지막으로, 1995년부터 2015년 사이에 있었던 정치적 변화에 대해 분석한다. 한편, 이번 장은 하나의 대규모 공교육체제가 어떻게 계획적인 정책적 수단과 전략적 실행을 통해 교육체제 전반에 걸쳐서 역량을 강화하며, 공공성을 형성하면서,

폭넓고도 지속적인 성공을 거둘 수 있는지에 대한 분석에 역점을 두고 있다.

질 높은 공교육 약속

민영화와 공적 투자는 이 책의 주요 주제이다. 민영화는 아동 및 청소년들의 학업성취를 어떻게 향상시킬 수 있을지에 대한 논쟁에서 주요하게 다루어졌으며, 열성적인 옹호자들과 격렬한 비판자들을 양산하였다. 간략하게 말하자면, 민영화privatization는 공적 부문(정부)의 기업이나 기관이 가졌던 소유권 및 경영권을 민간의 손으로 넘기는 것으로 구성된다. 민영화를 옹호하는 측은 민영화가 정부가 할 수 없는 방식에 의해 수행과 효율성 향상에 박차를 가할 수 있다고 주장한다. 본질적으로 이는 행위론行爲論이라고 할 수 있다. 즉, 취해진 행위(민영화)와 희망하는 결과(향상된 수행과 효율성) 사이의 인과관계를 나타내는 언명이다.

민영화에 대한 핵심 논쟁은 대략 다음과 같다. 정부와는 달리 사기업은 수익으로부터 혜택을 얻기 때문에 원가는 절감시키고 효율성은 증대시킬 가능성이 높아진다. 정부와는 달리 사기업에게는 정치적 압력이 동기가 되지 않기 때문에 효율성 향상 및 장기적 투자를 위한 더 나은 그리고 더 타당한 결정을 내릴 수 있다. 정부와는 달리 사기업은 이해 당사자들로부터 압력을 받고 자체 서비스 수준 향상을 위해 다른 서비스 제공 기관들과 경쟁한다.

민영화 행위론의 핵심적 전제는 공적으로 운영되는 하나의 체제는 수행을 크게 향상시킬 수 없다는 것이다. 이번 장에서는 이러한 핵심 전제의 오류를 밝히기 위한 증거로 온타리오주의 교육개혁 사례를 제시하고자 한다. 이를 위해 지난 12년간 온타리오주 공교육체제에서 달성된 학습자 수행의 지속적인 향상에 대해 살펴보기로 한다. 또한, 이 성과는 다소 고착된 결과와 교사의 사기 저하, 그리고 1995년부터 2003년 사이에 공격적인 시장 지향적 의제들을 추진하고자 했던 과거 보수당 집권 시절에 대중의 불만이 팽배했던 것과 극명한 대조를 보인다는 사실을 보여주고자 한다. 뿐만 아니라, 단순히 민영화의 핵심적 전제의 오류를 증명하는 것에서 더 나아가, 이 장에서는 공교육의 지원 및 투자가 교육의 질적 향상, 그리고 학생을 위한 교육적 기회 및 성취 상의 형평성 향상과 인과적으로 연결된다는 점을 행위론 성립의 근거로 제시하고자 한다. 행위론의 힘은 전체적 교육체제를 향상시키기 위한 구체적이고도 성공적인 시도로 창조된다는 데 있다. 이 행위론의 핵심에는 도덕적, 사회적, 경제적 그리고 사회의 안녕을 촉진하고 개선하는 데 중추적 역할을 하는 교육은 그 주州가 직접적인 책임을 져야 한다는 굳건한 신뢰가 존재한다.

모든 체제가 온타리오주의 예를 따라야 한다는 것을 전제하는 것은 아니다. 모든 맥락에는 서로 다른 출발점과 상황 여건이 있다. 하지만 성공 주제들은 유사하다. 전 세계의 모든 교육체제는 온타리오주에서 교훈들을 얻어 현재보다 훨씬 더 나은 결과를 달성하기 위해 변형 적용할 수 있을 것이다.

구조적·정치적 맥락: 캐나다와 온타리오

캐나다의 인구는 총 3,360만여 명이며, 200개의 인종이 존재하고,

영어 또는 불어 이외의 언어를 모국어로 사용하는 비율이 거의 20퍼센트에 이른다. 연방제 국가인 동시에 세계에서 두 번째로 넓은 영토를 가진 캐나다는 열 개의 주州와 세 개의 준주準州로 구성되어 있다. 각각의 주정부는 한 명의 선출된 주지사가 관할하는데, 미국의 주지사와 비슷하다. 주지사는 차례로 정부 각료를 임명하며, 이 각료들은 주의 입법부 구성원으로 선출된 사람들 중에서 선발된다.

캐나다에서는 각 주와 준주가 해당 지역의 교육을 책임지며, 연방정부가 다양한 간접적 방법으로 교육에 일부 개입하기는 하지만 국가 또는 연방정부의 관련 부처 혹은 교육부는 존재하지 않는다. 각 주에는 학교에 재정을 지원하고, 정책을 만들며, 교육과정을 수립하는 등의 일을 담당하는 하나의 교육부 또는 교육처가 있다. 주의 교육부는 부장관들의 책임하에 있는데, 이들은 주정부가 지명한 공무원들이다. 캐나다 주에는 지역학군과 각 학군 위원회들이 있다.

사실상 이 나라의 단위 학교 재정은 지역 원천이 아닌 주정부로부터 나온다. 캐나다의 광대한 규모, 다양한 인종, 그리고 교육에 대한 주의 관할권은 교육에서 수많은 다른 맥락을 창조한다. 캐나다의 주provinces가 미국의 주states와 유사한 기능을 한다는 점에서 미국과 비교할 수 있는 귀중한 자료를 제공하고 있다.

캐나다는 유치원에서부터 12학년까지 무상교육을 제공하며, 최대 만 18세까지 또는 고등학교 졸업까지를 의무교육으로 지정한 온타리오와 뉴브런즈윅New Brunswick을 제외한 모든 주에서는 최대 만 16세까지의 의무교육을 시행하고 있다. 이 나라의 교육은 전체적으로 초등(초등학교와 중학교), 중등(고등학교), 그리고 후기중등(전문대 및 대학교)으로 나뉜다. 인구를 통해 알 수 있듯이 전국 어디에서나 영어와 불어, 이 두 공식 언어로 교육받을 수 있다.[2]

주요 공공투자를 나타내는 GDP 비율에서 교육 분야에 사용하는 비율이 상대적으로 높은(7퍼센트) 것을 볼 때 캐나다가 교육에 우선 순위를 둔다는 것은 명백하다. GDP에서 차지하는 이 분야의 전반적 비율은 거의 다 후기중등교육으로 인한 것이다. 초등 및 중등교육이 차지하는 GDP 비율(4퍼센트)은 OECD 평균인 3.8퍼센트와 비슷하다.[3] 캐나다 교사의 봉급은 일본이나 한국만큼 높지는 않지만 미국보다는 높다. 온타리오주의 경우 교사 연봉은 12년 차 연봉 기준선에서 42,000부터 92,000캐나다 달러에 이른다. 교사의 연봉 범주는 이수한 추가자격기준과정Additional Qualification Programs의 수에 따라 변경될 수 있다. 정규 수업 이상의 의무(교과부장과 같은 활동처럼)를 책임지는 교사는 추가 상여금을 받을 수 있다.[4]

시간에 따라 투자의 방법은 진화하고 있다. 지난 삼십 년간 매니토바Manitoba를 제외한 모든 캐나다 주는 주 수준의 재정 지원으로 변경하였으며, 이를 통해 공평하고 성공적인 교육체제를 만들고 있다. 과거 미국의 주들과 유사한 재정지원방법(지역위원회가 세율을 책정하는)에서 주 수준의 재정지원체계로 이동한 캐나다 주들의 사례는 지역의 재정지원이 가능한 대안이 존재한다는 교훈을 주고 있다.[5] 이러한 체제 이동을 통해 각 주는 자체적인 체제를 설립하고 지출 및 배분에 대한 지역의 권한의 일부는 존속시키면서 해당 주의 자치권을 유지하고 있다.

온타리오주는 캐나다 예측 인구 3,570만 명의 거의 38퍼센트를 차지하는 캐나다에서 가장 많은 인구를 보유한 주이다.[6] 2013년에 대략 26만 명에 이르는 새로운 캐나다 이민자들 중 약 40퍼센트를 온타리오주에서 받아들였다.[7] 이 주는 캐나다에서 학생 인구가 가장 많으면서도 가장 다양한 학생들이 있는 곳이다. 온타리오주의 공립학교에 재학 중인 200만 명 이상의 학생들 중 27퍼센트가 캐나다 이외의 지역에서 출생하였으며, 20퍼센트는 외형만으로도 소수인종에 해당한다. 온타리오주의 수도인 토론토는 북아메리카와 전 세계에서 가장 다채로운 도시들 중 하나로 꼽히고 있다.[8]

온타리오주는 공교육체제를 통해 이 지역 학령인구 아동의 95퍼센트를 지원하고 있다. 2013~2014년 예비수치를 기준으로 온타리오주에는 약 4,000개의 초등학교와 900개 이상의 고등학교가 있으며, 고용된 전일제 교사, 행정직원 및 유아교육자는 대략 12만 9,000명에 이른다.[9] 넓게 보면 45개 주로 구성된 미국보다 더 큰 규모의 체제를 가지고 있는 곳이 온타리오다.[10] 온타리오주의 학교들은 72개 학군으로 나뉘며, 각 학교는 주에서 운영되는 네 가지 교육관리체제, 즉 영어공립, 영어가톨릭, 불어공립, 불어가톨릭 중 하나에 속한다.[11] 2013년 온타리오주의 교육재정지원체계를 통해 운용된 비용은 약 225억 캐나다 달러였다.

캐나다와 온타리오의 교육 성과

캐나다는 세계적으로 교육성취도가 가장 우수하고 가장 공평한 교육체제를 가진 국가 중 하나로 인식되고 있다. 국제학생학업성취도평가PISA를 포함한 국제평가에서 지속적으로 우수한 결과를 거두고 있다.[12] 2012년에는 수학능력 부문(초등부 평가)에서 캐나다가 OECD 평균보다 높은 24점을 획득하였으며, 과학과 읽기능력 부문에서도 비슷한 성적을 거두었다.[13] 수학과 읽기 평균점수가 점차 소폭 하락하고는 있지만 (과학은 유지 중) 캐나다는 OECD 평균을 웃도는 결과를 유지하고 있다.

뿐만 아니라 상위 90퍼센트와 상위 10퍼센트에 해당하는 학습자들의 점수 차를 기준으로 캐나다는 학업성취도가 평균을 상회하면서도 학습자 간 격차는 평균 아래인 몇 안 되는 국가들 중 하나이다. 캐나다의 체제는 (두 개의 평균분포에서) 200점 이상의 점수 차를 유지하는 동시에 대다수의 국가들보다 상이한 수준의 학습자를 더 잘 준비시킨다는 것을 보여준다. 특히, 온타리오주는 캐나다 내에서[14]뿐만 아니라 전 세계적으로[15] 가장 발전된 교육체제를, 그리고 영어권 국가들 중 최고의 학교체제를 보유한 곳[16]으로 인식되고 있다. 그럼 온타리오주의 교육체제의 학업성취도부터 살펴보도록 하겠다.

온타리오주의 학습자 성취도는 2003년 이후 지속적으로 상승하고 있으며, 이러한 경향은 지난 몇 년간 고착된 결과를 보이고 있는 수리력보다는 문해력에서 더욱 두드러진다. [그림 7.1]은 산수 및 수학에서 온타리오주의 기준을 만족시킨 3학년과 6학년 학습자의 비율을 보여준다. 이것은 2003년에서 2014년 사이에 교육 수준과 회계국EQAO/

[그림 7.1] 2002~2003년부터 2013~2014년까지
온타리오주의 기준을 달성한 초등학교 학습자 비율

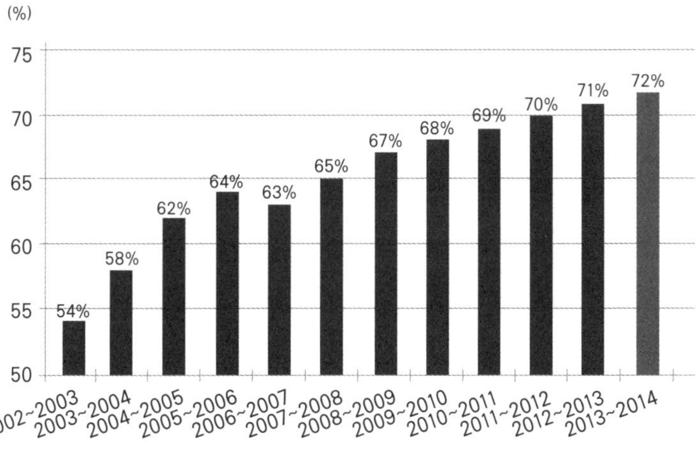

Education Quality and Accountability Office이 개발하고 관리하는 평가에서 레벨 3 이상을 획득한 학습자의 비율이다. 여기서 주목할 점은 이 기준이 PISA 기준보다 더 높은 것을 생각할 때 매우 높은 수준의 학업 성취도를 나타낸다는 것이다. 이 시기에 전반적으로 학습자의 성취도는 54퍼센트에서 72퍼센트로 향상되었다([표 7.1]). 이와 동시에 EQAO에서 레벨 1 또는 그 아래에 해당하는 초등학교 3학년 및 6학년 학습자의 수는 50퍼센트 이상 감소하였다.

2003년과 2014년 사이에 온타리오주의 고등학교 졸업률은 16퍼센트 증가하였는데, 2003년에는 68퍼센트에 그쳤던 이 주의 중등학교 졸업률이 2014년에는 84퍼센트를 기록한 것을 [그림 7.2]에서 볼 수 있다. 여기에 제시된 수치는 4년에 걸친 학업과정에 재학한 학습자에 대한 5년간의 졸업률을 반영한 것으로, 집계에는 다수 학습자의 졸업

[그림 7.2] 2003~2004년에서 2013~2014년까지의 온타리오주 고등학교 졸업률

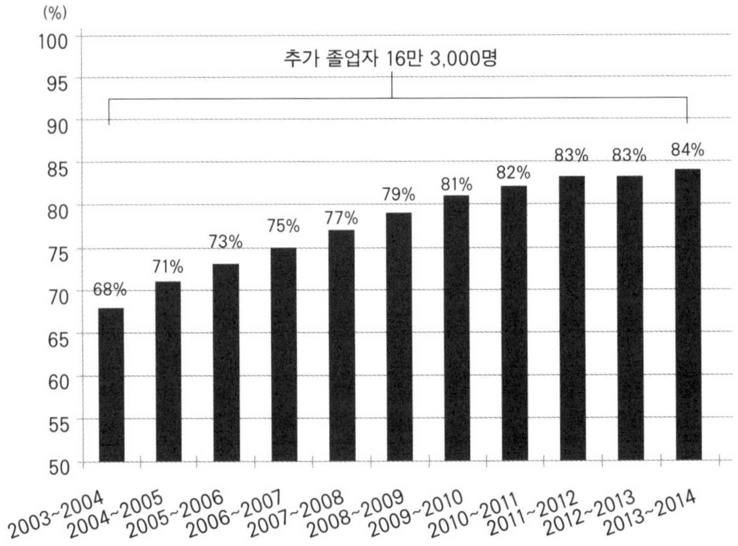

후 1년이 추가로 포함된 것이다.

전체 온타리오주의 체제개혁 전략의 성공은 다음과 같이 표현될 수 있다. 이 전략이 시행되지 않았을 때와 비교하면 읽기, 쓰기, 수학에서 더 높은 성취도를 달성하는 초등학교 6학년 학습자가 18만 명 이상 증가하였다. 또, 이 전략 덕분에 고등학교를 졸업하는 학습자는 16만 3,000명 이상 증가하였다.

뿐만 아니라 학습자 간 주요 학업성취도 격차는 줄고 있다. 예를 들어, 2002-2003년 이후 온타리오주에서는 영어와 불어 사용 학습자 및 나머지 학생 인구 중 3등급 및 6등급 학습자 사이의 격차가 83퍼센트 감소했는데, 이는 성취도 격차의 완전 해소에 매우 근접하고 있음을 나타낸다. 또한, 이 시기에 특수교육 대상 학습자와 동료집단 간의 학업성취도 격차는 8퍼센트 이상 감소하였다. 특히, '일부에 필수 불가결한 것이 모두에게 유익한 것Essential for Some, Good for All'이라는 프로젝트를 통해 보조기술의 사용과 여타의 개입들이 온타리오주의 학군들에서 추진된 덕분에 무엇보다 쓰기에서 특수교육 학습자의 학업성취도에 유의미한 발전이 있었으며, 그 격차는 감소하였다.[17]

이러한 학습자 성취도의 전반적인 향상과 더불어 2009-2010년에는 학업성취도가 낮은 학교에 대한 판정 기준이 상향 조정되었음에도 불구하고 시간이 지남에 따라 그 수가 급격히 감소하고 있다. 학업성취도가 낮은 학습자에 대한 표적 지원 목적의 온타리오의 집중교육활동 협력체OFIP/Ontario Focused Intervention Partnership가 2006-2007년에 추진되었다.[18] 초창기에는 초기 3년의 기간 중 2년에 걸쳐 6학년 읽기에서 레벨 3 또는 4를 달성한 학습자가 33퍼센트 이하인 학교들이 OFIP에 포함되었다. 그리고 2009-2010년부터 현재까지는 읽기, 쓰기, 수학 중 최소한 두 개 영역(또는 초등학교 및 중학교 학습자의 경우 여섯 분야에 대한 학교 평가항목 중 네 개 혹은 그 이상)에서 주가 설정한 기준을 만족시킨 학습자의 수가 50퍼센트 이하인 결과를 2년 연속으로 기록하는 학교는 개입을 요하는 학교로 구분된다. 원래의 OFIP 기준대로 주의 기준을 달성한 학습자가 1/3 이하이면 OFIP로 분류되던 2004년에는 OFIP의 대상 학교가 700곳이 넘었지만, 이후 주의 기준을 달성한 학습자가 절반 이하일 경우 OFIP로 분류되는 더 까다로워진 기준에도 불구하고 2014-2015년에는 63개의 학교만이 OFIP 지원 대상이 되었다.

온타리오주의 교육체제에 대한 대중의 신뢰 또한 향상되고 있다. 온타리오 교육연구협회Ontario Institute for Studies in Education가 보수당 정부 마지막 해인 2002년에 실시한 18차 '교육에 대한 국민들의 인식Public Attitudes Toward Education'[19] 설문조사에서 공교육체제에 만족 혹은 매우 만족이라고 응답한 응답자의 비율은 43퍼센트였다. 2012년에는 당시 온타리오주의 모든 체제개혁 내용이 전개되지 않은 상황이었기 때문에 사상 최대의 만족도인 65퍼센트를 기록하였다.

캐나다의 모든 주와 준주를 대표하는 단체인 캐나다각료회의CMEC/Council of Ministers of Canada는 최근 전국의 8학년 학습자 표본 집단을 대상으로 PISA와 같은 학습자성취도평가를 자체적으로 시행하였다. '범캐나다 평가 프로그램PCAP/Pan-Canadian Assessment Program'으로 알려진 이 일련의 표준화된 평가를 사용하여 2013년에 읽기, 과학, 수학 분야에 대한 학습자의 성취도를 평가하였다.[20] 이 평가에서 앨버타Alberta, 브리티시컬럼비아British Columbia, 퀘벡Quebec, 온타리오가 다른 주들에 비해 높은 점수를 기록하였는데, 온타리오주는 읽기(다른 세 개 주가 약 500점 정도를 기록한 것에 비해 온타리오주는 평균 524점을 기록)에서 선두를 차지하였으며, 수학에서는 2위를 기록하였고, 과학에서는 근소한 점수 차로 3위를 기록하였다. 종합점수(세 분야 평가 합산)에서도 온타리오주는 1,544점을 기록하여 1,517점의 앨버타주, 1512점의 퀘벡주, 1504점의 브리티시컬럼비아주를 제치고 1위를 차지하였다. 나머지 세 개 주들도 계속 우수한 성적을 거두고 있지만, 이번 장에서는 온타리오주에 초점을 맞추기로 한다.

본 장의 저자가 다른 데서 논한 바와 같이,[21] 문해력 및 수리력 향상과 졸업률 상승이라는 확실한 성취 결과 이외에도 일각에서는 지난 십 년간 온타리오주의 진정한 성취는 교사, 학교, 지역구 관계자들이 만든 개혁 의제의 깊고 폭넓은 공유에 기반하고 있다고 주장하기도 한다. 경제협력개발기구[22], 매켄지 그룹[23], 미국의 전국교육경제센터 NCEE/National Center for Education and the Economy[24]를 포함하여 주요 국제기구들 중 최소한 세 곳은 온타리오주에 대해 연구하고 있다. 이들 기관 모두 전반적인 제도를 개선하기 위하여 정부가 계획적으로 취한 조치와 그에 따른 성과를 보인 사례로 온타리오주를 제시한다. 다수의 외부 연구자들과 다른 나라에서 온 온타리오 방문자들은 온타리오주가 가진 교육체제의 높은 일관성에 주목하였으며, 이를 좋은 관행의 일관성이자 교육체제 전 단계에 걸친 우선 과제 및 개혁 전략에 대한 학군 대표, 교사, 교장 및 학부모로 구성된 노조들의 공유된 이해로 인식하였다.[25] 방문객들이 교사, 교장, 또는 학군 지도자들에게 그들이 하고 있는 일과 그 이유를 설명해줄 것을 요청하면 전반적으로 구체적이고 교육체제 안에서 폭넓게 공유된 답을 들려준다. 우리는 이것을 '말한 것을 실행하기 위한to talk the walk' 공유된 능력이라고 부른다. 중요한 문제는 이것이 어떻게 성취된 것인가이다. 정책과 개혁과정의 안을 들여다보면 다른 나라를 위한 중요한 교훈이 도출된다.

지난 이십 년간 온타리오주는 예산 삭감, 재정적 책무성, 성과에 대한 외부책임제에 초점을 맞춘 공격적인 신자유주의 의제에서 재무관리, 이해 당사자 간 협력체계, 학습자의 성공을 위한 책임 공유에 초점을 맞춘 더욱 협력적인 방향으로 이동하는 중요한 변화를 겪어왔다.[26] 이 두 접근법들의 성과는 확연히 다른데, 과거의 접근법에서는 학습자의 학업성취도 침체, 노동쟁의, 온타리오주의 공교육체제에 대한 대중의 불만족이 야기되었던 반면에, 이후의 접근법을 통해 학습자의 학업성취도 향상, 거의 사라진 노동쟁의(2011-2012년의 일시적인 상황을 제외하고), 공교육에 대한 사기 및 신뢰를 증진시켰다. 2015년 여름 당시 교사들과의 향후 계약협상과 관련하여 일련의 난관들이 있긴 했지만, 최근에 일부 노조들과 돌파구를 모색하였다는 점도 추가할 수 있다. 시간이 지나면 알게 되겠지만, 좀 더 일반적인 관점에서 학습자의 학습 의제에 초점을 맞춘 노사 협력관계가 온타리오주 및 여타의 지역에 절실히 필요하다는 말을 하고 싶다. 이것은 교사, 교장 및 지역 학군과 더불어 교육체제 속에 내재된 깊은 역량을 부정하는 것이 아니라 노사관계에서 거저 얻어지는 것이란 없다는 말이다.

1995년 당시 보수당 후보였던 마이크 해리스Mike Harris가 온타리오 주지사로 당선되었다. 그의 '상식혁명Common Sense Revolution' 공약은 낮은 세율 및 정부계획 축소와 결합된 손실 감소를 위한 공격적인 계획이었다. 해리스 주지사의 최우선 과제는 교육비 절감이었으며, 지출 삭감과 학교위원회 예산을 줄이기 위한 공격적인 전환이 시도되었다.[27] 1995년 11월 주정부는 이듬해 4억 캐나다 달러의 지출 규모를 축소할 것을 발표하였는데, 이는 교육 분야에 대한 연간 10억 캐나다 달러의 삭감을 의미하였다. 1996년 말에는 학교위원회 축소법Fewer School Boards Act인 법안 104(Bill 104)를 통해 학교위원회를 129개에서 72개로 감축하였다. 개혁 이후 온타리오주의 교육체제는 75개 학군과 2,600

만 명의 학생을 보유한 플로리다와 더욱 유사해진 반면, 727개 학군과 2,700만 명의 학생을 보유한 뉴욕과는 다른 모습을 보이고 있다.[28]

또한, 교육기준제고법인 법안 160(Bill 160)이 이듬해 도입되어 지역구의 과세 권한을 없애고 주단위로 중앙적 재정관할체계를 설립하게 되었다. 이 법은 지역위원회의 적자 운영을 금지하며, 예산을 맞추지 못하는 신탁 관리자들에게 벌금을 부과하고, 그리고 위원회와 해당 각료의 지출내역 공개를 의무화하여 재무책임제를 강화하는 내용을 담고 있다. 2002년 6월에는 가장 큰 공립학교위원회인 토론토, 오타와 그리고 해밀턴, 이 세 지역이 교육과정과 서비스를 학습자에게 제공하기에 주의 재정 지원만으로는 부족하다고 주장하면서 수지균형을 맞추기를 거부하였다. 이에 대한 대응으로 온타리오주는 세 지역 위원회로부터 관할권을 양도받고 예산 삭감과 위원회 운영을 감독할 감독관들을 배치하였다.[29]

'상식혁명'을 통해 시행된 공격적인 지출 삭감의 여파로부터 일선 학교의 수업을 보호하겠다는 약속에도 불구하고 재정 지원 삭감은 학교위원회들로 하여금 교사를 해고하고 다수의 과정과 서비스를 축소 또는 폐지하게 하는 결과를 낳았다. 주택 및 청소년 서비스 등 많은 사회적 지원 프로그램들이 급격하게 감소하는 상황이 발생하면서 예산 삭감은 때때로 지원이 가장 절실할 때 학습자를, 특히 가장 취약 계층의 학습자를 지원하는 학교의 능력을 축소시켰다.

이렇게 급격한 변화가 단행되면서 보수당 정부는 학교와 교사들을 과도한 보수를 받으면서 일은 적게 한다고 공개적으로 적시하며 극렬히 비난하였다. 교사와 학교에 대한 이러한 관점은 예산 삭감 및 교원 감축과 같은 정책 결정, 교사의 업무 부담 증가, 신규 교사에 대한 의무평가, 전 교사들에 대한 전문성 개발 의무화, 기존 9일에서 5일로

교사전문성개발 일수 단축, 더욱 집중적인 교사 평가를 하는 것으로 이어졌다.[30]

학교에서는 사기 저하와 불만이 팽배하였다. 앤디 하그리브스Andy Hargreaves와 그의 동료들[31]은 5년간 온타리오의 아홉 개 고등학교에 미친 해리스 주지사의 개혁의 영향을 추적하였다. 다음의 인용구는 해리스 주지사의 재임 기간 동안 교사의 사기가 급격히 저하된 것을 보여준다.

> 나는 가르치는 걸 좋아합니다. 그리고 매일 집에 가죠. (…) 내 학생들 때문에 기운을 내고, 내가 그들의 발전을 돕고 있다고 믿으면서 (…) 그리고 [내 수업과 내가] 다음엔 뭘 할까 기대하면서요. 하지만 난 주지사에게 공격받는 데 지쳤어요. 그래서 이듬해 교장자리도 포기했고, 정년 전에 은퇴하려고 해요. (…) 추진할 계획은 고사하고 내가 멸시를 당할 줄은 미처 생각하지 못했습니다. 그건 아무것도 아닌 게 아니죠. 내가 경험한 배신당한다는 느낌이 뭔지 당신은 모를 거예요–그리고 나만 이렇게 느끼는 건 아니죠.[32]

해리스 정부는 두 가지 주요 방법으로 사립학교교육을 장려하였다. 첫 번째로, 사립학교의 규제를 대부분 철폐하였다. 두 번째로, 주지사 재임 말기에 사립학교 학비에 세금공제 혜택이 주어졌다. 이것은 다른 곳에서 학업성취도가 낮다고 평가된 학교에 부담을 줌으로써 학교 간 시장 선택을 확대하고 경쟁을 활성화하기 위한 신자유주의 핵심 전략으로 묘사되었다.[33]

해리스 주지사가 추진한 교육 분야에 대한 공격적 변화는 강력한 반발을 야기하였고 파업과 준법투쟁을 포함하여 다수의 노동쟁의를 야기하였다. 1998년에 온타리오 교육연구협회가 실시한 여론조사는 온타리오 사람들 중 상당수가 지난 5년간 교육의 질이 하락하고 있다고 느끼고 있는 것을 보여준다.[34]

당시 학습자의 학업성취도가 그리 좋지 못했던 것은 놀랄 만한 일도 아니다. 1998년 문해력과 수리력 사무국의 자료에 따르면 온타리오주의 초등학교 학습자들 중 54퍼센트만이 읽기·쓰기와 수학에서 주정부가 정한 3학년과 6학년의 성취기준을 만족시키고 있으며, 고등학생 학습자의 68퍼센트만이 5년 내 졸업하고 있다는 것을 알 수 있다.

십 년간 지속된 교사의 사기 저하, 노사관계 악화, 교육에의 투자 감소는 2003년 주지사 선거의 장을 마련하였다. 온타리오 자유당 당수인 돌턴 맥귄티Dalton McGuinty는 공교육 부활을 최우선 과제 중 하나로 삼겠다는 공약을 내걸고 공교육 개선을 위한 일련의 야심찬 정책이 포함된 공약사업을 발표하였다. 온타리오 자유당이 전체 투표수의 47퍼센트를 획득하여 의회 103석 중 73석을 차지하면서 다수당 정권을 구축하였다. 주로 맥귄티 주정부의 교육 분야에 대한 업적(그리고 반대 당 당수가 사립학교에 전면 재정 지원을 제안한 실수) 덕분에 맥귄티는 4년 후 재선에 성공하였고, 이때 자유당은 두 번째로 큰 다수당이 되었다. 자유당은 2011년 돌턴 맥귄티가 재선에 성공했을 당시 한 석 차이로 제1당의 위치에서 내려온 이후 캐슬린 윈Kathleen Wynnee—그녀의 역할들 중에서도 특히 맥귄티 정권 시절 교육부 장관을 지낸 전력이 있는—이 이끈 자유당이 2014년 제1당의 위치를 회복하여 현재까지도 온타리오주에서 집권하고 있다.

온타리오의 개선 전략

정부가 교육적 전망은 가지고 있으나 실행 전략에 대한 확실성이 부족한 것이 일반적이다. 그런데 온타리오주는 성장을 달성하는 방법에 긴밀한 주의를 기울였다. 그래서 정책적 관점뿐만 아니라 2000년대에 있었던 정책적 변화 이후 수행 결과에 발전을 이끌고 시행의 중추가 되었던 전략에 초점을 맞추고자 하였다. 요점은 어떠한 특정 전략과 정책이 '전 체제의 개선'에 기여하는가이다. 이렇게 하는 것은 결코 쉬운 일이 아니지만, 우리는 핵심 요소 몇 가지에 초점을 맞추면서, 이것들을 중점적으로 시행하고 끈질기게 추구하며, 경험으로부터 배우고, 이후 개선하는 것 등을 포함시켰다. 2003년이 되기 4년 전 마이클 풀란은 잉글랜드의 문해력-수리력 계획을 평가하는 토론토에 근거지를 둔 팀의 주요 구성원이 되었다. 당시 토니 블레어Tony Blair와 그의 전략 참모인 마이클 바버Michael Barber는 잉글랜드 전역에 소재하고 있는 2만 개 이상의 초등학교의 문해력과 수리력 향상에 노력을 경주하고 있었다.

블레어 총리는 이 위업을 달성하기 위해 '변화에 대한 지식'을 사용할 것이라고 말한 바 있다. 토론토 팀은 4년간 평가를 진행한 후 2002년에 보고서를 완성하였다.[35] 상대적으로 느슨했던 체제를 강화시킨 덕분에 이 전략을 통해 조기에 효과를 얻게 되었지만, 학교와 지역교육청 수준에서 혁신을 위한 소유권체계 및 조건을 충분히 발전시키지 못한 탓에 이 효과가 약화될 가능성이 높다는 것이 전반적 견해였다.

좀 더 자세하게 말하면, 부정적 그리고 긍정적 측면에서 각각 두 가지씩, 총 네 개의 결론이 도출되었다. 잔고에 대한 강력한 (징벌적) 책임제에는 부정적 효과가 있으며, 목표에 대한 집착(지역교육청에 의해 문해력과 수리력을 위한 세부적 목표가 수립되고 매체를 통해 대중에게 감시받고 보고되었음)은 역기능적 방해 요소가 되었다는 두 가지의 부정적 결과를 얻었다. 반면에 '집중(목표 지정과 초점 유지)'과 교육자의 교수법적 그리고 리더십 역량을 키우는 '능력 함양(코칭, 우수한 교육과정, 교수자료에 대한 투자)'이 긍정적 측면으로 꼽혔다.

시기적으로는 다행스럽게도 잉글랜드에 대한 최종 보고서가 2002년에 완성되었는데, 이 시기에 돌턴 맥귄티는 이후 그가 온타리오 주지사로 당선되었던 2003년 10월 선거에 대한 준비를 하고 있던 중이었다(정치에 대한 자세한 사항은 이번 장의 마지막 절에서 다룰 것임). 정책 변화의 깊이를 축소하려는 것은 아니지만 당초에 정책 변화의 지표들이 이 보고서의 한 쪽에 표현되어 있었다고 말할 수 있겠다.

- 우선순위가 높은 소수의 핵심 과제 해결에 집중하고(문해력, 수리력 그리고 고등학교 졸업률의 기대치 제고, 성취도 격차 감소, 그리고 교육에 대한 대중의 신뢰도 향상),
- 학군과 교원노조와의 신뢰도 높은 '평화와 안정'의 협력관계를 추구하며,
- 결과와 관련된 교수 실제에 중점을 두고 모든 수준에서의 역량 배양에 투자하고,
- 좌우의 측면적(전 학교 및 학군에 걸친) 실행으로 학습을 촉진하며,
- 해당 분야와 협업하는 교육행정가의 능력을 향상시킨다.

역량 강화에 초점을 맞추기 위해 사용된 기본적인 방법으로 새로운 부서인 문해력과 수리력 사무국LNS을 교육부 내에 창설하는 것이 있었다. 유명한 책임자인(한 학군의 감독관) 애비스 글레이즈Avis Glaze가

이곳의 초대 국장을 역임하였다. LNS는 기존의 교육부 부서 직원들과 해당 분야의 임시 파견자들 약 100명으로 구성되었으며, 학교위원회로부터 차출된 전문가들을 지휘하였다. LNS의 수장은 '학생성취 최고책임자Chief Student Achievement Officer'로 명명되었다.

온타리오주의 혁신 전략은 연구 및 증거에 굳건한 기반을 두고 있다. 이 전략이 지극히 행동 지향적인 이유는 기존의, 그리고 현재 진행 중인 연구에 실행의 토대를 두고 있다는 점에서 비롯된다. 온타리오주는 그들의 전략에 대한 연구를 진행하고 의뢰하며, 이 연구에 대한 피드백 과정을 진행하고, 국제 정책무대에 '시스템 전반에 걸친 교육 혁신'과 관련된 지식과 실행 기반에 대해 출간하고 여기에 참여하는 데 전념한 것이 확실하다.[36]

온타리오주가 2003년에 혁신 전략을 시작할 때, 일부 학군의 경우 문해력과 수리력을 위한 효과적인 규정 면에서 주정부보다 몇 발 앞서 있던 곳도 있었다. LNS는 온타리오주 전역에 걸쳐 2년의 기간 동안 학습자의 성과를 크게 향상시킨 학교들뿐만 아니라 학습자의 문해력과 수리력 향상을 위한 가장 효과적인 지역 관례를 일부러 조사하였다. 일단 여기에 해당되는 학교와 체계를 발견하면 조사 및 사례 연구가 진행되었고 핵심 결론들은 전체에 전파되었다.[37] 수학 학업성취도 향상을 위해 유사한 전략 하나가 현재 추진 중에 있다.

학군과 학교 안에서 효과적 관례를 발견하고 전파하는 지속적 순환 과정을 통해 LNS는 개선이 일어나는 전략과 조건에 대해 더욱 심도 깊게 이해하며 자체적인 지원 전략을 개발하고 이를 개선하며, 학군과 학교의 개선 노력에 있어 그들의 믿음직한 동맹이 될 수 있는 학습기관의 역할을 수행하고 있다.

이 전략이 실제로 시행되기 시작했을 때 온타리오주의 지도자들은

[표 7.1] 성공적인 전체 체제 개선을 위한 수단

1. 우선순위가 높은 소수의 핵심 목표
2. 모든 수준에서의 단호한 리더십의 발휘
3. 높은 기준과 기대
4. 교수와 관련된 리더십과 역량 강화에 투자
5. 자료와 효과적 관례를 동원하는 증거 기반 혁신 전략
6. 비非징벌적 방식으로 개입을 최소화하는 외부 책무성
7. 전략적 여건 지원 및 분산 방지
8. 투명하고, 끈질기며, 점차 도전적이 될 것

이 전략이 여덟 개의 상호 관련 요소들로 구성되어 있다고 설명하였다. 가장 최근 발표된 것으로는 온타리오주 학생성취 최고책임자인 애비스 글레이즈의 후임, 매리 진 갤러거Mary Jean Gallagher[38]가 제시한 교육 혁신 원리가 있다([표 7.1] 참조).

이것은 그저 전형적인 '선발 명단'이 아니다. 대부분의 체제는 책임제, 학생, 교사 및 행정관에 대한 기준, 교육과정, 그리고 임시변통의 정책으로 시작한다. 온타리오주는 이러한 요소들을 종합하였으나, 모두를 시행하지는 않았다. 그리고 이 요소들 중 일부는 이미 이전 주정부에 의해 실시된 바 있다(교육과정과 학생 수준이 그 예). 확실히 이 전략은 개별적이며, 무엇보다 통합적으로 교수능력 및 변화능력을 향상시킴으로써 역량 강화를 도모하는 리더십에 중점을 둔 것이다.[39] 다음 절에서는 우선 정치적으로 안정된 시기들 중 하나였던 2003년~2011년, 그리고 혼란을 거쳐 안정성을 회복하고 있는 2011년~2014년에 있었던 온타리오주의 교육개혁 전략이 가지고 있는 본질과 그 진화에 대한 검토를 진행하기로 한다.

2003년~2011년 시기

2003년에 자유당이 집권한 이후 거의 즉각적으로 자유당은 해리스 정부가 추진하던 논란이 컸던 계획들 중 일부를 뒤집었다. 자유당은 2006년까지 16억 캐나다 달러를 교육 분야에 추가로 투자할 것을 발표하였다. 토론토, 해밀턴, 오타와의 지역 통치권은 선출된 신탁 관리자들의 손으로 다시 돌아갔다. 사립학교에 대한 세제 혜택은 철회되었으며, 5일 중 2일이 줄었던 교사 전문 활동 일수도 다시 원래대로 확대 제정되었다. 그리고 교사에 대한 평가 및 재인증은 취소되었고, 이는 새로운 교사입문과정으로 대체되었다.[40] 주정부는 협력관계, 역량 함양, 결과에 집중하기, 더욱 심도 있는 이해를 위한 끈질긴 노력에 기초한 전 체제 개선 전략을 개발하였다.

[표 7.1]을 지표로 사용하여 우선순위가 높은 소수의 핵심 목표부터 살펴보도록 하겠다. 2003-2013년 시기를 이끈 목표는 세 가지가 있는데, 높은 수준의 학습자 성취도(문해력과 수학에서 상위 능력자 75퍼센트 달성, 고등학교 졸업률 85퍼센트 달성)[41], 학습자 성취도 격차 감소, 그리고 교육에 대한 대중의 신뢰도 향상이 그것이다. 소수의 야심찬 목표들을 정의하는 것은 온타리오주의 교육체제 전체의 초점과 체제의 일관성을 개발하기 위한 중대한 전략이었다. 동시에 앤디 하그리브스와 데니스 셜리Dennis Shirley[42]가 '학교교육: 제4의 길The Global Fourth Way'에서 지적한 것처럼 주정부의 목표 달성에 대한 지속적 초점은 때때로 의도하지 않았던 결과를 낳을 수 있다. 이 의도되지 않은 결과들 중에는 목표를 달성하기 위해 일부 학교들이 주정부 기준에 소수점 차이로 아슬아슬하게 미달되는 학습자에게만 집중적으로 개입하여 계산적인 편중을 시도하는 '편법을 쓰는' 노력이 포함된다(하그리브스

와 셜리, pp. 33~39 참조). 그러나 여기서 논의되는 나머지 일곱 개의 수단들과 함께 맞물리면서 학교와 학군의 주요 동력이 되는 주정부 평가의 위험성은 극도로 감소한다.

두 번째로, 모든 수준에서의 단호한 리더십의 발휘에는 학군 지도자, 교장, 교사를 위한 교수 및 학습 개선에 초점을 맞추면서 '지도적 연합'과 리더십을 개발하는 것이 포함되었다. 지도적 연합은 주지사, 교육부 장관과 부장관, 학생성취 최고책임자, 정책자문 대표, 그리고 이번 장의 저자들 중 한 명인 마이클 풀란으로 구성되었다. 맥귄티의 강력한 리더십은 특히 개혁 초기인 2003-2007년부터 결정적인 역할을 하였다. 그는 교육을 자신의 최우선 과제로 선언하는 동시에 성과 검토, 전략 강화, 추가적 발상과 전략 생산 장려를 위해 6주마다 진행된 지도적 연합 회의에서 의장을 맡았다. 이렇게 주의 수장들이 지속적으로 '압박하는' 추진력과 지원 유형은 교육 분야에서 보기 드물다.

세 번째로, 높은 기준과 기대치에는 특히 문해력과 수리력 관련 교육과정에 기반을 둔 기준, 투명한 수행 기준, 그리고 교육 수준과 평가국EQAO에 의한 학습자 성취도 독립 평가가 포함된다.

네 번째로, 다양한 활동은 교수 및 이것의 학습자 성취도와의 관계, 그리고 관련 리더십과 역량 함양에 초점을 두었다. 초등학교 수준에서는 (대략 4,000개의 학교가 72개 학군에 소재) 코칭, 협동적 질의, 온라인 비디오, 교수 실제와 관련된 여타의 보조, 효과적 실제에 맞춘 학교와 학군 네트워크 형성, 표적에 대한 개입, 다양한 형태의 협동적 전문성이 이 활동들에 포함된다. 이러한 모든 활동들은 역량을 키우고 확산시켰다. 지도력과 교사의 발전을 위한 추가적인 도구들은 역량 함양을 (추진하는 것이 아니라) 강화하는 데 사용되었는데, 이 요점은 이번 절의 후반부에서 다시 언급하겠다. 조직된 팀은 학생성취 책임자들로 불리는 LNS의 직원들로 구성되었는데 역량을 발견하고, 개발하며, 확산시키기 위해 학군들과 협업하였다.[43]

고등학교 900곳에서 '학습자를 성공시키는 교사SSTs/student success teachers'와 새로운 계획인 '전문가급 고급기술 전공SHSM/Specialist High Skills Major', 이 두 가지가 리더십과 역량 함양을 위한 가장 강력한 전략으로서 중점적으로 다루어졌다. SSTs는 9학년과 10학년에 바로 졸업하지 못할 위기에 있는 학습자를 돕기 위해 학교장 및 교사와 협력하면서 학습자와 직접적으로 협업하는 학교에 기반을 둔 교사들이다. 그들의 개입은 문해력, 학점 보충, 개인교수, 학교에 다시 참여 등을 포함한다. SHSM은 자신이 배우고 있는 내용과 미래의 진로 선택과의 연관성을 더욱 생생하게 이해할 필요가 있는 학습자를 위해 학교로 하여금 11학년과 12학년 과정개발을 가능하게 하였다는 점에서 혁신적이었다. 이 계획은 44개 학교의 27개 과정에서 600명의 학습자를 대상으로 2006-2007년에 시작되었다. 이 과정들에는 건축, 접대, 제조업, 삼림 관리 등이 포함되었다. SHSM 과정은 급속도로 확대되어 2014년까지 660개 학교에서 실시되는 1,600개 과정에 등록된 학생이 4만 명에 달하였다. 신규 과정에는 정보와 의사소통 기술, 재판, 항공 및 항공우주산업, 스포츠, 비영리 분야 등이 포함되었다. SSTs 업무 및 신규 SHSM 과정 이외의 다른 능력개발 활동들은 문해력과 수학, 수준별 교육과정, 전문적 학습주기에 중점을 두었다.

다섯 번째 요소인 자료와 효과적인 교수 전략 동원은 평가를 위한 데이터베이스 구축, 데이터 추적, 학습자의 요구에 상응하여 이것을 만족시키기 위한 정확한 교수 개발 및 전파를 포함한다. 효과적인 문해력 교수란 어떤 것인지, 영어를 사용하는 학습자들의 수요를 해결하는 데 성공을 거두고 있는 사람은 누구인지, 고등학교가 학습자를 참여시키고 중퇴자를 감소시키는 데 있어 가장 효과적 실천은 무엇인지 등 온타리오주는 최초로 모든 핵심 분야에서 증거에 기반을 둔 예들을 발견하고 전파하는 입장이었다.

여섯 번째 요소는 비징벌적 방법으로 초등학교 과정을 통해 개입하는 이른바 '온타리오 초점개입 협력체OFIP/Ontario Focused Intervention Partnership'가 있다. 비징벌적이라는 것은 수행 결과가 좋지 못하거나 침체된 학교를 발견하는 것을 의미하며(신규 데이터베이스는 이것을 용이하게 함), 사무 절차의 첫 번째는 비난이 아닌 역량 함양이라는 것을 전제로 한다. 이 전략은 민영화 노력과 연결되는 징벌적 책임제의 접근법과는 반대되는 것이다. 개입 전략들은 수요평가, 지원, 시행계획의 공동 개발, 학교 기반의 학습 공동체에 참여, 공식 그리고 비공식 네트워킹을 통해 다른 학교로부터 배우는 것을 포함하며, 특정 학교 및 이 학교의 학군과 LNS를 통해 개발되었다.

중등학교 단계에서는 '학습자를 성공시키는 학교 지원 계획Student Success School Support Initiative'을 통해 하위 20퍼센트 학습자 또는 약 180개 학교에 대한 지원과 개발을 제공한다. 실행 사항들에는 학습자의 성취도를 향상시키는 교수 실제의 제고를 위해 교육을 선도하는 주체인 교장 및 교사의 역량 강화가 기본적으로 포함되어 있었다.

일곱 번째로, 다수의 지원 조건들은 근본적으로 역량 함양의 핵심 전략을 강화시키거나 신규 계획을 위한 준비 과정을 닦는 것이었다. 안전한 학교, 종일 유치원, 평등과 포용, 정신건강, 온타리오 지도 전략 등과 관련된 정책과 과정이 여기에 포함된다. 임시변통의 그리고 다수의 계획으로 인한 주의 분산을 방지하기 위해 정책 입안자들과 교육자들은 세 가지 핵심 목표에 대한 초점을 유지하고 추가 요소들은 전체적 전략으로 계속 통합시켰다. 종일 유치원, 지도 전략, 그리고 복지에 관련된 내용에 대해서는 나중에 자세히 설명하기로 하겠다.

마지막 요소는 핵심 목표에 대해 '투명하고, 끈질기며, 점차 도전적이 될 것'으로 일컬어진 것이다. '모든 아동이 배울 수 있다all children can learn'는 믿음은 가장 중요한 위치를 차지하였으며, 이와 더불어 이러한 일은 절대 완수될 수 없다는 절박함에 집중하면서도 2014년과 그 이후에도 계속 추진할 전략과 관련된 개혁들의 지속 및 확대에 주목하였다.

전략에 관련된 정책강령이나 문서와 관련하여 전기(2003-2007)에는 공식적인 정책문서는 없었다는 점을 언급할 만하다. 이것은 전 체제의 변화에 대한 중요한 교훈이다. 온타리오주는 일을 시작할 때 모든 것을 함께 시작한다. 관련 분야의 의견을 구하는 데 일 년이라는 시간을 보내는 대신에 온타리오주는 바로 실행에 옮겼다. 실제로 지도자들은 핵심 목표들이 학교와 지역사회에 울려 퍼질 것이라고 예상하였다. 세 가지 핵심 목표들은 비공식적으로 그리고 명시적으로 문서에 기술되고 수정되었다. 목표들을 끊임없이 반복하고 집중적으로 역량 함양에 관여하면서 학군과 학교 간에 협력을 체결하는 전략을 사용하였다. 주정부가 재선에 성공했던 2007년이 되어서야 온타리오 교육의 활성화Energizing Ontario's Education[44]라는 15페이지의 정책문서 출판물에 전반적 전략이 확대되고 명문화되었다. 주정부는 문해력 및 수리력과 고등학교 졸업률을 향상시켜, 이 세 영역의 성취도 격차 감소, 공교육 체제에 대한 대중의 신뢰도 증가라는 세 가지 핵심 목표들을 반복하고 확대하였다.

뿐만 아니라 '활성화' 문서는 일곱 번째 요소([표 7.1])로 앞에서 언급된 다수의 지원 조건들에 대해서도 확인시켜주고 있다. 여기서 나온 아이디어들 중 중요한 한 가지가 '유아기 학습'으로, 종일 통합보육 유치원을 만 4세와 5세의 유아 모두에게 제공하는 법안이 2010년에 통과되고 발효되어 4년에 걸쳐 단계적으로 도입되었다. 이 계획은 종일 유치원FDK/Full Day Kindergarten으로 알려지게 되었다. 2010년 9월에 3만 3,000명의 아동(전체의 15퍼센트)으로 시작한 것이 매년 9월마다 대상자가 확대되어 2014년(28만 5,000명의 아동)에 전면 시행이 완료되었다. 2008년에 온타리오주는 대규모의 재정적자에 시달리고 있었다. 경제전문가들의 수년간의 연구와 분석 결과는 조기교육에 대한 투자가(그리고 그것을 제대로 시행하는 것이) 사회적 혜택은 말할 것도 없이, 경제적 용어로 투자에 최소한 7:1 투자수익을 가져올 것이라는 것을 보여준다. 맥귄티는 결국 투자가 미래에 높은 수익을 낳을 것이라고 예상하면서 단기간에 이 적자를 해결하는 것을 선택했는데, 이는 주의 지도자들에게서 좀처럼 보기 힘든 조치다. 맥귄티는 자신의 최종 보고서에 중요한 제언을 할 조기교육위원으로 찰스 파스칼Charles Pascal을 지명하였다.[45] 그리고 파스칼의 제언들 중 거의 모두가 2010년 초에 시행되었다.

종일 유치원 수업에서는 인증된 교사들과 등록된 조기교육자들이 종일 조기교육, 즉 유치원 과정에 명시된 원칙들에 따라 종일 연구, 놀이 기반의 학습을 제공하면서 교육자 집단으로 함께 일한다. FDK에는 교육위원회 또는 인증된 보육 서비스 제공자들이 학교에서 진행하는 통합된 방과 전 그리고 방과 후 프로그램도 포함된다. 방과 전 그리고 방과 후 프로그램은 맞벌이 학부모 및 노동시장으로 복귀하거나 계속 공부하는 데 관심이 있는 학부모를 지원하기 위한 것이다. 북아메리카에는 4세 및 5세를 위한 프로그램을 제공하는 여타의 다른 사법권은 존재하지 않는다.[46]

FDK의 발전에 대해 확실한 결론을 내리기에는 여전히 이르다. FDK

에 다니는 유아들과 FDK에 다닌 적이 없는 유아들을 비교할 수 있었던 퀸즈대학교Queen's University와 맥매스터대학교McMaster University의 연구진들이 이에 대한 최초의 평가를 진행하였다. 이들의 연구에 따르면 FDK에 다닌 학생들은 초등학교 1학년에 입학했을 때 전반적으로 더 잘 준비되어 있었고 이러한 성과는 발전의 전 영역(사회적 능력, 언어 및 인지 발달, 의사소통 능력)에서 명백히 확인되었다. 이 내용들은 단지 초기 결과일 뿐이다. 시행의 본질과 수준, 그리고 모든 아동의 발전에 미치는 영향의 관점에서 훨씬 더 많은 연구와 발전이 필요할 것이다.

계획들의 통합이라는 주제(임시변통의 계획이 지나치게 많은 것과 구별되는 것으로)에 대해 계속 이야기하자면, FDK는 교수 및 학습 역량 발전을 강화하기 위한 방안으로 도입되었다. 놀이 기반의 연구과정과 여기에 관련된 실제들은 다방면에서 기폭제가 작용하였다. 이 놀이 기반 연구과정은 아동으로 하여금 초등학교 입학에 대한 준비를 더 잘 할 수 있게 한다. 초등학교 단계에 있는 교사들은 2004년부터 교수법을 개발해왔기 때문에 이들은 FDK를 거친 아동들을 받아들이는 데 더 잘 준비되어 있었다. 그리고 흥미롭게도 FDK 교수법은 전체 아동에 더 큰 중점을 두고 있기 때문에 초등학교 교사들로 하여금 새로 입학한 6세 아동들에게 적절한 서비스를 제공하도록 요구함으로써 초등학교가 미리 피드백에 대한 예측을 하고 시행하도록 하고 있다. 마지막 화두에 대해 자세히 다룰 여유는 없지만, 모든 아동에 대한 교수와 문해력 및 수리력의 위치(너무 광범위하거나 너무 좁은 논쟁) 사이에는 건강한(창조적) 긴장감이 존재한다. 이 모든 것은 교수법의 지속적 개선과 혁신을 위한 조건을 만든다.

리더십 그리고 교사 발전과 관련된 요소인 '도구'의 문제로 돌아가보자. '온타리오 리더십 체계－Ontario Leadership Framework'에는 학교효율성체계, 학군효율성체계, 그리고 리더십개발체계-자신의 학군에 대한 리더십을 발전시키는www.education-leadership-ontario.ca-가 포함된다. 이에 대한 자료는 문해력과 수리력 사무국과의 협력관계에 있는 교육부의 리더십 분과(그 자체로 조화로운 리더십의 사례인)에서 개발되었으며, [표 7.1]에 있는 역량 함양 요소들을 잘 보여주고 있다.

여기에 변화에 대한 매우 중요한 교훈들이 몇 가지 있다. 시간이 흐르면서 체계들은 관련 업계와 공동으로 개발되어왔고, 의무적 준수사항은 아님에도 사실상 모두가 이 체계들을 사용하고 있다. 이러한 현상은 우리의 고찰에서 도출된 하나의 중대한 결과를 반영하고 있다. 하나의 효과적 변화과정은 능력과 리더십을 함양함에 따라 좋은 의견들을 형성하고 이를 수정한다.[47] 아이디어를 형성하고 수정하는 반복적인 과정을 통해 온타리오주의 리더십 발전을 위한 다음의 프로그램들이 개발되었다.

- 모든 학교장 및 교감들이 교장으로서의 자격요건 취득을 완료하도록 요구하는 교장자격 증명 프로그램
- 현재의 그리고 장차 학교 및 조직의 지도자로 기대되는 사람들의 리더십 개발을 목표로 하며, 위원회 리더십 발전 전략을 개발하고 실행하기 위해 온타리오의 모든 학군에 제공되는 재정 보조와 지원
- 각 직위의 초기 2년 동안 제공되는 모든 학교장 및 부학교장들을 위한 멘토링 프로그램으로 여기에는 연수, 멘토와 멘티가 공동으로 개발한 학습계획, 잘 맞는 멘토-멘티를 연결할 수 있도록 보장하는 투명한 연결과정과 퇴장과정을 포함
- 지도교수와의 협의를 통해 소수의 도전적이지만 달성 가능한 목표들을 설정하고, 이 목표들을 달성하기 위한 전략들을 개발하며, 이 목표

들을 달성하는 과정에 따라 평가하고, 평가가 만족스럽지 못할 경우 개선 계획 및 시간표를 개발하며, 개선이 충분하지 않은 경우에 해당 지역에 대한 간섭을 포함하는 학교장수행평가과정. 모든 교장 및 교감은 5년마다 이 수행평가를 실시해야 함.[48]

교사 개발은 전반적 전략과의 통합, 협력관계를 통한 성장 및 개발에 초점 등과 같은 유사한 교훈을 준다. 교사개발체계는 교육부의 교사정책 및 기준 분과의 소관이며, 이 체계는 새로운 과정에 대한 소개, 연간학습계획 및 교사 평가를 담당한다www.edu,gov.on.ca/eng/teacher/appraisal.html. 첫 번째 교훈은 이 교사개발체계와 관련 활동들이 성장과 '교직의 지위 향상'을 목표로 한다는 점이다. 두 번째로, 교육부의 교사교육 분과는 K-12 학습자 성취도 향상, 격차 해소, 대중의 신뢰도 향상이라는 세 가지의 핵심 목표를 중심으로 운영된다. 앞서와 같이 교사개발도구는 이 분야 및 다른 부처들과의 협력관계를 통해 개발되어왔으며, 자율적 선택 사항이지만(법제적 의무사항들은 제외) 사실상 모두가 사용하고 있다.

전 체제 교육 개혁론자들을 위한 또 다른 교육으로 교사평가를 동력으로 사용한다면 광범위한 변화를 꾀할 수 없다는 것이다. 모든 교사를 평가하기 위해 이것을 사용하고자 한다면 충분히 강력하지도 않은데다 즉각적인 논쟁을 불러일으킨다. 우리의 생각으로는 온타리오주의 전략은 여기서 논의한 여덟 가지의 요소들을 통해 사실상 더 큰 책임을 요구하고 있다.[49] 퍼빈Pervin과 캠벨Campbell은 교사 준비와 전문성 개발에 대한 온타리오주의 접근법에 대해 종합적인 설명을 제공한다.[50] 온타리오주 전역에서 고도로 훈련된 교사를 유치하고, 보유하며, 발전시키기 위해 사용한 것은 자원, 전략, 계획을 하나로 통합하는 것이었다. 여기에는 다음의 내용들이 포함된다.

1. 교사 지원자들에게 최소한 3년 혹은 4년의 대학교 학위과정을 취득하게 하고, 추가로 온타리오 사범대학교가 수여하는 인증자격을 획득하기 위해 대학교 기반의 교사 임용 전 교육을 요구하는 초임교사교육. 2015년 가을부터 시작된 임용 전 프로그램은 기존보다 기간이 두 배로 늘어나 4학기 동안 진행되는 대학교 과정이며, 교사들로 하여금 다양성, 특수교육 수요, 청소년을 위한 정신건강, 그리고 기술과 교수법의 통합에 준비하게 하는 데 더 큰 강조점을 두고 있음.
2. 온타리오주의 교육적 우선순위의 핵심에 대한 교사 지원자들의 이해를 돕기 위해 2014년에 시작된 미래 건설 프로그램.
3. 해당 학교의 교장에 의한 수행평가 두 번을 포함하여 오리엔테이션, 멘토링, 초임교사들의 수요에 맞춘 전문적 학습 기회를 제공하는 신규 교사 소개 프로그램NTIP/New Teacher Induction Program은 의무사항.[51]
4. 직접적인 프로그램 지원, 전문적 수업과 학습자료, 교사협력연구를 위한 시간을 학교 시간표에 편재, 수업의 의무를 지속할 수 있도록 지원하기 위해 전문적 학습활동에 참여할 자유 시간 제공 등 교사들의 지속적인 전문적 학습을 위한 다양한 지원 제공.
5. '움직이는 학교Schools on the Move'[1)] 사례 연구와 온타리오주의 효과적인 수업 실제를 위한 웹캐스트와 온라인 비디오들과 같이 기존의

1. 움직이는 학교Schools on the Move는 아이들이 학교에 머무는 동안 많이 움직이며 활발한 신체적 활동을 하도록 장려하는 프로그램으로, 핀란드의 경우 전국의 80%가 넘는 초등학교들이 참여하고 있음. 이는 신체 활동이 건강에 좋을 뿐만 아니라 학생들의 학습 효과에도 긍정적인 영향을 끼치며, 전반적인 생활에 여유와 만족감을 가져온다고 평가되고 있음. 핀란드 정부는 움직이는 학교 프로그램을 모든 초등학교로 확대시키는 것을 주요한 과제로 하며, 2017년부터는 유치원과 중학교 등으로 확대되고 있는 것으로 보고됨. 교육정책네트워크 제307호 해외교육동향(2017. 7. 12) 재인용.

그리고 최근에 생겨난 성공적 실제에 대한 정보를 제공하는 다양한 자료.

6. 교육부가 재정적 지원을 하는 자발적인 업무 내장형 전문적 학습 프로젝트들에 참여하여 다른 교사들과 함께 최상의 실제 견본을 만들고 공유하도록 개발된 경력 교사들을 위한 교사학습과 리더십 프로그램TLLP/Teacher Learning and Leadership Program.[52]
7. 온타리오 사범대학교가 인증한 추가자격 증명 프로그램과 교육부와 온타리오 교사연맹이 후원하는 여름학교Summer institutes는 교사들에게 자격기준을 높이고 그들의 실천능력을 향상시킬 수 있는 기회를 제공.

마지막으로, 교육 책임자들(관리자들)과의 정치적 관계 및 교사연맹과의 관계에 대해 간단히 논의하도록 하겠다. 지역 학군은 언제나 강력한 협력자이다. 또한, 문해력-수리력 전략이라는 특수한 교육 요소(그리고 결국 전 학습자를 대상으로 하는)를 시행하도록 보조하기 위하여 교육 책임자들의 기관에 2,500만 캐나다 달러의 보조금을 지원하는 것이 교육부의 조치들 중 하나였다. 이것은 결국 큰 움직임이었던 것으로 드러났다. 앤디 하그리브스가 이끈 팀은 이 프로젝트에 대한 평가를 의뢰받아 대표 샘플로 10개 학군(72곳 중)을 조사함으로써 이 업무를 수행하였다. 이를 통해 하그리브스Hagreaves와 브라운Braun은 조사 대상의 학군들이 대성공을 거둔 것을 알게 되었고, '중간으로부터의 리더십leadership from the middle'으로 명명한 새로운 전략(주정부와 학교의 중간 단계에 있는 학군의 위치)도 공개하였다.[53] 이것은 다른 분야에서 우리가 이미 사용하고 있는 전략이다.[54] 중간으로부터의 리더십은 역량의 배양과 몰두를 위한 또 하나의 힘의 원천을 나타낸다.

온타리오주에는 온타리오 초등교사연맹, 온타리오 중등교사연맹, 온타리오 프랑스교사연합, 그리고 온타리오 영어가톨릭교사연합, 이렇게 네 개의 독립적인 교원노조가 있다. 2013년 이후 노조 간 연대는 강하고 이 협력관계가 반드시 깊지만은 않은 상태이지만, 4년간의 합의사항 두 가지를 맺었다. 또한 책임자들에 대해서 이야기하자면 주정부는 교사들이 전반적 의제에 기초하여 근무할 수 있도록 재정을 지원하고 있는데, 연맹들의 문해력과 수리력 여름 워크숍 개최를 지원하기 위해 2,500만 캐나다 달러의 보조금을 지원하고 있으며, 교사학습과 리더십 프로그램TLLP으로 불리는 온타리오 교사연맹과의 협력관계를 통해 개발된 계획을 지속적으로 추진 중이다. TLLP에서는 혁신개발을 위해 교사들이 개별적으로 혹은 소집단 차원에서 보조금을 적용할 수 있으며, 이 보조금의 사용 내역과 성과를 보고할 의무가 있다. 두 명 혹은 네 명의 교사들로 구성된 팀들이 TLLP 프로젝트의 대부분을 주도하였으며, 이 프로그램은 긍정적인 평가를 얻고 있다.[55] 교직의 현재와 미래에 대한 좀 더 심층적인 분석을 위해서는 하그리브스Hargreaves와 풀란Fullan의 '전문적 자본Professional Capital'[56]을 참조하길 바란다.

정치적 안정기로 특징지어지는 2003년~2011년 시기는 주정부가 온타리오의 개선 의제를 발의하고 심화할 수 있게 하였다. 자유당이 다수당이 되는 데 실패한 2011년에서 2014년 사이에는 의회와 교원노조 간에 12개월에 걸친 분쟁이 있었으며, 맥귄티 주지사의 사임으로 인하여 온타리오 주정부 수준의 교육 개선 의제에 대한 정치적 리더십의 부족이 야기되었다. 그러나 지난 7년간 교육체제는 발전을 지속할 수 있는 뛰어난 능력을 길러왔다. 2014년 가을, 당시 임시 주지사였던 캐슬린 윈의 지휘 아래 자유당이 다수당으로 복귀하게 되면서 교육계와 주정부가 온타리오주의 개선의 궤도를 지속적으로 유지하면서도 이를 심화시킬 공통 의제를 재설정하였다.

2011년~2015년 시기

2011년 10월 맥귄티는 세 번째 주지사 선거에 출마했고 그의 당이 결국 주의회에서 의석 하나 차이로 다수당이 되지 못했다. 당시 정계는 복잡하게 흘러갔지만, 새로이 체결한 단체협약의 관점에서 교사들에게 엄격하고자 했던 시도의 일환으로 맥귄티는 연봉 동결을 시행하고 교원노조의 통합적 교섭권을 유보하였다. 최대 난관이었던 가스작업장 스캔들 등 주정부의 다른 문제들과 더불어 대규모의 갈등이 불거지게 되었다. 의회 안에서 정부와 교사들 간에 12개월 동안 논쟁이 지속되었으며, 이로 인해 2012년 10월 맥귄티는 급작스럽게 사임하게 된다. 이후 2013년 1월 전 교육부 장관이었던 캐슬린 윈이 임시주지사로 취임하였으며, 2014년 6월 자유당의 다수당 복귀를 달성하기 전까지 임시적으로 소수 여당 정부를 이끌게 되었다.

여기에는 두 가지 교훈이 있다. 하나는 명백한 것이고, 다른 하나는 고무적인 것이다. 첫 번째 교훈은 관계와 신뢰 형성에 얼마나 많은 투자를 하는지와는 무관하게 당신 혹은 타인에 의해 관계가 하룻밤 사이에 무너질 수 있다는 것이다. 또 다른 교훈은 교육부를 포함하여 일단 체제 전체에서 뛰어난 역량이 함양되면(예를 들어, LNS) 정치적 리더의 부재 시에도 일은 계속 진행된다는 것이다. 환언하자면 2011년 여름(주지사의 세 번째 임기 중 선거가 시작된)부터 새 정부가 출범한 2014년 가을까지 체제의 발전은 지속되는 중이었지만 정치의 핵심에는 리더십이 거의 부재한 상태였다. 이것이 이상적이라는 말은 아니지만, 대부분의 학군이 지속적으로 개선을 보이고 있었고 공통 의제를 수렴한 주정부와 다시 관계를 맺을 준비가 되어 있었다.

해당 분야 및 대중과의 폭넓은 논의 후 윈 주정부는 '수월성 달성: 온타리오의 새로워진 교육 비전Achieving Excellence: A Renewed Vision for Education in Ontario'[57]이라는 교육정책 문서를 새로이 발간하였다. 이 정책은 이전의 핵심 목표 세 가지에 다시 전념하는 한편, 네 번째 핵심 목표인 '복지well-being'를 추가하는 것이었다. 이 문서의 표현에 따르면, 네 가지 핵심 목표들은 수월성 달성(고등학생 성취도), 형평성 보장, 복지 장려, 대중의 신뢰 향상이다. 또한 새로운 계획은 2년간의 신규 교사 교육 프로그램(이 프로그램을 5년에서 6년제 과정으로 사실상 변환하는)을 촉구하였다. 2년간의 신규 교사 교육 프로그램과 교육과정은 현재 개발 중이다.

전반적으로 2003년 개혁 초기부터 현재까지 핵심 목표를 지속적으로 유지하면서도, 학문적 그리고 사회정서적 차원에서 전 아동의 복지와 관심을 포함할 수 있도록 학습의 초점을 확대하여 핵심 목표에 결합시켜왔다. 이렇게 모든 하위집단들을 위해 수월성과 평등성에 대한 초점을 통합한 것은 아직도 교육체제를 통해 효과적으로 서비스를 받지 못하는 학습자들과 하위집단들에게 다가가기 위한 것이다.

이 목표들에 대해 2015년에 검토를 실시한 후에도 이 목표들은 계속 유지되고 있다: (1) 12세에 높은 수준의 문해력과 수리력에 도달한 학습자의 비율은 75퍼센트, (2) 고등학교를 5년 안에 졸업하는 학습자의 비율은 85퍼센트로 잡고 있다. 본래 이 목표들은 2008년까지 달성하는 것을 목표로 2003년에 수립된 것들이다. 이 목표들이 지난 12년간 아직도 달성되지 않았다는 사실은 온타리오주의 개혁이 어느 정도 성공을 거두었는가에 의문을 자아낼 수도 있다. 동시에 거의 매년마다 주정부가 전반적 성과들–수학보다는 문해력의 성취도가 높은–을 발표하고 있다. 목표치인 85퍼센트의 졸업률을 계속 유지하겠다는 공약을 가졌는데 실제 달성하였다. 온타리오주의 개선 작업이 전 체제에 걸쳐 깊숙이 내재되어 있는 것에는 반론의 여지가 없다.

이 점뿐만 아니라 성취도와 형평성에 대한 당초의 목표들은 이미 고차원적 기술 및 복지를 포함하는 것까지 확장된 상태이다. 전체적 목표는 학습자를 개인적으로 성공한, 그리고 경제적으로 생산적이면서 활발히 참여하는 시민으로 양성하는 것이다. 심화학습deep learning과 복지를 새로운 우선과제로 시행하는 것과 더불어 이것들을 정의하는 데 있어 정확성을 발전시키는 것, 그것을 실제 운영하는 것, 성공을 평가할 도구와 모니터링 과정 개발 및 개선 분야 인식, 무엇이 효과적인지 인식하고 이를 전파하는 것과 관련된 내용들이 온타리오주의 차기 단계 개혁 과제의 일부로 포함되어 있다. 몇몇 학교교육 위원회들은 이미 이를 위한 조치를 취하고 있는 중이다. 지난 십 년간을 예로 들면, 지역 학군의 노력의 결과로 그 지역에서 얻어진 지식과 전문 기술이 활용되고, 전 체제로 확산되며, 시행과 평가라는 지속적인 순환과정 속에서 수정될 것으로 예상된다.[58]

질 높은 공교육 약속의 이행

지난 15년 동안 온타리오주의 예와 같이 수준 높은 공교육체제 사례들의 출현은 상대적으로 민영화 지지자들이 전 교육체제를 통틀어 시장 지향적 접근법들이 모든 학습자에 대한 교육의 기회 및 성과의 양과 질을 동시에 향상시킨다는 결정적 증거를 제공하는 데 실패한 것과 극명한 대조를 보이고 있다. 세 번째 핵심 목표인 공교육체제에 대한 대중의 신뢰를 생각해보자. 이 점에서 온타리오는 대중의 깊은 신뢰를 얻고 있지만 이것이 당연시되어서는 안 될 것이다.

온타리오주는 다음 단계에서 학습자와 교사 모두의 참여적 측면에서 심화된 학습, 그리고 교수법의 변화를 야기하고 학습을 가속화하며 심화시키는 디지털의 사용, 그리고 모든 학습자의 복지를 목표로 하고 있다. 몇몇 학군들은 '심화학습을 위한 새로운 교수법New Pedagogies for Deep Learning'이라고 불리는 계획에 참여하고 있다www.newpedagogies.org. 새로운 교수법은 교사, 학생, 가정 간 학습 협력관계로 구성된다. 심화학습Deep learning은 새로운 학습의 성과–근본적으로 21세기 학습 역량, 즉 6Cs(인성교육, 시민의식, 협력, 의사소통, 창조성, 비판적 사고)–를 일컫는다. 튼튼한 집단역량의 기초 덕분에 온타리오주는 학습자와 교사에게 거부할 수 없을 만큼 매력적인 학습을 만들기 위한 새로운 교수법의 의제로 신속하게 이동하기 좋은 상황에 있다.[59] 온타리오주가 성공을 거둔 것만큼 심화학습 혁명은 아직 일어나기 전이라고 생각된다. 포용적이고 창조적인 학습 환경, 학습자와 교사의 참여, 영향력 있는 교직 및 학교 대표직, 협동적이며 투명한 시행, 고도의 디지털 가속화, 그리고 6Cs에 대한 몰두–오늘 훌륭한 시민으로 행동함으로써 내일의 훌륭한 시민을 육성하는 교육–가 가까운 미래에 요구되는 것들이다. 이를 위해 온타리오주는 아주 유리한 입장에 있으며, 성공할 경우 이미 성취한 것을 넘어설 수 있는 학습의 급진적 변화에 확실히 몰입한 상태이다.

온타리오주의 개혁 사례는 단지 공교육이 주 전체에서 높은 학업성취도를 달성할 수 있다는 것을 실증하는 것만은 아니다. 이 개혁의 핵심적 특징들인 전향적 협력관계, 지속적 집중, 집단적 역량 강화는 공교육에 대한 더욱 공고해진 견해에 주목하게 한다. 이렇게 보다 건실한 관점에서 공교육의 '공적public'이라는 의미는 단순히 지배적인 재정 지원체계를 의미하는 것만이 아니라, 더 중요하게는, 대중의 교육적 수요, 주의 경제적 수요, 사회적 일관성, 민주화를 동시다발적으로 지원하는 방식으로 한 교육체제와 이 체제 안에서 일하는 사람들 사이의 높은 기대와 신뢰, 그리고 협동을 기반으로 한 새로워진 협력 관계를 의미한다.

이번 장에서는 상대적으로 성공적인 온타리오주의 전략을 설명함으로써 제도 개선을 위한 여덟 개의 핵심 수단들을 개관하였다. 또한, 정책입안자들을 위한 핵심적인 변화들에 대해 다음과 같은 몇 가지의 가르침을 유추할 수 있다. '시작함으로써 시작하라Getting started by getting started', 현장과의 지속적인 상호작용을 통한 전략 수정, 해당 부문에 대한 개입과 체제 및 방법 등의 공동 개발, 학습자의 학습과 연계된 소수의 야심찬 특정 목표들에 대한 집중과 방향성 지속, 개선 노력의 핵심 동력으로서 역량 강화와 리더십 개발의 이용, 새로운 계획을 전체의 전략과 통합하기, 학생 성장의 방향성 유지가 그것이다. 여기서 제시된 개선의 핵심 수단과 변화의 교훈은 광범위한 교육체제에 적용할 수 있지만 특정한 정치적, 문화적, 사회적 맥락 속에서 효과적으로 기능하기 위해서는 지속적인 수정과 적용이 필요하다고 확신한다.

온타리오주의 사례는 체제 일관성에 대한 매우 중요한 가르침을 준다. 일관성은 세 가지의 깊은 상호작용적 요소들을 통해 얻어진다. 첫 번째로, 초점은 소수의 야심찬 목표들에 두되 도덕적으로 긴요한 일들이라고 할 수 있는 모든 아동의 기준을 제고하고 격차 해소에 기반을 둔 희망적 의제를 갖는 것이다. 두 번째는 역량을 발전시키고, 좋은 아이디어를 전파하며, 공통의 목적의식과 노하우를 함양할 수 있는 수직적 그리고 수평적으로 의도적인 상호작용을 체제에 가미하는 것이다. 일관성은 사고방식을 말하며, 체제 일관성은 지속적인 상호작용, 개선, 공유를 통해서만이 성취될 수 있는 구성원의 절대다수가 공유한 태도를 말한다. 세 번째로, 대부분의 체제에서 실패하는 것으로서 주 단위에서 서로 다른 정책들과 분과들은 동일한 통합 목표를 의식적으로 그리고 계획적으로 지향해야 한다는 것이다. 이 세 번째 요소를 '체제 응집성system cohesion'이라고 부르도록 하자.

우리는 이미 체제 응집성에 대해 상술한 바 있다. 학습자의 성취 목표와 의제에 집중하기 위한 하나의 핵심이 있는데, 이 경우에 '학습자 성취 최고책임자'가 그 예가 되겠다. 이와 관련하여 행위의 중심에는, 다시 말하지만 우리가 알고 있는 대부분의 다른 사례들과는 달리, 다른 모든 정책분과들 및 이곳의 책임자들은 자신들의 책임을 서비스를 제공하기 위한 활동으로 묘사하고 이 책임을 핵심 의제를 달성하기 위해 계획된 활동들과 통합한다는 것이다. 확실하게 말하면, 재무, 리더십 개발, 교육과정, 조기교육, 교사교육, 평가를 담당하는 교육부의 각 부서들은 학습자 성취의 핵심적 목표들과 연관시켜 자신들의 직무를 공적으로 그리고 사적으로 설명한다. 그 결과 체제의 지도자들 간, 그리고 이에 상응하여 각 체제의 전 단계에 걸친 참여자들 간에 목표, 능력, 명확성, 노력에 대한 의식이 광범위하게 공유된다. 이어서 이 공유된 의식은 작금의 의제를 제공하고 미래에 지속가능한 성장과 개혁의 기초를 설정하는 체제 안에서 심오한 깊이와 높은 일관성을 확립하도록 하고 있다. 체제 일관성과 체제의 성공은 서로 연관되어 있다.

질 높은 평등한 공교육이 가능하며, 이것을 달성하는 비결은 점차 명확해지고 있다. 세계적 교육개혁의 다음 단계는 논쟁의 여지도 있고 행동으로 가득 찰 것임을 예고하고 있다. 지도자들은 온타리오주의 '전 체제의 개선'이 주는 교훈들에 대해 충분히 고려해보는 것이 좋을 것이다.

주

1. 마이클 풀란(Michael Fullan)은 2003년부터 2013년까지 돌턴 맥귄티(Dalton McGuinty) 주지사의 특별정책고문을 역임했으며, 현재는 앤디 하그리브스(Andy Hagreaves), 캐럴 캠벨(Carol Campbell), 진 클린턴(Jean Clinton)과 함께 캐슬린 윈(Kathleen Wynne) 주지사 및 교육부 장관 리즈 샌들스(Liz Sandals)의 고문역할을 수행 중이다.
2. Gambhir, M., Broad, K., Evans, M., and Gaskell, J. (2008). *Characterizing Initial Teacher Education in Canada: Themes and Issues*. Ontario: OISE/University of Toronto.
3. OECD (2014). *Education at a.Glance 2014: OECD Indicators*. Paris: OECD Publishing. Retrieved from http://dx.doi.org/10.1787/eng-2014-en.
4. Pervin, B., and Campbell, C. (2015). "Systems for Teacher and Leader Effectiveness and Quality: Ontario, Canada." In Darling-Hammond, L. and Rothman, R. (eds.) *Teaching in the Flat World: Learning from High-Performing Systems*. New York: Teachers College Press.
5. Herman, J. (2013). *Canada's Approach to School Funding*. Washington, D.C: Center for American Progress.
6. Statistics Canada (2014). *Quarterly Population Estimates, National Perspective —Population*. Retrieved from http://www.statcan.gc.ca/pub/91-002-x/2014003/t002-eng.htm.
7. Statistics Canada (2014a). *Quarterly Estimates of Demographic Components*, National Perspective—Immigrants. Retrieved from http://www.statcan.gc.ca/pub/91-002-x/2014003/ t025-eng.htm.
8. OECD (2011). Chapter 3: Ontario, Canada: Reform to Support High Achievement in a Diverse Context, in *Strong Performers and Successful Reformers in Education: Lessons from PISA for the United States*. Paris: OECD. Retrieved from http://www.oecd.org/ pisa/pisaproducts/46580959.pdf.
9. Ontario Ministry of Education (2014a). *Education Facts) 2013-2014 (Preliminary)*. Retrieved from http://www.edu.gov.on.ca/eng/educationFacts.htmI#enrol.
10. Herman, J. (2013). *Canada's Approach to School Funding, www.Americanprogress.org*, Washington, D.C: Center for American Progress.
11. Gallagher, M. J. (2014). *Ontario Education Improvement. Slide Deck for International Presentations*. Toronto: Ministry of Education; Glaze, A., Mattingley, R., and Andrews, R. (2013). *High School Graduation: K-12 Strategies that Work*. New York/Ontario: Corwin/Ontario Principals' Council.
12. Barber, M., and Mourshed, M. (2007). *How the Worlds Best-Performing School Systems Come Out on Top*. London: McKinsey and Company; OECD (2011).

Chapter 3: Ontario, Canada: Reform to Support High Achievement in a Diverse Context, in *Strong Performers and Successful Reformers in Education: Lessons from PISA for the United States*. Paris. Retrieved from http://www.oecd.org/pisa/pisaproducts/46580959.pdf; OECD (2013). *PISA 2012 Results: Excellence through Equity, Giving Every Student the Chance to Succeed, Volume II*. Paris.

13. Brochu, P., Deussing, M. A., Houme, K., and Chuy, M. (2013). *Measuring Up: Canadian Results of the OECD PISA Study: the Performance of Canada's Youth in Mathematics, Reading and Science*. Toronto: Council of Ministers of Education, Canada.
14. Council of Ministries of Education, Canada (CMEC) (2013). *PCAP 2013: Report on the Pan-Canadian Assessment of Science, Reading and Mathematics*. Toronto.
15. Mourshed, M., Chijioke, C., and Barber, M. (2010). *How the World's Most Improved School Systems Keep Getting Better*. London: McKinsey and Company.
16. OECD (2011). Chapter 3: Ontario, Canada: Reform to Support High Achievement in a Diverse Context, in *Strong Performers and Successful Reformers in Education: Lessons from PISA for the United States*. Paris. Retrieved from http://www.oecd.org/pisa/ pisaproducts/46580959.pdf.
17. Hargreaves, A., and Braun, H. (2013). *Leading for All*. Ontario: Council of Ontario Directors of Education. Toronto. Retrieved from http://www.ontariodirectors.ca/ downloads/Essential_FullReport_Final.pdf.
18. Ontario Ministry of Education (2007). *Ontario Focused Intervention Partnership*. Toronto: Queen's Printer for Ontario. Retrieved from http://www.edu.gov.on.ca/eng/ literacynumeracy/ofip.html.
19. Hart, D. (2012). *Public Attitudes Toward Education in Ontario 2012: The 18th Survey of Educational Issues*. Ontario: OISE/University of Toronto.
20. Council of Ministries of Education, Canada (CMEC) (2013). *PCAP 2013: Report on the Pan-Canadian Assessment of Science, Reading and Mathematics*. Toronto.
21. Fullan, M. (2013). Great to Excellent: Launching the Next Stage of Ontario's Education Agenda. Retrieved from http://www.michaelfullan.ca/media/13599974110.pdf.
22. OECD (2011). Chapter 3: Ontario, Canada: Reform to Support High Achievement in a Diverse Context, in *Strong Performers and Successful Reformers in Education: Lessons from PISA for the United States*. Paris. Retrieved from http://www.oecd.org/pisa/ pisaproducts/46580959.pdf.
23. Mourshed, M., Chijioke, C., and Barber, M. (2010). *How the World's Most Improved School Systems Keep Getting Better*. London: McKinsey and Company.
24. Tucker, M. (2011). *Standing on the Shoulders of Giants: An American Agenda for Education Reform*, Washington, D.C: National Center on Education and the Economy.
25. Fullan, M. & Quinn, J. (2015). *Coherence: The Right Drivers in Action for Schools, Districts, and Systems*. Thousand Oaks, CA: Corwin.
26. Herman, J. (2013). *Canada's Approach to School Funding*, www.

Americanprogress.org, Washington, D.C: Center for American Progress.
27. Gidney, R.D. (2002). *From Hope to Harris: The Reshaping of Ontario Schools*. Ontario: University of Toronto Press. (Original work published 1999); Sattler, P. (2012). Education Governance Reform in Ontario: Neoliberalism in Context. *Canadian Journal of Educational Administration and Policy*, 128.
28. Herman, J. (2013), *Canada's Approach to School Funding, www.Americanprogress.org*, Washington, D.C: Center for American Progress.
29. Sattler, P. (2012). Education Governance Reform in Ontario: Neoliberalism in Context. *Canadian Journal of Educational Administration and Policy*, 128.
30. Gidney, R. D. (2002). *From Hope to Harris: The Reshaping of Ontario Schools*. Ontario: University of Toronto Press. (Original work published 1999) ;McCaffrey, V. (October2008). Liberal government repeals Tory initiatives. *ETVO Voice*, Toronto. Retrieved from http://etfovoice.ca/wp-content/uploads/2014/01/V11N1_FALL_08.pdf.
31. Hargreaves, A., Moore, S., and Fink, D. (2003). Teaching Despite the Knowledge Society, Part II. In Hargreaves, A. (2003). *Teaching in the Knowledge Society: Education in the Age of Insecurity*. New York: Teachers College Press: 96-126.
32. Hargreaves, A., Moore, S., and Fink, D. (2003). Teaching Despite the Knowledge Society, Part II. In Hargreaves, A. (2003). *Teaching in the Knowledge Society: Education in the Age of Insecurity*. New York: Teachers College Press: 96-126. (p. 117).
33. Lessard, C. and Bassard, A. (2009). Education Governance in Canada, 1990-2003: Trends and Significance. In Levine-Rasky, C. (Ed.) *Canadian Perspectives on the Sociology of Education* (pp. 255-274). Don Mills, ON: Oxford University Press.
34. Livingstone, D. W., Hart, D.J., and Davie, L. E. (1998). *The 12th OISE/UT Survey: Public Attitudes Towards Education in Ontario in 1998*. Toronto: OISE/University of Toronto.
35. Earl, L., Watson. N. Levin, B., Leithwood, K., and Fullan, M. (2003). *Watching and Learning 3: The Final Report of the OISE/UT External Evaluation of the National Literacy and Numeracy Strategies*. Department for Education and Employment, U.K.
36. Fullan, M. (2010). *All Systems Go: The Change Imperative for Whole School Reform*. Thousand Oaks, CA: Corwin.
37. Campbell, C., Fullan, M., and Glaze, A. (2006). *Unlocking Potential for Learning: Effective District-Wide Strategies to Raise Student Achievement in Literacy arid Numeracy*. Toronto: Ontario Ministry of Education; Ontario Ministry of Education (2006, 2007, 2008, 2009). *Schools on the Move (Lighthouse Program)* Toronto: Queen's Printer for Ontario. Retrieved from http://www.edu.gov.on.ca/eng/literacynumeracy/onthemove.pdf.
38. Gallagher, M. J. (2014). *Ontario Education Improvement: Slide Deck for International Presentations*. Toronto: Ministry of Education.

39. Campbell, C. (In press) Leading System-Wide Educational Improvement in Ontario. In Harris, A., and Jones, M. S. (Eds.) (2015) *Leading Futures: Global Perspectives on Educational Leadership*, London: Sage.
40. McCaffrey, V. (October 2008). *Liberal government repeals Tory initiatives. ETVO Voice*, Toronto, Canada. Retrieved from http://etfovoice.ca/wp-content/uploads/2014/01 /V11N1_FALL_08.pdf; Sattler, P. (2012). Education Governance Reform in Ontario: Neoliberalism in Context. *Canadian Journal of Educational Administration and Policy*, 128.
41. Hargreaves, A., and Shirley, D. (2012) *The Global Fourth Way: The Quest for Educational Excellence.* Thousand Oaks, CA: Corwin.
42. Hargreaves, A., and Shirley, D. (2012) *The Global Fourth Way: The Quest for Educational Excellence*. Thousand Oaks, CA: Corwin.
43. Glaze, A., Mattingley, R., and Andrews, R. (2013). *High School Graduation: K-12 Strategies that Work*. New York/Ontario: Corwin/Ontario Principals' Council.
44. Ontario Ministry of Education (2008a). *Reach Every Student: Energizing Ontario Education*. Toronto: Queen's Printer for Ontario. Retrieved from http://www.edu. gov.on.ca/eng/document/energize/energize.pdf.
45. Pascal, C. E. (2009). *With Our Best Future in Mind: Implementing Early Learning in Ontario*. Ontario: Government of Ontario.
46. Ontario Ministry of Education (2015). *Early Years Division Initiatives: 2010-2015*. Toronto.
47. Fullan, M., and Quinn, J. (2015). *Coherence: The Right Drivers in Action for Schools, Districts, and Systems*. Thousand Oaks, CA: Corwin Press.
48. Pervin, B., and Campbell, C. (2015). Systems for Teacher and Leader Effectiveness and Quality: Ontario, Canada. In Darling-Hammond, L., and Rothman, R. (eds.) *Teaching in the Flat World: from High-Performing Systems.* New York: Teachers College Press.
49. Fullan, M., Rincon-Gallardo, S., and Hargreaves, A. (2015). Professional Capital as Accountability. *Education Policy Analysis Archives, 23*, 15.
50. Pervin, B., and Campbell, C. (2015). Systems for Teacher and Leader Effectiveness and Quality: Ontario, Canada. In Darling-Hammond, L,. and Rothman, R. (eds.) *Teaching in the Flat World: Learning from High-Performing Systems*. New York: Teachers College Press.
51. Ontario Ministry of Education (2010). *New Teacher Induction Program: Induction Elements Manual*. Toronto: Ministry of Education. Retrieved from http://www.edu. gov.on.ca/eng/teacher/pdfs/NTIP-English_Elements-september2010.pdf.
52. Campbell, C., Lieberman, A., and Yashkina, A. (2013). *Teacher Learning & Leadership Program. Executive Summary*. Toronto: Ontario Teachers' Federation; Ontario Teachers' Federation (2014). Teacher Learning and Leadership Program. Toronto: OTF/FEO. Retrieved from http://www.otffeo.on.ca/en/learning/teacher-learning-and-leadership-program.

53. Hargreaves, A., and Braun, H. (2013). *Lending for All*. Ontario: Council of Ontario Directors of Education. Toronto: Council of Ontario Directors of Education. Retrieved from http://www.ontariodirectors.ca/downloads/Essential_FullReport_Final.pdf.
54. Fullan, M. (2014b). *California's Golden Opportunity: A Status Note*. Retrieved from www.michaelfullan.ca.
55. Campbell, C., Lieberman. A., and Yashkina, A. (2013). *Teacher Learning & Leadership Program. Executive Summary*. Toronto: Ontario Teachers' Federation; Ontario Teachers' Federation (2014). Teacher Learning and Leadership Program. Toronto: OTF/FEO. Retrieved from http://www.otffeo.on.ca/en/learning/teacher-learning-and-leadership-program.
56. Hargreaves, A. and Fullan, M. (2012). *Professional Capital*. New York: Teachers College Press.
57. Ontario Ministry of Education (2014). *Achieving Excellence: A Renewed Vision for Education in Ontario*. Toronto: Ministry of Education. Retrieved from http://www. edu.gov.on.ca/eng/about/renewedVision.pdf.
58. Fullan, M. (2013). *Great to Excellent: launching the Next Stage of Ontario's Education Agenda*. Retrieved from http://www.michaelfullan.ca/media/13599974110.pdf.
59. Fullan, M. (2013). *Great to Excellent: Launching the Next Stage of Ontario's Education Agenda*. Retrieved from http://www.michaelfullan.ca/media/13599974110.pdf.

8장

민영화 접근과 공적 투자 전략: 보이지 않는 손은 요술 지팡이인가?

린다 달링-해먼드Linda Darling-Hammond, 프랭크 애덤슨Frank Adamson

경제철학과 교육정책은 종종 얽혀 있으며, 양자는 시간의 흐름에 따라 다투면서 변화할 수 있다. 교육체제를 독특한 경제적 패러다임과 연계하여 구조화된 아주 다른 접근법을 선택한 나라의 세 쌍을 검토했다. 우리는 서로 다른 이들 세 접근—체제 차원에서—이 아주 다른 결과를 낳고 있음을 보았다. 이 장에서는 이러한 서로 다른 접근법과 그 결과를 요약하고, 각각의 결과가 보여주는 함의를 평가한다.

3개국에서 진지하게 채택된 시장 기반 접근법은 개인의 이익을 표현하는 '보이지 않는 손invisible hand'이 개인이 사적 시장에서 자신의 목표를 추구함에 따라 사회적 이익을 창출할 것이라는 신자유주의 경제학의 아이디어에서 발견된다. 1759년 애덤 스미스는 이 개념을 『도덕감정론』[1)]에서 언급했는데, 부유층의 자기 이익에 대한 인식은 형평성에 초점을 맞춘 규제 접근법과 마찬가지로 사람들에게 필수 재화의 동일한 분배로 이어질 것이라고 주장했다.[1]

1) 경제학자인 애덤 스미스가 『국부론』(1776)에 앞서 1759년에 출판한 도덕론에 관한 저서이다. 스미스는 이 책에서 홉스 등의 근대 사상가들이 사회질서의 성립 근거를 인간의 이기적 본성으로만 설명한 것을 비판하고 흄의 영향 하에 공감이라는 비이기적 원리로 도덕 및 법의 기원을 설명하고자 시도하였다.

부는… '보이지 않는 손'에 인도되어 대지가 모든 주민에게 똑같은 몫으로 분할되었을 경우에 이루어졌을 것과 거의 동일한 정도의 생활필수품의 분배를 하게 된다. 그리하여 이를 의도하거나 인식하는 일 없이 사회의 이익을 촉진시킨다.

보이지 않는 손이 경제 이론에서 진화된 것처럼 이 은유는 소비자가 선택하는 자유와 생산자가 제공하는 자유가 일련의 수요와 공급의 집합 및 품질 조정을 유발시켜 각각의 개인과 공동체 전체에 이익이 되는 평형을 가져올 것이라는 것을 암시하고 있다. 애덤 스미스의 상상력에서 이 평형은 또한 형평성을 보장할 것이다. 시장이 어떻게 작동하는지에 대한 이 개념이 교육에서 어느 정도로 질과 형평성 모두를 창출할 수 있을지 여부는 우리가 탐구했던 질문이다. 이러한 질문과 아울러, 우리는 더 견고한 교육과정, 교수법 및 여타 자원을 투자함으로써 교육체제를 개선하는 공공 관리 접근법을 취한 나라들의 정책과 그 결과를 대조할 것이다.

카스트로의 공산주의 전망을 가진 쿠바가 공적 투자 접근을 채택한 것과 달리, 칠레는 우파적 피노체트 독재체제 아래 시장 기반의 강력한 교육체제를 최초로 설립했다. 스웨덴은 1990년대에 시장 접근으로 크게 변신한 칠레의 경로를 따라갔다. 반면 핀란드는 당시 공적 교육체제를 재설계하고 혁신하는 전략을 취했다. 더 범위가 크고 복잡한 미국과 캐나다의 경우는 나라 안팎에서 다양한 특징을 보여준다. 미국은 시장 기반 접근법—밀워키와 이후에는 뉴올리언스 등 몇 도시에 확고하게 이식시켰으며, 최근에는 다른 주로 확산되었던—과 공교육체제를 개선하고자 추구했던 다른 주와 학구의 '역량 강화' 전략 사이에 주도권 다툼을 벌였다. 반면 미국과 이웃하고 있는 캐나다는 당시 온타리오 지역의 경우 민영화 이념에 잠시 유혹을 받았으나 강한 공적 투자 전략을 선호하며 이 계획을 거부했다.

시장 기반 개혁은 바우처, 차터, 협약, 그리고 기타 도구를 통해 민간이 관리하는 학교에 공적 재정을 제공하는 등 여러 방식을 특징으로 한다. 이 개혁은 또한 전형적으로 고부담 시험을 기반으로 한 책무성(소비자가 선택할 수 있는 틀림없는 정보를 제공하는)과 교수 기반 조직을 위한—일반적으로 누가 교직에 들어갈 수 있는지, 그들이 어떤 지식 기반을 가져야 하는지에 대한 준비와 자격에 관한 요구 사항을 없애고, 따라서 교직의 전문성을 떨어뜨리는—시장 기반 전략의 특징을 갖고 있다. 또한 시장 기반 개혁은 때로 교사들과 기타 공립학교 피고용인을 위한 집단적 교섭이나 협상 역량을 약화시켰다.

공적 투자 전략은 전형적으로 공립학교 재정을 마련하고, 공평하게 배분된 양질의 교육과정과 교직을 위한 평등한 플랫폼을 창출하려고 했다. 이런 전략은 일반적으로 더 강력한 준비와 전문성 개발을 통해 교수법을 전문화하고, 교육자가 다양한 학습자에게 풍부한 교육과정을 가르칠 수 있도록 준비하는 정책을 수반한다. 이런 관할권은 또 다른 목적으로 시험이나 평가를 사용한다. 즉 학부모의 선택을 안내하거나 어느 학교를 폐쇄할지를 결정하는 것보다는 주와 지역 수준의 투자 및 개선 전략에 대한 정보를 제공하기 위한 것이다. 최종적으로 이러한 관할은 교육을 공공재로, 학교를 지역사회의 소유로 보는 양자 사이의 강한 쌍방향 관계로 간주한다.

교육 결과

칠레, 스웨덴, 미국, 쿠바, 핀란드 그리고 캐나다 등 이들 어느 나라나 사적 영역과 공적 영역에서 확인할 수 있는 개별 학교의 성공 이야기들이 있다. 이 중 일부는 본질에 입각한 교육과 생산적 교육 및 관리기술을 사용한 결과일 수 있다. 또한 이들 결과 중 일부는 최고의 학업성취를 보여주는 학생을 '선발하거나' '유인하고', 다른 한편으로 학교가 그렇게 하도록 지렛대 역할을 하는 최하의 학업성취를 보여주는 학생들을 '잘라내고' 또는 '밀어내는' 증거를 보여주고 있다. 그러나 시스템 차원에서 보면 시장 기반을 채택한 관할 구역이 학생을 위해 전반적인 학업성취나 성과를 향상시켰다는 증거를 보여주는 것은 거의 없으며, 오히려 상당한 데이터는 시간이 지남에 따라 교육의 질 및 평등과 관련하여 근거를 잃어버렸다는 것을 암시한다.

하나의 렌즈는 피사PISA에 따라 학생의 점수에 의해 제공되었다. [그림 8.1]에 따르면 칠레와 스웨덴은 수학, 읽기, 과학 부문 OECD 평균 이하를 기록했다. 인근 국가보다 부유한 나라인 칠레와 스웨덴은 장기간 민영화 개혁을 추진했다.[2] 한때 스웨덴의 학업성취는 스칸디나비아 나라 중에서 가장 교육 수준이 높은 것으로 간주되었는데 가히 충격적인 결과를 보여주고 있다. 스웨덴의 피사PISA 성적은 2000년 OECD 평균보다 훨씬 높았으나 2012년에는 평균보다 훨씬 낮았다. 한편, 최근 피노체트의 민영화 접근법으로 야기된 하락세를 일부 만회하기 위한 개혁안이 마련됨으로써 칠레의 학업성취도는 수년간 다소 개선되고 있는 중이다. 하지만 칠레는 여전히 국제 평가된 내용 영역에서 45위와 55위 사이의 순위를 유지하면서 기준에 훨씬 미치지 못하고 있는 실정이다.

1970년대 세계의 정상을 달렸던 교육 지도국이었던 미국도 수학과 과학에서 OECD 평균보다 낮았으며, 읽기만 평균을 넘어선 수준이다. 이렇게 된 주요한 이유는 학업성취도에서 다른 OECD 국가의 또래들보다 현저하게 낮은 점수를 보여주는 미국 학생들에 대한 학교 운영

[그림 8.1] 2012 나라별 피사PISA 점수

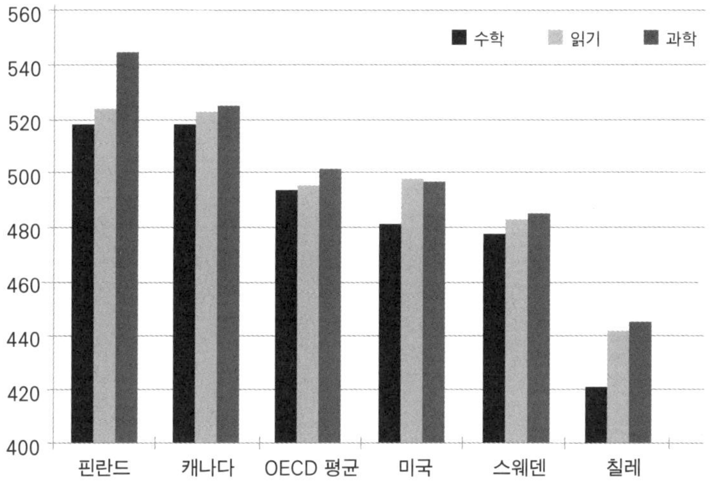

지원이 충분치 않고 서비스 또한 충분치 않아 학생의 학업성취도에 큰 격차를 보이기 때문이다. 미국의 사례 연구 자료에 따르면, 고도의 민영화가 진행된 밀워키와 뉴올리언스는 해당 주에서 학업성취 수준에서 최저를 기록하고 있다. 또한 이들 도시는 주 단위 평가와 전국 평가상 여타 도시 지구보다 낮은 점수를 보이고 있다. 이들 지구는 시장 기반 개혁을 추진하는 3개국과 마찬가지로 엄청난 성취도 격차를 보이고 있으며, 이러한 격차는 사회경제적 지위와 밀접한 관련이 있다.

한편 핀란드와 캐나다는 수학, 읽기, 그리고 과학에서 가장 높은 순위를 얻은 국가 중 하나이며, 2000년 피사PISA가 시작된 이래로 최고 순위의 성적을 올렸다. 핀란드는 한때 스칸디나비아에서 가장 교육 수준이 낮은 인구를 가진 나라 중 하나였는데, 피사PISA 결과 보고에 따르면 핀란드의 높은 순위는 가히 놀라울 정도이다. 핀란드와 캐나다는 스웨덴의 이웃 국가들이 추진했던 유별난 시장 기반 개혁을 피하면서 더욱 공정한 재정 분배 시스템으로 교육과정에 투자하면서 고도로 전문화된 교사 인력을 창출하는 정책을 채택했다. 이들 나라는 2012년 피사PISA 참가국 가운데 과학에서 3위, 읽기에서 4위, 수학에서 8위를 차지했다. 게다가 캐나다는 이 모든 분야에서 상위 10위를 기록했다.

또한 놀라운 점은 쿠바가 경제적으로 열악하고 오랫동안 신자유주의 거부 운동을 한 입장이었음에도, SERCE(제2차 지역 비교 및 설명 연구)에서 여타 국가 순위를 선도했다([그림 8.2]). 쿠바에서 학생 평균은 SERCE—6학년 읽기 및 수학, 3학년 읽기의 44%뿐 아니라 6학년 읽기 학생 중 50% 이상—에서 최고 수준의 학업 수행 능력을 보여주었다. 그렇지만 칠레는 대체로 쿠바와 이웃 국가에 비해 절반 이하로 떨어졌다. 예를 들어 쿠바는 3학년 학생의 54%, 6학년 학생 51%가 최상위 순위를 차지하고 있는 데 반해, 칠레는 두 학년 모두에서 가장 높은 순위가 14%밖에 되지 않았다.[3] 이러한 엄청난 격차는 내용 영역 및 학년 수준 등 모든 단계의 학업성취도에서 확인된다. 쿠바의 학업성취는 다른 라틴아메리카와 비교할 때 문자 그대로 일반 궤도를 뛰어넘는 매우 특별한 의미를 갖는다. 이러한 성공은 특히 칠레의 민영화 모델과 비교할 때 쿠바가 경제적 어려움에도 불구하고 학생들의 교육에 대한 상당한 공적 투자를 잘 수행했기 때문이다.

실천을 위한 전략

각 나라의 전체적 이야기는 물론 훨씬 더 복잡하며, 어떤 하나의 행동과 결과 사이에는 직접적 인과관계가 있다. 게다가 이야기는 각 나라마다 다르고 시간이 지남에 따라 진화해왔다. 본 장에서 우리는 이러한 일반적 교훈이 각기 다른 상황에서 어떠하며, 그리고 어떻게

[그림 8.2] 학생 백분율

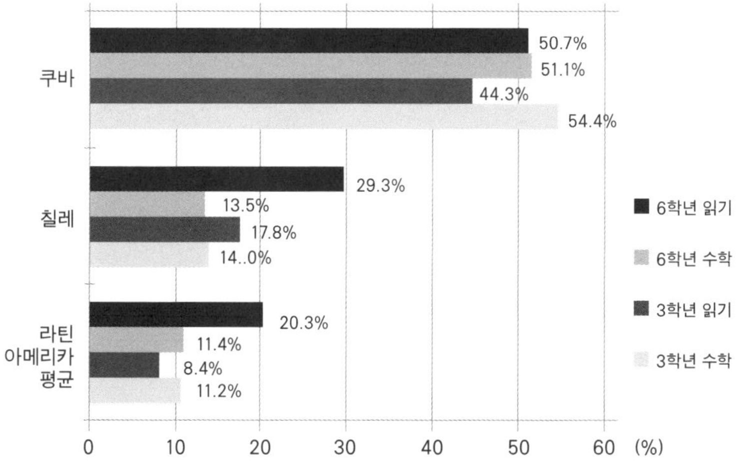

전개되었는지를 검토할 것이다. 이에 수반되는 철학과 정책, 그리고 그 결과를 구성하는 정치적 과정과 세력을 보여주면서 일어난 교육 개혁의 역사를 간략하게 요약할 것이다. 우리는 칠레, 스웨덴, 그리고 미국의 시장 기반 접근이 진화되는 과정을 분석하는 것에서 시작한다. 그러고 나서 우리는 쿠바, 핀란드 그리고 캐나다의 공적 투자 전략으로 돌아간다.

시장에 기반을 둔 접근

칠레

민주적 교육을 위한 압박

교육의 영역으로 확장된 민주화 요구는 1970년대 초반부터 칠레의 주요한 사회적 의제였다. 정통 사회주의 대통령 살바도르 아옌데는 1971년을 교육 민주화의 해로 선포했다. 의무교육법에 뒤따른 상당한 투자가 이루어지는 것과 함께 1974년에 이르러 공립 초중등학교 학생 비율이 칠레 역사상 최고(80%)를 기록했으며, 대체로 종교학교인 사립학교는 약 20%에 지나지 않았다. 교사의 봉급은 1960~1972년 기간 동안 실질적으로 역사상 최대의 증가를 보였다.[4]

민영화

그러나 1973년 군사 쿠데타로 집권하게 된 피노체트 정권에게 권력이 넘어감으로써 공기업이 민영화되고 상류계층에 권력과 부가 집중되는 등 상황이 급격히 변했다. 신자유주의 주창자 밀턴 프리드먼의 조언을 받은 피노체트는 교육을 민영화했다. 교사의 봉급은 치솟는 통화 팽창으로 인해 실제 달러로 환산하여 70%나 떨어졌다. 교원노조는 와해되었고 조합원의 다수는 감옥에 갇히거나 사망했다. 많은 교사들이 교직을 떠났고, 학교는 재정 파탄 지경에 직면했으며, 인적 자원의 운영에서도 어려움을 겪게 되었다.

수년 후 군인들이 나라의 모든 도시를 차지하게 되자 1980년 시민들은 독재 헌법을 인정하게 되었다. 이리하여 정부의 모든 부문에서 민영화로 가는 길을 밟았다. 1980년이 시작되자 교육체제를 완전히 변화시켰던 일련의 조치가 취해졌다. 이것은 군사평의회에 의해 이행된 제도—교육을 포함하여—에 대한 일곱 가지 '근대화'를 포함했다.

1. 극빈층 학생들을 제외하고는 교육비를 부담한다.
2. 국가 보조금을 사립학교에 제공한다.
3. 학생 출석에 따라 바우처가 부가된다.

4. 고등교육에 수업료를 부과한다.
5. 지방자치단체로 행정을 분권화한다.
6. 전국적 학업성취시험SIMCE을 실시한다.
7. 교사는 더 이상 공무원 신분이 아니며, 일반 노동법의 적용을 받는다.

교사 봉급의 대폭 감소, 학사나 학부 논문 완성이 더 이상 필요 없는 교사훈련, 1983년과 1990년 사이 30%로 떨어진 교직 양성 프로그램 등록으로 교직은 탈전문화되었다. 피노체트가 1988년 마침내 권좌에서 물러나면서 교육체제는 급격하게 변했다. 사립학교는 실제적으로 성장했고, 교육 전반에 계층 격차와 삶의 질적 격차가 발생했다. 전문적 지식과 규범에 의존하기보다는 표준화된 시험에 의해 규제당했다.

1990년대 중반 민주적인 체제를 회복한 칠레의 상황은 인구의 25% 이상이 극도로 빈곤한 상태에 놓여 있었으며, 고등학교 졸업생은 50% 이하에 머물렀고, 고등교육에 진학하는 학생 수는 고교 졸업생의 15%에 못 미쳤다. 칠레 정부는 학생 일인당 360달러밖에 투자하지 않았고, 교육에 대한 공적 투자는 GDP의 2.4%에 불과했다. 1990년, 이런 불평등한 사회 상황을 개선하여 형평성 문제를 해결하려는 후속적 노력들이 있었으나, 일부 점진적인 변화를 가져오는 데 그쳤고, 민영화된 체제를 근본적으로 개혁하는 데는 한계가 있었으며, 또한 급격하게 심화된 교육 불평등을 완화하는 데도 적절하지 않았다.

불평등의 증대

1980년에서 2012년에 이르는 30여 년 동안, 칠레의 공립학교는 72%

에서 46%로 떨어졌으며, 바우처 학교(공적으로 지원하고 수업료를 개인이 부담하는 사립학교)의 수는 1980년 18%에서 2012년에는 49%로 증가하였다. 나머지 학교(약 5%)는 국가 지원을 받지 않는 사립학교이다. 이들 학교는 매우 계층화되었다. 공립학교가 대부분 수입이 매우 적은 학생들로 구성되어 있는 반면, 모든 사립학교의 학생들은 가장 상위를 차지하는 사회경제적 집단의 출신이다. 사회경제적으로 가장 소득이 낮은 계층 출신의 학생들 4분의 3은 공립학교에 다니고, 그다음으로 가난한 3분의 2의 학생들도 공립학교에 다닌다. 이 학생들이 사립학교에 다니는 경우는 거의 없고, 일부 학생들만이 보조를 받는 사립 바우처 학교에 다니는데, 그중 4분의 3은 중상류층에 속한다.

교육의 질을 제공하는 뚜렷하게 분화된 세 가지 부분으로 나뉜 이러한 계층화는 학교에 대한 매우 다른 재정과 자원으로부터 비롯된 것이다. 높은 수업료와 고등교육에 대한 낮은 학생 지원에 따른 이런 결과는 점점 더 많은 학생들을 포함한 2001년에 시작되고, 2006년 이른바 "펭귄혁명"—수십만 학생들이 수업을 거부하고, 동맹휴업으로 거리행진을 했던 시립고등학생들이 입은 흑백 유니폼 때문에 이름 붙여진—으로 진전된 학생 저항의 근원을 이루었다. 시차를 두고 진행되었던 이러한 학생 저항은 2011년 수십만을 넘는 대규모 거리행진과 동맹휴업으로 이어졌으며, 이는 교육뿐만 아니라 사회 모든 분야까지 확산되었다.

학업성취도 결과

학생들의 저항은 군사평의회가 만든 규정을 강압적으로 적용한 이후 32년이 흘렀음에도 불구하고, 공립학교는 교육의 질 측면에서 엄청나게 하락했고, 학부모는 사립학교에 대해서도 약간의 교육의 질 향상을 위해 비용을 지불하지 않으면 안 되는 현실에 맞추어져 있다. 물론 고소득층 학생들이 다니는 사립학교는 국가수준의 학업성취도평가에서 가장 높은 점수를 차지하고 있다. 그런데 사립학교가 공립학교보다 우수하다는 일반적 인식에도 불구하고, 최근의 데이터—사회경제적 지위 부분을 통제하고 수집된—는 공립학교에 다니는 집안이 열악한 학생 및 중상층 집안의 학생들 모두, 지원을 받고 있는 사립학교에 다니는 비슷한 계층의 학생들보다 평균적으로 더 좋은 학업성취를 보여주고 있다.

그런데 칠레에서 가장 부유하면서 학업성취도가 최고인 학생들조차 피사PISA 평가의 국제 평균 점수 아래로 떨어졌으며, 심지어 경제적으로 불리했던 쿠바 학생들의 학업성취도보다도 더 떨어졌다. 그리고 2009년과 2012년 사이에 기회의 평등을 추구하고자 더 많은 투자를 했음에도 불구하고, 거의 모든 사회경제적 지위 집단은 피사PISA 점수의 하락을 보여주었다.

교육에 대한 시장 접근법의 결과는 경제적 분리를 강화하면서 엄청난 학업성취 격차를 낳았고, 그것은 학생들이 학교의 학습과 졸업 및 대학 입학, 그리고 취업 기회의 차이로 이어지는 반면, 교육 시장화의 결과는 다른 나라의 발전에 비추어 보면 만족스럽지 못했다.

교직의 탈전문화

1990년대 이래 교육 불평등을 해소하려는 어느 정도의 노력이 있었지만 시립학교municipal schools의 교사 평가 과정(2004년 통과)을 포함한 교직의 탈전문화de-professionalism는 계속되었다. 이 교사 평가 과정은 평가 결과를 공개하도록 하고, 그것을 학생들의 시험 성적과 비교하는 것이다. 그렇게 하여 자원이 풍부하지 않은 시립학교—사립학교처럼 학생들을 선발할 수 없는—의 낮은 성적이 교사의 열악한 학업 성취 수행의 직접적 결과라는 결론을 많은 사람이 내리도록 유도하는 것이다. 이런 평가 조항은 사립학교에는 적용하지 않고 있다. 심지어 최근의 법령(2009)은 실제적 교사 훈련을 받지 않고도 어느 전공 분야의 학위라도 교직에 진출을 허용하도록 문턱을 더 낮게 하고 있다. 또 다른 법령 규정은 학교 교장이 결심만 하면, 이들 교장이 매년 교사를 5%까지 해고할 수 있도록 하는 권한을 줌으로써 교직 부문을 불안정하게 했다. 카스트로Castro-Hildalgo와 알바레즈Gómez-Álvarez는 다음과 같은 결론을 내리고 있다.

> 요약하면 1973년 이래 칠레의 교직은 지금 시스템 차원에서 가장 존경받는 직업에서 가장 낮게 대우받는 사회적 가치로 하락되었다. 이것은 시스템적으로 그리고 부정적으로는 봉급, 노동조건, 그리고 특히 교원양성과정에 영향을 주었다.

현재의 노력

최근 정부는 이런 부정적 유산을 개혁하기 위한 시도들을 조금씩 추진하고 있다. 2008년에는 주로 저소득 계층의 학생들이 다니는 초등학교에 엄청난 교육재정을 지원하는 법령을 통과시켰다. 그리하여 매우 궁핍한 학교에 다니는 학생들의 학업성취에 긍정적 효과도 보았다. 최근 학생들의 저항에 교육자들도 합세했다. 이들로부터 압력을 계속 받으며 2014년 선출되어 연임하게 된 미첼 바첼레트Michelle Bachelet가 이끄는 사회주의 정부는 이러한 체제를 변혁시키려는 정책을 펴고 있다. 미첼 바첼레트 정부의 교육개혁은 보편적 교육의 적용 범위를 보장하고 모든 수준에서 교육의 질과 책무성을 확보하였다. 이러한 개혁은 교원들의 임금 등 노동조건 개선과 함께 학생들 간의 차별을 줄여주면서, 성적이나 사회경제적 배경에 기반을 둔 선발제 학교selective school 입학을 없애고, 영리를 추구하는 학교에 대한 정부 예산 지원을 금지하는 데 중점을 두고 있다. 이러한 개혁 정책이 칠레의 교육체제를 변혁시킬 수 있을지에 대한 평가를 내리기에는 아직 좀 이르다. 다만 교육에 대한 공적 투자를 늘려나가고 있으며, 교육을 순전히 사적 가치라기보다 사회적 가치로서 보는 관점을 복원하려는 시도 중임은 분명해 보인다.

스웨덴

스웨덴은 오랫동안의 협치를 경험했으며, 공공 서비스 규정에 대한 사회민주주의적 접근을 하는 것으로 알려져왔다. 그리고 1950년에서부터 1990년에 이르는 가장 실질적 사회민주주의 시대를 열었던 스웨덴 교육체제[5]는 학교 및 수학, 과학에 대한 교육성취국제협의회IEA와 국제학업성취도평가PISA에 대한 국제적 순위에서 최고 자리를 차지하면서, 세계적으로 뛰어난 평가를 받았다.[6] 그런데 현재의 데이터가 보여주는 것은 다른 나라들보다 너무 빨리 추락하고 있으며, 이제는 다른 OECD 국가들보다도 지체되는 경향성을 보이면서 스웨덴의 피사PISA 점수는 사상 최저로 곤두박질치고 있다. 게다가 스웨덴은 지금 아주 빠른 속도로 사회적 불평등이 커지고 있다.[7]

민주적 교육체제의 창조

이러한 쇠락을 가져온 시장 기반 교육개혁은 1990년대에 채택되었으나, 국가의 교육체제가 사적 기관과 공적 기관을 혼합한 특징은 2차 세계대전 말 이전에 스웨덴에 존재했던 체제의 선례가 있었다. 즉, 학생을 다르게 조기 선발하는 방식, 병렬적 교육 경로 그리고 높은 불평등이 존재했었다. 이러다가 핀란드와 유사한 교육 경로의 체제를 갖고 있던 스웨덴은 1980년대에 전쟁 이후 존재했던 불평등한 학교체제를 실질적 성공을 가져온 민주적 열망과 평등을 향한 통일된 종합학교 모델comprehensive school model로 대체했다.

스웨덴이 나치즘의 영향 아래 있었기에 더 강한 사회를 건설하기 위해, 그리고 민주적 국가의 지지를 확보하기 위해, 시민을 가능한 평등하게 만드는 교육체제를 세우는 것을 목표로 설정했다. 이렇게 하여 스웨덴은 1950년대에 모든 사회 계층의 학생들이 공유할 수 있는 9년제 의무 종합학교 모델을 만들어 추진했고, 1970년대 초에 이르러 최종적으로 완성되었다. 교육의 형평성은 공통의 국가교육과정으로 통일되었으며, 공평한 교사교육으로 구현되었다.

1950년대에서 1960년대까지의 시기에 상대적으로 적은 사립학교의 대안은 새롭거나 다른 이념들이 제시됨으로써 공립학교에 긍정적 영향을 줄 수 있는 원천으로 생각되었다. 스웨덴이 개별적 선택, 민간의 대안 그리고 경쟁에 기반을 둔 시장 지향적 모델을 창출하려고 복지에 기반을 둔 학교 모델을 재설계하려고 할 때, 사립학교의 역할 인식은 하나의 잠재적인 긍정적 '영향력'을 벗어나 일반 공립학교 '대체' 역할로 전환되었다.

사교육에 대한 투자

스웨덴은 공적 영역의 계속적 성장과 맞물린 산업적 위기로부터 비롯된 국가적인 채무를 지게 되면서 1990년 초의 경제적 위기로 인해 주요한 변화가 촉구되었다. 한편 스웨덴의 학교체제는 복지국가의 일반적 개혁의 맥락에서 분권화와 규제 완화라는 주제를 두고 경쟁과 학교 선택의 자유에 대한 근거와 함께 개혁되었다. 학교 시장 모델과 사립학교의 대폭 증대로 귀결된 개혁은 전쟁 이전의 불평등한 교육체제의 요소를 다시 활성화시켰다.

스웨덴은 1992년 공인된 사립학교에 공적 자금을 사용할 자격을 부여했다. 학교 선택의 자유는 전후 공유되어오던 학교교육 경험과 공평한 기회라는 목표를 압도하면서 "공립학교 독점을 깨기 위한" 수단으로 제안되었다. 그동안 스웨덴은 학교의 중앙집중식 재정 조달을 종식시키고 교육에 대한 재정을 할당할 수 있는 결정권을 갖는 지역관할구역local jurisdictions을 허용함으로써 공립학교 자원의 불평등을 초래했다. 학교교육에 대한 국가적인 기여는 미미하고 주변적인 것이 되었으며, 학생의 필요를 직접적 목표로 설정하지 못했다. 이로 말미암아 귀결된 격차로 인해 현재 지출이 가장 적은 지역보다 거의 75%의 높은 수준으로 학생당 8,000달러를 넘어 14,000달러에 이를 정도로 지방자치단체의 지출은 매우 컸다.

2006년 학교개혁의 또 다른 흐름은 시험과 등급 체제의 확대를 추진했다. 스웨덴의 민영화 전략은 칠레처럼 공적 기금의 배당에서 불평등의 증대를 수반했고, 학부모 선택을 위한 정보의 원천으로서 그리고 책무성을 위한 형평성 및 교육의 질을 위한 기준을 마련하는 재정대책으로서 학생들을 테스트하는 것과 학교 순위 매기기가 증대했다. 또한 이러한 측정은 학생들에게 좋은 성적을 받도록 경쟁을 자극했다. 그리하여 사립학교는 어디에 위치하느냐에 따라(교통이 제공되지 않는 이래), 그리고 서비스를 어떻게 마케팅하느냐에 따라 운영하게 되었다.

스웨덴의 사립학교는 오늘날 주식회사, 민간회사/기업(합자회사나 개인기업), 협동조합, 비영리협회, 종교기관 혹은 재단으로 조직되었다. 이들 학교는 시립학교와 동일한 재정 지원을 받았다. 그리하여 지방자치단체에 학교 재정이 공평하게 배분되지는 않았지만, 공립과 사립 간의 재정 지원은 공평했다. 사립학교는 학부모에게 추가 수업료나 비용을 요구하지 않았지만, 이윤을 추구할 권리를 가지고 있었다. 그래서 수업에 사용할 수 있는 재정 지원의 몫은 사립학교가 주주 이익을 상환할 필요가 없는 공립학교보다 적을 수 있다. 직원 수는 학교교육에 지출되는 주요한 비용, 1990년 초 규제 완화로 사라졌던 학급 규모의 국가적 규정을 나타내고, 사립 영역의 학생당 교사나 카운슬러 수가 더 적기 때문에 공립학교와 사립학교 사이에는 학생—직원 비율의 격차가 크게 존재한다. 학생—직원 수에서 엄청난 비율의 차이는 영리를 추구하는 학교에서 발견된다.

2010년경에는 초등학교와 하급중등학교(1~9학년)의 15% 이상은 20%의 유치원Preschool을 함께 운영하고 있는 사립이었으며, 그것은 상급중등학교 단계(10~12학년)의 50%에 근접했다. 전체적으로 학교 재벌을 소유하고 있는 영리 교육회사에 의해 운영되는 학교 수가 늘어나고 있고, 동시에 현재 스웨덴 학교의 4개 중 하나는 사립이다. 이들 학교회사는 상당한 이익을 얻기 위해 '규모의 경제'로 운영하는 것을 목표로 하고 있다. 예를 들면 스웨덴의 학교회사 아카데미아Academia는 2014년 학교에 5,300만 달러의 여분을 남겼으며 절반은 소유주의 이득으로 마감되었다.

새로운 시장은 매수, 확장, 축소 그리고 폐쇄의 기능을 하는 방식의 학교체제에 상당한 불안정성을 가져오도록 했다. 예를 들어, 학교회사 포프런트Fourfront는 급속한 성장으로 2006년에는 기업 성장률로 유명한 기업가에게 주는 상인 '가즐Gazell'이라는 산업상을 받았다. 얼마 후 소유주는 당시 벤처 자본가인 액셀Axel이 이미 소유하고 있던 JB

교육에 회사를 매각했는데, JB 교육은 사실 매수합병 전문회사였다. JB 교육은 4년 후에 1,000%의 성장률을 기록했지만, 2013년 파산했다. 그 결과 소속 학교들은 팔리거나 문을 닫았다. 스웨덴 역사에서 학교를 청산한다는 것은 새로운 현상이다.

비즈니스 모델은 또한 교육적 과정을 추동한다. 『이코노미스트』의 기고에 의하면 거대한 체인 학교로 국제적으로 확산된 쿤스캅스콜란Kunskapsskolan은 "고객에게 스스로 많은 일을 하게 하라"고 하는 이케아IKEA 이념을 반영하고 있다. 체인점의 대표 격인 맥도날드와 비교할 생각이 없지만 맥도날드는 이렇게 말한다. "우리가 유일하게 믿는 게 있다면, 그것은 표준화standardization[2)]이다." 결과적으로 학생들은 주로 웹 기반 과제에 따라, 매주 가정교사와 15분 정도 만나면서 독립적으로 공부한다. 그들은 계속해서 모니터링되는 표준화된 교본을 따르고, 학부모들은 그들의 수행에 대해 주별 단위로 받아보면 된다.

교직의 탈전문화

칠레에서와 같이 시장 기반 접근은 사적 영역과 공적 영역에서 교직의 엄청난 탈전문화를 동반했다. 교직원들의 책임성을 분권화하는 것은 교사의 자격에 대한 엄격한 규정을 없애는 것과 맥락을 함께한다. 1991년 이래 사립학교 비율이 더 낮아지는 것과 동시에 자격 있는 교사의 전체 비율은 약 95%에서 80%가량으로 떨어졌다. 사립학교 교

---

2) 모든 학생들이 어떤 과목에서 학습해야 하는 것이 무엇이며, 나아가 학생들에게 어떤 과목을 공부하라고 강제할지를 확실하게 규정하는 것이 표준화이다. 그런데 표준화는 창의성을 뒤흔들 뿐 아니라 민주주의를 손상시키고 있다는 비판을 받고 있다. 표준화 시험 우선 정책은 최근 적지 않은 학부모들과 교사들로 하여금 엄청난 반발을 초래했다. 표준화 시험이 학교교육을 망치고 있다며 시험 거부 운동도 일어나고 있다. 학부모와 교사들은 시험 성적으로 학교교육 성과를 가늠할 수 없다며, 시험을 통한 학교교육의 개선 시도는 국가가 아동 학대를 공식적으로 재가하는 것이나 마찬가지라는 비난이 쇄도했다. 시험 성적만을 바탕으로 교육자를 해고하고 성과급을 주며 학교를 폐쇄한다면 공교육의 목적을 전면적으로 왜곡시켰다는 것이다.

사가 요구하는 학위 조건은 40%로 떨어질 정도로 유치원에서의 그 격차는 아주 크다. 2013~2013년 경우 1~9학년의 교육을 담당하는 교사의 비율은 시립학교(86%)가 사립학교(70%)보다 더 많다. 또한 상급중등학교(도시학교 79%, 사립학교 62%)에서의 차이도 상당히 벌어진다.

교과목의 세분화를 들여다보면 교사가 될 자격 수준의 쇠락은 더욱 놀라울 정도이다. 예를 들어 하급중등학교에서 프랑스어, 독일어, 역사를 가르치는 교사의 약 75%는 자신의 교과를 가르칠 수 있는 자격이 있지만 물리, 사회과 그리고 지리—그리고 서부 지역에서도—를 가르칠 수 있는 교사의 비율은 50~60%로 떨어졌다. 게다가 2014년 OECD 연구는 수입이 적은 집안의 자녀들에게는 경험이 풍부하고 자격증을 가진 스웨덴 교사의 공평한 배분이 덜하며, 반복되는 교사의 결원으로 사회경제적으로 불이익에 처한 학교에 악영향을 미치고 있으며, 이러한 결핍으로 인해 교육 자원의 불공평한 배분이 더욱 확대됨으로써 더 큰 우려를 낳고 있다.

부분적으로 점점 더 심각해진 교사 부족은 스웨덴 교사에게 학교의 쇠퇴하는 노동조건—더 커진 학급 규모, 더 낮아진 봉급, 그리고 더욱 열악한 노동조건—의 산물일 수 있다. 최근의 국제적인 TALIS 조사에 따르면, 스웨덴 교사들은 다른 나라에 비해 스웨덴에서의 교직의 가치가 낮다고 여기며, 또한 직업 만족도도 낮은 것으로 생각하고 있다.

학성성취도 결과

우리가 앞에서 살펴보았듯, 피사PISA에 따르면 스웨덴 전체 학생들의 학업성취는 OECD의 평균 이하로 크게 쇠퇴하는 동시에 더욱 불평등한 상황으로 내몰리고 있다. 어떤 스웨덴 연구에 의하면 전반적으로 사립학교가 많은 지방자치단체는 사립학교가 적은 지방자치단체보다 성적이 상위이며 학업성취도가 높은 학생 수가 많다—경쟁이 평등을 촉진한다고 제시하면서—고 주장하면서, 연구는 지방자치단체 사이의 사회경제적 차이 및 사립학교의 성적 인플레이션grade inflation에 대한 근거를 적절하게 통제하는 데 실패하고 있다고 비판하고 있다.

현재의 노력

이런 연구 결과에 대한 우려가 커짐으로써 2014년 가을 선거[3]에서 사립학교에 대한 격렬한 논쟁이 일어났다. 이때부터 새로운 정부는 스웨덴의 학교교육 발전을 위한 학교위원회를 포함하여, 복지 부문에서의 사적 이익을 제한하는 문제와 사립학교 설립에 대해 지역의 거부권을 행사할 수 있는 가능성을 모색하기 시작했다.

미국

미국은 항상 서로 경합하는 추동력—인종 차별의 역사와 갈등 관계에 있는 형평성을 위한 요구, 그리고 부와 권력의 집중을 선호하는 힘—을 경험했다. 사회적 형평성을 위한 요구는 불평등의 극단 시대, 말하자면 1860년대 노예제도 종식 이후의 재건, 대공황을 초래한 1929년 경제적 붕괴에 뒤이은 루스벨트의 뉴딜정책, 그리고 1960년대 시민권 운동에 의해 촉발된 존슨의 위대한 사회 구상으로 연결되면서

3) 2006년부터 중도우파 연정이 주도하는 온건당(Fredrik Reinfeldt 수상)은 세금 감면 등 보수적 정책을 펴고 지나치게 스웨덴의 복지체제를 약화시키는 조치를 취했기 때문에 2014년 선거에서 정권을 잃었다. 2014년부터 사민당Stefan Lofven이 주도하는 녹색좌파연합이 집권하고 있다. 그러나 반이민정책을 주창하고 있는 제3당 극우 정당인 스웨덴민주당은 2016년 초 여론조사에서 약 20%의 지지를 받으며 그 인기가 계속 증가하고 있다.

순환적으로 일어났다. 이렇게 잇달아 일어난 각 시대는 형평성의 이점을 뒤집으려는 퇴행에 대한 대응이기도 하다.

민주적 진보의 한 시대

1960년대 다양한 사회적 투자 가운데 주요한 새 교육법은 수입이 적은 집안의 아이들, 탈분리, 장애 아동을 위한 교육, 교육과정의 개혁, 교사교육, 더 공평한 분배와 고등교육 접근의 기회에 도움이 되는 학교를 위한 자원을 후원했다. 이런 투자를 통해 교육 기회가 확장됐던 시기인 1960년대와 1970년대 기간 동안 흑백 학생들 사이에 학업 성취 격차가 크게 줄어들었다. 또한 이 시기에는 재정적 지원과 긍정적 차별 조치positive discrimination[4)]와 함께 고등교육에 진학했던 소수자와 백인 사이의 격차가 거의 소멸되었다.

후퇴와 민영화

그런데 이런 진보를 보였던 대부분의 연방 투자는 1980년대 시장 기반 이데올로기가 살아나면서 주와 연방 단위에서 정부 서비스가 급격하게 삭감되었던 레이건 정부 시대에 축소되거나 소멸되었다. 1980년대에 착수되고 이후 수십 년 동안 계속 개발된 정책은 다음과 같다.

- 사립학교 바우처와 이후의 차터 스쿨을 통해 민간이 운영하는 학교에 공공기금 지원
- 공립학교의 균등 자금 조달을 추구하는 소송과 법률에 대한 저항

4) 고용에서 사회적 약자 및 소수자를 우대하는 정책과 행위를 말한다. 인종, 성별, 종교, 나이, 혼인 여부, 성적 지향성을 비롯한 다양한 이유로 차별 받던 소수자와 사회적 약자에게 특혜를 주는 것을 의미한다.

- 학생과 학교를 평가하는 수단으로 시험에 기반을 둔 책무성의 이용
- 전문적 준비와 허가 기준을 둘러싼 대안적 자격 인정 경로를 통해 교사를 위한 탈규제의 시장 창조

법정은 교회와 국가의 분리에 근거한 초기의 많은 바우처voucher 구상을 무력화시켰다. 다만, 궁극적으로 국가 최초의 거대한 바우처 프로그램은 1990년대 밀워키에서 설립되었다. 위스콘신, 이곳은 또한 1995년 초기 차터 스쿨charter school[5] 구상이 이루어진 현장의 하나다. 소수의 추가적 바우처 계획은 법 제정에서 살아남았으나, 차터 운동은 많은 주에서 특별한 이념을 가진 집단에 의해 설립된 개별 학교로부터 진화되면서 이들 일부가 영리를 추구하지만, 차터 관리 기관에 의해 운영되는 학교 체인으로까지 빠르게 성장했다.

이 운동은 2009년 버락 오바마의 '정상을 향한 경주Race to the Top'[6] 프로그램—많은 수의 차터를 거두기 위한 연방기금의 획득을 위해 각 주가 경쟁하도록 하고, 교사 양성을 위한 대안적 인정 제도의 이용을 확대하고, 학생의 시험 점수에 기초하여 교사를 평가하는—에 의해 가속화되었다. 벤처 자본가와 민간재단으로부터의 상당한 자금 조달을 통해 차터를 확대하기 위한 연방기금을 증대시켰다.

1991년 미네소타에서 차터 스쿨의 설립을 허용하는 초기 법에 따라 차터 스쿨 법은 2012년-2013년 기간 동안 42개 주와 컬럼비아 지구에

5) 차터 스쿨은 원래 1960년대 도시학교의 인종통합의 한 방식이었던 '마그네트 스쿨'로부터 발전된 것이다. 공교육을 개혁하는 목소리가 높아지면서 1991년 미네소타주에서 최초로 공립학교의 새로운 학교개혁 운동을 불러일으킨 협약학교법이 통과되었다.

6) 오바마 대통령의 '정상을 향한 경주' 정책은 정부가 책정한 교육개혁 기금을 주 단위로 나눠주어서 초·중등학교 교육의 구조적 혁신을 도모하고자 한 시장 원리에 바탕을 둔 교육정책이다. 안 덩컨Arne Duncan 교육부 장관은 "능력이 없는 교사는 떠나야 한다. 미국이라는 국가에서 실패에 보수를 지급하는 시스템은 지지받지 못한다. 수업시간도 더욱 늘려야 한다"고 주장하였다.

서 통과되었다. 2000년과 2013년 사이에 공립 차터 스쿨에 등록된 학생 수는 23만 명에서 30만 명으로 증가했다.[8]

2005년 허리케인 카트리나[7)]가 뉴올리언스를 강타했을 때, 공립학교 지역을 "학군을 구제하라"로 대체하기 위해 공무원과 협력했던 이들 자금 조달자는 학교이사회를 없애버렸으며, 모든 교사의 협약을 중대시켰고, 궁극적으로 교사를 비조합원 교사로 대체했으며, 학군을 완전히 차터 스쿨로 대체했다. 이 모델은 2008년의 엄청난 경기 침체가 발생한 이래 대폭적 재정 삭감에 의해 취약해진 또 다른 도시에 의해 옹호되었다. 종종 학군이 운영하는 공립학교를 차터 스쿨로 대체하고, 공립학교를 운영하기 위해 민간 관리자—차터 관리자와 기타 사람들, 일부는 이윤을 추구하는 사람들—로 임명한다. 그와 함께 대폭적 예산 삭감은 최근 주로 저소득층의 유색인 학생이 다니는 많은 도시 지역에 학교이사회를 배제시키고, 학교 폐쇄가 광범위하게 이루어졌던 법정 관리나 주 인수권을 부여할 수밖에 없는 재정 위기로 몰아갔다.

이 도시 중 21개 지역사회 운동가들은 최근 이 변화에 맞서 싸우기 위해 단결했다. 많은 집단들은 학교 폐쇄와 재건설이 주로 아프리카계 미국인 및 라틴계 학생들에게 영향을 미치기에 시민권의 책임을 제기했다. 다양한 방식으로 지역사회에 기여한 공립학교의 실종에 덧붙여 개시된 새로운 협약charter은 지리적으로 접근할 수 없다거나 결핍이 많은 학생들에게 받아들여지거나 지켜질 수가 없다. 이에 반발하는

---

7) 허리케인 카트리나Hurricane Katrina는 대서양에서 생성되어 멕시코만을 가로지른 후, 2005년 8월 말에 뉴올리언스와 미국 남부 해안의 많은 도시를 강타하면서 엄청난 파괴를 불러일으켰던 허리케인이다. 카트리나가 뉴올리언스를 덮친 결과 지면이 해수면보다 낮은 뉴올리언스의 80% 정도의 땅이 물에 잠겨버렸다. 약 110만 명의 이재민이 발생했으며, 1,605명의 사망자가 발생했다.

많은 실천 공동체 구성원은 공적 기금에 의해 지원된 이윤 추구 영역이 증대된 결과이기도 하다. 1995년과 2012년 사이에 20배를 증대시켰던 차터 스쿨을 운영하는 영리를 추구하는 다수의 교육 관리 회사와 그 당시 이들이 운영하는 학교 수가 100배 이상, 6개에서 758개로 늘었다. 또한 아주 많은 이익을 얻기 위해 빌딩을 사서 부를 축적하고 적은 수의 교사를 이용하여 온라인 학습을 제공하는 사이버 차터 스쿨virtual charter school이 급속하게 증대했다.

이에 대한 연방정부의 주요한 대책은 민간이 운영하는 학교를 권장했지만, 현장에서는 매우 다양하게 활용되었다. 일부 도시와 주들은 연방이나 주 장려 정책에 반발했지만, 다른 일부 지역은 상대적으로 사립학교나 차터 스쿨에 적은 개입을 하면서 민영화 동반 추진 정책을 공세적으로 추진하고 있기도 하다. 이러한 경향은 더 부유한 지역보다 소득이 적은 유색인종 학생들이 다니는 도시 지역에서 더 많은 진전을 보여주었다. 미국 학생들 중 90%가 대체적으로 공립학교에 다니고 있다는 다년간의 사실에는 별다른 변화를 보이지 않고 있다. 이들 중 약 5%가 차터 스쿨에 다니고 있으며, 컬럼비아 학구에서는 약 42%나 이를 정도로 많은데, 몇몇 주는 전혀 없다.

학업성취도 결과

공적 재정 지원을 받는 사립학교 바우처에 대한 최근의 연구 리뷰에 따르면 전형적으로 바우처를 가진 부모들이 그들의 학교들에 대해 대단히 긍정적 태도를 보였지만, "바우처 수익을 받은 사립학교에 다니는 학생들의 학업성취에서 명확한 이점은 없다"[9]는 결론을 내리고 있다. 또한 차터 스쿨의 효능성에 대한 증거는 차터 스쿨에 다니는 것이 긍정적 효과가 종종 발견된다는 정도로 별다른 효과가 없거나 부정적 결과를 보인다는 연구도 있고, 그러기에 분명 혼합되어 있다. 차터 스쿨이 오하이오와 애리조나와 같이 크게 규제를 받지 않는 곳에서 학생들의 성적은 전형적으로 학구 운영의 공립학교와 비슷한 학생에 비해 상대적으로 부정적이라는 것을 보여주고 있다. 차터는 교육과정, 직원, 그리고 재정적 규준을 충족시켜야 하는 캘리포니아와 같은 주에서 영역 간의 적당한 차이로 인해 때로는 차터 스쿨에 유리하지만, 다른 때에는 학구가 운영하는 학교에 유리하다. 그러나 사실상 모든 상황을 살펴보면, 학생들은 독립적 학습이나 원격학습을 통해 대부분의 수업을 제공하는 차터 스쿨에서 특히 저조하다.

대체로 일련의 일치된 문제적 연구 결과에 따르면, 차터 스쿨이 인종적으로나 경제적으로 공립학교보다 더욱 분리되어 있고, 학구에서 공립학교와 관련하여 영어 학습자와 특수교육을 전담하는 교사가 부족한 실정이다. 또한 이런 사회경제적 차이는 일부 주에서 교육적 차이로 이어진다. 예를 들어 텍사스 연구에 의하면 대부분의 소수 학생들은 직업 차터 스쿨에 속해 있는 반면, 다수의 앵글로 백인 학생들은 학문 지향 차터 스쿨에 속해 있다.

차터와 바우처의 가장 긴 역사를 갖고 있는 밀워키에서 약 20%의 학생들은 바우처를 가지고 사립학교를 다니고 있다. 그리고 공립학교의 약 4분의 1은 협약학교contract school나 차터 스쿨charter school을 다니고 있다. 또한 위스콘신주는 밀워키에서의 대안적 자격 인정 경로—당시 다른 주에서는 허용되지 않은 실습—를 통해 아직 준비되지 않은 교사의 고용을 가능하게 했다. 밀워키의 교육 시장은 아주 불안정하다. 예를 들어 2007년과 2011년 사이의 5년이 넘는 동안 학구는 59개 학교를 폐쇄시켰고, 24개의 학교를 개설했다. 선택과 경쟁의 문화는 주요 연방교육법(아동낙오방지법NCLB)[8]의 적용을 받는 시험을 기반으로 한 책무성의 맥락에서 학교는 최우수 학생으로 하여금 경쟁하도록 만들고, 더 이상 교육하기에 어려워 보이는 학생들을 배제하도록 시도한다.

경쟁이 더욱 치열해지고 많은 학교가 개설되고 폐교되었지만, 학업성취는 밀워키 지구에서 개선되지 않았고 오히려 그 격차는 커졌다. 한 연구에 의하면 차터가 지구 전체보다는 영어 학습자와 특별 도움이 필요한 학생들에게 봉사하고 있지만, 성적이 비슷한 학생들이 다니는 바우처 학교, 차터 스쿨, 그리고 지구에서 운영하는 공립학교 사이에서 학업성취의 차이를 별로 보이지 않는다고 보고하고 있다. 모든 영역에서 학업성취도는 낮은 편이며, 지난 수십 년 동안 주 정부 검사 데이터를 사용할 수 없었다. 국가 정보 데이터에 따르면 밀워키 지구는 전국에서 가장 낮은 학업성취도를 보이는 도시 중의 하나이고, 위스콘신주는 전국에서 높은 학업성취를 보였지만 주로 가장 큰 도시인 밀워키의 쇠퇴로 인해 흑인 학생과 백인 학생의 학업성취 격차가 전국적으로 가장 커졌다.

미국에서 밀워키는 학교 선택을 적용한 시장 기반 포트폴리오 사례를 보여준 첫 번째이며, 뉴올리언스는 모든 학교가 사립학교 또는 민간이 운영하는 차터(헌장)에 대해 적용되는 첫 번째 지구 사례이다. 미국의 차터가, 상세히 논의한 바 있듯이, 뉴올리언스에는 미국의 학업성취에 대해 열띤 논쟁을 벌였던 다양한 경쟁 연구와 주장이 있었다. 루이지애나 교육청은 개별 단위의 학생 데이터를 대부분의 연구자들과 공유하지 않았기에(이런 거부는 소송의 대상이 되었지만), 카트리나 이후 뉴올리언스 인구의 급격한 변화를 감안한다면 학교 차터화의 효

8) 부시 전 대통령의 아동낙오방지법NCLB은 평가, 공개, 보상과 처벌이다. 이른바 고부담 시험을 기반으로 당근과 채찍을 사용하는 정책이었다.

과를 파악한다는 것은 대단히 어렵다(실향민으로 돌아온 사람들은 재산 소유자와 임금 소득자가 될 가능성이 있으며, 그것은 그 자체로 평균 학업성취도를 향상시킬 것이다).

분명한 것은 뉴올리언스가 관리하는 학교회복지구Recovery School District[9] 사례를 보면 학업성취가 저조한 주에서 계속해서 열악한 성적을 보였다는 것이다. 2014년에 주 시험에서 '달인' 수준이거나 그 이상의 점수를 받은 학생은 12%에 불과했으며, 이는 주 전체 비율의 절반에 해당하며 주에서 인수하지 않은 독립된 올리언스 교구 학교보다 훨씬 적다. 학교회복지구는 주 내 70개 학군 중 69위이며, 루이지애나주는 읽기와 수학에 대한 전국 평가에서 48%를 차지하고 있다. 한편, 학생이 자신의 학교를 선택하기보다 학교가 학생을 선택하는 것처럼 학교는 인종, 계급 및 장애에 의해 고도로 계층화되어 있다. 우수 학생의 경쟁을 창출하는 최고의 선택 학교selective schools는 백인 학생들과 그것도 타고난 재능이 있는 것으로 확인된 학생들을 위한 주요한 장소이다. 차터 법률은 이들 학교들이 학업성취도와 기타 요인에 근거하여 입학 기준을 정하도록 허용하고 있다. 학교회복지구의 두 번째 부류는 들어갈 자리보다 많은 학생이 있는 경우 추첨에 의한 입학이 필요하다. 세 번째 부류는 다른 학교에서 퇴학당한 학생, 교정 시스템에서 돌아온 학생 또는 입학에서 한 단계 떨어져 나온 학생을 위해 존재한다(이 학교 중 적어도 하나는 감옥을 운영하는 회사에서 운영한다).

루이지애나주는 밀워키와 마찬가지로 해마다 학교를 많이 열고 닫았다. 연방과 주 책무성 체제는 학생의 점수에 중점을 두고 그 때문에

9) 2003년 루이지애나 교육청이 운영하는 특별 학교지구이다. 최소한의 학업 수준을 충족하지 못하는 실패한 학교를 구제하기 위한 특별 대책으로 설립되었으며 수월성, 형평성, 공동체를 모토로 하고 있다. 2005년에는 차터 스쿨로 이양되었다.

각 학교의 생존과 경쟁적 이익은 점수 올리기에 의존한다. 이것은 더 높은 점수를 받는 학생들을 유치하고 보존하고 평균을 깎아먹는 사람들을 제외시키는 유인책을 만들어낸다. 연구자는 다음과 같은 배제 전략을 발견했다. (1) 낮은 학업 수행자, 징계 기록을 가진 학생 및 특수교육을 받을 학생에 대한 등록 거부, (2) 주에서 연간 기금을 수령한 이후 10월에 학생 추방, (3) 학교 운동장에서 학생을 체포하여 퇴학시키지 않고 배제하는 것. 특수교육을 받을 학생들이 다른 학교에 입학하게 되는 곤란은 또 다른 소송의 대상이 되었다. 시장은 수익성이 없는 학생들에게 선택을 제공할 것 같지 않다.

흥미롭게도 최고의 학업성취를 보이는 미국의 주들—코네티컷, 매사추세츠, 뉴햄프셔, 뉴저지, 버몬트—은 시장 기반 개혁을 통한 개입이 가장 적은 주들이다. 차터에 대한 개방성을 국가별로 평가한 차터 친화적인 경향을 보인 교육개혁센터Center for Education Reform는 이들 모두에게 'C'와 'D' 등급을 부여했다.[10]

매사추세츠는 특히 유익한 사례를 제공하고 있다. 교육발전국가평가National Assessment of Educational Progress에 따르면, 매사추세츠주는 2002년 이래 10년 이상 동안 학생의 학업성취 및 모든 과목 부문을 선도했다. 피사PISA에 따르면 매사추세츠주는 핀란드, 싱가포르, 그리고 여타 나라의 순위를 매기면서 최고 점수를 받는 국가들과 우호적으로 비교되었다.[11] 이것은 광범위하게 펼쳐진 민영화 운동 때문이 아니다. 사실 다수의 차터 스쿨은 많지 않고 엄격한 반면에 강한 책무성을 가진 시스템은 그들의 품질을 규제하고 학생을 배제하는 것을 어렵게 한다. 사이버 차터 스쿨은 허용되지 않았다.

매사추세츠의 수월성 교육에 대한 이야기가 급부상한 것은 1992년 학교기금의 정밀 검사를 필요로 하는 법정 결정과 함께 시작했다.

1993년 매시추세츠의 교육개혁법으로 채택된 재무 공식은 더 공평한 학교에서 기금 조달과 지역적 노력을 동시에 평등화하는 목표를 가지고 한 학구에서 저소득층과 영어 학습자의 비율에 기초한 기금 증가분을 추가한 가중치를 둔 학생집단의 유형을 통해 실질적으로 더 큰 투자를 자극했다.

이러한 진보적 접근은 주가 종합적 개혁에 착수한 것처럼 더 지적으로 열정적인 가르침과 배움을 요구하는 새로운 규준과 평가를 특징으로 하는 교육 투자와 학업성취를 고취하는 데 도움을 주었다. 학교에 대한 더욱 크고 더 공평한 자금 조달에 덧붙여 정책은 학생, 교육자, 학교 그리고 학구를 위한 주 전체의 규준, 즉 더 설득력 있는 수업은 물론이고 고차원적 지식에 대한 더욱 공평한 접근을 지도하는 새로운 교육과정의 틀, 핵심 내용의 영역에서 확장된 학습 시간, 테크놀로지에 대한 투자, 교사를 위한 더욱 튼튼한 준비와 허가 조건, 그리고 교사와 학교 지도자를 위한 질 높은 학습 기회에 대한 더 많은 접근을 포함했다. 또한 아이들을 위한 취학 전 교육과 건강관리에 대한 투자는 전반적인 전략의 일부분이다.

공적 투자 전략

매사추세츠의 성공과 미국의 다른 높은 성취도를 가진 주와 도시의 성공은 수월성을 달성하기 위한 최선의 길, 또는 유일한 방법으로 수업 및 전문적 학습에 대한 투자를 통해 공공 서비스의 개선에 대한 경쟁 시장에서의 민간의 교육 제공을 강조하는 것임을 사회적 통념의 반대 증거로 제시한다. 우리가 위에서 논의한 것에 대한 권역별 대조를 통해 검토한 것은 공통의 요소를 지닌 공적 투자를 위한 전략의 사례를 제시한 것이다.

쿠바

쿠바는 어떤 기준에서도 50년 이상 경제적 봉쇄의 대상인 된 저소득 국가이다. 그러나 쿠바의 교육체제는 칠레를 포함한 많은 부유한 나라보다 높은 학업성취와 함께 라틴아메리카의 다른 국가들보다 훨씬 뛰어나다. 해당 장의 저자 마틴 카노이는 이런 상황을 다음과 같이 요약한다(Carnoy, 2016).

> 쿠바 아이들은 수업에 열정적으로 집중하면서 모든 사회집단을 위해 높은 학문적 성취에 헌신하는 사회적 환경에서 잘 훈련된 정규적으로 장학을 받은 교사로 구성된 학교를 다닌다. 질 높은 가르침과 높은 학문적 기대, 그리고 잘 통제된 학교 운영 위계와 잘 규정된 목표를 결합하는 것은 쿠바 체제를 움직이게 하는 그 무엇이다. … 쿠바의 교육은 본질적으로 다른 라틴아메리카 나라에서 중상류 계층의 아이만이 받아들인 대부분의 쿠바 학생들에게 초등교육을 제공한다.

쿠바는 사회주의 프로그램으로서 교육에 많은 투자를 했다. 1961년 혁명 후 곧바로 쿠바는 문맹 퇴치를 위한 1년 동안의 캠페인에 착수했다. 20만 5,000명으로 추정되는 자원봉사자들은 농촌 영역으로 흩어져 활동했으며, 70만 명 이상이 문맹 퇴치 사업에 종사했다. 이 문맹 퇴치 캠페인은 교육에 대한 지속적인 공공 투자의 장을 열었고, 결국 높은 성취와 유능하고 전문적인 교사 노동력을 이끌어내었다.

민주적 교육체제의 건설

쿠바 정부는 성인에게 취업을 보장하고, 모든 사람들에게 합리적으로 좋은 건강관리를 제공하고, 아동노동법이 실시됨으로써 저소득층 아이들은 잘 먹게 되었으며, 학교에 다니거나 학교에 다니지 않아도 일할 필요가 없게 되었다. 쿠바에서는 아무리 가난한 사람들이라도 음식, 주거, 건강관리, 그리고 교육에 접근할 기회를 보장받고 있다. 이렇게 재정이 공정하게 잘 제공되고 경제적으로 통합된 환경 속에서 제공된 학교교육을 통해서, 아이들이 더 많은 출발을 하도록 지원하고 있다. 또한 부분적으로 동유럽의 다른 모델로부터 학습된 것에 따라 교육부에 의해 개발된 공통 교육과정을 학생들은 배우고 있다.

쿠바의 학교는 작고, 학생들을 위해 매우 개인화된 것으로 설계되었으며, 다양한 방법으로 가족을 참여시키는 지역사회와 밀접하게 연결되어 있다. 쿠바의 교육과 교사의 준비는 학생들의 학습에 대한 발달적 관점으로부터 출발하며, 그것은 교사가 받는 연수와 교육 구조에 반영된다. 초등학교 교사는 일반적으로 학생들을 잘 알 수 있는 장기적 관계를 발전시키기 위해 처음 4년 동안, 심지어 6년 동안 학생들과 함께 머문다. 이로 인해 학생들이 진전을 보이지 않으면 보조교사의 도움을 받을 수 있는 방안을 갖고 있기 때문에 또한 책무성을 증진시킨다. 교사와 장학팀 모두에게 더 큰 책임감을 부여하여 학생들이 계획대로 교육과정을 배우도록 한다.

이 접근법은 최근 하급 중등학교(7학년에서 9학년까지)로 확대되었는데, 학생과의 관계 강화와 학생들을 위한 더 많은 지도를 제공하기 위해 영어와 체육을 제외하고 모든 과목에 대해 주임 교사를 두었다. 자녀를 가르치는 데 초점을 맞추는 일은 부분적으로 교사의 아동 발달에 관한 이해 및 채택된 교육과정을 능숙하게 가르칠 준비에 달려 있다고 할 수 있다.

전문적 학습에 대한 투자

대부분의 다른 국가와 달리, 쿠바는 교사의 전문적인 학습에 매우 효과적인 방법으로 투자해왔다. 교사 교육과정은 교육부와 함께 개발되었으며 이론 및 실습 모두에 기반을 둔 잘 발달된 교수 기법을 사용하여 공식적 학교교육과정을 가르치기 위해 구성되었다. 쿠바의 예비 교사들은 교육과정을 심도 깊게 연구해온 여러 사람들 중에서 듀이[10], 비고츠키[11], 그리고 마카렌코[12]의 교육철학을 공부하고, 이를 현장의 실천으로 연결한다. 예비 교사들은 적극적이고 협동적인 학습 환경에서 학생들의 참여를 독려하는 방법으로 쿠바의 국가교육과정을 가르치는 법을 배운다. 여기서 암기식 기억보다는 개념에 대한 깊은 이해가 목표이다.

이 기관의 예비 교사를 양성하는 교육자들은 대체로 교육학이나 특정 과목에서 상급 학위를 스스로 취득한 교사들이다. 예비 교사들은 이들 교사훈련 요원cadres 속에서 훈련을 받으며, 각 요원은 자신을

10) 듀이(1859~1952)는 미국의 실용주의 교육철학자이고 실험학교를 운영하기도 하였다. 그에 따르면, 교육이란 경험의 끊임없는 개조이며, 미숙한 경험을 지적인 기술과 습관을 갖춘 경험으로 발전시키는 것이다. 학교는 아이들이 자신과 타인, 전체 사회의 성장을 증진시키는 방법을 실제로 배우고 실천하는 민주적 맹아를 잉태시키는 작은 공동체라고 할 수 있다. 아동 중심 진보주의 교육과 사회 중심 진보주의 교육의 조화를 강조하고 있다.

11) 비고츠키(1896~1934)는 최근접발달 영역론을 제창한 러시아 심리학자로서 인지발달은 사회, 문화, 역사적 측면의 영향을 받는다고 주장하였다. 인간은 사회적, 역사적 경험을 축적하기 때문에 능동적 학습으로 지적인 발달을 이룰 수 있다고 보았다. "우리가 우리 자신이 되는 것은 다른 사람을 통해서이다"라고 강조한다. 발달과 협력을 강조하는 비고츠키는 인간 발달의 관점에서 도덕적 가치를 넘어서는 협력의 교육적 가치를 부각시키고 있다.

12) 마카렌코(1888~1939)는 집단주의 교육을 실천한 러시아 교육자다. 당시 주류였던 아이들의 자발성과 개성에 주목하는 신교육운동과는 선을 긋고 집단 안에서의 충성과 협동에 중점을 두었다. 그는 "인간에게 될 수 있는 대로 많은 것을 요구함과 동시에 인간을 될 수 있는 대로 존중한다는 것이 나의 기본적인 원칙이었다", "간섭이 심하면 무능해지고 간섭이 없어도 무능해진다. 자녀는 부모의 거울이다. 보고 들은 하루하루가 그들의 인격이 된다. 아동교육은 곧 부모의 학습이다"라고 역설하였다.

따르고 있는 학생의 수업을 지켜본 멘토 교사의 지도를 받는다. 연수는 필수 교육과정을 가르치는 데 중점을 두기 때문에 예비 교사들은 자신이 가르칠 교육과정을 사용하여 내용 및 교육방법적 지식을 배운다. 예비 교사들은 교사 준비 과정 전반에 걸쳐 공부, 실천, 그리고 성찰까지의 종합적인 인식을 통해서, 특정한 내용과 영역에 교수 원리를 적용하는 법을 배운다.

게다가 교사는 일단 가르치기 시작하면 긴 유도 기간 동안 집중적으로 감독을 받는다. 쿠바는 수업의 질에 대한 행정적인 개입과 관리에 대한 광범위한 시스템을 개발했다. 학교장과 교감은 학생들에게 양질의 수업을 보장하기 위한 책임을 교사와 함께 한다. 그들은 교실에서 자주 관찰하고 구성적 피드백을 제공한다. 신입 교사들은 가르침에 대한 '학습 전환'을 보장하기 위해 많은 조언을 받는다.

교직에 들어가는 데 있어 공통의 강력한 준비를 요구하지 않으며, 다양한 교육적 진입로를 허용하고 있는 교육 시장화와는 달리, 쿠바의 모든 교사들은 수업에 들어가기 전에 잘 준비되도록 지원을 받는다. 교사들은 다른 직업들에 비해 쿠바에서 좋은 보수를 받으며, 교직은 존경받는 직업이기 때문에 유능한 사람들이 교직에 들어가 머물 수 있는 장려책이 있었다. 급여는 전국적으로 비슷한 수준이며 모든 선생님들이 잘 준비되어 있기 때문에 쿠바는 모든 지역사회, 심지어 농촌지역까지 교육자를 철저하게 확보할 수 있었다.

시험의 이용

쿠바는 학생들을 위한 정기적인 시험이 있지만, 이러한 시험은 보상 배당 및 교사 제재, 그리고 시장에 정보를 알리기 위한 책무성 척도로 사용되는 칠레, 스웨덴, 또는 미국과 매우 다르게 사용된다. 쿠바 지방자치단체는 시스템이 얼마나 잘 수행되고 있는지에 대한 피드백을 교육부와 학교에 제공하기 위해 6학년과 9학년 학생들을 평가할 책임이 있다. 칠레는 학교 경쟁 및 높은 시험 점수에 대한 재정적 보상을 통해 인센티브를 제공하지만, 쿠바에서는 시험 결과가 공개되지 않는다. 시험은 교육자에게 정보를 알리는 데 사용되지만, 교사나 학교를 '운전'하기 위한 것은 아니다. 모든 학교에서 조직적인 결정을 내리고 더욱 효과적인 교육을 지향하는 행동을 만들기 위해 시험이 이용된다. 시험보다 교사가 교육 발전을 주도한다는 가정에 바탕을 두고 있다.

국가의 역할

쿠바에서 국가는 모든 사람에게 양질의 교육을 보장하는 역할을 맡고 있으며, 아이들의 성공을 대한 공적 책임을 지고 있다. 이것은 공유된 교육과정의 개발 및 공유, 그리고 교육과정의 효과적인 수행을 지원하기 위한 학교 설계를 비롯하여 초기 교사를 준비하기 위한 사범대학의 운영과 단위 학교 수준에서 효과적으로 진행되는 수업의 발전을 돕기 위한 장학 활동에 중점을 두는 등 모든 아이들에게 양질의 교육을 보장할 공적인 책임을 가지고 있음을 의미한다. 카노이는 "국가는 학교와 교사에 대한 높은 기준을 설정하고 시행함으로써 거의 모든 학교가 유사하고 합리적으로 양질의 교육을 제공하기 때문에 부모가 자녀를 어느 학교에 보내야 하는지 고민할 필요를 없애준다"라고 주장한다. 이것은 "민주국가에서 대중들이 원하는 것이며, 그들에게 주어져야 하는 것"이다.

핀란드

핀란드는 2001년 모두의 예상과 달리 국제학생성취도평가PISA에서 세계 정상에 올랐고, 이후 수년 동안 가장 성적이 좋은 국가로 남아 있다. 핀란드의 교육 투자는 이웃하고 있는 스웨덴과 달리 독립적으로 공공적public이다. 공공적이라는 것은 공립학교만으로 작동하고 공적 영역 내에서 학부모 선택을 관리한다는 것을 의미한다. 그것은 학교를 소유하거나 운영하는 사람을 엄격하게 통제한다. 그리고 학교에 민간의 돈을 기부하는 개인, 재단, 혹은 법인을 허용하지 않는다.

핀란드는 잘 발달된 복지국가이지만—시민들에게 건강관리와 교육 및 다양한 사회복지 혜택을 제공하면서—가장 경쟁적인 이익을 제공하면서 또한 세계에서 가장 경쟁적인 시장경제의 하나로 선정되었다. 이 나라는 최고 수준의 인적 자원과 정보통신기술의 발전 및 광범위한 사용, 그리고 최첨단 연구와 개발을 촉진하기 위해 새롭게 설계된 교육연구기관을 자랑하고 있다. 교육연구기관은 혁신과 번영, 환경정책 분야의 연구에서 가장 높은 순위를 차지하고 있다.

공평한 학교체제의 탄생

1970년대 초 칠레와 스웨덴을 포함한 다른 많은 나라와 같이 핀란드의 민주적 개혁은 복원되었다. 당시 핀란드는 공교육 시스템을 만들기 위해 교육체제를 개편하여 계열화를 없애고 사려 깊은 교육과정을 공평하게 제공하고, 그리고 잘 훈련된 교사에게 상당한 투자를 했다. 또한 학비를 기반으로 운영되는 사립학교를 폐지하는 개혁을 단행했다. 일부 국가는 1980년대에 공적 투자 및 공평한 약속을 축소하는 180도 전환을 시도했지만, 핀란드는 재계 요소들의 다양한 방면과 계열화 및 사적 학교교육을 복원시켰다. 그리고 이와는 다르게, 시장 기반 개혁을 도입하려는 보다 우익적 정치 집단들의 내부 반대에도 불구하고 이러한 초기의 이상과 개혁을 유지했다.

핀란드의 모든 학교는 현재 공적 자금으로 운영된다. 여기에는 정부가 발행한 차터에 따라 재정 지원을 받으며 운영되고 있는 약 75개의 '사립'학교도 포함된다. 사립학교 교육기관은 학생의 수업료를 거두는 것을 금지하고, 교육 자료를 불공정하게 배포하지 않도록 하고, 교육의 기회 접근 및 질적 측면에서 불공평을 초래하지 않도록 관리를 받는다. 국가의 지원 체제는 1인당 기금을 계산하고, 지역 수준에서 차별적 부를 보상하는 방식으로 더 많은 자금이 할당되도록 보장하고 있다.

시스템이 그 이후 계속 발전해왔지만, 지방자치단체에 더 큰 권한을 분산시키고 있는 아주 최근의 변화는 민영화와 교육 그리고 학교 간의 경쟁보다는 공적 투자와 학교 그리고 교사 간의 협력의 가치를 견지하고 있다는 사실이다.

형평성과 함께 하는 분권화

핀란드의 분권화는 민영화를 추구하는 관할 구역에서 일어나는 분권화의 종류와는 매우 다르다. 민영화 방식의 분권화는 형평성과 관련된 정책에 대한 공적 통제를 줄이면서—학교에 더 많은 차등적 지출을 하고, 교사 자격 인증과 같은 일에 더욱 다른 규준을 허용하는—민간 조정자에게 결정의 통제권을 부여한다. 민간 운영자는 종종 경험은 적지만 잘 훈련된 개인을 고용하고 싶어 한다. 왜냐하면 그들은 비용이 덜 들기 때문이다. 이때 민영화 접근은 교사가 고부담, 종종 선다형 시험을 통해 자신의 일을 수행할 수 있는지 여부를 결정하는 시도를 한다.

핀란드의 경우, 잘 갖추어진 교사와 적절한 자원에 대한 접근을 둘러싼 형평성과 관련된 정책은 공공 부문에서 유지되고 있다. 의사결정의 분산화는 학교들이 교육과정을 설계하고—국가교육과정에 대응하지만 그들의 학생과 지역사회의 가치에 맞추어—혁신적인 학교조직을 만들어야 하는 기회와 관련이 있다. 초등학교 졸업 때 치르는 표본을 수집하기 위한 평가와 대학에 들어가고 싶은 학생들을 위해 고등학교 졸업기에 치르는 자율적인 입학시험을 제외하고는 아무런 외부 시험이 없다.

교직의 전문화와 학습의 개인화

핀란드는 교사의 지식과 기술에 집중적으로 투자한다. 교사가 되려는 사람은 누구나 탄탄한 내용과 교수 기법 훈련을 받으며, 학사와 연구 중심 학위를 이수하는 5년간의 교육 준비 과정을 거쳐야 한다. 이런 준비 과정을 마친 핀란드 교사는 존중받고 신뢰받고 있으며, 이를 기반으로 지역학교에 많은 결정을 분산시키고 질을 유지할 수 있는 시스템을 구축할 수 있다.

게다가 교사는 교육과정 및 교수 전략뿐 아니라, 아동 발달 및 학습에 대해 아주 잘 훈련되어 있으므로 학습 과정을 지나치게 간소화하는 표준화된 도구를 사용하는 것보다는 학습의 강점과 개별 아동의 필요를 진단하여 교육을 개인화[13)]할 수 있다. 교사가 덜 준비된 나라들에서 이런 종류의 표준화 도구를 사용하는 것은 흔한 일이다.

13) 개인화는 교사에게 학생을 전인격체로 교육하기를 권하며 교육은 학생들이 좋아하는 것만을 하게 하는 것이 아니라, 개인적으로 열심히 의미를 탐구하게 해야 한다는 판단에 기반을 두고 있다. 진정한 개인화 학습이란 몰개성적이고 소외를 조장하는 공장과 같은 표준화된 교육과정을 고집하지 않고, 하나의 인격체로 바라보는 수업이라고 할 수 있다.

핀란드의 교육자들은 잘 교육되고 체계적으로 조직된 전문적 공동체를 구성하고 있으며, 학교와 관련하여 근거가 충분한 결정을 내리고 그것을 정당화하고, 이런 공적 시스템에 대한 신뢰를 훼손할 수 있는 퇴행적인 정책들에 저항할 수 있다.

캐나다

캐나다는 질 좋은 공적 교육체제의 또 다른 사례를 제공한다. 피사 PISA 평가에 따르면 캐나다는 상위 10위권을 유지하였으며,[14] 앨버타와 온타리오주는 그 순위에서 최고를 달리는 관할 구역에서 종종 박빙의 승부를 겨루고 있다. 학생의 학업성취는 대부분의 다른 국가들보다 좀 더 공평하며 사회경제적 지위에 의해 미리 결정되는 것이 덜하다. 마이클 풀란은 특히, 미국보다 더 다양한 이민자들이 많은 다민족적, 다인종적, 다언어적 지역인 캐나다의 온타리오에 초점을 맞추고 있다.

온타리오주는 2003년 말, 교육 시스템의 전면적인 개혁 전략을 발표한 이래로 크고 다양한 공교육체제에서 학생들의 학업성취와 형평성을 크게 향상시킬 수 있다고 발표했다.[15] OECD와 매켄지 그룹의 연구에 따르면, 온타리오주가 세계에서 가장 발전된 교육체제 중의 하나로 밝혀졌으며, 국제적이나 캐나다 내의 차원에서 보면 문맹퇴치

14) 인종적 다양성이 높은 국가들은 온타리오주의 교육 혁신의 모델을 핀란드의 그것보다 더 현실적인 벤티마킹 대상으로 여기고 있다. 온타리오주 학업성취도 향상, 문해력 및 산수 능력의 격차 완화, 고교생 졸업률 향상에 초점을 두고 있다.

15) 캐나다 온타리오주 정부는 '모두를 위한 교육, 2005'와 '모두를 위한 학습, 2009' 등 두 연구보고서를 발표하였다. 모든 아동은 성공적으로 배울 수 있고, 학생의 문해력과 산수 능력을 개발하는 데 결정적 조력자는 교사이며, 교실 교육의 성공을 위해서는 전문가들과 지역사회의 지원이 필요하다고 하였다.

율, 수학 및 과학의 성적, 그리고 졸업률을 획기적으로 향상시켰다. 또한 온타리오는 영어를 말하는 학생, 프랑스어를 말하는 학생, 그리고 다른 언어를 말하는 이주민 사이의 오랜 학업성취 격차를 완화시켰으며, 특수교육 학생과 여타 학생 간의 차이를 급격하게 감소시켰다. 풀란은 이런 성공을 가능하게 했던 주요한 세 가지 이유를 다음과 같이 분명히 했다.

- 우선순위가 높은 핵심 과제에 집중하기: 문해력, 수리력, 그리고 고등학교 졸업률의 기대치 제고, 학업성취도 격차 감소, 교육에 대한 대중적 신뢰도 향상
- 이들 목표를 달성하기 위한 수업의 증진을 목표로 교육자와 학교 간 협력적 역량 형성하기
- 교사들의 전문적인 학습공동체 구축하기

정부의 투자 중단과 거부당한 민영화

이런 정책이 온타리오주에 항상 있었던 것은 아니었다. 격차를 만들지 않기 위해 제도화된 지역구의 과세권을 제거할 수 없음에도 불구하고, 보수당 정부는 1995년과 2003년 사이에 공립학교에 대한 지원 기금을 대폭 끊어내면서 시장 지향적인 정책 공약들을 공격적으로 제시하였다. 또한 주정부는 어린이와 가족을 위한 주택 및 사회복지 기금을 줄이면서 공적 재정 지출 통제 및 예산 삭감 프로그램, 직원 해고를 실행하기 위해 몇 개의 대형 학교체제를 인수했다. 한편, 정부는 먼저 사립학교에 대한 규제를 완화하면서 학교교육 민영화를 장려했으며, 학부모에게 사립학교의 수업료에 대한 세금 공제 혜택을 제공했다.

공립학교 교사들은 봉급을 너무 많이 받고 자기 일을 별로 하지 않

는 것으로 적시되었다. 공립학교 교사들은 격무에 시달렸으며, 그들의 전문성 개발 기간은 9일에서 5일로 줄어들었다. 새로 교사가 될 사람에 대한 의무적인 시험과 현장 교사에 대한 한층 집중적인 평가는 불신의 담론을 불러왔다. 같은 시기에 교사를 비난하는 논조와 정책은 칠레와 미국에서 보여준 것을 그대로 반영하고 있는 것 같다. 5년에 걸친 해리스 개혁안의 평가에서 인용된 교사에 대한 다음의 진술은 여러 국민들과 공감하고 있으며, 다른 나라들도 이와 유사한 교원 정책으로 어려움에 직면해 있다.

> 나는 가르치는 걸 좋아합니다. 그리고 매일 집에 가죠. (…) 내 학생들 때문에 기운을 내고, 내가 그들의 발전을 돕고 있다고 믿으면서 (…) 그리고 [내 수업과 내가] 다음엔 뭘 할까 기대하면서요. 하지만 난 주지사에게 공격받는 데 지쳤어요. 그래서 이듬해 교장자리도 포기했고, 정년 전에 은퇴하려고 해요. (…) 추진할 계획은 고사하고 내가 멸시를 당할 줄은 미처 생각하지 못했습니다. 그건 아무것도 아닌 게 아니죠. 내가 경험한 배신당한다는 느낌이 뭔지 당신은 모를 거예요–그리고 나만 이렇게 느끼는 건 아니죠.[12]

교육체제의 급격한 변화는 노동 불안과 대중적 불만을 야기했다. 1998년 여론조사에 따르면 온타리오 주민의 상당수가 지난 5년간 교육의 질이 떨어졌다고 답했다.[13] 그동안 학생들의 학업성취는 저조했다. 온타리오주의 초등학생 약 절반만이 3학년과 6학년 문해력과 수학에서 주 표준을 충족시키고 있으며, 고등학생의 3분의 2만이 5년 이내에 졸업했다.

2003년 지방선거에서 온타리오주의 자유당 수상인 맥귄티Dalton

McGuinty는 공교육 정상화를 최우선 순위로 삼은 플랫폼[16]을 만들었으며, 공교육을 발전시키기 위해 진보적인 정책 공약을 발표했다. 그래서 자유당은 대다수 의석을 차지했다. 게다가 맥귄티는 4년 후 교육 분야에 대한 업적 때문에 재선되었으며,[17] 반대당의 지도자에게는 사립학교에 충분한 재정 지원을 제공하겠다는 제안—공개적으로는 거부되었지만—을 했다. 이로써, 2011년에 중단된 우회로이기는 했지만 나름 성공적이었던 그 길로 돌아간 이후, 학교에 대한 전면적인 공적 자금 지원은 학교교육의 실질적인 방향 전환을 가져왔다.

재투자와 개혁

새 정부는 이전 행정부의 정책을 뒤집고 공교육 개혁 전략을 수립하기 위해 신속하게 움직였다. 지방정부가 인계받은 지구의 관리 위원 선출로 지역 협치가 복원되었다. 사립학교 수업료에 대한 세금 공제가 취소되었다. 교사의 전문적 활동 요일 5개 중 없어졌던 2개가 다시 개시되었다. 교사시험과 재-자격인정은 취소되었으며 새로운 교사 유도 프로그램과 간소화된 교원직무수행 평가과정으로 대체되었다. 2006년부터 삭감되었던 기금은 교육 지출에 16억 달러의 추가 투자로 이어져 복구·증대되었다.

교육자, 학교, 그리고 교육부 자체를 위한 지식의 성장과 역량 강화는 물론이고 지역정부, 지구 그리고 교원노조 간의 동반자 관계를 바탕으로 전체 시스템 개선 전략이 수립되었다.[18] 교육부는 새로운 문

16) 구성원을 중앙정부에서 하달된 개혁 과제를 학교로 전달하는 수동적 통로로 인식하지 않고, 스스로 자기 역량을 개발하여 서로 돕고 발전시킬 수 있도록 하는 변화의 플랫폼을 제공하고자 한다.

17) 자유당의 맥귄티는 2007년 재선되었다. 현재 교육부 장관인 자유당의 캐슬린 윈 수상(2013년부터 집권)은 현재 전기료 급등 등으로 지지도의 추락세를 보이고 있다.

해력과 수리력 기준을 출발점으로 삼아 신설 부서인 '문해력 및 수리력 사무국LNS'을 만들었는데, 그것은 학구로부터 차출한 선도적인 실무자들의 부분적인 참여를 이끌어냈다. 이곳은 문해력과 수리력에서 학생의 성과를 향상시키고 시스템 전반에 걸친 핵심 결과를 전파하는 데 사용되는 가장 효과적인 지구 및 학교 실습 사례들을 검색하고 연구한다. 비슷한 전략이 현재 수학 성적을 향상시키기 위해 추진되고 있다. 코칭, 협업적 탐구, 온라인 비디오, 수업 실습과 관련된 여타의 지원, 효과적인 실습 및 목표 공유와 조정을 위한 학교와 지구의 네트워킹, 그리고 다양한 유형의 협업적 전문 학습을 통해 수업을 향상시키는 역량을 구축하는 데 도움이 되었다. 조직 팀은 LNS 직원인 '학업성취 담당관'으로 구성되었는데, 이들은 여러 지역을 대상으로 역량을 확인하고, 개발을 지원하며, 그것을 확산시키기 위해 서로 협력했다.

고등학교에서 '학생을 성공시키는 교사Student Success Teachers/SSTs'는 문해력 증진, 수학교육 그리고 차별화된 수업뿐만 아니라 졸업하지 못할 위험에 처한 학생들을 위해 읽을 수 있고, 신뢰를 회복하고, 그리고 참여를 지원하기 위해 학생들과 교육자들과 함께 활동하기 시작했다. 전문고급기술전공과정Specialist High Skills Major/SHSM[19]은 11학년과 12학년을 위한 광범위한 진로 교육에서 매력적이고, 적절한 교육 내용을 제공했다. 마지막으로 교육부는 4세와 5세의 모든 아이들(2014년에는

18) 2013년 9월 신학기부터 준법투쟁을 벌여온 온타리오주 공립초등교원노조, 공립고등교원노조가 주정부와의 갈등에 마침표를 찍고 방과후 수업 등의 업무에 복귀하는 등 당국과 교원노조간의 단체교섭이나 정치적 협상의 성공을 보여준 모범 사례로 소개되고 있다.

19) 학생들이 특정 진로에 초점을 맞출 수 있는 SHSM은 학생들 개개인의 관심과 재능에 따라 고등학교에서 배워야 하는 수업을 직접 선택할 수 있도록 설계된 과정이다. 이 프로그램은 학생들이 어떤 경로(인턴십, 대학, 일터)로 가든지 그 분야에서 성공할 수 있는 필요한 지식과 기술을 배우게 한다.

완전 시행된)을 위한 종일 유치원과 관련된 지원 정책과 프로그램, 학교에서의 활동을 지원하기 위한 방과 전후 프로그램 및 정신건강 매뉴얼을 개발했다.

평가와 책무성

이들 모든 영역에서 데이터와 정보는 개발되고, 확산시키며, 추적되었다. 이 목적은 경쟁을 관리하거나 학교, 교사, 또는 학생을 처벌하기 위한 것이 아니라 사례 정보를 확산하기 위해 실천과 결과를 분석하는 것이다. 온타리오주 정부는 모든 핵심 영역에서 학교와 교실을 넘어 협력 학습을 지원하기 위해 증거 기반 사례를 추구했다. 효과적인 문해 수업은 어떤 모습인가? 누가 영어 학습자의 요구에 성공적으로 대처했으며 그 사람들은 무엇을 어떻게 했는가? 고등학교가 학생들의 참여를 유도하고 중퇴를 줄이는 데 가장 효과적인 실천은 무엇인가?

덧붙여 학업성취도를 향상시키는 수업을 실현하기 위해 주로 수업지도자로서 교장 및 교사의 역량을 구축함으로써 가장 성적이 낮은 학교를 확인하고 지원하기 위한 프로그램이 개발되었다.

교육청은 지역과 학교의 효과적인 계획을 파악하고 전파하는 과정을 지속적으로 수행함으로써 개선이 이루어지는 전략과 조건에 대한 점진적인 이해를 얻고, 자체 지원 전략을 개발하고 개선하며, 그것을 개선하려는 노력의 현장에 협력자가 될 수 있는 학습조직으로 점차 운영되고 있다.

교직의 전문화와 리더십

수업 역량의 구축은 교원노조와 협력하여 수행된 전문성

professionalism[20] 강화 전략에 기반을 두고 있다. 교육청은 전문성 개발, 초임 교사 인도, 교사 연구와 실천의 보급에 투자했고, 그리고 모두의 성장과 '교직의 전문성 향상'을 목표로 했다. 교사교육은 온타리오 교사 대학을 통과한 표준 교육과정과 다른 주에서 실행된 것으로 알려진 2년간의 석사학위 프로그램과 일치하는 확장된 임상실습 요건을 통해 교사교육이 더욱 강화되었다. 이것은 핀란드의 교사교육과 유사하다.

모든 준비 프로그램은 리더십 역량을 구축하는 것에 중점을 두며, 이는 필수적이다. 모든 교장과 교감은 이 과정을 통해 필수적으로 자격을 취득해야 하며, 이와 함께 실습 과정의 첫 2년 동안 멘토링 프로그램을 이수해야 한다. 즉, 온타리오주는 모든 학구에 기금을 지원하여 현재의 꿈꾸는 학교 및 시스템 리더의 지도력 역량 개발을 목표로 하는 위원회리더십개발전략Board Leadership Development Strategy을 구현한다. 그리고 교장 수행평가Principal Performance Appraisal 과정은 감독자와의 협의에서 도전적이지만 성취 가능한 적은 수의 목표 수립, 이러한 목표를 달성하기 위한 전략 개발, 그리고 목표 달성과 관련하여 지속적인 지원·평가를 포함한다.

끝으로 온타리오 전략은 전문 시스템의 핵심인 실천을 지원하기 위해 설득력 있는 증거 기반 연구를 개발하고, 사용하기 위해 노력해왔다. 온타리오주에서는 자체 전략에 대한 연구를 수행하고, 교사와 지도자들이 연구 공동체와 협력 작업을 하는 내용에 대해 시스템의 개선에 종사하는 실무자와 연계한 실천적 연구를 실시·보급·사용하도

20) 오늘날 일반 학교에서 가르치는 직업/교직의 혁신을 위해 비즈니스 자본을 넘어서는 전문적 자본이 강조되고 있다. 전문적 자본은 인간 자본(개인의 역량), 사회적 자본(집단적 역량), 의사결정 자본(성찰적 사고)을 필요로 한다.

록 장려한다.

지난 10년 동안 전체 학생의 학업성취도는 온타리오 기준에 부합하는 학생이 54%에서 72%로 증가하였으며, 반면에 3학년과 6학년에서 가장 능숙하지 못한 학생은 50% 이상 감소했다. 현재 83%의 학생들이 5년 이내에 고등학교를 졸업하고 있으며, 이 시스템은 대중의 신뢰를 회복했다. 이러한 전략은 앞으로도 계속 세련되고 심화될 것이다.

논의 및 결론

마이클 풀란은 이 책의 자기 글에서 정부 정책과 관련하여 민영화와 관련된 행위 이론theory of action[21)]을 간명하게 요약한다. 그의 정의를 요약하자면, 민영화privatization는 공적 부문(정부)의 기업이나 기관이 가졌던 소유권 및 경영권을 민간의 손으로 넘기는 것으로 구성된다. 풀란은 민영화 지지자들이 "행위 이론은 정부가 할 수 없는 방식으로 성과와 효율성이 향상되는 것을 촉구한다. 이 이론은 취해진 행위(민영화)와 바람직한 결과(성과와 효율성의 향상) 사이의 인과관계를 제시한다"라고 주장한다고 적고 있다.

하지만 이 행위 이론은 칠레, 스웨덴, 그리고 미국의 사례에서 살펴본 대로 기대했던 결과를 내지 못했다. 교육의 소유권이나 경영권을 민간 대리인에게로 이전시켰던 개혁과 각 사례에서 분리를 증대시키

21) 행위action 이론은 단일 체계로 다루어질 수 있는 유기체의 행동으로 구성된다. 인간 행위의 가치는 행위의 결과가 아니라 그 행위 자체에서 찾아야 하며, 행정은 조직 안팎의 모든 사람들 사이에 의도된 행위들이 상호작용하는 과정에서 이루어진다는 이론이다.

고 불평등을 수반한 개혁 때문에 시스템 전반에 걸친 결과를 두드러지게 개선된 사례를 전혀 보여주지 못했다. 또한 가장 극단적 형태를 보여준 칠레의 사례에서 민영화 교육체제의 장기적 결과는 기대와 투자를 너무 낮게 설정하여 전체 시스템이 질적인 면에서 어려움을 겪었던 일련의 심화된 불평등이다. 경제적으로 더욱 큰 어려움에 직면했음에도 불구하고, 공적으로 관리되는 쿠바의 학교 시스템 속에 있는 학생들과 비교하면 칠레의 학생들은 학업성취도 측면에서 매우 뒤처져 있다. 게다가 한 국가 내에서만 결과를 비교하는 것이 아니라 세계적 관점에서 볼 때 나라의 '최고' 명문학교로 특별 진학한 상류층에게도 민영화는 도움이 되지 않는다는 것을 말해주고 있다. 국제학업성취 데이터를 기반으로 그는 다음과 같이 주장한다.

> 국제적 규모로 상위 10% 사회 계층에 속하는 브라질과 칠레의 학생들—상류층 가정에서 자라고 대부분 엘리트 사립학교에 다니면서 모든 이익을 누리는 학생들—은 2009년 피사PISA와 같은 국제 시험에서 미국의 중산층 학생들과 수학에서는 거의 비슷한 점수를 받았지만, 읽기 점수는 더 낮았으며, 또한 수학 점수의 경우 캐나다의 중하층 출신 학생보다 상당히 낮았다. 결론은 브라질과 칠레의 명문 사립학교—그리고 더 일반적으로는 라틴아메리카의 엘리트 학교—는 정부가 음식을 제공하고, 시설과 교직원이 부족하여 교육 여건이 좋지 않은 저소득 사회 계층 학생들의 학업성취 결과를 평가하고 있는 것이다. 이것은 이른바 학문적 엘리트들을 포함하여 모든 학생들의 학업성취도가 더 낮아지는 것으로 나타났다.

이와 같이 적어도 초·중등 교육에서는 시장 기반의 개혁이 사회 전반에 걸쳐 더 좋은 학습 결과를 낳을 것 같지 않다고 카노이는 시적한다. "불평등이 만연한 시장의 부정적 측면이, 특히 사회 시스템 구조의 밑바닥에서 진행되는 것처럼, 학교를 고르고 선택할 수 있는 학부모의 '자유'가 갖는 어떤 긍정적 효과조차 상쇄하는 것 같다." 이것은 전반적 학업성취가 급격하게 떨어진 스웨덴의 경우도 마찬가지다. 피사PISA의 결과를 보면, 스웨덴은 한때 유럽에서 가장 교육 수준이 높았던 나라의 하나였지만, 현재 OECD 국가의 평균 아래로 떨어졌다.

미국은 50개 주, 1만 5,000여 개의 지역 학구들마다 서로 다른 정책을 갖고 있기에 더욱 복잡한 경우를 보여주고 있다. 사립학교—바우처이거나 아니거나—에서, 그리고 차터 스쿨에서 교육을 받은 인구통계학적으로 비슷한 연령에 속하는 학생들은 평균적으로 거의 전통적 공립학교와 거의 동일한 학업성취를 보이고 있으며, 때때로 더 좋은 성적을 보여주고 있고, 이보다 더 자주 성적이 나빠지기도 하는 것 같다. 또한, 흥미롭게도 칠레의 인구통계학적으로 비슷한 연령대 아이들의 데이터의 경우, 최근 사립학교보다 공립학교가 더 나은 성적을 보여주고 있음을 암시하고 있다. 전반적 학업성취에서 가장 높은 수준을 보이는 미국의 주들은 차터화나 민영화에 최소한으로 참여하고 있다. 반면 시장 기반 개혁을 바탕으로 거의 규제를 받지 않은 접근을 시도하고 있는 대부분의 주들은 전반적으로 더 낮은 학업성취를 보이고 있으며, 학구가 운영하는 공립학교보다 차터 스쿨에 다니는 학생들의 학업성취 결과가 두드러지게 더 나쁜 것으로 나타났다. 이런 경우, 공교롭게도 사회경제적으로 불리한 계층에 속해 있는 학생들은 '선택할 만한 가치가 있는 학교'에 거의 접근할 수도 없다.

학업성취에서 개별 학교 대 시스템 수준 결과

이러한 경우에 대한 연구 결과는 일부 개별 학교가 잘하고 있지만, 시스템의 전반적 학업성취를 저하시키는 여러 요인이 있음을 암시하고 있다. 첫 번째 핵심적 요인은 교직의 탈전문화이다. 2003년 이전의 짧은 기간 동안 캐나다의 사례는 물론이고 칠레, 스웨덴 그리고 미국의 경우 시장에 기반을 둔 개혁은 종종 대량 해고를 하고(칠레, 뉴올리언스), 전문직 입직 기준을 느슨하게 하거나 전문적 학습에 대한 투자를 줄이고(모든 사례), 교직을 보존하기 위한 보상보다 그것을 축소시키는 유인책으로 교사에 대한 언어적 공격을 수반했다. 경험이 부족하고 잘 훈련되지 않은 교사, 결과적으로 비용이 덜 드는 교사—그리고 일부 모델에서는 비용을 줄이기 위해 대규모 수업을 선호하므로(스웨덴의 영리 학교에서 드러나는 것처럼)—는 전문적인 교원이 대폭 감소하고, 고품질의 교원 준비가 부족해짐에 따라서, 교직원들의 교육 여건이 악화되고 직업의 전문성이 떨어지면서 교육의 질이 더 광범위하게 저하될 수 있다.

전반적 학업성취를 약화시키는 두 번째 요인은 공동의 문제를 해결하고 최상의 실천을 공유하는 것 등을 지향하는 협력보다 입학률을 위한 학교 간 경쟁에 초점을 두는 데 있다. 교육자들이 밀워키와 뉴올리언스에서 기술한 대로, 성공적 혁신을 비밀로 유지하기 위해 '경쟁'이라는 유인책을 창출할 뿐만 아니라, 시장에서 유리한 위치를 차지하기 위해 종종 가장 유능한 학생들을 모집하고 더 탄탄한 교육을 개발하는 것보다 투쟁하는 사람들을 기피하거나 없애려는 노력에 더 많은 관심을 기울이기도 한다. 심지어 교육자들이 등록율과 점수를 올리려고 노력할 때—그리고 일부 학교에서 그렇게 하는 데 성공할 경우—시스템 전체는 경제적으로나 교육적으로 불리한 사람을 포함하여 모든 학생의 필요에 주의를 기울이지 않으면 안 된다. 결국 이 증거에 의하면 시스템은 이들 학생들에게 더 많이 분리된 환경에서 더 적은 자원으로 서비스를 제공할 수밖에 없기 때문에 몇몇 학교에서 두드러지게 거둔 성공은 시스템의 전반적인 성공으로 전이되지 않는다.

끝으로 이런 모든 시장 기반 개혁 시스템에서 시험을 기반으로 한 책무성에 초점을 두는 것은 특히 교육과정을 협소화하고 낮은 수준의 역량에 시험 초점을 두게 될 때 역설적으로 전반적 학업성취를 약화시킬 수 있다. 그러한 시험에 따른 수업에 초점을 맞추면 고차적 사고와 학업성취 역량을 개발할 수 있는 기회를 감소시킬 수 있다는 것을 연구자들은 발견했다.[14]

공공적 행위 이론

미국의 매사추세츠는 물론이고, 캐나다의 온타리오주, 핀란드, 그리고 쿠바와 같은 사례는 공적으로 제공된 교육이 양질의 공평한 교육을 제공할 수 있다는 것을 보여줌으로써 핵심적으로 민영화의 잘못된 가정을 반증해 보인다. 게다가 마이클 풀란이 지적한 바대로, 이 사례들은 의도적인 공공 정책 행위가 전체 교육체제를 개선할 수 있는 방법을 보여주는 행위 이론의 구축을 위한 증거를 제공하고 있다. 또한 이 사례들은 이들 나라가 학교에 어떻게 공평한 자원을 제공했는지, 즉 양질의 교사를 양성하기 위해 필요한 공적 투자와 지속적인 지원 확대, 능력별 반편성이 없는 공통의 핵심적 교육과정을 중심으로 조직된 수업, 학생을 위한 개별화된 수업, 계속된 연구, 평가, 그리고 개혁을 지원하기 위한 지식의 공유 등을 설명하고 있다. 이 관할권에서 교실과 학교를 중심으로 교육자들 사이의 협력과 지식의 공유 그리고 실천은 계속적인 향상을 위한 의도적 과정에서 주요한 역할을 한다.

풀란은 "이 행위 이론의 핵심에는 도덕적, 사회적, 경제적 그리고 사회적 복지를 증진하고 향상시키는 데 중심적인 역할을 하는 교육을 국가가 직접 책임져야 한다는 확고한 신념이 자리하고 있다"라고 지적한다. 카노이는 "정부가 수업을 발전시키는 데 있어 충분한 책임을 지지 않으면 안 된다"는 점을 제시하면서 이 점을 강조하고 있다. 그는 "국가는 아이들의 성공을 위해 공적 책임을 지면서 모든 사람들에게 양질의 교육을 더 많이 제공하는 '보증인'이 되지 않으면 안 된다"라는 점을 역설한다.

시장은 관리될 수 있는가?

이 책은 교육이 잘 이루어지고 실질적으로 개선된 공적으로 관리된 교육체제 사례를 보여주고 있지만, 교육의 질을 개선하기 위한 경로를 찾지 못하고 모든 아동의 공평한 교육을 지원하지 않는 공적 관리체제가 있는 것도—여기 역사의 다양한 순간에 소개한 것들 중 일부를 포함하여—사실이다. 공적 체제에 대한 불만족이 있을 때 종종 민영화 전략은 가장 호소력이 있다. 실제로 '선택'을 중시하는 시장 기반 개혁 시스템의 핵심적 개념 중 하나는 일부 학생들에게 더 나은 기회를 제공할 수 있고 전체적으로 시스템의 개혁을 촉진할 수 있다는 가능성이다.

교육을 위한 기초로서 '선택'을 한다는 것은 분명 강요하는 것보다

났다. 그러나 우리가 보았던 대로 민영화된 체제에서 '선택'을 추구하듯이. 그것은 결함이 많으며, 중대한 문제를 야기하고 있다. 여기에서 우리가 검토해왔던 시스템은 다음의 발전된 질문에 응답하지 않았다. 선택형 학교 계획이 선택할 가치가 없는 학교—심지어 일부 학생들에게 피해를 줄 수도 있는—를 만들었을 때 어떻게 될 것인가? 혹은 선택한 학교가 성취도가 낮고 특수교육 서비스가 필요하거나 학교에 '적합'하지 않다고 판단되는 학생을 '선택'하지 않을 때 어떻게 되는가? 공적 재정 지원을 받는 학교가 아이들을 배제하는 것을 허용할 때 어떤 의미를 가질 것인가? 아니면, 분리 교육을 더욱 확대 재생산하여 상황을 악화시키는 것은 아닌가?

공교육의 넓은 목적에 기여할 수 있는 선택형 학교를 우리가 설계할 수 있을 것인가? 흥미롭게도 미국과 스웨덴에서 원래의 학교 선택이나 차터 운동은 민주적으로 책임지는 제도의 맥락을 유지하면서 시장으로서 간주되기보다는 혁신을 자극하는 수단으로 더 많이 사용되었다. 미국에서 주 정책은 경쟁적 시장 이데올로기를 선호하는 정도에 따라 계속 다르게 나타나거나(예를 들어 오하이오, 플로리다, 루이지애나, 밀워키), 민주적 가치와 공교육 제공자의 강력한 감독이 중요하다는 것(예를 들어 캘리포니아, 매사추세츠, 미네소타)을 강조한다. 정말 미국 교육에 관한 연구는 전체 주에 걸쳐서 이들 학교의 더 큰 공적 감독을 받는 주에서 상대적으로 더 긍정적인 결과를 보이면서 차터 스쿨 운동의 결과가 다르다는 것을 보여주고 있다.

이것은 전체적으로 거의 규제되지 않는 것보다 더 잘 관리된 시장이 더 좋고 공평한 결과를 얻을 수 있는지에 대해 의문을 제기한다. 저자 비에른 오스트랜드는 "시장 모델은 주로 영리를 목적으로 하는 사업으로 확장하고 전환하는 데는 몇 년이 걸렸다. 일련의 규정을 더 명확하게 한다면 아마도 스웨덴 학교에 대한 긍정적인 영향력으로서 대안적 사립학교의 '영향력 있는' 전략을 보존하고 지원할 가능성이 있다"는 스웨덴의 실험에 주목한다.

선택과 민주주의는 공존할 수 있는가?

생산적 선택을 반영하는 민주적 체제를 지지하는 매개 변수는 무엇인가? 전통적 공립학교와 차터 스쿨의 영역에서 선택형 학교를 시작한 학교혁신가, 사이저Ted Sizer와 우드Gerge Wood는 몇 년 전 의미 있는 논문에서 선택을 위한 민주주의 이론을 설명했다.[15] 그들은 각 개인이 직접민주주의 과정을 통해 자신의 선호도에 대해 목소리를 내고 지도자가 책임을 지도록 함으로써 공적 기관을 형성할 수 있는 힘을 가져야 한다는 원리로부터 시작했다. 그들은 이때 형평성, 기회의 접근, 공적 목적, 공적 소유 등의 원칙을 교육받은 시민educated citizenry을 위한 민주주의 요구에 중요한 것으로, 그리고 선택형 학교가 어떻게 규제되어야 하는지를 안내하는 기준으로 소개했다.

민주적 가치를 목표로 하는 선택형 학교는 성공과 실패라는 경쟁적 시장을 창출하는 것이 아니라, 학교들 간의 더 많은 다양성을 허용함으로써 혁신을 고무하고, 학생들로 하여금 자신의 학습 방식과 열정을 지원하는 환경을 발견할 수 있도록 하고, 또한 학교의 발전을 위해 학부모들에게 더 큰 목소리를 부여함으로써 교육의 질과 형평성을 증대하지 않으면 안 된다.[16] 이런 방식으로 개념화될 때 선택형 학교의 우선적 목표는 학생의 교육 기회 접근 권리를 보호하고 기본적인 교육의 질을 보장하면서 교육자와 학부모들이 더 친밀하게 협력적 작업을 하도록 하는 데 있다.

학교는 공적 목적에 기여하기 위해 모든 학생들이 공평하게 봉사하고, 공동의 가치와 지식을 함께 나누는 시민으로 길러지도록 도움을 주어야 하고, 또한 다원적 민주주의 속에서 생산적으로 더불어 살도록 해야 한다. 이를 달성하기 위해 공적 소유라 할 수 있는 지역사회에 봉사할 수 있는 접근을 견지하면서, 공교육의 공적 목표에 대한 헌신과 효과적인 모니터링을 할 수 있는 능력을 가진 기관의 감독을 받도록 하는 방식으로 개념화될 필요가 있다. 지식을 공유하고 학교의 역량을 강화하는 데 도움을 주는 지속적 발전 과정을 필요로 한다. 즉, 이를 달성하려면 학교 운영은 경쟁적 틀이 아니라 협력적 틀에 기반을 두어야 한다. 추가 이윤을 얻기 위해 어느 서비스를 줄이거나 없앨 수 있는지 아니면 교육비가 너무 비싸서 어떤 학생들이 서비스를 받지 못할지를 계속해서 결정하지 않으면 안 되는 기업의 내재된 이해상충을 감안한다면 영리 법인에게 공적 기금을 운영하도록 하는 것에 대해 의문을 갖지 않으면 안 될 것이다.

형평성과 접근 기회에 대한 약속은 개방적 입학 정책을 필요로 할 것이며, 모든 학생의 능력과 그들의 학교를 선택할 수 있는 가정보다, 오히려 학생을 선택할 수 있는 학교의 능력으로 학교를 분리시키는 선별적 입학은 허용하지 말아야 할 것이다. 선택형 학교가 교육적 도전과제를 제시하는 학생들을 밀어내거나 훈계하지 않도록 모니터링을 할 필요가 있다. 학교 재정은 모든 학교를 통해 공평하게 분배될 필요가 있으며 등록금, 비용, 혹은 교통 문제로 학부모에게 어떤 부담을 주어서도 안 될 것이다. 요약하면, 교육체제는 공적 시스템으로 운영할 필요가 있다.

궁극적으로 우리에게 직면한 도전이란 모든 학생이 선택하고, 선택되는 진정한 권리를 가질 수 있는 선택할 가치가 있는 학교로 채워진 체제를 창출해내는 것이다. 이것은 민영화를 거치지 않고 공교육체제 안에서 달성될 수 있고 달성해왔다는 말이다.[17] 형평성, 접근 기회, 공적 목적, 그리고 공적 소유에 대한 약속을 보존할 수 있는 강고한 기제가 있다면 더 폭넓은 유형의 학교는 그러한 체제에 기여할 수 있을 것이다. 그런 노력들이 기업가만큼의 이득을 거두지는 못할 것이지만, 학부모 그리고 학교에 다니는 자녀 자체가 없는 부모를 포함하여 모든 시민들에게 혜택을 가져다줄 것이다.

결국 가장 중요한 것으로서 공적 복지—학교에 대한 투자가 단순히 개인의 소유품이 아닌—라는 공공적 투자는 모든 젊은 사람들로 하여금 자신의 민주주의를 위한 정치적, 사회적, 그리고 경제적 생활에 효과적으로 참여할 준비가 되어 있는 '생산적이고 책임 있는 시민'이 될 수 있을 때 가장 잘 봉사하는 것이다. 존 듀이가 100년 전에 『학교와 사회』에서 다음과 같이 쓴 것처럼 말이다.

> 가장 좋고 가장 현명한 부모들이 자기 자녀에게 원하는 것은 바로 지역사회가 모든 자녀들을 위해 원하는 것이어야 한다. 우리 학교를 위한 어떤 다른 이상은 협소하고 사랑스럽지 않다. … 이상이란 대응하기에 따라 우리의 민주주의를 파괴한다. … 그것을 구성하는 모든 개인의 완전한 성장에 충실함으로써만 어쩌면 사회는 그 자체에 충실할 수 있다.[18]

주

1. Smith, A. (2010). *The Theory of Moral Sentiments*. Penguin. (part 4, Chapter 1).
2. OECD(2013). *PISA 2012 Results in Focus: What 15 Year 15 Olds Know and What They Can Do With They Know*. Paris: OECD.
3. 검색 http://unesdoc.unesdo.org/images/0016/001610/161045e.pdf.
4. CENDA(Cenda de Estudios Nacionales de Desarrollo Alternativo(2002). *Estudio de Remuneraciones del Magisterio*. Santiago, Chile.
5. Eping-Andersen, G. (1990). *The Three Worlds of Welfare Capitalism*, Princeton: Princeton University Press.
6. Huuse'n, T. (1972). *Skolans kris och andra uppsatser om utbildning, Stockholm: Almqvist & Wiksell Forlag AB; Huuse'n, T(1979). The School in Question: A Comparative Study of the School and its Future in Western Societies*, Oxford: Oxford University Press.
7. PISA 2012는 "스웨덴이 모든 과목 영역에서 학업성취도가 최대로 하락하고 있다고"라고 보고했다. Skolverket(2013), PISA 2012, 15-*aringars kunskaper I matematik, lasforsaelse och naturvetenskap*, Stockholm: Skolverket. OECD의 특별보고서는 "피사PISA에서 측정된 세 핵심 과목" 모두에서 하락하고 있고, "수학에서 성과의 기준선에 도달하지 못하는" 학생들의 "의미 있는" 증가를 보여주고 있고, "지난 10년간 수학에서 최고의 성과를 나눈 비율이 반으로 줄어든" 사실을 강조하고 있다. OECD(2014), *Resources, Politics and Practices in Sweden's Schooling System: An In-depth Analysis of PISA 2012 Results*. Paris.
8. National Center for Education Statistics(2015). The Condition of Education: Charter School Enrollment. 검색 http://nces.ed.gov/program/coe/indicator_cgb.asp.
9. Alexandra Usher & Nacy Kober(2011). *Keeping Informal about School Voucher: A Review of Major Development and Research*. Washington, D.C.: Center on Education Policy.
10. Center for Education Reform(2015). Charter School Laws Across the States: 2015 Ranking and Scorecard. Edreform.com. http://www.edreform.com/wp-content/uploads/2015/07/CharterLaw2015.pdf에서 검색.
11. Kelly, D. Nord, C. W. Jenkins, F. Chan, J. Y. & Kastberg, D. (2013). *Performance of US 15-Year-Old Students in Mathematics, Science, and Reading Literacy in an International Context*. First Look at PISA 2012. NCES 2014-024. Washington, D.C.: National Center for Education Statistics.
12. Hargreaves, A. Moore, S. & Fink, D. (2003). Teaching in the Knowledge Society: Education in the Age of Insecurity. New York: Teachers College Press. 96-126: p.117.

13. Livingstone, D. W., Hart, D. J. & Davie, L. E. (1998). *The 12th OISE/UT Survey: Public Attitudes Towards Education in Ontario in 1998*. Toronto. OISE/University of Toronto.
14. 학습에 대한 테스트의 효과 연구는 Darling-Hammond, L. & Adamson, F. (2014). Beyond the Bible Test: How Performance Assessment support 21th Century Learning. San Francisco: John Wiley & Sons를 보라.
15. Sizer, T. & Wood, G. (2008). Charter Schools and the Value of Public Education. L. Dingerson, B. Miner, & B. Waters(Eds.), *Keeping the Promise? The Debate over Charter Schools*, pp. 3-16. Milwaukee: Rethinking Schools.
16. 이 절은 Darling-Hammond, L. & Montgomery, K. (2008). Keeping the Promise: The Role of Policy in Reform. L. Dingerson, B. Miner, B. Peterson, & B. Waters(Eds.), *Keeping the Promise? The Debate over Charter Schools*, pp. 91-110. Milwaukee: Rethinking Schools에서 끌어왔다.
17. 예를 들면 Sergiovanni, T. J. (1994). Building Community in Schools. Jossey-Bass; Wasley P. A., Fine, M., Gladden, M., Holland, N. E., King, S. P., Mosak, E., & Powel, L. C. (2000). *Small Schools: Great Strides. A Study of New Small Schools in Chicago*를 보라. 검색 http://files.eric.gov/fulltext/ED465474.pdf; Darling-Hammond, L., Ancess, J. & Ort, S. W. (2002). Reinventing high school: Outcomes of the coalition campus schools project. American Educational Research Journal, 39(3), 639-673; Fine, M .(1994). *Chartering Urban School Reform: Reflections on Public High Schools in the Midst of Change*. New York: Teachers College Press; Fine, M. Stoudt, B. & Futch, V. (2005). *The International Network or Public Schools: A Quantitative and Qualitative Cohort Academic Environment*. 검색 http://www.internationalsnps.org/pdfs/FineReport.pdf.
18. John Dewey(1907). The School and Social Progress. Chapter 1, *The School and Society*. Chicago: University of Chicago Press, pp. 19-44.

삶의 행복을 꿈꾸는 교육은 어디에서 오는가?

미래 100년을 향한 새로운 교육

혁신교육을 실천하는 교사들의 필독서

▶ 교육혁명을 앞당기는 배움책 이야기

혁신교육의 철학과 잉걸진 미래를 만나다!

한국교육연구네트워크 총서

01 핀란드 교육혁명
한국교육연구네트워크 엮음 | 320쪽 | 값 15,000원

02 일제고사를 넘어서
한국교육연구네트워크 엮음 | 284쪽 | 값 13,000원

03 새로운 사회를 여는 교육혁명
한국교육연구네트워크 엮음 | 380쪽 | 값 17,000원

04 교장제도 혁명
한국교육연구네트워크 엮음 | 268쪽 | 값 14,000원

05 새로운 사회를 여는 교육자치 혁명
한국교육연구네트워크 엮음 | 312쪽 | 값 15,000원

06 혁신학교에 대한 교육학적 성찰
한국교육연구네트워크 엮음| 308쪽 | 값 15,000원

한국교육연구네트워크 번역 총서

01 프레이리와 교육
존 엘리아스 지음 | 한국교육연구네트워크 옮김
276쪽 | 값 14,000원

02 교육은 사회를 바꿀 수 있을까?
마이클 애플 지음 | 강희룡·김선우·박원순·이형빈 옮김
352쪽 | 값 16,000원

03 비판적 페다고지는 세상을 변화시킬 수 있는가?
Seewha Cho 지음 | 심성보·조시화 옮김 | 280쪽 | 값 14,000원

04 마이클 애플의 민주학교
마이클 애플·제임스 빈 엮음 | 강희룡 옮김 | 276쪽 | 값 14,000원

05 21세기 교육과 민주주의
넬 나딩스 지음 | 심성보 옮김 | 392쪽 | 값 18,000원

06 세계교육개혁: 민영화 우선인가 공적 투자 강화인가?
린다 달링-해먼드 외 엮음 | 심성보 외 옮김 | 408쪽 | 값 21,000원

혁신학교
성열관·이순철 지음 | 224쪽 | 값 12,000원

행복한 혁신학교 만들기
초등교육과정연구모임 지음 | 264쪽 | 값 13,000원

서울형 혁신학교 이야기
이부영 지음 | 320쪽 | 값 15,000원

혁신교육, 철학을 만나다
브렌트 데이비스·데니스 수마라 지음
현인철·서용선 옮김 | 304쪽 | 값 15,000원

혁신교육 존 듀이에게 묻다
서용선 지음 | 292쪽 | 값 14,000원

다시 읽는 조선 교육사
이만규 지음 | 750쪽 | 값 33,000원

학교를 개선하는 교장
지속가능한 학교 혁신을 위한 실천 전략
마이클 풀란 지음 | 서동연·정효준 옮김 | 216쪽 | 값 13,000원

대한민국 교육혁명
교육혁명공동행동 연구위원회 지음 | 224쪽 | 값 12,000원

대한민국 교사, 어떻게 가르칠 것인가?
윤성관 지음 | 320쪽 | 값 15,000원

아이들을 어떻게 가르칠 것인가
사토 마나부 지음 | 박찬영 옮김 | 232쪽 | 값 13,000원

아이들의 배움은 어떻게 깊어지는가
이시이 쥰지 지음 | 방지현·이창희 옮김 | 200쪽 | 값 11,000원

모두를 위한 국제이해교육
한국국제이해교육학회 지음 | 364쪽 | 값 16,000원

경쟁을 넘어 발달 교육으로
현광일 지음 | 288쪽 | 값 14,000원

독일 교육, 왜 강한가?
박성희 지음 | 324쪽 | 값 15,000원

핀란드 교육의 기적
한넬레 니에미 외 엮음 | 장수명 외 옮김 | 452쪽 | 값 23,000원

▶ 비고츠키 선집 시리즈
발달과 협력의 교육학 어떻게 읽을 것인가?

생각과 말
레프 세묘노비치 비고츠키 지음
배희철·김용호·D. 켈로그 옮김 | 690쪽 | 값 33,000원

도구와 기호
비고츠키·루리야 지음 | 비고츠키 연구회 옮김
336쪽 | 값 16,000원

어린이 자기행동숙달의 역사와 발달 I
L.S. 비고츠키 지음 | 비고츠키 연구회 옮김
564쪽 | 값 28,000원

어린이 자기행동숙달의 역사와 발달 II
L.S. 비고츠키 지음 | 비고츠키 연구회 옮김
552쪽 | 값 28,000원

어린이의 상상과 창조
L.S. 비고츠키 지음 | 비고츠키 연구회 옮김
280쪽 | 값 15,000원

연령과 위기
L.S. 비고츠키 지음 | 비고츠키 연구회 옮김
336쪽 | 값 17,000원

성장과 분화
L.S. 비고츠키 지음 | 비고츠키 연구회 옮김
308쪽 | 값 15,000원

의식과 숙달
L.S 비고츠키 | 비고츠키 연구회 옮김
348쪽 | 값 17,000원

관계의 교육학, 비고츠키
진보교육연구소 비고츠키교육학실천연구모임 지음
300쪽 | 값 15,000원

비고츠키 생각과 말 쉽게 읽기
진보교육연구소 비고츠키교육학실천연구모임 지음
316쪽 | 값 15,000원

비고츠키와 인지 발달의 비밀
A.R. 루리야 지음 | 배희철 옮김 | 280쪽 | 값 15,000원

수업과 수업 사이
비고츠키 연구회 지음 | 196쪽 | 값 12,000원

▶ 창의적인 협력수업을 지향하는 삶이 있는 국어 교실
우리말 글을 배우며 세상을 배운다

중학교 국어 수업 어떻게 할 것인가?
김미경 지음 | 340쪽 | 값 15,000원

토론의 숲에서 나를 만나다
명혜정 엮음 | 312쪽 | 값 15,000원

토닥토닥 토론해요
명혜정·이명선·조선미 엮음 | 288쪽 | 값 15,000원

어린이와 시
오인태 지음 | 192쪽 | 값 12,000원

이야기 꽃 1
박용성 엮어 지음 | 276쪽 | 값 9,800원

이야기 꽃 2
박용성 엮어 지음 | 294쪽 | 값 13,000원

인문학의 숲을 거니는 토론 수업
순천국어교사모임 엮음 | 308쪽 | 값 15,000원

수업, 슬로리딩과 함께
박경숙·강슬기·김정욱·장소현·강민정·전혜림·이혜민 지음
268쪽 | 값 15,000원

▶ 평화샘 프로젝트 매뉴얼 시리즈
학교 폭력에 대한 근본적인 예방과 대책을 찾는다

학교 폭력 어떻게 만들어지는가
문재현 외 지음 | 300쪽 | 값 14,000원

학교 폭력, 멈춰!
문재현 외 지음 | 348쪽 | 값 15,000원

왕따, 이렇게 해결할 수 있다
문재현 외 지음 | 236쪽 | 값 12,000원

젊은 부모를 위한 백만 년의 육아 슬기
문재현 지음 | 248쪽 | 값 13,000원

아이들을 살리는 동네
문재현·신동명·김수동 지음 | 204쪽 | 값 10,000원

평화! 행복한 학교의 시작
문재현 외 지음 | 252쪽 | 값 12,000원

마을에 배움의 길이 있다
문재현 지음 | 208쪽 | 값 10,000원

▶ 4·16, 질문이 있는 교실 마주이야기

통합수업으로 혁신교육과정을 재구성하다!

통하는 공부
김태호·김형우·이경석·심우근·허진만 지음
324쪽 | 값 15,000원

내일 수업 어떻게 하지?
아이함께 지음 | 300쪽 | 값 15,000원
2015 세종도서 교양부문

인간 회복의 교육
성래운 지음 | 260쪽 | 값 13,000원

교과서 너머 교육과정 마주하기
이윤미 외 지음 | 368쪽 | 값 17,000원

수업 고수들 수업·교육과정·평가를 말하다
박현숙 외 지음 | 368쪽 | 값 17,000원

도덕 수업, 책으로 묻고 윤리로 답하다
울산도덕교사모임 지음 | 320쪽 | 값 15,000원

체육 교사, 수업을 말하다
전용진 지음 | 304쪽 | 값 15,000원

교실을 위한 프레이리
아이러 쇼어 엮음 | 사람대사람 옮김 | 412쪽 | 값 18,000원

마을교육공동체란 무엇인가?
서용선 외 지음 | 360쪽 | 값 17,000원

학교생활기록부를 디자인하라
박용성 지음 | 268쪽 | 값 14,000원

교사, 학교를 바꾸다
정진화 지음 | 372쪽 | 값 17,000원

함께 배움
학생 주도 배움 중심 수업 이렇게 한다
니시카와 준 지음 | 백경석 옮김 | 280쪽 | 값 15,000원

공교육은 왜?
홍섭근 지음 | 352쪽 | 값 16,000원

자기혁신과 공동의 성장을 위한
교사들의 필리버스터
윤양수·원종희·장군·조경삼 지음 | 280쪽 | 값 14,000원

함께 배움 이렇게 시작한다
니시카와 준 지음 | 백경석 옮김 | 196쪽 | 값 12,000원

함께 배움 교사의 말하기
니시카와 준 지음 | 백경석 옮김 | 188쪽 | 값 12,000원

미래교육의 열쇠, 창의적 문화교육
심광현·노명우·강정석 지음 | 368쪽 | 값 16,000원

주제통합수업, 아이들을 수업의 주인공으로!
이윤미 외 지음 | 392쪽 | 값 17,000원

수업과 교육의 지평을 확장하는 수업 비평
윤양수 지음 | 316쪽 | 값 15,000원
2014 문화체육관광부 우수교양도서

교사, 선생이 되다
김태은 외 지음 | 260쪽 | 값 13,000원

교사의 전문성, 어떻게 만들어지나
국제교원노조연맹 보고서 | 김석규 옮김 392쪽 | 값 17,000원

수업의 정치
윤양수·원종희·장군 지음 | 280쪽 | 값 14,000원

학교협동조합,
현장체험학습과 마을교육공동체를 잇다
주수원 외 지음 | 296쪽 | 값 15,000원

거꾸로교실,
잠자는 아이들을 깨우는 수업의 비밀
이민경 지음 | 280쪽 | 값 14,000원

교사는 무엇으로 사는가
정은균 지음 | 292쪽 | 값 15,000원

마음의 힘을 기르는 감성수업
조선미 외 지음 | 300쪽 | 값 15,000원

작은 학교 아이들
지경준 엮음 | 376쪽 | 값 17,000원

감성 지휘자, 우리 선생님
박종국 지음 | 308쪽 | 값 15,000원

대한민국 입시혁명
참교육연구소 입시연구팀 지음 | 220쪽 | 값 12,000원

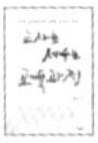

교사를 세우는 교육과정
박승열 지음 | 312쪽 | 값 15,000원

전국 17명 교육감들과 나눈
교육 대담
최창의 대담·기록 | 272쪽 | 값 15,000원

들뢰즈와 가타리를 통해
유아교육 읽기
리세롯 마리엣 올슨 지음 | 이연선 외 옮김 | 328쪽 | 값 17,000원

교육과정 통합, 어떻게 할 것인가?
성열관 외 지음 | 192쪽 | 값 13,000원

학교 민주주의의 불한당들
정은균 지음 | 276쪽 | 값 14,000원

동양사상에게 인공지능 시대를 묻다
홍승표 외 지음 | 260쪽 | 값 15,000원

교육과정, 수업, 평가의 일체화
리사 카터 지음 | 박승열 외 옮김 | 196쪽 | 값 13,000원

학교 혁신의 길, 아이들에게 묻다
남궁상운 외 지음 | 268쪽 | 값 15,000원

▶ 교과서 밖에서 만나는 역사 교실
상식이 통하는 살아 있는 역사를 만나다

전봉준과 동학농민혁명
조광환 지음 | 336쪽 | 값 15,000원

남도의 기억을 걷다
노성태 지음 | 344쪽 | 값 14,000원

응답하라 한국사 1·2
김은석 지음 | 356쪽·368쪽 | 각권 값 15,000원

즐거운 국사수업 32강
김남선 지음 | 280쪽 | 값 11,000원

즐거운 세계사 수업
김은석 지음 | 328쪽 | 값 13,000원

강화도의 기억을 걷다
최보길 지음 | 276쪽 | 값 14,000원

광주의 기억을 걷다
노성태 지음 | 348쪽 | 값 15,000원

선생님도 궁금해하는
한국사의 비밀 20가지
김은석 지음 | 312쪽 | 값 15,000원

걸림돌
키르스텐 세룹-빌펠트 지음 | 문봉애 옮김
248쪽 | 값 13,000원

역사수업을 부탁해
열 사람의 한 걸음 지음 | 388쪽 | 값 18,000원

진실과 거짓, 인물 한국사
하성환 지음 | 400쪽 | 값 18,000원

교과서 밖에서 배우는 역사 공부
정은교 지음 | 292쪽 | 값 14,000원

팔만대장경도 모르면 빨래판이다
전병철 지음 | 360쪽 | 값 16,000원

빨래판도 잘 보면 팔만대장경이다
전병철 지음 | 360쪽 | 값 16,000원

영화는 역사다
강성률 지음 | 288쪽 | 값 13,000원

친일 영화의 해부학
강성률 지음 | 264쪽 | 값 15,000원

한국 고대사의 비밀
김은석 지음 | 304쪽 | 값 13,000원

조선족 근현대 교육사
정미량 지음 | 320쪽 | 값 15,000원

다시 읽는 조선근대교육의 사상과 운동
윤건차 지음 | 이명실·심성보 옮김 | 516쪽 | 값 25,000원

음악과 함께 떠나는 세계의 혁명 이야기
조광환 지음 | 292쪽 | 값 15,000원

논쟁으로 보는 일본 근대교육의 역사
이명실 지음 | 324쪽 | 값 17,000원

▶ 더불어 사는 정의로운 세상을 여는 인문사회과학
사람의 존엄과 평등의 가치를 배운다

밥상혁명
강양구·강이현 지음 | 298쪽 | 값 13,800원

좌우지간 인권이다
안경환 지음 | 288쪽 | 값 13,000원

도덕 교과서 무엇이 문제인가?
김대용 지음 | 272쪽 | 값 14,000원

민주시민교육
심성보 지음 | 544쪽 | 값 25,000원

자율주의와 진보교육
조엘 스프링 지음 | 심성보 옮김 | 320쪽 | 값 15,000원

민주시민을 위한 도덕교육
심성보 지음 | 500쪽 | 값 25,000원
2015 세종도서 학술부문

민주화 이후의 공동체 교육
심성보 지음 | 392쪽 | 값 15,000원
2009 문화체육관광부 우수학술도서

교과서 밖에서 배우는 인문학 공부
정은교 지음 | 280쪽 | 값 13,000원

갈등을 넘어 협력 사회로
이창언·오수길·유문종·신윤관 지음 | 280쪽 | 값 15,000원

오래된 미래교육
정재걸 지음 | 392쪽 | 값 18,000원

동양사상과 마음교육
정재걸 외 지음 | 356쪽 | 값 16,000원
2015 세종도서 학술부문

대한민국 의료혁명
전국보건의료산업노동조합 엮음 | 548쪽 | 값 25,000원

교과서 밖에서 배우는 철학 공부
정은교 지음 | 280쪽 | 값 14,000원

교과서 밖에서 배우는 고전 공부
정은교 지음 | 288쪽 | 값 14,000원

교과서 밖에서 배우는 사회 공부
정은교 지음 | 304쪽 | 값 15,000원

전체 안의 전체 사고 속의 사고
김우창의 인문학을 읽다
현광일 지음 | 320쪽 | 값 15,000원

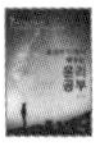
교과서 밖에서 배우는 윤리 공부
정은교 지음 | 292쪽 | 값 15,000원

카스트로, 종교를 말하다
피델 카스트로·프레이 베토 대담 | 조세종 옮김
420쪽 | 값 21,000원

▶ 살림터 참교육 문예 시리즈
영혼이 있는 삶을 가르치는 온 선생님을 만나다!

꽃보다 귀한 우리 아이는
조재도 지음 | 244쪽 | 값 12,000원

선생님이 먼저 때렸는데요
강병철 지음 | 248쪽 | 값 12,000원

성깔 있는 나무들
최은숙 지음 | 244쪽 | 값 12,000원

서울 여자, 시골 선생님 되다
조경선 지음 | 252쪽 | 값 12,000원

아이들에게 세상을 배웠네
명혜정 지음 | 240쪽 | 값 12,000원

행복한 창의 교육
최창의 지음 | 328쪽 | 값 15,000원

밥상에서 세상으로
김흥숙 지음 | 280쪽 | 값 13,000원

북유럽 교육 기행
정애경 외 14인 지음 | 288쪽 | 값 14,000원

▶ 남북이 하나 되는 두물머리 평화교육

분단 극복을 위한 치열한 배움과 실천을 만나다

10년 후 통일
정동영·지승호 지음 | 328쪽 | 값 15,000원

분단시대의 통일교육
성래운 지음 | 428쪽 | 값 18,000원

선생님, 통일이 뭐예요?
정경호 지음 | 252쪽 | 값 13,000원

김창환 교수의 DMZ 지리 이야기
김창환 지음 | 264쪽 | 값 15,000원

▶ 출간 예정

근간 **페다고지를 위하여**
프레네의 『페다고지 불변요소』 읽기
박찬영 지음

근간 **다시, 학교에서 길을 찾는다**
민주시민교육 수업 실천 길라잡이
염경미 지음

근간 **삶을 위한 국어교육과정, 어떻게 만들 것인가?**
명혜정 지음

근간 **이오덕 교육론**
이무완 지음

근간 **한글혁명**
김슬옹 지음

근간 **마을수업, 마을교육과정!**
서용선·백윤애 지음

근간 **학교는 평화로운가?**
강균석 외 지음

근간 **민·관·학 협치 시대를 여는 마을교육공동체 만들기**
김태정 지음

근간 **민주주의와 교육**
Pilar Ocadiz, Pia Wong, Carlos Torres 지음| 유성상 옮김

근간 **미국의 진보주의 교육 운동사**
윌리엄 헤이스 지음 | 심성보 외 옮김

근간 **발달교육, 사람됨의 조건을 말하다**
현광일 지음

근간 **혁신학교, 미래교육의 답을 찾다**
송순재 외 지음

근간 **프레이리 교육론**
손종현 외 지음

근간 **네오비고츠키주의의 아동발달이론**
카르포프 지음 | 이성우 외 옮김

근간 **독립의 기억을 걷다**
노성태 지음

근간 **민주시민교육을 위한 역사수업 어떻게 할 것인가?**
황현정 지음

근간 **공자뎐, 논어는 이것이다**
유문상 지음

근간 **다 함께 올라가는 스웨덴 교육법**
레이프 스트란드베리 지음 | 변광수 옮김

근간 **대학생에게 협동조합을 허하라**
주수원 외 지음

근간 **교육의 대전환**
김경욱 외 지음

참된 삶과 교육에 관한 생각 줍기